高等教育"十二五"规划教材

# 普通话口语教程

## （第二版）

肖兰英　主编

科学出版社

北　京

## 内 容 简 介

　　本书是高等教育"十二五"规划教材，是根据《中华人民共和国国家语言文字法》和国家语言文字工作委员会最新公布的"普通话水平测试大纲"编写而成。本书分上、下两编，上编是普通话基础，主要讲语音与语汇、语法的规范化；下编是普通话应用，是上编的提高与升华。本书的特点是注重"新"、"活"、"实用"，结构完整，内容新颖，材料丰富，采用了大量鲜活的案例，突出体现了实训与实用精神。

　　本书可作为本科、专科普通话培训教材，也适合具有中等文化程度需要掌握普通话的广大读者自学，同时也是幼儿园、中小学教师教学及纠正方言的重要参考书。

**图书在版编目(CIP)数据**

普通话口语教程/肖兰英主编. —2 版.—北京：科学出版社，2011
（高等教育"十二五"规划教材）
ISBN 978-7-03-030839-9

Ⅰ.①普…　Ⅱ.①肖…　Ⅲ.①普通话-高等学校-教材　Ⅳ.①H102

中国版本图书馆 CIP 数据核字（2011）第 070500 号

责任编辑：王　彦 / 责任校对：刘玉靖

责任印制：吕春珉 / 封面设计：耕者设计工作室

科 学 出 版 社 出版
北京东黄城根北街 16 号
邮政编码：100717
http://www.sciencep.com

**北京市京宇印刷厂** 印刷

科学出版社发行　　各地新华书店经销

\*

2007 年 8 月第 一 版　　开本：787×1092 1/16
2011 年 6 月第 二 版　　印张：21
2021 年 8 月第十七次印刷　　字数：483 000

定价：51.00 元
（如有印装质量问题，我社负责调换〈北京京宇〉）

销售部电话 010-62136131　编辑部电话 010-62138978-8208

**版权所有，侵权必究**

举报电话：010-64030229；010-64034315；13501151303

# 本书编写人员

主　　编　肖兰英

副主编　白朝霞　刘春芳　刘艳梅

编　　者　肖兰英　白朝霞　刘春芳　刘艳梅

　　　　　樊春艳　宋宗周

# 第二版前言

普通话口语是人际交往中使用最广泛、最直接的语言工具，学会一口标准、流利的普通话，对一个人的成长和事业都大有帮助。特别是随着时代的进步和我国国际地位的不断提高，普通话口语在人际交往和中外文化传播中的作用将更加显著。2010 年 4 月，教育部等九部门在《关于开展第 13 届全国推广普通话宣传周活动的通知》中明确指出："推广和普及国家通用语言文字，事关经济社会发展和历史文化认同传承，事关国家统一和民族团结，是涉及国家核心利益的战略举措。"是"为提高国家文化软实力、增强国家综合实力，建设人力资源强国和构建社会主义和谐社会做出积极贡献。"高校师生应该担负起这份社会责任。

本书第一版（原书名为《新编普通话实用教程》）是高等教育"十一五"规划教材，于 2007 年 8 月出版。在几年的实践过程中，大家一致认为本书编写定位明确，理论简明清晰，突出实训，注重实用，体系完整，结构严谨，内容丰富，案例、材料新颖且富有启发性。

为使本书能更好地反映普通话的新发展，更好地适应高等院校普通话口语教学的新需要，在科学出版社的大力支持下，编写组对本教材进行了认真修订。主要修订的内容有：整合提炼语言基础部分的内容、练习，使基础理论部分更加简练、清晰；充实了普通话训练与应用部分，使内容更加丰富，更切合教师的工作实际；增设了一些鲜活实用的案例、练习，使重实践与应用的特点更加突出；每章都增配了精美的课件；同时，对个别字母、图表的错误，也都一一做了订正。另外，为使书名简洁并与内容相符，借再版之机，特将书名改为《普通话口语教程》。

原编写组成员均参加了本书的修订工作，具体分工：肖兰英编写了前言、绪论、第四章、第十一章，并负责全书统稿；白朝霞编写了第一章至第三章；刘春芳编写了第六章、第八章、第九章、第十章部分；樊春艳编写了第五章、第七章；宋宗周编写了第十章（部分）；刘艳梅编写了第十章（部分），并协助主编做了大量的修订整理工作。

本书再版，得到了各使用单位、科学出版社、特别是王彦编辑热诚的关心和支持，在此一并表示衷心的感谢。

我们真诚期盼读者们提出批评和建议。

# 第一版前言

能说一口标准、流利的普通话，是当今中国人文明素质的体现，更是师范院校大学生的必备条件。为了适应我国新世纪推广普通话的战略需要，增强人们规范应用语言文字的意识，更为了培养高校学生的职业技能，提高其语言表达的综合水平，并使他们从容应对并顺利通过全国范围的普通话水平等级测试，根据《中华人民共和国国家语言文字法》和国家语言文字工作委员会最新发布的《普通话水平测试实施大纲》，我们组织专家及富有普通话教学经验的教师，编写了这本《新编普通话实用教程》。

1991 年国家教育委员会曾下发文件，规定各级各类师范院校都要开设普通话课程；1994 年，国家语委、国家教委、广播电影电视部又联合下发了《关于开展普通话水平测试工作的决定》。此后，出版的各式各类普通话教材，林林总总，对提高学生的普通话水平及应试能力起到了积极的推动作用。但有些教材存在急功近利的倾向，主要为了让学生过应试关。本书集众家之长，又自出机杼，牢牢抓住普通话是一门体现综合素质的技能课的特点，遵循勤学多练、循序渐进的学习规律，强调夯实基础，突出实训、实用，注重综合素质的培养。本书有以下特点：

1. 在指导思想与编写原则上，力求基本理论简明清晰，重实践、重能力、突出实训，注重实用。本教材有近、中、远三大目标：近期目标是帮助学生顺利通过在校期间的普通话水平测试，并取得较高等级；中期目标是使学生走上工作岗位后，能熟练掌握教师用语技能，自如地运用普通话教学，尽快适应教师岗位工作；远期目标是培养学生综合的语言运用能力，提高学生的整体素质，并使这种能力与素质成为学生日后发展其他潜质、潜能的厚实的基础条件。

2. 在结构体例上，遵循循序渐进的原则，力争使内容和方式符合教学、教育实际，适应教育对象的认知规律和语言训练规律。全书分上、下两编：上编是普通话基础，主要讲语音与词汇、语法的规范化；下编是普通话应用，由普通话的一般应用过渡到教师职业普通话的应用。上编是下编的基础，下编是上编的提高与升华。

3. 在内容与形式上，注重体现"新"与"活"。我们吸收了语言及普通话研究领域的最新成果，尤其是在取材、示例方面，力求新颖、有趣、富有启示意义；阅读材料及测试样题，在最新大纲的基础上，经过认真挑选和优化编排，针对性更强；思考与练习题力求活泼多样，根据各章内容与特点，精心设计，着力训练学生的实际运用能力。

本书可作为高校本科、专科的普通话培训教材，也适合具有中等文化程度需要掌握普通话的广大读者自学，同时也是幼儿园、中小学教师教学及纠正方言的重要参考书。

本书编写分工如下：前言、绪论、第四章、第十一章，肖兰英；第一章、第二章、第三章，白朝霞；第六章、第八章、第九章、第十章的后半部分，刘春芳；第五章、第七章，樊春艳；第十章的前半部分，宋宗周、刘艳梅。全书由肖兰英统稿，刘艳梅帮助附录材料的搜集整理。

　　担任本书审订的曹为公教授，长期从事现代汉语和普通话的教学与研究，出版多部专著和普通话教材，尤其是在普通话研究领域，造诣颇深，是山东省普通话水平测试员培训的主讲教授。曹为公教授仔细地审阅了全书书稿，并提出了中肯的修改意见，确保了本书的学术性和实用性。还有科学出版社的王彦编辑，为本书的出版付出了极大的努力和辛勤的劳动，在此一并表示由衷的谢意。

　　本书编写时，参考了一些相关论著，吸取了同行的最新研究成果，分别在注释及参考文献中有说明，材料较多，难免遗漏，未及之处，敬请谅解。由于时间仓促，水平有限，不足之处，期望同行专家和广大读者多提宝贵意见。

# 目　　录

# 绪 论

## 一、什么是普通话

在我国最早提出"普通话"一词的是朱文熊，1906 年，他在《江苏新字母》一书中将汉语分成文言、普通话、俗语三类。1955 年，全国文字改革会议和现代汉语规范问题学术会召开，教育部长张奚若在大会的报告中，确定了汉民族共同语的名称"普通话"及其含义。1956 年 2 月 6 日，国务院颁布了《关于推广普通话的指示》，更进一步明确了普通话的法定名称和含义：普通话就是以北京语音为标准音，以北方话为基础方言，以典范的现代白话文著作为语法规范的现代汉民族共同语。

汉民族共同语在很早就已经形成了，它的发展有着悠久的历史。春秋时期，汉民族的共同语叫"雅言"，主要使用于黄河流域。孔子讲学就不用家乡的鲁方言，而是用雅言。《论语•述而》中记载"子所雅言，诗、书、执礼，皆雅言也。"汉代汉民族的共同语叫"通语"，元代汉民族的共同语叫"天下通语"，明清时期，汉民族的共同语叫"官话"，民国时期，汉民族的共同语叫"国语"，新中国成立后，汉民族的共同语被确定为"普通话"。

普通话的定义实际上就明确了普通话在语音、词汇、语法三方面的规范标准。

"以北京语音为标准音"，而不以其他方言为标准音，是有来由的。从元朝起，北京就一直是中国政治、经济、文化的中心，明清时期，以北京语音为标准的"官话"，传播很广，"五四"时期，开展的"国语运动"又极大地促进了北京语音的传播，从而使北京语音最终成为"国音"。需要注意的是，"以北京语音为标准音"中的"北京语音"是指北京语音的音位系统，并不是北京人说话时发出的所有音，即不包括北京语音中的土音。

"以北方话为基础方言"，即普通话是在北方方言的基础上形成并发展起来的，北方话的词汇是普通话词汇的基础和主要来源，并有着广泛性和普遍性，使用人口最多，占汉民族人口的 73% 以上。北方话词汇丰富却又失之庞杂，所以也并不是所有北方话的词语都能成为普通话词汇。以北方话词汇为标准词汇，是以北方话中普遍通行的词汇为标准词汇，并不是北方某个次方言区使用的词语，更不包括北方话中的某些土语俗词。如"堂客"一词在西南官话里比较流行，但在其他北方方言区并不通行，就不能作为普通话词语推广。再如"胳拉拜子"（膝盖）属山东鲁西南土语，使用范围很窄，更不能成为普通话词语。当然，有些方言中很有影响，富有表现力的词语是可以成为普通话词语的，如上海话中的"名堂"，粤方言中的"峰会"等已成为使用频率较高的普通话词语。

　　"以典范的现代白话文著作为语法规范",这句话规定出了普通话的语法标准。它的含义是,普通话的语法标准,一区别于文言文,二区别于"五四"前的白话文,三区别于不典范的现代白话文。即使对像鲁迅、郭沫若、老舍这样的现代文学大师的作品,也要做具体分析,并不是他们所有作品里的语法都可以奉为规范标准。随着时代的发展,语法方面也会有一些变化,文学大家作品中也有些不合时宜的不甚规范的语法例子,如鲁迅的文言痕迹,郭沫若的西洋句式,老舍的京腔京味等就不能一概作为普通话的语法规范和标准。另外要正确理解和掌握语法规范,还要结合现代汉语应用的实践,多参照和学习讲究语法规范的文本,如国家政府机关的文件、领导人的文章著作、严肃的报刊文章等,这些文本大都经过了多人的推敲修改,语法比较规范。相比之下,那些追求表达个性、标新立异的文艺类作品,有时做些"突破"语法常规的尝试,一般不宜作为语法规范。

## 二、推广普通话的意义

　　首先,推广普通话是提高汉语交际效用,推动经济发展的需要。语言文字是人们最重要的交际工具,推广普通话最重要的意义在于为各方言区的人们提供一种都能通用的交际工具,便于相互的了解与交流。由于我国幅员辽阔,人口众多,各地经济、文化发展很不平衡,再加上长期封闭式的自然经济所形成的方言习惯根深蒂固,这就造成了汉语方言的严重分歧,各方言之间的差异有的甚至很大,不同方言区的人们在一起用方言交流有障碍,有时会造成危害,有的甚至无法交流。如普通话中的"洗"(xǐ),上海人说成"汰"(dǎ),那么"洗衣服、洗头",上海话就是"汰(dǎ)衣裳、汰(dǎ)头",北方人听起来成了"打衣裳、打头",简直匪夷所思。又如,据说20世纪90年代初,北方的同志到宁波北仑港学习先进经验,介绍情况的是一位不会讲普通话的宁波人。当问他"我们现在去哪儿?"他回答"北仑区北仑港。"别人听成了"不能去不能讲",感到莫名其妙。当介绍经济腾飞的原因:"一靠政策,二靠机遇",让人听成了"一靠 jǐng chá(警察),二靠 jì nǚ(妓女)",全场为之哗然。再如,如果在战场上,把一个"人"说成一个"营",或反之,那又会造成多么严重的后果啊!随着改革开放的深入,跨区域交流的加强,人们交往频度的增加和交往范围的扩大,就必然需要交际的共同语,所以在交际活动日益频繁的今天,推广普通话就比以往任何时候显得更为重要和迫切。

　　其次,推广普通话是信息社会发展的必需。在当今信息化社会里,计算机已成为最重要的基础劳动工具,运用计算机来处理各种信息是许多行业工作人员的必备素质。而音码输入法是按照汉语拼音设计的,是建立在普通话语音基础之上的,是计算机输入法中重要的基础方法。只有学好普通话,讲好普通话,才能掌握好音码输入法,才便于运用计算机。尤其是随着计算机的飞速发展,实现无键盘操作的人机对话,将是大势所趋。不过进行人机对话的前提是输入人所讲的话必须是标准或比较标准的普通话,计算机才能辨认识别,才会按照你的意思去工作。由此可见,学习掌握普通话是现代人的必备素质,推广普通话是信息社会发展的需要。

　　再次,推广普通话是提高社会文明水平的标志。推广和普及普通话,不仅是我国建立和发展市场经济,实现现代化的需要,而且也是衡量我国政治、经济、科技、文化、教育等各方面的发展水平和综合国力的一项重要指标。列宁曾经说过"在一个文盲充斥的国家不能建立共产主义",同样,在一个存在严重方言差别的国家,人们若不能运用民族共同语,将会对现代化建设及各项社会事业的发展带来阻碍。台湾是我国全面普及汉民族共同语的第一个省份,这与台湾先期进入工业化密切相关。英语起源于英格兰岛,工业革命和大英帝国的扩张,使英国的现代文明领先世界,也使英语一跃而成为世界性语言,第二次世界大战后,成为事实上的"国际共同语",这也与世界各地的英语规范化水平很高不无关系。由此可见,语言与经济、政治、科技文化有着密切的关系,大力推广汉民族的共同语,有利于促进"两个文明"的建设与发展,对构建社会主义和谐社会将产生积极影响。

## 三、推广普通话的方针政策

新中国成立以来,党和政府非常重视推广普通话工作。先后采取一系列措施,使普通话的普及面越来越广,并成为中华民族的通用语言。1955 年 10 月,召开了全国文字改革会议和现代汉语规范问题学术会议,明确了汉语规范化的方向。1956 年 2 月,国务院向全国颁发了《关于推广普通话的指示》,确定了普通话的法定名称和含义。1982 年11 月,第五届全国人大第五次会议通过的《中华人民共和国宪法》明确规定,"国家推广全国通用的普通话。"从法律上正式确立了普通话的国语地位。

20 世纪 50 年代,我国制定的推广普通话工作的方针是,"大力提倡,重点推行,逐步普及。"随着推普工作的深入发展,普通话已有了相当深厚的社会基础和群众基础,推广普通话工作有了新的要求。1992 年,《国家语言文字工作十年规划和"八五"计划纲要》又明确了新时期推广普通话的方针:"大力推行,积极普及,逐步提高。"

1986 年 1 月,全国语言文字工作会议提出了推广普通话工作的四项任务:学校教学使用普通话,使普通话成为教学语言;机关工作使用普通话,使普通话成为工作语言;广播、电视(县级以上)、电影、话剧使用普通话,使普通话成为宣传语言;不同方言区的人在公共场合交往时,基本使用普通话,使普通话成为通用语言。1994 年,国家语委制定了《普通话水平测试标准》和《普通话水平测试大纲》,对普通话进行量化测试。同年,国家语委、国家教委、广播电影电视部联合下发了《关于开展普通话水平测试工作的决定》,指出:"有必要在一定范围内对某些岗位的人员进行普通话水平测试,并逐步实行普通话等级证书制度。"2001 年 1 月 1 日起实行的《中华人民共和国国家通用语言文字法》规定,"凡以普通话作为工作语言的岗位,其工作人员应当具备说普通话的能力。"至此,普通话水平测试进入了量化阶段,推广普通话工作走向了科学化、规范化、制度化、法制化的轨道。

## 四、普通话是教师的职业语言

教师传播人类文明,开发人类智慧,塑造人类灵魂,影响人类未来,而教师完成如此重大历史使命要借助的手段是语言,其意义非同凡响,所以我国对教师的语言也提出了更多更高的要求。首先,教师自身要会说标准的或比较标准的普通话。要用普通话进行教学,并且要坚持带头说普通话。其次,要系统地影响或培养学生学习普通话,使他们也说普通话，并且说好普通话，进而以学校为辐射源，带动其他行业的人也来学说普通话，最终达到各行各业的人都能说普通话的目的。所以，普通话是教师的职业语言，教师是推广普通话的骨干力量，学校是推广普通话的主要阵地。

我国对教师的职业语言是非常重视的，在 1956 年，国务院《关于推广普通话的指示》中就对教师用语提出了明确要求："从 1956 年秋季起，除少数民族地区外，全国小学和中等学校的语文课内一律开始普通话教学。到 1960 年，小学三年级以上的学生，中学和师范学校的学生都应该基本上会说普通话，小学和师范学校的各科教师都应该用普通话教学，中学和中等专业的教师也应该基本上用普通话教学。"1986 年，国家教委副主任柳斌在全国语言文字工作会议的工作报告中指出："要把会讲普通话列为教师的必备条件，把使用普通话进行教育、教学作为对教师工作的基本要求。"1987 年 9 月，国家语委、教委在《关于加强高等师范院校推广普通话工作的通知》中也特别指出："学校是推广普通话的重要阵地，教师是推广普通话的主要力量。高等师范院校是培养教师的基地，推广普通话工作的成效如何，直接影响各类中学教学质量的提高和少年一代的全面发展。"并且强调："普通话是教师的职业语言，使用普通话教学是师范院校合格毕业生的必备条件。"我国对中小学实行义务教育，如果普通话能成为校园语言，学校里普及了普通话，那么就为社会上普及普通话奠定了坚实的基础。1994 年，国家语委、国家教委、广播电影电视部下发了《关于开展普通话水平测试工作的决定》，明确规定："普通话是以汉语文授课的各级各类学校的教学语言。""中小学教师、师范院校的教师和毕业生应达到二级或一级水平，专门教授普通话语音的教师应达到一级水平。"并要求持证上岗。

## 五、怎样学好普通话

首先，要认识到学好普通话的重要意义，强化目标意识。心理学和教育学研究都表明，有明确目标的学习与无目的的学习，其效果相差甚远。青年人已具有较强的自控能力和目标意识，如果能充分认识到学好普通话对自己未来的就业、工作、交际、生活的重要作用，他就会自觉地克服困难，排除干扰，勤学苦练，把普通话学好、用好。

其次，熟练掌握《汉语拼音方案》及拼写规则，这是学好普通话的基础。经过近 50 年的实践证明，《汉语拼音方案》是给汉字标注音的最佳方案，它准确、方便、实用，是人们学习普通话的最理想的工具。

再次，要重视发音和正音，并多注意方言与普通话的对照比较。方言与普通话的主要差别在语音方面，而语音方面的差别又主要在于发音部位或口形的不同，所以学习普通话之初，一定要把发音部位找准，口形定准，然后反复练习，掌握普通话正确发音的要领。在此基础上，应记住常用汉字的标准读音，经常矫正方音，就是正音。学习普通话语音，发音和正音是必不可少的两步，发音是基础，是手段，正音是提高，是目的。

最后，也是最重要的，是要坚持多听多说，注重在生活实践中学习、提高。学习普通话是口耳之事，只有通过耳多听、口多说的实践，才能学会学好。书本上、课堂上讲的普通话基本知识、基本理论固然重要，但毕竟是"纸上谈兵"，要学得真本领，还必须多进行实战训练。在实际应用中，用心揣摩声、韵、调的配合，努力寻找声、韵、调组合的最佳序列，提高读、说普通话的水平。要多利用广播、影视等传播媒介，用心听，多模仿，长期坚持，习惯也就变自然了。更重要的是在日常生活中坚持用普通话，形成自己的口音习惯，并不断纠正提高，这样才能学得快、学得好。

# 上篇

# 普通话基础

# 第一章
# 普通话语音的基本常识与发声技能

**【摘要】** 了解语音的性质，包括语音的生理属性、物理属性、社会属性；了解几组常用的语音基本概念，包括音节、音素，元音、辅音，声母、韵母和声调；了解几种记音方法以及常用的记音符号《汉语拼音方案》和国际音标；要从用气发声、共鸣控制、吐字归音几个方面了解发声的方法与技能，掌握科学的用声方法和嗓音保健知识，并通过训练使语音响亮、圆润，持久不衰，为提高普通话口语表达能力打下良好基础。

## 第一节 | 普通话语音的基本常识

### 一、语音的性质

语音是由人的发音器官发出的代表一定意义的声音。语音是语言的物质外壳，语言的交际作用主要是通过语音来实现的。学好一种语言首先要学好语音。语音与词汇、语法一起构成语言的三要素。

语音是由人的发音器官发出的，语音自然具有生理的属性。

语音是一种声音，和自然界的其他声音如风声、雨声、动物的鸣叫声、物体的撞击声一样，也是产生于物体的振动，所以它具有物理的属性。

更为重要的是，语音代表一定的意义，而这种意义是一定社会所赋予的，语音形式和语义之间的对应关系是使用该语言的全体成员约定俗成的，所以它又具有社会的属性。语音的社会属性是其本质属性。

#### （一）语音的生理属性

语音是由人的发音器官发出的声音，是人的发音器官协同动作的结果。一个语音具有怎样的物理特征，到底是一个什么样的音，最终取决于发音器官如何活动。活动部位或方式不同，就会发出不同的音。因此，了解发音器官的构造及其活动情况，弄清发音原理，是学好语音的重要前提。

人类没有专门用作发音的器官，而是使用呼吸器官、消化器官作为自己的发音器官。人的发音器官可以分成 3 个部分：提供发音原动力的肺和气管，作为发音体的喉头和声带，作为共鸣器的口腔、鼻腔和咽腔。

### 1. 肺和气管

肺和气管是人类重要的呼吸器官，起供气和通气作用。肺用来提供发音的动力——气流，气流通过气管到达喉部，作用于声带等部位，从而发出不同的声音。

### 2. 喉头和声带

喉头上通咽头，下连气管，起通道作用。声带位于喉头中间，是两片富有弹性的薄膜。两片声带之间的空隙叫声门。从肺部呼出的气流通过声门时，就引起声带振动，气流又振动空气，形成音波，发出声音。所以声带是主要的发音体，在发音中起重要作用。人们通过控制声带的松紧变化和振动与否，可以发出高低、清浊不同的声音。

### 3. 咽腔、口腔和鼻腔

咽腔是气流的通道和共鸣器，上通鼻腔，下通喉头；口腔、鼻腔也都是共鸣器。口腔和鼻腔靠软腭和小舌隔开。软腭和小舌上升时，鼻腔闭塞，口腔畅通，这时发出的音叫口音。软腭和小舌下垂，口腔某两个部位闭塞，气流只能从鼻腔呼出，这时发出的音叫鼻音。鼻腔一方面是通道，另一方面也用来发音，气流通过鼻腔时摩擦鼻腔四壁而发出声音。发口音时，气流虽然不通过鼻腔，但也发生共振，如果鼻腔不通气，音质就受影响。

图 1-1 是发音器官示意图，有助于我们了解发音器官的各个部位，便于掌握普通话每个音的特点。

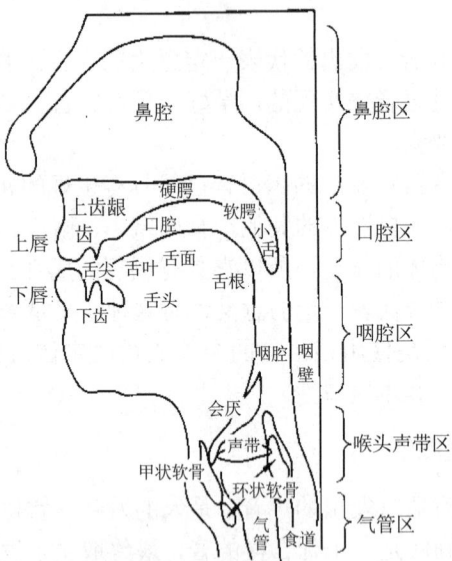

图 1-1　发音器官纵切面示意图

## （二）语音的物理属性

语音同自然界的其他声音一样，产生于物体的振动，因此，语音又具有物理性质。物体受到外力撞击而发生颤动，颤动体振动了周围的空气，就形成了一种疏密相间的音波。音波传播到人们的耳朵里，就成为人们能够用听觉器官感受到的声音。从物理角度看，语音同其他声音一样，具有音高、音强、音长、音色4个要素。

**1. 音高**

音高指声音的高低。声音的高低取决于发音体在一定时间内振动次数的多少。在同一时间内，振动次数多，频率就大，声音就高；振动次数少，频率就小，声音就低。语音的高低同人的声带的长短、厚薄有关系。一般说来，女性和儿童的声带比成年男子的声带短些、薄些，发音时，在同一单位时间里，振动次数要多些，所以声音比较高。成年男子的声带较女子和儿童的长些、厚些，发音时，在同一单位时间里，振动的次数少些，所以声音比较低。同一个人可以发出高低不同的声音，这是由于人们能够控制自己声带的松紧。声带拉紧，声音就高；声带放松，声音就低。汉语声调高低升降的变化，主要是由"音高"不同形成的。例如：

山——声音高而平；　　　　　　　明——声音由中升到高；
水——声音由半低降到低，再升到半高；　秀——声音由高直降到低。

**2. 音强**

音强指声音的强弱。声音的强弱取决于音波振动幅度（即振幅）的大小。音波振动幅度大，声音就强；音波振动幅度小，声音就弱。

声音的强弱同撞击物体时力度的大小有关系。用力大，振幅大，声音就强；用力小，振幅小，声音就低。普通话里的轻声与重音就是由不同的音强形成的。例如"莲子"与"帘子"中的"子"，在口语中前者读上声，重读；后者则读轻声，由于两个"子"的音强不同，从听感上就能区别意义：前者有"籽实"之意，意义是实在的；后者意义较虚，属于附加语素。

**3. 音长**

音长指声音的长短。声音的长短取决于音波持续时间的长短。音波持续的时间长，声音就长；反之，声音就短。语言中音长也有区别意义的作用，但在普通话中不太明显，只是伴随性特征，如轻声音节音强较弱，同时音长也较短；另外，音长在表达不同的语气、语调中也起一定作用。汉语有的方言中音长可区别意义，如粤方言"三"和"心"就是靠元音的长短区别意义；英语中元音长短也能区别意义，如：seat[si:t]*n.*座位——sit[sit]*v.*坐。

**4. 音色**

音色指声音的特色，是声音的本质，所以又叫音质。不同的音色是由于音波振动的形式不同形成的，是一个音与其他音相互区别的最根本的特征。

音色的不同取决于发音时的音波形式，音波形式是由以下3个条件决定的：

第一，发音体不同。例如锣和鼓都是打击乐器，锣是金属的，鼓是皮面的，由于发音体不同，它们就各有自己的声音特色。语音也一样，不同的人声带的条件不同，其音色就不同。

第二，发音方法不同。例如二胡和琵琶同是弦乐，二胡用弓拉，琵琶用手指弹拨，发音方法不同，音色也不同。语音也一样，相同器官发出的音，由于气流受阻的方式不同、声带颤动与否、气流的强弱不同，都会形成音色不同的音。

第三，共鸣器形状不同。例如小提琴和二胡虽然同是用弓弦拉的乐器，由于小提琴和二胡的共鸣箱形状不同，因而演奏时音色就不同。语音也一样，发音时开口度的大小、舌位的前后高低不同，呈现出的音色是不同的。

任何声音都是音高、音强、音长、音色的统一体，语音也不例外。它们在不同的语言中起着不同的作用。音色无疑是语音中用来区别意义的最重要的因素，在普通话中，音高的作用也特别重要。

### （三）语音的社会属性

语言是人类最重要的交际工具，是一套符号系统。语音是语言的物质外壳，是语言的意义的载体。声音和意义本来没有必然的联系，用什么样的声音形式表达什么样的意义内容，是一个民族的社会成员在漫长的社会发展过程中约定俗成的。一种语言所用词的音与义的结合，是由社会决定的。所以，社会属性是语音的本质特点，也是语音区别于自然界其他声音的本质属性。

语音的社会属性主要从"地方特征"和"民族特征"两个方面反映出来。由于地域不同，各地发音习惯也不尽相同。例如某些地区的人把"兰"（lán）和"南"（nán）混同；而普通话中，n 和 l 能够区别意义。再如普通话有些辅音声母有不送气和送气的区别，bō（波）、pō（坡）不同，就在于 b 是不送气音，p 是送气音，因而使"波"和"坡"的意义不同。但英语的辅音，就没有送气与不送气的对立，因此两种民族语言的语音系统是不同的。

由于人们自幼受特定语音系统的熏陶，往往对自己的母语中具有的语音特征，听觉上比较敏感，发音也较容易；对自己的母语中所没有的语音特征，则不易听出，也不易发出，感觉比较难。如有的方言区 n、l 不分，有的方言区平翘舌音不分，有的方言区前后鼻音不分，学说普通话时，听不出它们的区别，也不易发好这些音。又如西方人对汉语的四声、汉族人对西方语言的颤音，都是不易分辨和难以准确发音的。但是，经过训练一个人是可以掌握各种语音系统的。这说明语音系统与生理和地理等非社会因素无关，而只是社会习惯的产物。

## 二、语音的基本概念

### （一）音节、音素

#### 1. 音节

音节是语音结构的基本单位，也是最自然、听觉上最容易分辨出来的最小的语音片断。一般来说，一个汉字代表一个音节，例如"普通话是教师的职业语言"（pǔtōnghuà shì jiàoshī de zhíyè yǔyán），11 个汉字就是 11 个音节。只有少数儿化音节是两个汉字由一个音节表示的，例如"花儿"两个汉字，读出来却是一个音节 huār。

#### 2. 音素

音节是语音结构的基本单位，但音节不是语音的最小单位，音节是由音素组成的。

音素是构成音节的最小的语音单位。它是根据语音的生理属性和物理属性从音色的角度划分出来的。一个音节，如果按音色的不同进一步划分，就会得到一个个最小的各具特色的单位，就是音素。汉语的音节可由 1～4 个音素组合而成，如：雨[y]，一个音素；露[lu]，两个音素；雪[ɕyɛ]，三个音素；霜[ʂuɑŋ]，4 个音素。

### （二）元音、辅音

根据发音性质的不同，音素可以分成两大类。

#### 1. 元音

元音是发音时声带颤动、呼出气流不受发音器官阻碍而发出的音。如 ɑ、o、e、i、u 等。音节"妈"mā 中，ɑ 是元音，发音时口腔大开，声带颤动，气流顺畅地通过口腔。

#### 2. 辅音

辅音是发音时气流通过发音器官受到某种阻碍而发出的音。如 b、p、n、l、x、zh、c 等。音节"妈"mā 中，m 是辅音，发音时双唇构成阻碍，气流从鼻腔发出，形成鼻音。

任何一个辅音的发出，都要受到发音部位和发音方法两方面的制约。普通话中，辅音的发音部位比较好掌握，而发音方法就比较复杂，因为有"清"与"浊"、"不送气"与"送气"的区别。元音发音时，声带都要振动；辅音发音时，普通话中振动声带的只有 m、n、ng、l、r 5 个音素，它们是浊辅音，其余声带不振动的都是清辅音。"不送气"辅音发音时没有明显的气流冲出，"送气"辅音发音时则有明显的气流冲出。

#### 3. 元音和辅音的主要区别

1）元音发音时，气流不受阻碍；辅音发音时，气流通过口腔、鼻腔时要受到阻碍。

2）元音发音时，发音器官各部位保持均衡的紧张状态；辅音发音时，构成阻碍的部位比较紧张，其他部位比较松弛。

3）元音发音时，气流较弱；辅音发音时，气流较强。

4）元音发音时，声带颤动，发出的声音比较响亮；辅音发音时，有的声带颤动，声音响亮，如 m、n、l、r；有的不颤动，声音不响亮，如 b、t、z、c。

### （三）声母、韵母、声调

汉语传统音韵学，把汉语的音节分析为声母、韵母两部分，再加上一个贯通整个音节的声调。声母、韵母、声调是汉语音节的三要素。

#### 1. 声母

声母是指音节开头的辅音，如果音节开头没有辅音，则称为零声母。如"汉语"（hànyǔ），"汉"的声母是"h"，"语"（yǔ）开头没有辅音，即为零声母。零声母的"零"是没有的意思，即没有辅音做声母，但零声母也是一种声母。

#### 2. 韵母

韵母是指音节中声母后边的部分。它可以是一个元音，也可以是元音的组合，还可以是元音和辅音的组合，如："mā"（妈）韵母是单元音 ɑ；"jiào"（教）韵母是元音的组合 iao；"míng"（明）韵母是元音和辅音的组合 ing，零声母音节整个由韵母构成，如"奥运"—àoyùn。

### 3. 声调

声调是指音节中具有区别意义作用的音高变化。声调附着于整个音节。普通话中"好"（hǎo）是上声调，调值是 214，即先降后升，由 2 降到 1，再上升到 4。声调具有区别意义的作用，如：语言—寓言—预演、情景—情境—清静、题材—体裁、示范—师范。

声母、韵母、声调是汉语音节结构中不可缺少的组成部分，都有区别意义的作用。例如：诗人—私人（"诗"与"私"声母不同）、民心—明星（韵母不同）、出席—除夕（声调不同）。普通话共有 21 个辅音声母，39 个韵母，4 个声调。

## 三、记音方法与记音符号

### （一）记音方法

汉字不是拼音文字，不能从字形中看出读音来，所以需要记音符号给汉字注音。记音符号就是记录语音的符号。传统的汉字注音方式主要有直音法、反切法、字母注音法 3 种。

直音法是最古老的注音方法，即用一个汉字给另一个汉字注音，如"难，音南"。

反切法是使用两个汉字给一个汉字注音。反切法的规则是：反切上字与被切字声母相同，反切下字与被切字韵母和声调相同。如："唐，徒郎切"。反切上字"徒"与被切字"唐"同为 t 声母（古代同为"定"母）；反切下字"郎"与被切字"唐"同为ang韵母阳平（古代同为"唐"韵平声）。

字母注音法是使用专门设计的表音字母来给汉字注音，比如"五四"时期的"注音字母"、"国语罗马字拼音法式"（简称"国罗"）、"北方话拉丁化新文字"（简称"北拉"）等。

我们现在最常用的记音符号系统主要有《汉语拼音方案》和国际音标。

### （二）记音符号

#### 1. 《汉语拼音方案》

《汉语拼音方案》是用拉丁字母记录现代汉语普通话语音系统的一套记音符号，是我国法定的拼音方案。1956 年 2 月中国文字改革委员会组织专家拟定了《汉语拼音方案》（草案），1958 年 2 月通过第一届全国人民代表大会第五次会议批准作为正式方案推行。《汉语拼音方案》是过去各种注音法的经验总结，比过去设计的各种注音法更加科学、完善，自颁布推行以来，受到人们的普遍欢迎。电脑的普及，又为《汉语拼音方案》的使用开拓了广阔的天地。

（1）制定《汉语拼音方案》的原则

1）国际化的原则。字母采用国际通用的拉丁字母，便于与国际交流。

2）音素化的原则。用音素来描述音节，最合乎现代语音学的要求。

3）口语化的原则。所拼写的是以北京语音为标准音的普通话，有利于推动现代汉语的发展。

（2）《汉语拼音方案》的用途

1）给汉字注音。学习普通话离不开学习汉字，汉语拼音用 25 个字母和 4 个声调符号就能表示普通话的全部音节，能使汉字的注音实现科学化、简便化，从而为成千上万个汉字标明普通话的标准读音。

2）作推广普通话的工具。学习普通话离不开汉语拼音，因为汉语拼音是以北京语音为标准音制定的，也是为推广普及普通话服务的。学好汉语拼音是学好普通话的基础。各种方言与普通话在声母、韵母和声调方面的差异都有整齐的对应规律。例如西南官话声母里，边音 l 和鼻音 n 不分，"荷兰"和"河南"、"男女"和"褴褛"不分，是湖北、湖南、云南、贵州、四川等方言区的人学习普通话的难点之一。利用汉语拼音，分清 l 和 n 发音的不同，对准确掌握普通话标准读音大有帮助。

3）用来拼写人名、地名、科学术语等。如"毛泽东、周恩来"以前拼作 Mao Tse-tung、Chou En-lai；"北京、天津"以前拼作 Peking、Tienchin。直到 20 世纪 70 年代末，《汉语拼音方案》成为拼写中国人名地名的国际标准，我国的外交文件和新华社电讯稿全面采用《汉语拼音方案》来拼写中国的地名和人名。现在，"毛泽东、周恩来"拼作 Mao Zedong、Zhou Enlai；"北京、天津"拼作 Beijing、Tianjin。

4）为少数民族创制文字提供参照。

5）帮助外国人、外族人学习汉语。

6）用来编制索引、电报、旗语、工业产品代号等。

7）用于中文信息处理。用拼音输入法可以在国际通用的电脑键盘和手机上方便地输入汉字。

（3）《汉语拼音方案》主要内容

1）**字母表**：规定了《汉语拼音方案》所用的字母，还规定了字母的形体、名称和排列顺序。

字母全部采用国际通用的 26 个拉丁字母。

2）**声母表**：规定了 21 个辅音声母的读音和写法。声母的读音用的是呼读音。《声母表》根据发音部位将普通话语音的全部 21 个辅音声母分三行六组排列。

3）**韵母表**：规定了韵母的读音、写法及音节的拼写规则。表中列了普通话语音的 35 个韵母，并在表后的注释中补充了 4 个韵母：ê、er、-i[ɿ]、-i[ʅ]，共 39 个韵母。《韵母表》是纵按"四呼"、横按结构排列的。

4）**声调符号**：规定了普通话四声的调类名称、调号和标调方法。轻声不是第五类声调，只是一种连读变调。

5）**隔音符号**：规定了隔音符号的作用和使用方法。a，o，e 开头的音节连接在其他音节后面的时候，如果音节的界限发生混淆，用隔音符号（'）隔开，例如：pi'ao（皮袄），如果不隔开就成了 piao（飘）；dang'an（档案）如果不隔开就成了 dangan（单干）。

现在放宽了隔音符号的使用范围，凡是 a，o，e 开头的音节连接在其他音节后面，一律用隔音符号（'）隔开，例如：hai'ou（海鸥），tian'e（天鹅），gong'an（公安），gan'en

（感恩）。

### 2. 国际音标

国际音标 International Phonetic Alphabet，简称 IPA，是国际语音学会制定的一套标音符号。1888 年首次公布，后经多次补充修订，一直使用至今。最新的修订结果刊登在《方言》杂志 2005 年第 1 期。

（1）国际音标的用途

国际音标是一套比较科学的记音工具，能记录世界上任何语言的语音。

（2）国际音标的特点

1）国际通用。采用拉丁字母符号及其各种变化形式记录各种音素，国际通行。

2）记音准确。遵循"一个音素一个符号，一个符号一个音素"的原则，符号与音素之间呈一对一的关系，区别细致，不借用，不变化，每个音标的音值都是确定不变的，不会出现混淆。

3）使用灵活。可根据需要，用变形或增加符号等方式进行扩充，如：ʂ（增加符号）、ɐ（倒写字母）、æ（合体字母），形成严整缜密的记音符号系统。

---

**【小资料】**

#### 汉语拼音方案

##### 一、字 母 表

| 字母 | Aa | Bb | Cc | Dd | Ee | Ff | Gg |
|---|---|---|---|---|---|---|---|
| 名称 | ㄚ | ㄅㄝ | ㄘㄝ | ㄉㄝ | ㄜ | ㄝㄈ | ㄍㄝ |

| Hh | Ii | Jj | Kk | Ll | Mm | Nn |
|---|---|---|---|---|---|---|
| ㄏㄚ | ㄧ | ㄐㄧㄝ | ㄎㄝ | ㄝㄌ | ㄝㄇ | ㄋㄝ |

| Oo | Pp | Qq | Rr | Ss | Tt |
|---|---|---|---|---|---|
| ㄛ | ㄆㄝ | ㄑㄧㄡ | ㄚㄦ | ㄝㄙ | ㄊㄝ |

| Uu | Vv | Ww | Xx | Yy | Zz |
|---|---|---|---|---|---|
| ㄨ | ㄪㄝ | ㄨㄚ | ㄒㄧ | ㄧㄚ | ㄗㄝ |

ⅴ只用来拼写外来语、少数民族语言和方言。
字母的手写体依照拉丁字母的一般书写习惯。

##### 二、声 母 表

| b | p | m | f | d | t | n | l |
|---|---|---|---|---|---|---|---|
| ㄅ玻 | ㄆ坡 | ㄇ摸 | ㄈ佛 | ㄉ得 | ㄊ特 | ㄋ讷 | ㄌ勒 |

| g | k | h | j | q | x |
|---|---|---|---|---|---|
| ㄍ哥 | ㄎ科 | ㄏ喝 | ㄐ基 | ㄑ欺 | ㄒ希 |

| zh | ch | sh | r | | z | c | s |
|----|----|----|----|----|----|----|----|
| 业知 | 彳蚩 | 尸诗 | 日日 | | 卫资 | ㄘ雌 | ㄙ思 |

在给汉字注音的时候，为了使拼式简短，zh ch sh 可以省作 ẑ ĉ ŝ。

### 三、韵 母 表

| | | i<br>丨衣 | u<br>乂乌 | ü<br>ㄩ迂 |
|---|---|---|---|---|
| | a<br>丫啊 | ia<br>丨丫呀 | ua<br>乂丫蛙 | |
| | o<br>ㄛ喔 | | uo<br>乂ㄛ窝 | |
| | e<br>ㄜ鹅 | ie<br>丨世耶 | | üe<br>ㄩ世约 |
| | ai<br>历哀 | | uai<br>乂历歪 | |
| | ei<br>乁欸 | | uei<br>乂乁威 | |
| | ao<br>幺熬 | iao<br>丨幺腰 | | |
| | ou<br>又欧 | iou<br>丨又忧 | | |
| | an<br>马安 | ian<br>丨马烟 | uan<br>乂马弯 | üan<br>ㄩ马冤 |
| | en<br>ㄣ恩 | in<br>丨ㄣ因 | uen<br>乂ㄣ温 | ün<br>ㄩㄣ晕 |
| | ang<br>尢昂 | iang<br>丨尢央 | uang<br>乂尢汪 | |
| | eng<br>ㄥ亨的韵母 | ing<br>丨ㄥ英 | ueng<br>乂ㄥ翁 | |
| | ong<br>(乂ㄥ)轰的韵母 | iong<br>ㄩㄥ雍 | | |

注：（1）"知、蚩、诗、日、资、雌、思"等7个音节的韵母用 i，即：知、蚩、诗、日、资、雌、思等字拼作 zhi、chi、shi、ri、zi、ci、si。

（2）韵母儿写成 er，用作韵尾的时候写成 r。例如："儿童"拼作 ertong，"花儿"拼作 huar。

（3）韵母ㄝ单用的时候写成 ê。

（4）i 行的韵母，前面没有声母的时候，写成 yi（衣），ya（呀），ye（耶），yao（腰），you（忧），yan（烟），yin（因），yang（央），ying（英），yong（雍）。

u 行的韵母，前面没有声母的时候，写成 wu（乌），wa（蛙），wo（窝），wai（歪），wei（威），wan（弯），wen（温），wang（汪），weng（翁）。

ü行的韵母，前面没有声母的时候，写成 yu（迂），yue（约），yuan（冤），yun（晕），ü上两点省略。

ü行的韵母跟声母 j，q，x 拼的时候，写成 ju（居），qu（区），xu（虚），ü上两点也省略；但是跟声母 n，l 拼的时候，仍然写成 nü(女)，lü（吕）。

（5）iou，uei，uen 前面加声母的时候，写成 iu，ui，un，例如 niu（牛），gui（归），lun（论）。

（6）在给汉字注音的时候，为了使拼写简短，ng 可以省作 ŋ。

---

#### 四、声调符号

|  | 阴平 | 阳平 | 上声 | 去声 |
|---|---|---|---|---|
|  | ˉ | ˊ | ˇ | ˋ |

声调符号标在音节的主要母音上。轻声不标。例如：

| 妈 mā | 麻 má | 马 mǎ | 骂 mà | 吗 ma |
|---|---|---|---|---|
| （阴平） | （阳平） | （上声） | （去声） | （轻声） |

#### 五、隔音符号

　　a，o，e 开头的音节连接在其他音节后面的时候，如果音节的界限发生混淆，用隔音符号（'）隔开。例如 pi'ao（皮袄）。

---

# 第二节　发声的方法与技能

　　在口语交际中，一方面人们都喜欢听那些语音标准、饱满圆润、悦耳动听的声音，而不愿听干瘪无力、沙哑干涩的声音；另一方面人们也希望自己的普通话语音标准、清晰流畅，富有感染力。但有些人由于不会科学地用气发声，就很难达到这一点，有些人甚至人未老，声先衰。特别是一些教师，一讲课就口干舌燥、声音嘶哑。因此，掌握正确的发声方法和技能对提高普通话口语表达效果是很重要的，这也是使声音青春常在的一项基本功。

　　在日常生活中，人们并不是仅仅靠声带去发音，声带发出的声音，只有在气息的推动下，通过几个共鸣腔体来扩大音量，才能传出体外。用气发声、共鸣控制和吐字归音是发声的基本技能。

## 一、用气发声

　　肺部是发声的动力站，呼吸的气流是语音的原动力。口语表达中的亮度、力度、清晰度，以及音色的甜润、优美、持久等，都主要取决于气息的控制和呼吸的方式。科学地进行气息控制和呼吸，是进行发声技能训练的重要环节。

　　练气。气息是人体发声的动力，就像汽车上的发动机一样，它是发声的基础。气息的大小对发声有着直接的关系。气不足，声音无力；用力过猛，又有损声带。所以练声首先要学会用气。

　　吸气：吸气要深，小腹收缩，整个胸部要撑开，尽量把更多的气吸进去。我们可以体会闻到一股香味时的吸气法。另外要注意吸气时不要提肩。

　　呼气：呼气时要慢慢地进行。要让气慢慢地呼出。因为在讲课、演讲、朗诵、论辩时，有时需要较长的气息，只有呼气慢而长，才能达到这个目的。呼气时可以把两齿基本合上，留一条小缝让气息慢慢地通过。

　　在日常生活中，呼吸主要有这样几种方式：

　　一是胸式呼吸，又称为浅呼吸。胸式呼吸发出的声音虚而不实，挤压、轻飘、没有底气，并且容易对声带造成损害。

二是腹式呼吸，又称单纯横膈式呼吸。腹式呼吸主要是依靠膈肌的收缩或放松，使肺部一起一伏地进行活动，这样吸进的气少，气流也弱，声音缺乏持久性，显得无力。腹部放松、外突，是采用这种呼吸方式的标志。

三是胸腹联合呼吸，又称深呼吸，是胸腹两种呼吸方式的结合。胸腹联合呼吸时，扩大了胸腔的容积，所以吸气量最大，也具有一定的厚度，容易产生坚实明亮的音色。这种呼吸方式虽然比前两种有明显的优越性，但是仍有一定的不足，即气息难以控制，吸进的快，排出的也快，胸部和腹部都大起大落，仍不能满足语言工作者的需要。

语言工作者经过多年实践探索出了一种有效的呼吸方式——有控制的胸腹联合呼吸。它与上述 3 种呼吸方式相比，其特点是：

1）吸气量大：吸气时，两肋能迅速主动地扩展开来，因而进气快，部位深，气沉丹田，蓄气量大。

2）便于控制：呼气时，两肋不是马上就放松，而是持续工作并逐渐放松，同时小腹自然内收，这是有控制的胸腹联合呼吸的关键。它要求我们在呼吸时既要"开源"，扩展两肋，全面吸气；更要"节流"，把气息保留在体内较深的位置。不要很快将气吐完，而要用两肋展开和小腹内收"拉住"呼出的气流，有控制地将气流呼出，使呼出的气流均匀、稳健。

3）调节自如：这种呼吸方式可以因情因景、因实际需要而自如地调节用气，并可派生出快慢、长短、松紧、上提下松等多种气息状态，并引发出各种不同的声音变化，清晰生动地传情达意。所以有控制的胸腹联合呼吸是口语交际中较为理想的呼吸方式，也是教师必备的一项基本功。

吸气与呼气，可以到室外空气清新、环境优美的地方进行练习，天长日久定会见效。

（1）吸气训练

训练时，我们可以学习深吸气的方法，做到气沉丹田，尽可能地增大蓄气量。

1）扩展两肋。双肩自然放松，双臂可以自由活动，从容地在吸气时扩展两肋，从而使气容量增大。

2）吸气要深。要有吸向肺底的感觉，此时横膈下降，体内积蓄了较多的空气，膈肌下降一厘米，可扩大胸腔容量 250～300 毫升。膈肌最大可下降 3～4 厘米，就可增大 750～1200 毫升。由此可见，加强膈肌的锻炼是极为重要的。

3）小腹内收。在吸气的同时，腹部肌肉应向小腹的中心位置——丹田收缩。气息集中到丹田，就是用小腹收缩，达到气息控制的目的。

以上所讲是吸气动作的分解，它们在吸气过程中实际上是一个复合运动。三部分应同时进行，获取吸气的综合感觉，这种感觉就是在吸气的最后一刻，随着吸气量的大小而不同程度地感到腰带周围紧张，躯干部位发胀，吸气量越大，这种感觉就越明显。

训练方法：

1）站立式。全身放松，做深呼吸。一、二——吸气，三、四——呼气，五、六——吸气，七、八——呼气……如此循环往复，体会两肋扩展、横膈下降和小腹内收的感觉。

2）坐式。坐在椅子上，上身略向前倾，小腹稍作收缩，吸入气息，体会两肋展开的过程。

3）闻花香。在意念上，面前有一盆香花，这时深吸一口气，将气吸到肺底，气要吸得深入、自然、柔和。

4）抬重物。意念上准备抬起重物，先要深吸一口气，然后憋足一股劲，这时腹部的感觉同有控制的胸腹联合呼吸的吸气最后一刻感觉相近。

5）半打哈欠。不张大嘴地打哈欠。进气最后一刻的感觉和有控制胸腹联合呼吸的吸气最后一刻感觉相近。

（2）呼气训练

要学会有控制地呼气，呼出的气要均匀平稳。

1）稳健地呼。呼气时要将体内的气流拉住，均匀、平稳地呼出，并能根据感情的变化自如地变换呼气状态。

2）要有控制。呼气时，呼气肌肉群体工作的同时，吸气肌肉群体仍要持续不断地进行工作，并且要控制住腹肌向丹田收缩的力量，这样呼气就能持久。

3）要有变化。随着表达的内容和感情的变化，要有意识地调节呼气的强弱、快慢。

另外，有时气已呼完，但话语还在继续，因此要学会在说话过程中补气，气息补得及时才会用得从容，才能持久地发挥气息的动力作用。

训练方法：

1）模拟。模拟生活中的场景，如叹息的声音——唉；吆喝牲口的声音——yu；愉快的大笑声——哈哈哈哈……或者模拟吹掉桌面上的灰尘；或者撮起双唇把空瓶吹响。

训练时喉部要放松，气息缓慢而均匀地流出，尽量拉长呼气时间。

2）喊人。开口度大的低元音构成的音节声音响亮，可以用这样的音节组成人名，练习发音。比如："张良、王强、马岚、安然"等等，或由远渐近地喊，或由近渐远地喊。

呼喊时要尽量将每一音节的主要元音拉开拉长。这种练习可以锻炼呼气肌肉群体的调节能力，还可以使情、气、声较为自然地结合起来。

（3）呼、吸综合训练

吸气与呼气本来就是一个连续的过程。将吸气与呼气紧密地结合使用，从而掌握控制呼吸的能力。训练时，要做到两肋开，横膈降，小腹自然内收。

训练方法：

1）选一些短小、平和、舒缓、轻快的诗词作为练习材料。比如：

鹅、鹅、鹅，曲项向天歌。白毛浮绿水，红掌拨清波。

——骆宾王《咏鹅》

读第一遍时，要先吸一口气读前两句，再吸一口气读后两句。读第二遍时，只吸一口气将四句读出，要读得平稳、舒缓、流畅，表现出白鹅在春天浮游时的美妙情景。

2）选一些句子稍长、内容较复杂的作品。比如：

曲曲折折的荷塘上面，弥望的是田田的叶子。叶子出水很高，像亭亭的舞女的裙。

层层的叶子中间，零星地点缀着些白花，有袅娜地开着的，有羞涩的打着朵儿的；正如一粒粒的明珠，又如碧天里的星星，又如刚出浴的美人。微风过处，送来缕缕清香，仿佛远处高楼上渺茫的歌声似的。这时候叶子与花也有一丝的颤动，像闪电般，霎时传过荷塘的那边去了。

——节选自朱自清《荷塘月色》

朗读这段文字时，要熟练自如地运用有控制的胸腹联合呼吸，表现出作者超然脱俗的思绪和荷塘月色的朦胧之美。

3）选一些读起来难度较大、内容较复杂的长句进行练习。比如：

中华民国十五年三月二十五日，就是国立北京女子师范大学为十八日在段祺瑞执政府前遇害的刘和珍杨德群两君开追悼会的那一天，我独在礼堂外徘徊，遇见程君，前来问我道，"先生可曾为刘和珍写了一点什么没有？"我说"没有"。她就正告我，"先生还是写一点罢；刘和珍生前就很爱看先生的文章。"

——节选自鲁迅《记念刘和珍君》

那次做伪证的意图是要从一个贫苦的土著寡妇及其无依无靠的女儿手里夺取一块贫瘠的香蕉园，那是他们失去亲人之后的凄凉生活中唯一的依靠和唯一的生活来源。

——节选自马克·吐温《竞选州长》

读这类长句时，读前吸气量要大，读时要控制好气息，气要"拉住"，不能随意补气或停顿，否则就会影响语意的完整性。

我们可以用力吸进一口气，反复读一段绕口令，看一口气能读几句，比较一下训练前后的不同。例如：

四和十，十和四，十四和四十，四十和十四。说好四和十得靠舌头和牙齿。谁说四十是"细席"，他的舌头没用力；谁说十四是"适时"，他的舌头没伸直。认真学，常练习，十四、四十、四十四。

发声训练的一条根本原则是，声音和意义之间，意义永远占主导地位。必须坚持以情运气，以气托声，以声传情的原则，充分发挥感情在发声过程中的作用。

## 二、共鸣控制

气息是发声的动力，也是共鸣的基础。声带本身发出的声音是很微弱的，必须要借助共鸣，才能加大音量，美化音色。

### 1. 共鸣器官及其作用

（1）喉腔

喉腔是人体的第一个共鸣腔，如果它被挤扁，声音就会"横"着出来；如果喉部束紧，声音就会"拔高、单薄"。因此它的形状变化对于整个声音质量都会有影响。

（2）咽腔

咽腔容积比较大，对于扩大音量和美化音色起着重要的作用。

（3）口腔

口腔是语音的制造场，也是人体最主要最灵活多变的共鸣腔体。口腔的开合、舌头的伸缩、软腭的升降等都可以改变口腔的形状，对共鸣有重要的影响。

（4）鼻腔

鼻腔其共鸣作用是由于腔内空气振动和骨骼的传导产生的，它对高音的共鸣作用很大。

（5）胸腔

随着声音的高低变化，胸部会感到有一个较为集中的响点。这一"胸腔响点"沿着胸骨的上下移动产生了胸腔的振动，由这种振动造成的共鸣可以使音量扩大，声音浑厚有力。

各个共鸣腔体共同协调地工作，就能使发出的声音响亮、结实、圆润、清晰。

2. 共鸣方式

在口语表达中，人们主要运用的是以口腔为主，中、低、高三腔共鸣的方式。中音共鸣区就是口腔，它是指硬、软腭以下，胸腔以上各共鸣腔体。低音共鸣区主要是指胸腔。高音共鸣区主要是鼻腔，它是指硬、软腭以上的共鸣腔体。

艺术语言工作者对于发声共鸣的要求是很高的。日常口语交际虽然不需要那么丰富的共鸣，但为了使声音响亮、圆润而富有表现力，同样需要掌握必要的共鸣技能。取得最佳效果的共鸣方式是：以胸腔共鸣为基础，以口腔共鸣为主，略带一点鼻腔共鸣。用这样的共鸣方式发出的声音，既丰满圆润，洪亮浑厚，又朴实自然、清晰真切。

（1）口腔共鸣训练

掌握打开口腔的要领，发出坚实、丰满的声音。适当地打开后槽牙（不是张大嘴），使声波通畅地到达口腔。

训练方法：

1）发单韵母 i、u、e、o。把声音从喉咙中"吊"出来，使其能"立得住"，发音时要体会上下贯通的感觉。

2）适当地打开后槽牙，发复韵母ai、ei。发音时体会声束沿上腭中线前行，挂在前腭的感觉。

3）模拟。学发汽笛长鸣声 di——；或者鞭炮声 pi—li—pa—la—，体会声束冲击硬腭前部的感觉。

（2）胸腔共鸣训练

学会放松胸部的呼吸发声方法，使声音浑厚、结实、有力。颈部和脊背要自然伸直，胸部要自然放松，吸气不要过满，否则不利于胸腔调节。

训练方法：

1）加强胸腔共鸣的训练。以自己感觉最舒适的音高和降低声音以后的音高，交替发出 a、i、u、e、o→a、i、u、e、o 5 个音素，体会胸腔共鸣。

2）加强胸腔响亮的训练。当人们在发出较低的声音时，会感觉胸部有一个较为集中的"响点"。这样由低到高一声一声地弹发，体会胸部响点的上移；再由高到低一声一声地弹发，体会胸部响点的下移。通过训练，体会胸腔共鸣。

3）体会声束冲击的范围。发元音 a、i（或 ü），由低到高，逐渐上升，使声束冲击位置由后向前逐渐移动；再由高到低逐渐下降，使声束冲击位置再由前向后逐渐移动。

这一沿硬腭中线前后滑动的区域，就成了声束冲击的运动范围。

（3）鼻腔共鸣训练

发鼻音音素或非鼻音音素时，要注意软腭下降或上升的运动方式，以获得高亢明亮的共鸣效果。在发鼻音音素时，软腭下降，阻塞口腔通道，声音全部由鼻腔通过，如 m、n；在发鼻韵尾时，软腭先上挺后下降，声音则分别从口腔和鼻腔通过，如-n、-ng。

训练方法：

1）体会鼻音和非鼻音的不同。发口音 bi、pi、bo、po、bu、pu，使声束打到硬腭的前部，再发 ma、mi、mu，鼻子的振动明显加强，这样可以体会鼻音和非鼻音的不同。

2）体会口音和鼻化音的不同。交替发口音 a 和鼻化音ã，体会软腭升起和下降的不同状态，以及由此产生的不同的声音色彩。

（4）共鸣控制综合训练

灵活运用三腔共鸣，注意控制调节，使声音富有变化。打开口腔，放松胸部，鼻腔畅通。

训练方法：

1）大声朗读。比如：光—明—磊—落—，乘—风—破—浪—。

2）大声呼唤：以 50～80 米远的一个目标为假设呼唤对象，向对方呼告一句话或一件事，要求声音洪亮。

## 三、吐字归音

吐字归音是我国传统说唱艺术理论中在咬字方法上的一个术语。它把一个音节的发音过程分成出字、立字和归音 3 个阶段。出字是指声母和韵头（介音）的发音过程，立字是指韵腹（主要元音）的发音过程，归音是指音节发音的收尾（韵尾）过程。吐字归音对每个发音阶段都提出了具体的要求，以取得字音清晰、声音饱满、弹发有力的效果。有人口齿不清，声音不饱满，大多是因为缺乏这方面的训练造成的。

吐字归音技能训练：

训练目标：

掌握吐字归音对音节各部分的具体要求，达到吐字清晰、字正腔圆的效果。

训练要领：

汉字的音节结构分为声、韵、调几个部分。汉字的发音应遵循汉字的音节结构特点，要求"珠圆玉润"。一个音节的音程很短，大多在三分之一秒就会结束。要在短短的时间内兼顾声、韵、调和吐字归音，必须从日常训练开始严格要求：

1）出字——准确有力。做到这一点的关键是要把握好声母的发音部位和发音方法，并迅速与韵头结合。吐字发声时一定要咬住字头。有一句话叫"咬字千斤重，听者自动容"，说的就是这个意思。这时嘴唇一定要有力，把发音的力量放在字头上，利用字头带响字腹与字尾。

2）立字——拉开立起，圆润饱满。关键是口腔开合适度，松紧相宜，音节才能坚实稳定。字腹的发音一定要饱满、充实，口形要正确。发出的声音应该是立着的，而不是横着的，应该是圆的，而不是扁的。如果处理得不好，就容易使发出的声音扁平、立不住，声音不圆润。

　　3）归音——既要到位完整又要干净利落，不可拖泥带水。归音的关键是对韵尾的处理，主要是字尾要到位，也就是不要念"半截"字，要把音发完整，尤其是 i、u、n、ng（元音韵尾和鼻音韵尾）等作韵尾时，要注意口型的变化。口腔由开到闭，肌肉由紧渐松，声音由强到弱，要做到弱收到位。而开尾（无韵尾）音节要用渐弱的声波来结束音尾，不要改变口腔的大小。当然字尾也要收住，不能把音拖得过长。归音趋向要鲜明，干净利索，既不可拖泥带水，也不可唇舌不到位。另外语流中感情色彩的变化要延伸，也多体现在韵尾上，归音要注意归出"味儿"来。

　　把上述要领综合起来，当我们读一个声母韵母（包括介音和韵尾）完全的音节时，吐字归音过程就形成了"枣核形"，即声母、韵头为一端，韵尾为另一端，韵腹为核心。中间发音动程大，占的时间长；两头发音动程小，时间短。这样，发音就能收到字正腔圆，清晰丰满的效果。如"天"（tian）、"票"（piao）、"窗"（chuang）三字的发音。

　　当然，对音节发音动程呈"枣核形"也不可作绝对化的理解，不可能也不必要片面强调字字如核，这样势必会违背语言交流的本质，去单纯追求技巧和方法，削弱声音的感情色彩，破坏语言的节奏。

　　良好的发声技能并非一日之功，要按照以上的方法有意识地勤于训练，才能使吐字发声圆润、响亮，声音变得悦耳动听。

---

**【小资料】**

（一）

**吐字归音练习口诀**

学好声韵辨四声，阴阳上去要分明。

部位方法须找准，开齐合撮属口形。

双唇班报碧百波，舌尖当地豆点丁。

舌根高狗工耕故，舌面积结教尖精。

翘舌主争真志照，平舌资则早在增。

擦音发翻飞分复，送气查柴产彻称。

合口呼午枯胡古，开口河坡歌安争。

撮口虚学寻徐剧，齐齿衣优摇业英。

前鼻恩因烟弯稳，后鼻昂迎中拥生。

咬紧字头归字尾，不难达到清和纯。

（二）

**如何使自己的声音更饱满、洪亮**

　　很多人感觉说话费劲，声音不洪亮传不远，主要有两个原因：一是没有充分利用共鸣器官；二是气息不稳。

　　我们所发出的声响都是依靠两片声带震动而成，本质上没有多大的差别，但是震动经过咽、喉、口腔、鼻腔、胸腔等人体自然的空间后被逐渐修饰、放大，形成自己的风格，最终传达到听众的耳朵里。我们在说悄悄话（用气声）的时候，声带并没有震动，仅仅依靠气息的摩擦，再怎样用力，也不会有任何声响，因为没有震动，也就没有共鸣；反之，要追求声音洪亮，一味依靠声带的强烈震动，只能造成声带充血，声音嘶哑。唯一的办法就是充分利用共鸣腔，让气流在口腔、鼻腔甚至胸腔得到震动、共鸣、放大，声音才会饱满、圆润、高扬。使声音饱满洪亮的几个小技巧：

1. 体会胸腔共鸣

微微张开嘴巴，放松喉头，闭合声门（声带），像金鱼吐泡一样轻轻地发声，或者低低的哼唱，体会胸腔的震动。

2. 降低喉头的位置

微微张开嘴巴，放松喉头，闭合声门（声带），像金鱼吐泡一样轻轻地发声，喉部放松、放松、再放松。

3. 打牙关

打开上下大牙（槽牙），给口腔共鸣留出空间，用手去摸摸耳根前大牙的位置，看看是否打开了。然后发出一些元音，如"ɑ"，感觉一下自己声音的变化。

4. 提颧肌

微笑着说话，嘴角微微向上翘，同时感觉鼻翼张开了，试试看，声音是不是更清亮了。

5. 挺软腭

打一个哈欠，顺便长啸一声。

以上技巧其实就是打开口腔的几个要点，在大声说话的时候，注意保持以上几种状态就会改善自己的声音。但是切记：一定要放松，不要矫枉过正，更不要本末倒置，只去注意发音的形式，而把说话的内容给忘了。

关于气息的问题。

发音靠震动，震动靠气息，所以要使声音洪亮，中气十足，就要有饱满的气息。呼吸要深入、持久，要随时保持一定的呼吸压力。平时可以多做一些深吸缓呼的练习，最好在练习说话的时候先站起来，容易寻找到呼吸状态；如果坐的话，也要坐直，上身微微前倾。

运用气息时，千万不要"漏气"，以免造成能量的损失。要在呼吸气流的压力中缓缓的释放，并且要善于运用嘴唇把气拢住。这样来保持胸腹和嘴唇的压力平衡。

关于声音的线路问题。

人们发音，有一个不易察觉的线路，比如打呼哨，声音很响亮，道理就在于气息畅通，声音集中，通行无阻。说话也是这样，要尽量让自己的气息贯通，让声音尽量沿着口腔内部的中纵线穿透而出，这样才能使声音集中而明亮。

## 四、嗓音保健

人体发声器官的内部构造是十分精细的，如果使用不当，轻则会影响发音的质量，重则会带来嗓音疾病。嗓子是人们口语表达、语言交流的"工具"，但有些人由于缺乏嗓音保健的常识，不会科学地用嗓、护嗓，致使嗓音沙哑无力，甚至"失声"，这不仅影响了正常的口语表达，也给自己的身心带来了痛苦。

1. 选择正确的用声方法

用声适度是正确用声的基本原则。所谓用声适度是指发声器官应在自然发声状态的范围内进行工作。超过发声器官的承受能力，或在疲劳状态下长期工作，呼吸和吐字方法不当等，都属用声失度。主要表现为：音色过亮；过于追求虚声；过度扩大音量；用声偏高或偏低；用声时间过长等。这样不仅使发声能力得不到提高，反而会使发声器官受到损伤。

每个人都应根据自己嗓音的实际的情况，选择自己自然声区中最佳音域和最佳音量用声，声带要放松，正确呼吸用气，学会共鸣控制，使发声器官在发声过程中维持平衡、协调的活动。

2. 培养良好的生活习惯

要积极锻炼身体，增强对疾病的抵抗力。生活起居要有规律，要保证必要的休息和睡眠。除此之外，还要养成良好的饮食习惯，刚进餐后最好不要用声，这样会影响肠胃的消化功能，同时胃的膨胀还会妨碍横膈的下降，造成吸气的不足。要尽量避免食用辛辣或过冷过热的食物，戒烟戒酒。

3. 及时治疗嗓子疾病

嗓子疾病的类型很多，常见的有咽炎、喉炎和声带小结等，嗓子有病应及时治疗。如果是因为发声方法不当造成的，要纠正发音方法。嗓音保健应当采取预防为主的方针，有条件的应定期做嗓子检查。

4. 注意调节教育心理

有的教师动辄高声训斥学生，这不仅是教育方法的大忌，也是用嗓的失当。教师应当根据教室的大小、人数的多少、教学内容、教学环节和教育教学情境的需要适时调节嗓音。

另外注意，练声时千万不要早晨刚睡醒就到室外去练习，那样会使声带受到损害。特别是室内与室外温差较大时，更不要张口就喊。那样，冷空气进入口腔后，会刺激声带。

---

【发音训练】

1. 呼吸训练。

1）深吸一口气。从 1 开始数数，看能数到多少。

2）跑 20 米左右，然后朗读一段文章，尽量避免喘气声。

2. 读绕口令，练习吐字。

1）双唇练习：

A. 八百标兵奔北坡，炮兵并排北边跑；
　　炮兵怕把标兵碰，标兵怕碰炮兵炮。

B. 吃葡萄不吐葡萄皮，不吃葡萄倒吐葡萄皮。

C. 一平盆面，烙一平盆饼，饼平盆，盆平饼，饼碰盆，盆碰饼。

2）舌的练习：

A. 牛牛要吃河边柳，妞妞护柳要赶牛，牛牛扭头瞅妞妞，妞妞扭牛牛更牛，牛牛要顶妞妞，妞妞捡起小石头，吓得牛牛扭头溜。

B. 打南边来了两队篮球运动员，一队是穿篮球衣的男运动员，一队是穿绿球衣的女运动员。男女运动员都来练习投篮，不怕累，不怕难，努力练投篮。

C. 哥挎瓜筐过宽沟，赶快过沟看怪狗；
光看怪狗瓜筐扣，瓜滚筐空哥怪狗。

D. 洪小波和白小果，拿着箩筐收萝卜。
洪小波收了一筐白萝卜，白小果收了一筐红萝卜。
不知是洪小波收的白萝卜多，还是白小果收的红萝卜多。

E. 高高山上一条藤，藤条头上挂铜铃。风吹藤动铜铃动，风停藤停铜铃停。

3. 读绕口令，练习归音。

1）南南有个篮篮，篮篮装着盘盘，盘盘放着碗碗，碗碗盛着饭饭。南南翻了篮篮，篮篮扣了盘盘，盘盘打了碗碗，碗碗撒了饭饭。

2）一个胖娃娃，画了三个大花活蛤蟆；三个胖娃娃，画不出一个大花活蛤蟆。画不出一个大花活蛤蟆的三个胖娃娃，真不如画了三个大花活蛤蟆的一个胖娃娃。

3）天上看，满天星，地下看，有个坑，坑里看，有盘冰。坑外长着一老松，松上落着一只鹰，鹰下坐着一老僧，僧前点着一盏灯，灯前搁着一部经，墙上钉着一根钉，钉上挂着一张弓。说刮风，就刮风，刮得那男女老少难把眼睛睁，刮散了天上的星，刮平了地下的坑，刮化了坑里的冰，刮断了坑外的松，刮飞了松上的鹰，刮走了鹰下的僧，刮灭了僧前的灯，刮乱了灯前的经，刮掉了墙上的钉，刮翻了钉上的弓。这就是：星散、坑平、冰化、松倒、鹰飞、僧走、灯灭、经乱、钉掉、弓翻的绕口令。

4. 按字正腔圆的要求读下列成语。

荡气回肠　顶天立地　争先恐后　步调一致　德才兼备　光明磊落
山清水秀　含情脉脉　五彩缤纷　集思广益　多才多艺　耳目一新
源远流长　心明眼亮　海市蜃楼　气贯长虹　惊涛骇浪　姹紫嫣红

5. 慢速吟诵一首诗歌或绕口令。

要求：把每一音节的韵腹适当拉开拉长，体会吐字归音的要求。或以记录速度（每分钟只能读25个字）朗读一篇短文。

## 思考与练习

1. 人的发音器官包括哪三部分？各自的作用是什么？

2. 从物理的角度看，语音的四要素是什么？在汉语普通话中各起什么作用？

3. 语音和自然界的声音有什么不同？

4. 名词解释：

音节、音素、元音、辅音、声母、韵母、声调。

5. 什么是《汉语拼音方案》？《汉语拼音方案》包括哪几部分？

6. 《汉语拼音方案》的主要用途是什么？

7. 熟读《汉语拼音方案》的声母表和韵母表。

8. 诗文朗读：

（一）

# 卜　算　子

## 咏梅

毛泽东

一九六一年十二月

读陆游咏梅词，反其义而用之。

风雨送春归，

飞雪迎春到，

已是悬崖百丈冰，

犹有花枝俏。

俏也不争春，

只把春来报。

待到山花烂漫时，

她在丛中笑。

（二）

## 纸篓里的老鼠

王　悦　编译

史蒂夫·莫里斯出生在美国密歇根州的萨吉诺城，幼年随父母搬到底特律。他和班上的同学比，很"特殊"，因为他双目失明。对于一个 9 岁的孩子来说，"特殊"意味着被嘲笑，被冷落。小史蒂夫一度生活在重重自卑中，直到他遇见了本尼迪斯太太。

在史蒂夫记忆中，小学老师本尼迪斯太太是颗永不消逝的启明星。她让史蒂夫发现了自己的天赋，教他勇于做个与众不同的人。本尼迪斯太太无疑是个睿智的人，她意识到光靠说教没法让 9 岁的顽童理解深奥的人生哲理。于是，她请来了一个"助手"。在"助手"的帮助下，女教师给史蒂夫上了一节难忘的人生课。他生命的乐章从此奏响。

故事发生在一间狭小的教室里。本尼迪斯太太正准备上课："安静，大家坐好，打开你们的历史书……"小学生们不安分地在凳子上扭动着，多数心不在焉。只有小史蒂夫默默无语。上堂课是体育课，孩子们刚从操场上回来，多数人还惦记着玩过的游戏，当然还有史蒂夫的洋相。

"今天天气真棒，我知道你们宁愿在外面玩游戏，"女教师脸上露出微笑，"可是如果不学习，你们就只能一辈子做游戏。"

"安妮，"老师提问，"亚伯拉罕·林肯是什么人？"

安妮局促地低下头："……他……他有大胡子。"教室里爆发出一阵笑声。

"史蒂夫，你来回答这个问题。"本尼迪斯太太说。

"林肯先生是美国第 16 任总统。"史蒂夫的回答清晰准确，毫不犹豫。他一向是个优等生，但学习好无法减弱史蒂夫的自卑感。除非意识到自己具有得天独厚的才能，否则史蒂夫将永远生活在自怨自艾中。

"回答正确，"本尼迪斯太太满意地说，"亚伯拉罕·林肯是我国第 16 任总统，南北战争就发生在那个时候……"话讲了一半，她突然停下来，做出倾听的样子，好像听见什么异常的动静，"是谁在发怪声？"

小学生们莫名其妙地东张西望，只有史蒂夫没动。

"我听见一个微弱的声音，是抓挠的声音，"本尼迪斯太太神秘地低语，"听起来像……像是只老鼠！"教室里顿时乱作一团，女同学尖叫起来，胆小的孩子爬上课桌。

"镇静，大家镇静，"老师大声说，"谁能帮我找到它？可怜的小老鼠一定吓坏了。"孩子们乱嚷一气："讲台下面"，"窗帘后面"，"安妮的书桌里"……

"史蒂夫，你能帮我吗？"老师向静静坐在座位上的史蒂夫求助。

"OK！"小家伙回答，他挺了挺腰板，脸上闪着自信的光芒。"请大家保持安静！史蒂夫在工作。"本尼迪斯太太示意大家肃静，小教室里很快鸦雀无声。史蒂夫歪着头，屏息凝神，手慢慢指向墙角的废纸篓："它在那儿，我能听到。"

一点儿没错，本尼迪斯太太果然在纸篓里找到了那只小老鼠，它正躲在废纸底下，瑟瑟发抖，结果被听觉异常敏锐的史蒂夫发现了。历史课重新开始，一切恢复原状。但史蒂夫变了，一颗自豪的种子开始在这个黑人盲童的心里生根发芽，渐渐驱散了他的自卑感。每当心情低落时，他便想起那只纸篓里的小老鼠。直到多年以后，他才知道小老鼠不是意外掉进纸篓的，而是本尼迪斯太太特地请来的"助手"。

今天，我们更熟悉史蒂夫的艺名——斯蒂维·旺德尔。他的与众不同带给我们无尽的享受。旺德尔集歌手、作曲家和演奏家于一身，摘取过 22 项格莱美大奖，有 7 张专辑打入美国流行乐金榜，获得美国音乐世纪成就奖，入选"摇滚名人殿堂"……这些都是因为曾经有只小老鼠"意外"掉进了纸篓。

——《环球时报》2005 年 11 月 23 日

# 第二章

## 普通话的声母、韵母、声调

【摘要】本章主要介绍普通话声母、韵母、声调的发音，指出方言区的人学习普通话在声母、韵母、声调 3 个方面容易出现的语音错误及语音缺陷，进而指出改正的方法。

## 第一节 | 声　母

### 一、声母的发音及实例训练

#### （一）声母的分类

声母指音节开头的辅音。普通话中有 21 个辅音声母，即：b、p、m、f、d、t、n、l、g、k、h、j、q、x、zh、ch、sh、r、z、c、s。

因为声母是由辅音构成的，所以研究声母的发音也就是研究构成声母的辅音的发音。发辅音时，气流通过口腔或鼻腔要受到某种阻碍，通过克服阻碍而发出声音。阻碍的部位不同，形成阻碍、消除阻碍的方式不同，气流的强弱，声带是否颤动，都会形成不同的辅音。因此，我们可以从发音部位和发音方法两个方面来研究声母的发音：

发音部位就是发音时气流受到阻碍的部位。

发音方法就是发音时气流受阻以及克服阻碍发出声音的方法。

#### 1. 根据发音部位分

发辅音时气流在口腔某两个部位受到阻碍，发音器官局部紧张。构成阻碍的部位就是发音部位。按发音部位分，普通话声母可以分为以下 7 类：

1）双唇音：由上唇和下唇形成阻碍。普通话有 b、p、m 三个。

2）唇齿音：由上齿和下唇形成阻碍。普通话有 f 一个。

3）舌尖前音：由舌尖和上齿背形成阻碍①。普通话有 z、c、s 三个。

4）舌尖中音：由舌尖和上齿龈形成阻碍。普通话有 d、t、n、l 四个。

5）舌尖后音：由舌尖和硬腭前部形成阻碍。普通话有 zh、ch、sh、r 四个。

6）舌面音：由舌面和硬腭前部形成阻碍。普通话有 j、q、x 三个。

7）舌根音：由舌面后部和软腭形成阻碍。普通话有 g、k、h 三个（ng 也是舌根音，但在普通话中不能作声母用）。

2. 根据发音方法分

发音方法指发音时气流在喉头、口腔和鼻腔内受到节制的情况，可从 3 个方面来区分：阻碍的方式、声带是否颤动、气流的强弱。

（1）阻碍的方式

辅音的发音可以分为成阻、持阻、除阻 3 个部分，根据形成阻碍和解除阻碍的方式不同，可把普通话的辅音声母分成塞音、擦音、塞擦音、鼻音、边音 5 类。

1）塞音：发音时，发音部位闭住，小舌和软腭上升，堵住气流通往鼻腔的通路，气流冲破阻碍，从口腔中爆破而出，又称爆破音。例如：b、p、d、t、g、k（3 对）。

2）擦音：发音时，形成阻碍的发音器官相互接近，形成一条缝隙，软腭和小舌上升，堵住气流通往鼻腔的通路，气流从缝隙中流出，摩擦成声，又称摩擦音。例如：f、h、x、s、sh、r（6 个）。

3）塞擦音：发音时，发音部位先闭住，软腭和小舌上升，堵住通往鼻腔的气流，然后，形成阻碍的发音器官中间张开，形成一条缝隙，气流从缝隙中摩擦而出，形成一个前半部分像塞音，后半部分像擦音的音，但它只有一个成阻、持阻、除阻的过程，是一个单辅音。例如：j、q、zh、ch、z、c（3 对）。

4）鼻音：发音时，口腔闭住，软腭和小舌下降，气流从鼻腔流出，一般的鼻音发音时声带要颤动。例如：m、n。

5）边音：发音时，舌尖顶住上齿龈，软腭和小舌上升，堵住气流通往鼻腔的通路，气流从舌头的两边流出，边音发音时声带要颤动。例如：l。

（2）声带是否颤动

按照声带是否颤动，辅音可以分为两种，即清音和浊音。

1）清音：清音指发音时声门打开，声带不颤动的音。例如：b、p、f、d、t，g、k、h，j、q、x、zh、ch、sh，z、c、s。

2）浊音：浊音指发音时声门闭合，声带颤动的音。例如：m、n、l、r。

现代汉语普通话语音中，鼻音、边音 m、n、ng、l 都是浊音，另有一个擦音 r 也是浊音，其余的 17 个塞音、塞擦音、擦音都是清音。

（3）气流的强弱

按照发音时气流的强弱，可把塞音和塞擦音分成：送气音、不送气音（成对出现）。鼻音、边音、擦音等没有送气不送气的区别。

1）送气音：指发音时气流较强的塞音和塞擦音。例如：p、t、k、q、ch、c（发炮、皮子、兔子、跑了）。

2）不送气音：指发音时气流较弱的塞音和塞擦音。例如：b、d、g、j、zh、z（发报、鼻子、肚子、饱了）。

普通话辅音声母横按发音部位纵按发音方法排列见图 2-1。

| | 不送气 | 送气音 | | | |
|---|---|---|---|---|---|
| | 塞　音 | | 鼻音 | 擦音 | |
| 唇　音 | b[p] | p[p'] | m[m] | f[f] | 边音 |
| 舌尖中音 | d[t] | t[t'] | n[n] | | l [l] |
| 舌　根　音 | g[k] | k[k'] | (ng)[ŋ] | h[x] | 浊音 |
| | 塞擦　音 | | 浊音 | | |
| 舌　面　音 | j[tɕ] | q[tɕ'] | | x[ɕ] 浊音 | |
| 舌尖后音 | zh[tʂ] | ch[tʂ'] | | sh[ʂ] | r[z] |
| 舌尖前音 | z[ts] | c[ts'] | | s[s] | |
| | 清　音 | | | 清　音 | |

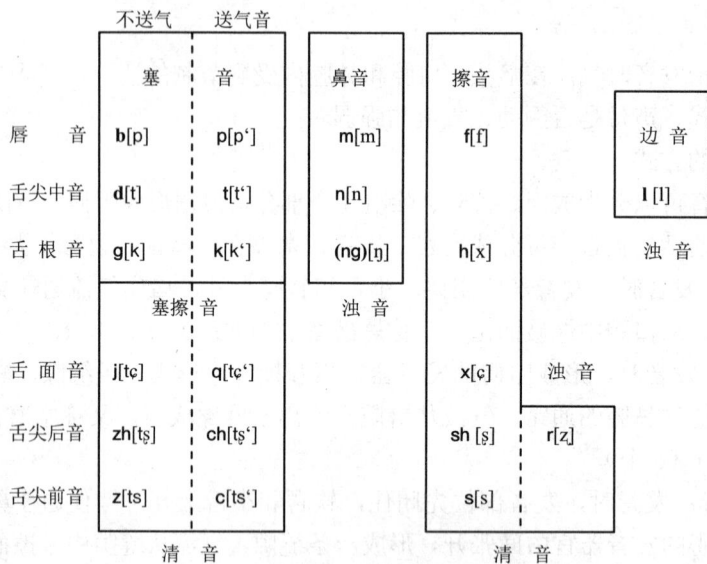

图 2-1　普通话辅音声母表

### （二）声母的发音

普通话的辅音声母多数是清辅音，其本音不响亮，不便于称说和教学。《汉语拼音方案》根据注音字母的读音，在辅音声母后面加上一个元音，使声母响亮起来，这样就便于称说和教学了。首先明确辅音声母的本音和声母的呼读音两个概念。

本音：声母的实际音值。普通话声母除 4 个浊音声母外，清音声母的本音都不响亮。如：b、p、d、t。

呼读音：在声母本音的后面拼上一个响亮的单元音，构成呼读音。这些呼读音与《字母表》的名称音绝大多数不相同。具体如下：

b、p、m、f+o　　　　　　呼读为 bo、po、mo、fo　　——o [o ]

d、t、n、l、g、k、h+e　呼读为 de、te、ne、le、ge、ke、he　——e [ɤ]

j、q、x+i　　　　　　　 呼读为 ji、qi、xi　　　　 ——i[i]

zh、ch、sh、r+i[ʅ]　　　呼读为 zhi、chi、shi、ri　——-i [ʅ]舌尖后音

z、c、s+i[ɿ]　　　　　　 呼读为 zi、ci、si　　　　 ——-i [ɿ]舌尖前音

呼读音只用来呼读、称说声母，在声母和韵母拼合成一个音节时，必须丢掉声母后面所加的元音，仍用它的本音，如：ba（八）这个音节，应该是 b−ɑ→bɑ，而不是bo−ɑ。

根据发音部位和发音方法，普通话 21 个辅音声母发音状况如下：

1. b、p、m

b [p]双唇、不送气、清、塞音[②]。

发音时双唇闭住，软腭和小舌翘起，堵住鼻腔通道，肺部呼出的气流通过喉头，但不振动声带，到达口腔，然后双唇突然打开，气流爆出而发音。例如：颁布、报表。

p [p']双唇、送气、清、塞音。

发音的情形与b[p]相同，只是爆破发音时气流较强。例如：匹配、品牌。

m[m]双唇、浊、鼻音。

发音时双唇闭住，软腭和小舌下垂，打开鼻腔通道，肺部呼出的气流通过喉头，振动声带，然后从鼻腔缓缓流出。例如：面貌、美妙。

2. f

f [f]唇齿、清、擦音。

发音时上齿靠近下唇，中间留一条缝隙，软腭和小舌翘起，堵住鼻腔通道，肺部呼出的气流通过喉头，但不振动声带，气流经过口腔，从唇齿的缝隙间摩擦而出。例如：方法、风帆。

---

**【发音训练】**

1. 朗读下列单音节字词，注意声母的发音：

b——笔 奔 表 把 白 帮 班 编 兵 播 北 别 半

p——批 片 破 篇 陪 喷 剖 瞥 盘 派 匹 票 品

m——慢 民 某 麦 猫 门 忙 面 名 谬 梦 秒 灭

f——分 幅 非 发 放 反 福 峰 愤 防 否 风 饭

2. 朗读下列双音节词语，注意每个音节声母的发音：

办法 播放 部门 模范 普遍 分配 笔墨 爆破 马匹

排版 喷发 蜂蜜 攀比 名片 篇幅 放牧 佩服 风波

3. 朗读下列三音节词语，注意每个词语第一个音节声母的发音：

繁体字 边境线 北极光 保险柜 报告会 辩论赛 民间舞

普通话 防洪堤 方言区 排球赛 平衡木 莫斯科 牡丹江

4. 朗读下列四音节词语，注意每个词语第一个音节声母的发音：

不卑不亢 盘根错节 满腹经纶 不屈不挠 排忧解难 丰功伟绩

旁征博引 评头论足 班门弄斧 非此即彼 马到成功 披星戴月

---

3. d、t、n、l

d [t]舌尖中、不送气、清、塞音。

发音时舌尖顶住上齿龈，软腭和小舌翘起，堵住鼻腔通道，肺部呼出的气流通过喉头，但不振动声带，到达口腔，然后舌尖突然离开上齿龈，气流爆出而发音。例如：抵达、等待。

t [t']舌尖中、送气、清、塞音。

发音的情形与d[t]相同，只是爆破发音时气流较强。例如：探讨、团体。

n [n]舌尖中、浊、鼻音。

发音时舌尖顶住上齿龈，软腭和小舌下垂，打开鼻腔通道，肺部呼出的气流通过喉头，振动声带，然后从鼻腔缓缓流出。例如：牛奶、泥泞。

l [l]舌尖中、浊、边音。

发音时舌尖顶住上齿龈，软腭和小舌翘起，堵住鼻腔通道，肺部呼出的气流通过喉头，振动声带，到达口腔，从舌头的两边流出。例如：理论、浏览。

【发音训练】

1. 朗读下列单音节字词，注意声母的发音：

d——单　读　第　段　电　多　答　点　带　导　都　动　等
t——听　铁　桃　谈　他　跳　讨　图　套　塔　题　天　特
n——年　南　你　宁　鸟　您　念　女　能　内　努　牛　嫩
l——老　类　论　略　律　灵　蕾　龙　令　露　料　蓝　烈

2. 朗读下列双音节词语，注意声母的发音：

论坛　努力　童年　电脑　聆听　典礼　朗读　泥土　头脑
蓝天　理念　讨论　独立　得体　东南　独特　年代　道路

3. 朗读下列三音节词语，注意每个词语第一个音节声母的发音：

讨论会　代理人　绿茸茸　太极拳　停机坪　年轻化　泥石流
听录音　粘合剂　螺丝刀　电热器　暖气片　雕刻家　电路图

4. 朗读下列四音节词语，注意每个词语第一个音节声母的发音：

大张旗鼓　两袖清风　道貌岸然　鸟语花香　年富力强　铁面无私
龙腾虎跃　你来我往　亭亭玉立　雕梁画栋　老骥伏枥　玲珑剔透

4. g、k、h

g [k]舌根、不送气、清、塞音。

发音时舌根翘起，顶住软腭，形成阻塞；软腭和小舌翘起，堵住鼻腔通道，肺部呼出的气流通过喉头，但不振动声带；到达口腔，然后舌根与软腭突然离开，气流爆出而发音。例如：更改、光顾。

k [k']舌根、送气、清、塞音。

发音的情形与g[k]相同，只是爆破发音时气流较强。例如：开阔、刻苦。

h [x]舌根、清、擦音。

发音时舌根翘起，与软腭之间留一条缝隙；软腭和小舌翘起，堵住鼻腔通道，肺部呼出的气流通过喉头，但不振动声带，到达口腔，从缝隙间摩擦而出。例如：黄河、呼唤。

【发音训练】

1. 朗读下列单音节字词，注意声母的发音：

g——轨　概　观　购　国　光　公　敢　港　冠　给　高　耕
k——考　可　堪　跨　课　肯　刊　渴　空　凯　快　口　宽
h——华　横　晖　荷　汉　魂　虹　寒　黑　核　幻　湖　海

2. 朗读下列双音节词语，注意声母的发音：

海关　凯歌　狂欢　航空　开关　何况　概括　客观　荷花
广阔　坎坷　欢呼　骨骼　海港　考核　刻画　慷慨　黑客

3. 朗读下列三音节词语，注意每个词语第一个音节声母的发音：

合格率　高寒区　航空业　课间操　高科技　开门红　化合物
科学家　汇款单　概括性　果皮箱　后备军　故事会　海产品

4. 朗读下列四音节词语，注意每个词语第一个音节声母的发音：

慷慨激昂　好高骛远　改朝换代　空中楼阁　汉语拼音　感性认识

刚柔相济　跨国公司　海底捞月　固定资产　宽宏大量　航空母舰

5. j、q、x

j[tɕ]舌面、不送气、清、塞擦音。

发音时舌面前部抬起，顶住硬腭前部，软腭和小舌翘起，堵住鼻腔通道，肺部呼出的气流通过喉头，但不振动声带，到达口腔，然后舌面前部与硬腭前部打开，形成一条缝隙，气流摩擦而出，形成先塞后擦的发音。例如：交际、简介。

q [tɕ']舌面、送气、清、塞擦音。

发音的情形与j[tɕ]相同，只是发音时气流较强。例如：情趣、确切。

x [ɕ]舌面、清、擦音。

发音时舌面前部抬起，靠近硬腭前部，中间留一条缝隙，软腭和小舌翘起，堵住鼻腔通道，肺部呼出的气流通过喉头，但不振动声带，到达口腔，从缝隙间摩擦而出。例如：信息、形象。

【发音训练】

1. 朗读下列单音节字词，注意声母的发音：

j——街　讲　节　家　届　君　炯　甲　剑　即　解　级　境

q——且　琼　泉　去　求　请　鹊　潜　劝　群　齐　桥　秦

x——笑　学　谐　新　雄　需　穴　屑　萧　许　夏　鞋　选

2. 朗读下列双音节词语，注意声母的发音：

奇迹　技巧　清醒　教学　界限　间隙　气象　健全　清新

清晰　夏季　机械　解决　揭晓　情境　局限　辛勤　心情

3. 朗读下列三音节词语，注意每个词语第一个音节声母的发音：

计算机　起点站　现代化　建设者　区域化　君子兰　心理学

鉴定会　驱逐舰　选举权　交响乐　六弦琴　气象台　星期六

4. 朗读下列四音节词语，注意每个词语第一个音节声母的发音：

机械运动　浅尝辄止　激浊扬清　炯炯有神　岂有此理　雪上加霜

巧夺天工　学海无涯　心心相印　清规戒律　循规蹈矩　兼收并蓄

6. zh、ch、sh、r

zh [tʂ]舌尖后、不送气、清、塞擦音。

发音时舌尖翘起，顶住硬腭前部，软腭和小舌翘起，堵住鼻腔通道，肺部呼出的气流通过喉头，但不振动声带，到达口腔，然后舌尖与硬腭前部离开一条缝隙，气流摩擦而出，形成先塞后擦的发音。例如：真正、纸张。

ch [tʂ']舌尖后、送气、清、塞擦音。

发音的情形与zh[tʂ]相同，只是发音时气流较强。例如：长城、出差。

sh [ʂ]舌尖后、清、擦音。

发音时舌尖与硬腭前部中间留一条缝隙，软腭和小舌翘起，堵住鼻腔通道，肺部呼出的气流通过喉头，但不振动声带，到达口腔，从缝隙间摩擦而出。例如：设施、舒适。

r [z] 舌尖后、浊、擦音。

发音时舌尖上翘，接近硬腭前部，留一条缝隙，软腭上升，堵住鼻腔通道，肺部呼出的气流振动声带，到达口腔，从缝隙间摩擦而出。例如：容忍、仍然。

---

【发音训练】

1. 朗读下列单音节字词，注意声母的发音：

zh——站 周 彰 指 竹 智 真 展 诸 准 债 召 征

ch——持 察 初 窗 插 车 创 冲 春 承 创 柴 产

sh——水 市 声 爽 说 扇 诗 绍 沈 摄 申 晒 首

r——日 如 然 容 弱 仍 染 热 人 软 让 绕 柔

2. 朗读下列双音节词语，注意声母的发音：

阵容 查收 主持 招生 诗人 日出 真诚 燃烧 生日
儒商 设置 容忍 湿润 侦察 衬衫 转让 常识 仍然

3. 朗读下列三音节词语，注意每个词语第一个音节声母的发音：

沙尘暴 人事厅 双重性 热处理 软着陆 生日卡 注射器
出入口 时装界 入场券 出入境 主人公 双唇音 市场价

4. 朗读下列四音节词语，注意每个词语第一个音节声母的发音：

车水马龙 燃眉之急 守株待兔 超级市场 山珍海味 仗义执言
热血沸腾 真凭实据 察言观色 忍辱负重 舍生取义 政通人和

---

**7. z、c、s**

z [ts] 舌尖前、不送气、清、塞擦音。

发音时舌尖顶住上齿背，软腭和小舌上升，堵住鼻腔通道，肺部呼出的气流通过喉头，但不振动声带，然后舌尖与上齿背离开一条缝隙，气流摩擦而出，形成先塞后擦的发音。例如：自尊、总则。

c [ts'] 舌尖前、送气、清、塞擦音。

发音的情形与 z[ts] 相同，只是发音时气流较强。例如：草丛、参差。

s [s] 舌尖前、清、擦音。

发音时舌尖靠近上齿背，中间留一条缝隙，软腭和小舌翘起，堵住鼻腔通道，肺部呼出的气流通过喉头，但不振动声带，到达口腔，从缝隙间摩擦而出。例如：搜索、色素。

---

【发音训练】

1. 朗读下列单音节字词，注意声母的发音：

z——左 在 纵 最 走 则 组 咱 怎 早 藏 增 紫

c——苍 草 层 村 萃 从 册 餐 错 采 促 岑 此

s——苏 桑 虽 思 色 赛 森 散 算 洒 送 宿 所

2. 朗读下列双音节词语，注意声母的发音：

字词 总裁 沧桑 自尊 参观 咱们 祖国 足球 参赞
塞责 塑造 策略 赠送 色彩 存在 赞颂 桑蚕 阻塞

3. 朗读下列三音节词语，注意每个词语第一个音节声母的发音：

次大陆 三八节 测试仪 自然界 总司令 色拉油 三字经
紫罗兰 材料费 资料室 总导演 四六级 司法部 三棱镜

4. 朗读下列四音节词语，注意每个词语第一个音节声母的发音：

藏龙卧虎 责无旁贷 载歌载舞 所向披靡 草木皆兵 三令五申
随波逐流 走马观花 辞旧迎新 自然规律 三顾茅庐 粗制滥造

普通话辅音声母发音部位如图2-2所示。

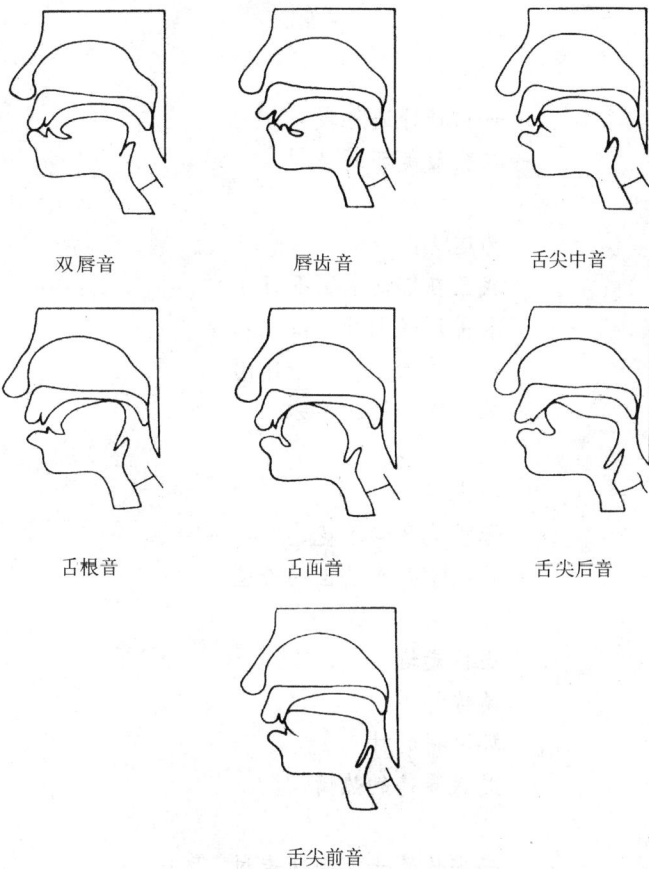

双唇音　　　　　　唇齿音　　　　　　舌尖中音

舌根音　　　　　　舌面音　　　　　　舌尖后音

舌尖前音

图2-2　普通话辅音声母发音部位示意图

【综合发音训练】

1. 结合"发音部位图"，学生跟着老师连读：

b-p-m-f d-t-n-l g-k-h j-q-x zh-ch-sh-r z-c-s

2. 学生跟老师连读，体会发音方法的不同：

b-p d-t g-k j-q zh-ch z-c（送气与否）

b－d－g　p－t－k（塞音）
j－zh－z　q－ch－c（塞擦音）
f－h－x－sh－r－s（擦音）
m－n－l－r（浊音）

3. 诗文朗读：

　　要求：重点练习声母的发音。根据自己的实际情况，找出方言和普通话声母的不同之处，特别是找准普通话的发音部位，纠正部位不准的发音习惯。

（一）

### 一棵开花的树
席慕容

如何让你遇见我
在我最美丽的时刻

为这
我已在佛前求了五百年
求佛让我们结一段尘缘
佛于是把我化做一棵树
长在你必经的路旁

阳光下
慎重地开满了花
朵朵都是我前世的盼望

当你走近
请你细听
那颤抖的叶
是我等待的热情

而当你终于无视地走过
在你身后落了一地的
朋友啊
那不是花瓣
那是我凋零的心

## （二）

### 特殊的呵护

乔伊 编译

去年春天，我作为实习医生给骨科医院的尼尔医生做助手。

一天夜里，一个父亲抱着一个啼哭的小男孩儿，急匆匆地走进接诊室。那父亲说："就在 20 分钟前，我 4 岁的儿子不慎从窗台上摔了下来。"

我给男孩儿做了初步诊断：左手腕向后偏折大约 45 度。我决定安排他照 X 光。

但是，那男孩一直哭闹不停，躲避着不让我碰他受伤的手臂，无论他的父母怎样哄劝都没用。最后，他干脆躲在门口拐角处，说什么也不肯进入 X 光室。

我语气生硬地对他说："请你听从医院的安排！否则，我们没办法为你治疗。"但是，固执的男孩儿依然又哭又闹地跑到他父亲身后。

正当我无计可施时，尼尔医生走过来。他微笑着问男孩儿："孩子，你叫什么名字？"

"杰瑞！""杰瑞，你几岁了？""4 岁。"男孩儿抽泣着。

"真是个棒小伙儿！"尼尔医生伸出手摸了摸男孩儿的头发，"谁是你的好朋友？"

男孩儿慢吞吞地从身后的背包里掏出了一只毛绒玩具熊，递到了尼尔医生的面前说："是维尼。"

"啊！它可真是个可爱的小家伙。我想，维尼知道你受伤一定很难过吧？你要赶快让医生帮你治好手腕，你的朋友还在等你和它一起玩呢！"尼尔医生微笑着说。

男孩儿若有所思地点点头，跟着尼尔医生走进 X 光室。突然，他转过头对尼尔医生说："可是，我从窗台上摔下来的时候，维尼也掉到了地上。而且，我还摔到了它的身上。"

"噢！那么说，你的朋友也受伤了，需要和你一样的治疗。不过，它是一个坚强的孩子，因为它始终都没有哭闹。"尼尔医生微笑着说。

男孩儿努力地控制着眼眶中滚动的泪水，顺从地随尼尔医生站到了 X 光机的前面拍了照，之后，尼尔医生也给玩具熊拍了照。

片子显示出，男孩儿骨折的地方严重移位，必须接受断骨复位手术。男孩儿和玩具熊并肩躺在轮床上，我推着他走进石膏室。麻醉师给他打了麻药，随着麻药生效，男孩儿昏沉睡去。

在尼尔医生的指导下，我扶住男孩的胳膊，尼尔医生把他的肘部弯成 90 度，用牵引法将内折的部位拉开一点儿，然后"咔嚓"一声将骨头重新复位。我托起男孩儿的胳膊，尼尔医生为他缠上了石膏绷带。然后，将男孩儿推进病房，由他的父母照料。

当我清洗完毕回到诊室时，看到尼尔医生正在玩具熊的一条胳膊上裹石膏绷带，并打了一个吊腕带套在了它的脖子上。

"您对孩子还真有办法！"我微笑着对尼尔医生说。

尼尔医生微笑着回答："一个孩子，除了肉体的伤痛，他的内心世界更需要我们的呵护。"

（蓝狮摘自《西安晚报》2006 年 6 月 20 日）

——《读者》2006 年第 17 期

## 【测试训练】

1. 读单音节字词：

杂　白　舌　志　给　儿　面　若　尺　筛　字　尖　澳　林　枪　脑　冰　曹
奏　青　州　复　安　努　祝　谈　孟　捐　旅　讯　鸟　军　水　欢　雄　笋
你　柔　缩　俊　堆　块　刷　酸　私　盒　寻　病　脱　辈　葱　灭　嚷　磨
铐　浊　分　团　陆　憋　钠　石　浮　女　罐　蝉　欧　纫　懂　月　祸　啪
劝　乳　腮　邹　供　嫩　墨　车　亚　节　组　穴　否　补　蛙　违　日　册
您　涩　怪　草　宽　聘　扇　很　虐　仍

2. 读多音节词语：

美妙　把手　盆地　逆流　铁道　凝结　轮廓　小孩儿　许久　加油儿
略微　穷苦　仍然　捐献　一年　运动　不能　拉链儿　冠冕　帽子
掠夺　年级　一次　理想　祖国　掠夺　不怕　郊区　如果　宁可
处分　冠军　逮捕　勉强　创伤　答复　间谍　虽然　玻璃　墨水儿
漂亮　比拟　麻烦　森林　损失　曾经　值日　普通话　多媒体
刻舟求剑

3. 朗读短文：

两个同龄的年轻人同时受雇于一家店铺，并且拿同样的薪水。

可是一段时间后，叫阿诺德的那个小伙子青云直上，而那个叫布鲁诺的小伙子却仍在原地踏步。布鲁诺很不满意老板的不公正待遇。终于有一天他到老板那儿发牢骚了。老板一边耐心地听着他的抱怨，一边在心里盘算着怎样向他解释清楚他和阿诺德之间的差别。

"布鲁诺先生，"老板开口说话了，"您现在到集市上去一下，看看今天早上有什么卖的。"

布鲁诺从集市上回来向老板汇报说，今早集市上只有一个农民拉了一车土豆在卖。

"有多少？"

布鲁诺赶快戴上帽子又跑到集上，然后回来告诉老板一共四十袋土豆。

"价格是多少？"

布鲁诺又第三次跑到集上问来了价格。

"好吧，"老板对他说，"现在请您坐到这把椅子上一句话也不要说，看看阿诺德怎么说。"阿诺德很快就从集市上回来了。向老板汇报说到现在为止只有一个农民在卖土豆，一共四十口袋，价格是多少多少；土豆质量很不错，他带回来一个让老板看看。这个农民一个钟头以后还会弄来几箱西红柿，据他看价格非常公道。昨天他们铺子的西红柿卖得很快，库存已经不多了。他想这么便宜的西红柿，老板肯定会要进一些的，所以他不仅带回了一个西红柿做样品，而且把那个农民也带来了，他现在正在外面等回话呢。

此时老板转向了布鲁诺，说："现在您肯定知道为什么阿诺德的薪水比您高了吧！"

——节选自张健鹏、胡足青主编《故事时代》中《差别》

4. 命题说话（每题 3 分钟）：

（1）我的愿望（或理想）

（2）我的学习生活

## 二、声母辨正及实例训练

方言区的人学习普通话的声母，首先要弄清自己方言的声母与普通话声母的对应关系，哪些声母在普通话里有而方言里没有，哪些声母在普通话里没有而方言里有，哪些声母在普通话和方言里都有，但其发音部位或发音方法可能有差别，这些都要搞清楚。

### （一）舌尖后音 zh、ch、sh、r 与舌尖前音 z、c、s

1. 区分 zh、ch、sh 与 z、c、s 的读音

普通话中舌尖前音（又叫平舌音）z、c、s 和舌尖后音（又叫翘舌音）zh、ch、sh 这两类声母的发音部位一前一后，完全对立。

zh、ch、sh 与 z、c、s 的区别在于发音部位的不同，zh、ch、sh 发音时舌尖与硬腭前部构成阻碍，而 z、c、s 发音时舌尖与上齿背构成阻碍。

zh、ch、sh 与 z、c、s 不分的情况，分布地区较广，吴方言、闽方言、粤方言及东北、西北、江淮和西南的大部分地区以及鲁南、鲁东南、鲁西南等地区都有此现象。因此，这些方言区的人学习普通话时首先要学会 zh、ch、sh 的发音。北方方言中有些地区虽然有这两套声母，但是分合情况也和普通话不完全相同。

2. 区分读 zh、ch、sh 与 z、c、s 的字

区分读 zh、ch、sh 与 z、c、s 的字，可参照 zh、ch、sh 和 z、c、s 对照辨音字表见表 2-1～表 2-3。注意标准的普通话发音，逐渐形成习惯。

表 2-1 zh-z 辨音字表

| 韵母 | zh | z |
|------|-----|----|
| a | ①扎（驻～）渣②闸铡扎（挣～）札（信～）③眨④乍炸榨蚱栅 | ①扎（包～）匝②杂砸 |
| e | ①遮②折哲辙③者④蔗浙这 | ②泽择责则 |
| u | ①朱珠蛛株诸猪②竹烛逐③主煮嘱④注蛀住柱驻贮祝铸筑箸 | ①租②族足卒③组阻阻祖 |
| -i | ①之芝支枝肢知蜘汁只织脂②直植殖值执职③止址趾旨指纸只④至室致志治质帜挚滞制智稚痔 | ①兹滋孳姿咨资孜龇甾辎③子仔籽梓滓紫④字自恣渍 |
| ai | ①摘斋②宅③窄④寨债 | ①灾哉栽③宰载④再在载（～重） |
| ei | | ②贼 |
| ao | ①昭招朝②着③找爪沼④照召赵兆罩 | ①遭糟②凿③早枣澡④造皂灶躁燥 |
| ou | ①州洲舟周粥②轴③帚肘④宙昼咒骤皱 | ①邹②走④奏揍 |

续表

| 韵母 | zh | z |
|---|---|---|
| ua | ①抓 | |
| uo | ①桌捉拙卓②着酌灼浊镯啄琢 | ①作（～坊）②昨凿（确～）③左④坐座作柞祚做 |
| ui | ①追锥④缀赘坠 | ③嘴④最罪醉 |
| an | ①沾毡粘③盏展斩④占战站栈蘸 | ①簪②咱③攒④赞暂 |
| en | ①贞侦祯桢真③疹诊枕缜④振震阵镇 | ③怎 |
| ang | ①张章樟彰③长掌涨④丈仗杖帐帐涨瘴障 | ①赃脏（肮～）④葬藏脏 |
| eng | ①正（～月）征争睁挣③整拯④正政症证郑帧 | ①曾僧增缯④赠 |
| ong | ①中盅忠钟衷终③肿种（～子）④中（打～）种（～植）仲重众 | ①宗踪棕综鬃④总④纵粽 |
| uan | ①专砖③转④传转（～动）撰篆赚 | ①钻③纂④钻（～石） |
| un | ③准 | ①尊遵 |
| uang | ①庄桩装妆④壮状撞 | |

注：表中的数字表示声调，①是阴平，②是阳平，③是上声，④是去声。以下辨音字表中不再说明。

### 表2-2　ch-c辨音字表

| 韵母 | ch | c |
|---|---|---|
| a | ①叉杈插差（～别）②茶搽查察③杈④岔诧差（～错） | ①擦嚓 |
| e | ①车③扯④彻撤掣 | ④册策厕侧测恻 |
| u | ①出初②除厨橱锄蹰刍雏③楚础杵储处（～分）④畜触矗处 | ①粗②卒（仓～）猝促醋簇 |
| -i | ①吃痴嗤②池弛迟持匙③尺齿耻侈哆④斥炽翅赤叱 | ①疵差（参～）②雌辞词祠瓷慈磁③此④次伺刺赐 |
| ai | ①差拆钗②柴豺 | ①猜②才财材裁③采彩踩④菜蔡 |
| ao | ①抄钞超②朝潮嘲巢③吵炒 | ①操糙②曹漕嘈槽③草 |
| ou | ①抽②仇筹畴踌绸稠酬愁③瞅丑④臭 | ④凑 |
| uo | ①踔戳④绰（～号）辍啜 | ①搓蹉撮　④措错挫锉 |
| uai | ③揣④踹 | |
| ui | ①吹炊②垂锤捶槌 | ①崔催摧④萃悴淬翠粹瘁脆 |
| an | ①搀掺②蝉禅谗潺缠蟾③铲产阐④忏颤 | ①餐参②蚕残惭③惨④灿 |
| en | ①琛嗔②辰晨宸沉忱陈橙臣④趁衬称（相～） | ①参（～差）②岑 |
| ang | ①昌猖娼伥②常嫦尝偿场肠长③厂场敞氅④倡唱畅怅 | ①仓苍舱沧②藏 |
| eng | ①称撑②成诚城盛（～水）呈和承乘澄惩④逞骋④秤 | ②曾层④蹭 |
| ong | ①充冲舂②重虫崇③宠④冲（～压） | ①匆葱囱聪②从丛淙 |
| uan | ①川穿②船传椽③喘④串钏 | ①蹿④窜篡 |
| un | ①春椿②唇纯淳醇③蠢 | ①村②存③忖④寸 |
| uang | ①窗疮创（～伤）②床③闯④创（～造） | |

表 2-3　sh-s 辨音字表

| 韵母 | sh | s |
|---|---|---|
| a | ①沙纱砂痧杀杉③傻④煞厦（大~） | ①撒③洒撒（~种）④卅萨飒 |
| e | ①奢赊②舌蛇③舍（~弃）④社舍射麝设摄涉赦 | ④塞（~责）瑟啬穑（稼~）色（~彩)涩 |
| u | ①书梳疏蔬舒殊叔淑输抒纾枢②孰塾赎③暑署薯曙鼠数属黍④树竖术述束漱恕数 | ①苏酥②俗④素塑诉肃粟宿速 |
| -i | ①尸师狮失施诗湿虱②十什拾石时识实食蚀③史使驶始屎矢④世势誓逝市示事是视室适饰士氏恃式试拭轼弑 | ①司私思斯丝鸶③死④四肆似寺 |
| ai | ①筛④晒 | ①腮鳃塞④塞（要~）赛 |
| ao | ①捎稍艄烧②勺芍杓韶③少（多~）④少（~年）哨绍邵 | ①臊骚搔③扫（~除）嫂④扫（~帚）臊（害~） |
| ou | ①收②熟③手首守④受授寿售兽瘦 | ①溲嗖飕搜艘馊③叟擞④嗽 |
| ua | ①刷③耍 | |
| uo | ①说④硕烁朔 | ①缩娑蓑梭唆③所锁琐索 |
| uai | ①衰③甩④帅率蟀 | |
| ui | ②谁③水④税睡 | ①虽尿②绥隋随③髓④岁碎穗隧燧遂 |
| an | ①山舢删衫珊姗栅跚③闪陕④扇善膳缮擅赡 | ①三叁③伞散（~文）④散 |
| en | ①申伸呻身深参（人~）②神③沈审婶④慎肾甚渗 | ①森 |
| ang | ①商墒伤③晌垧赏④上尚 | ①桑丧（~事）③嗓④丧 |
| eng | ①生牲笙甥升声②绳③省④圣胜盛剩 | ①僧 |
| ong | | ①松③悚④送宋颂诵 |
| uan | ①拴栓④涮 | ①酸③算蒜 |
| un | ④顺 | ①孙③笋损 |
| uang | ①双霜③爽 | |

在记字的过程中，要善于从中找出规律，很好加以利用。

（1）利用声旁类推规律

利用已知的声旁推断出同声旁的一批字的读音。这种方法虽有例外，但不妨一试，只是用时须谨慎，以免有出入。例如：

中（zhōng）—忠、盅、钟、衷（zhōng），肿、种（zhǒng），仲、种（zhòng）

宗（zōng）—综、棕、踪、鬃（zōng），粽（zòng）。

尚（shàng）—裳（shang），赏（shǎng）；掌（zhǎng）；常、嫦、裳、尝、偿（cháng）。

（2）利用声韵配合规律

1）以 ua、uai、uang 作韵母的字，声母是 zh、ch、sh，如"抓、耍、拽、庄、床、双"等，不可能是 z、c、s。

2）以 en 作韵母的字，除了"怎、参（差）、岑、森"几个字外，以 eng 作韵母的字，除了"层、曾（经）"和以"曾"作声旁的少数字外，其余字的声母都是舌尖后音。

3）以 ou 作韵母的字，除了"凑"等少数字外，其余的声母是 ch。

4）以 uen 作韵母的字中，只有"顺、吮、舜、瞬"四个字的声母是 sh，其余的字声母都是 s。

5）以 ong 作韵母的字中，声母只有 s，翘舌音 sh 不和 ong 相拼。以下一些字都可以放心地读平舌音：松、淞、崧、嵩、忪(sōng)，竦、悚、怂、耸(sǒng)，宋、讼、颂、送、诵(sòng)。

（3）利用记少不记多的规律

平翘舌音的常用字约 900 字，读翘舌音的字占 70% 左右。在分辨平翘舌音的字时，可侧重记住读平舌音的一些常用字。例如：

噌(cēng)、曾、层(céng)，蹭(cèng)。

撑、称、瞠、柽(chēng)，成、诚、城、盛(～饭)呈、程、乘、惩、澄、橙、承、丞(chéng)，逞、骋(chěng)，秤(chèng)。

**3. 读准 zh、ch、sh、r，去掉舌叶音**

普通话的舌尖后音 zh、ch、sh，某些方言区和各方言区的一些青年人，特别是一些演艺界人士，发成了舌叶音[tʃ]、[tʃ']、[ʃ]。舌叶音就是舌叶和上齿龈后部形成阻碍发出的辅音。

**4. 读准 r 声母**

普通话的 r 声母，各方言区读法比较复杂。有些方言区没有 r 声母，有的读成零声母；有的读成 l 声母；有的把普通话的 r 声母字一分为二：一部分仍读 r 声母，一部分读成 l 声母；有的读成舌尖前浊擦音[z]，等等。

方言区的人学习普通话时，要根据自己方言的情况学习 r 声母的字。如方言中没有 r 声母的人，首先要学会发 r 声母。r 声母与 zh、ch、sh 发音部位相同，是舌尖后音，r 是一个浊擦音。发音时，舌尖上翘，接近硬腭前部，留一条缝隙，软腭上升，堵住鼻腔通道，肺部呼出的气流振动声带，到达口腔，从缝隙间摩擦而出。然后再分辨清楚哪些是 r 声母的字，可组成词语多加练习。普通话中 r 声母的字很少，常用的只有 70 多个：

然 髯 燃 冉 苒 染 瓤 壤 攘 嚷 让 饶 扰 娆 绕 惹 热 人 壬
仁 任 忍 荏 稔 刃 认 纫 韧 饪 妊 扔 仍 日 戎 茸 荣 绒 容
嵘 蓉 溶 榕 熔 融 冗 柔 揉 糅 肉 如 茹 儒 嚅 濡 孺 汝 乳
辱 入 缛 褥 阮 软 芮 锐 瑞 睿 闰 润 若 偌 弱

在这些字中，有些可以用声旁类推法记忆。如：

rang：瓤　壤　攘　嚷

ru：儒　嚅　濡　孺

**5. 读准 z、c、s，去掉齿间音**

普通话的舌尖前音 z、c、s，在有些方言区发成了齿间音[tθ]、[tθ']、[θ]。普通话 z、c、s 声母是舌尖前音，发音时舌尖顶住上齿背；齿间音[tθ]、[tθ']、[θ]发音时舌尖外伸，放在上下齿之间。普通话没有齿间音。纠正的方法是，发音时不要把舌尖放在上下齿之间，而是舌尖和上齿背构成阻碍。

【小资料】

## 施氏食狮史

### 赵元任

石室诗士施氏，嗜狮，誓食十狮。氏时时适市视狮，十时，适十狮适市。是时，适施氏适市。氏视是十狮，恃矢势，使是十狮逝世。氏拾是十狮尸，适石室，石室湿，氏使侍拭石室。石室拭，氏始试食是十狮尸。食时，始识是十狮尸，实十石狮尸。试释是事。

这则短文全部用 shi 这一音节的字编写而成，是一个极端的例子。

【发音训练】

1. 舌尖后音与舌尖前音分类练习：

（1）舌尖后音

zh—珍重 政治 战争 种植 真正 主张 卓著 挣扎 郑州

ch—长城 查处 踌躇 驰骋 长春 唇齿 橱窗 穿插 铲除

sh—硕士 书山 税收 少帅 山水 上升 事实 少数 收拾

r—仍然 容忍 柔软 濡染 软弱 柔韧 荣辱 荏苒 忍让

zh·ch—主持 侦察 正常 咫尺 真诚 惩治 初中 厂长 战场

zh·sh—知识 证书 招生 战胜 展示 甚至 深圳 手指 书斋

zh·r—转让 阵容 正如 灼热 卓然 认真 乳汁 睿智 热衷

ch·sh—查收 阐释 衬衫 成熟 城市 舒畅 市场 审查 删除

ch·r—承认 出让 春日 耻辱 日出 入场 热忱 冗长

sh·r—诗人 湿润 生日 收入 市容 认识 儒商 燃烧 柔顺

（2）舌尖前音

z—自尊 藏族 祖宗 最早 罪责 总则 粽子 走卒 再造

c—层次 曹操 匆匆 从此 璀璨 催促 粗糙 措辞 参差

s—搜索 诉讼 思索 琐碎 松散 撕碎 色素 僧俗 洒扫

z·c—字词 总裁 自从 做操 存在 词组 错字 操作 参赞

z·s—赠送 走私 再三 总算 阻塞 塑造 色泽 嗓子 虽则

c·s—沧桑 参赛 彩色 测算 素材 思忖 素菜 随从 松脆

2. 舌尖前音与舌尖后音词语混合练习：

舌尖前音＋舌尖后音：

组织 尊重 资助 作者 自治 自筹 造成 早晨 资产 尊称 综述 姿势 左手 暂时 遵守

素质 算账 苏州 丝竹 散装 速成 四川 赛车 随处 搜查 随时 宿舍 三十 松树 测试

舌尖后音＋舌尖前音：

著作 正在 职责 制造 追踪 创造 称赞 插座 吹奏 茶座 数字 实在 手足 失踪

始祖

中餐 政策 制裁 注册 助词 炒菜 筹措 纯粹 尺寸 揣测 生词 蔬菜 生存 身材 收藏

3. 舌尖前音与舌尖后音词语对比辨析练习：

| | | |
|---|---|---|
| 近似 sì—近视 shì | 午睡 shuì—五岁 suì | 粗 cū 布—初 chū 步 |
| 姿 zī 势—知 zhī 识 | 自 zì 动—制 zhì 动 | 资 zī 助—支 zhī 柱 |
| 自 zì 愿—志 zhì 愿 | 鱼刺 cì—鱼翅 chì | 私 sī 人—诗 shī 人 |
| 仿造 zào—仿照 zhào | 主 zhǔ 力—阻 zǔ 力 | 乱吵 chǎo—乱草 cǎo |
| 支 zhī 援—资 zī 源 | 糟 zāo 了—招 zhāo 了 | 申诉 sù—申述 shù |
| 山 shān 顶—三 sān 顶 | 木柴 chái—木材 cái | 商 shāng 业—桑 sāng 叶 |
| 树 shù 立—肃 sù 立 | 增 zēng 订—征 zhēng 订 | 摘 zhāi 花—栽 zāi 花 |
| 宗 zōng 旨—中 zhōng 止 | 找 zhǎo 到—早 zǎo 到 | 八成 chéng—八层 céng |
| 搜 sōu 集—收 shōu 集 | 从 cóng 来—重 chóng 来 | 新春 chūn—新村 cūn |

4. 读准下列 r 声母的字词：

仍然 容忍 柔软 软弱 荣辱 冉冉 柔弱 忍让 柔韧 濡染 荏苒 如若 如期 人物 认同 容易 软盘 容量 认可 日记 如何 人格 热敷 柔道 乳酸 润泽 入学 如此 日本 热闹 容貌 日光 如意 燃料 弱点 热血

（二）n 与 l

1. 区分 n、l 的读音

n 的发音方式是舌尖翘起，顶住上齿龈，同时小舌下垂，气流通过鼻腔流出。

l 的发音方式是舌尖翘起，顶住上齿龈，同时小舌抬起，堵住通往鼻腔的通道，气流经过舌头的两边流出。

n、l 不分的情形主要分布于湘方言、赣方言、闽方言的一部分地区以及西南官话、江淮官话等地区，其表现情况也不同，有的两者可以互换，如兰州话；有的 l 变为 n，如重庆话；有的是 n 变为 l，如南京话。其情形非常复杂。各方言区的人首先应对自己方言中 n、l 的情况进行一个了解，再纠正发音。

如何区分鼻音 n 和边音 l？

普通话中，辅音声母 n 是一个纯粹的鼻音，气流全部从鼻腔通过。有些人发 n 听上去好像是 l，是因为软腭下降不够，舌身收得比较紧，口腔阻塞部位封闭不完全，使部分气流沿着舌头两侧漏走了。而发 l 时，听上去又有鼻化的色彩，则是因为软腭提升不够，舌身放的比较宽，致使鼻腔内有残余气流泄出。

怎样体会 n 和 l 正确的发音方法呢？不妨试一试以下对比做法：

按照 n 的发音要求做好发音准备。用拇指和食指捏住鼻孔并试图发 n 音。如果有很强的憋气的感觉，说明发音的部位和方法正确，松开拇指和食指，带上元音 e 或 a 呼读，n 则自然成声；反之则错误。

按照 l 的发音要求做好发音准备，用手捂住嘴巴，并试图发 l 音，如果两腮鼓起并伴有憋气的感觉，说明符合发音要求，移开手掌，带上元音 e 或 a 呼读，l 则自然成声。

2. 区分读 n、l 的字

区分读 n 和 l 的字，一方面注意正确的发音，熟记读 n 和 l 的常用字词。另一方面可以根据谐声字来区分读 n 和 l 的字，汉字的谐声系统中，n、l 两个声母的字一般没有联系，记住一个字的声母读音，就可以记住一系列同声旁字的读音。如：

农（n）—浓侬脓哝秾　　　　　龙（l）—笼拢聋陇垄垅胧珑砻眬泷
囊（n）—攮曩馕囔饢　　　　　朗（l）—浪郎狼廊琅嘟莨
南（n）—楠喃腩　　　　　　　兰（l）—栏烂拦

常常翻阅《n、l 偏旁类推字表》（见表 2-4），对分辨 n、l 有帮助。

表 2-4　n、l 辨音字表

| 韵母 | n | l |
|---|---|---|
| a | ①那②拿③哪④那纳呐捺钠 | ①拉啦垃邋②喇④辣剌瘌蜡腊落 |
| ai | ③乃奶④奈耐 | ②来④赖癞 |
| an | ②难男南楠④难 | ②兰栏篮蓝婪阑谰③懒览揽榄缆④烂滥 |
| ang | ②囊 | ①嘟②狼郎廊榔螂琅③朗④浪 |
| ao | ②挠蛲铙③脑恼④闹 | ①捞②劳痨牢③老姥④涝烙酪 |
| e | 呢 | ①勒②乐　了 |
| ei | ③馁④内那 | ①勒②雷擂镭③累（～进）全儡蕾④累类泪肋 |
| en | ④嫩 | |
| eng | ②能 | ②棱②冷④愣 |
| i | ②尼泥呢霓③你拟④腻匿溺逆 | ②离篱璃厘狸黎犁梨蜊③礼里理鲤李④粒例立力历沥荔丽 |
| ia | | ③俩 |
| ian | ①蔫拈黏②年粘鲇③撵捻碾④念 | ②怜连莲联帘廉镰③脸④炼链练恋敛殓 |
| iang | ②娘④酿 | ②良凉梁粮量③两④亮晾谅辆量 |
| iao | ③鸟袅④尿 | ①撩②辽疗僚潦燎嘹聊寥③了④料廖了 |
| ie | ①捏②聂蹑镊镍孽啮 | ③咧④列烈裂劣猎冽洌 |
| in | ②您 | ②邻鳞麟林淋琳临磷③凛檩④吝蔺赁 |
| ing | ②宁拧柠咛凝③拧④宁泞佞拧 | ②零灵龄伶蛉铃玲羚聆凌陵菱③岭领④令另 |
| iu | ①妞②牛③扭钮纽④拗 | ①溜②刘流琉硫留榴瘤③柳绺④六馏陆 |
| ong | ②农浓脓④弄 | ②龙咙聋笼隆窿③垄拢陇④弄（～堂） |
| ou | | ①搂②楼喽耧③搂篓④陋漏露 |
| u | ②奴③努④怒 | ②卢庐炉芦轳颅③卤虏鲁橹④碌陆路赂鹭露（～水）录鹿辘绿（～林） |
| uan | ③暖 | ②滦孪③卵④乱 |
| ui | | |
| un | | ①抡②仑伦沦轮④论 |
| uo | ②挪④懦诺糯 | ①罗（～嗦）挼②罗萝逻箩锣螺骡③裸④落洛络骆 |
| ü | ③女 | ②驴③吕侣铝旅屡履缕④虑滤律率（效～）氯绿 |
| üe | ④虐 | ④略掠 |

【发音训练】

1. n、l 分类练习：

n—南　内　耐　年　宁　牛　脑　泥　努　泞　您　能　鸟　念　你

l—理　量　论　联　率　料　络　流　来　露　领　临　略　拉　峦

牛奶 niúnǎi　　恼怒 nǎonù　　扭捏 niūniē　　能耐 néngnài　　呢喃 nínán　　男女 nánnǚ

履历 lǚlì　　理论 lǐlùn　　联络 liánluò　　流露 liúlù　　拉力 lālì　　老练 lǎoliàn

2. n 和 l 词语混合练习：

哪里 nǎlǐ　　　　纳凉 nàliáng　　　奶酪 nǎilào　　　脑力 nǎolì

内涝 nèilào　　　能力 nénglì　　　来年 láinián　　老农 lǎonóng

冷暖 lěngnuǎn　　流脑 liúnǎo　　　留念 liúniàn　　岭南 lǐngnán

n·l—鸟类　暖流　女篮　年历　牛郎　努力　凝练　能力　年龄　内陆

l·n—理念　罹难　龙年　连年　冷暖　老年　辽宁　留念　蓝鸟

n·n—袅娜　恼怒　袅袅　奶牛　泥泞　男女　奶奶　南宁　能耐

l·l—领略　浏览　笼络　伦理　褴褛　罗列　理论　利率　联络

3. n、l 词语对比辨音练习：

无赖 lài—无奈 nài　　　　水牛 niú—水流 liú

男 nán 裤—蓝 lán 裤　　　旅 lǚ 客—女 nǚ 客

脑 nǎo 子—老 lǎo 子　　　连 lián 夜—年 nián 夜

留念 niàn—留恋 liàn　　　浓 nóng 重—隆 lóng 重

南 nán 部—蓝 lán 布　　　烂泥 ní—烂梨 lí

牛 niú 黄—硫 liú 磺　　　大娘 niáng—大梁 liáng

女—旅　脑—老　怒—路　南—篮　年—连　娘—良　牛—刘　那—辣

能—棱　耐—籁　倪—黎　宁—零　您—林　你—李　虐—掠　聂—列

### （三）f 与 h

f 与 h 的发音的区别：f 是唇齿清擦音，而 h 是舌根清擦音，二者的不同在于发音部位。f 与 h 混淆的情况主要出现在西南方言、赣方言等地区，在方言中表现不一，合口字中声母读为 f，是比较突出的现象，应掌握其对应规律，逐渐改正过来。参考《f 与 h 对照辨音字表》（见表 2-5）也可以用谐声字来记忆其规律，便于纠正。例如：

伐（f）—筏阀垡

化（h）—花华骅哗桦

付（f）—附府符腐俯苻咐拊

户（h）—沪护戽扈

表 2-5　f 与 h 辨音字表

| 韵母 | f | h |
|---|---|---|
| a | ①发②伐阀筏罚乏③法④发 | ①哈 |
| ai | | ①咳嗨②还③海④害 |

续表

| 韵母 | f | h |
|---|---|---|
| an | ①帆翻番② 烦繁樊凡矾③ 反返④ 饭贩泛范犯 | ①憨酣② 寒含函涵③ 喊罕④ 汗旱捍焊憾 |
| ang | ①方芳② 防妨房肪③ 仿访纺④ 放 | ②行航③ |
| ao | | ②豪毫壕③ 好④ 耗号好浩 |
| e | | ①呵喝② 核禾和合河何盒荷③④ 贺鹤赫褐 |
| ei | ①非菲啡扉飞② 肥③ 斐翡诽匪④ 沸费废痱肺 | ①嘿黑② |
| en | ①分芬吩纷② 坟焚③ 粉④ 分份忿粪奋愤 | ②痕③ 狠很④ 恨 |
| eng | ①丰封风枫疯峰烽锋蜂② 缝③ 讽④ 缝奉凤 | ②横衡④ 横 |
| ong | | ①哄(~动)烘轰② 红虹鸿洪宏③ 哄(~骗)④ 哄(起~) |
| ou | ③否 | ②喉② 吼④ 厚候后 |
| u | ①夫肤麸敷孵② 芙扶符弗拂佛伏袱孚俘浮幅福辐蝠服抚③ 斧釜府俯腐甫辅④ 父付附傅缚复腹馥覆副富赋负妇咐 | ②呼忽惚③ 胡湖葫糊蝴狐壶④ 虎唬④ 户沪护戽 |
| ua | | ①花哗② 划滑华哗铧③④ 化华话画划 |
| uan | | ①欢② 还环寰③ 缓④ 患幻涣换唤焕痪 |
| uang | | ①荒慌② 皇凰惶徨蝗黄璜簧③ 谎晃恍幌④ 晃(~动) |
| uai | | ①② 槐徊怀淮③④ 坏 |
| ui | | ①灰恢诙挥辉徽② 回茴蛔③ 毁悔④ 会绘烩诲晦惠蕙汇贿讳慧荟 |
| un | | ①昏阍婚荤② 浑混馄魂③④ 混 |
| uo | | ②豁② 活③ 火伙④ 获祸或惑货霍 |

【小资料】

成都杜甫草堂中有杜甫的一尊塑像，塑像的胡子和其他部位的颜色不一样，为什么呢？原来，成都话中"胡"与"福"同音，游客摸一下胡子就有福了。日久天长，胡子就变了颜色。

【发音训练】

1. f、h 分类练习：

f—方法　丰富　仿佛　反复　发放　非法　防范　非凡　复发　芬芳　风范

h—混合　黄河　回环　呼唤　辉煌　黄昏　绘画　欢呼　红花　豪华　呼喊

2. f 和 h 词语混合练习：

发话 fāhuà　　　发慌 fāhuāng　　　反悔 fǎnhuǐ　　　繁华 fánhuá

丰厚 fēnghòu　　复合 fùhé　　　混纺 hùnfǎng　　后方 hòufāng

化肥 huàféi　　洪峰 hóngfēng　　画符 huàfú　　　花粉 huāfěn

发挥　返回　符合　凤凰　防洪　繁华　符号　防护　复活　负荷　反悔　富豪

恢复　化肥　合法　划分　寒风　合肥　耗费　哈佛　横幅　海风　花粉　洪峰

大雪纷飞　花卉绘画　黄花芬芳　上下翻飞　华语会话　风吹蜂房　分发肥皂
分封诸侯　毁坏花圃　左右回环

3. f、h 词语对比辨音练习：

舅父 fù—救护 hù　　　　　　公费 fèi—工会 huì
附 fù 注—互 hù 助　　　　　　仿佛 fǎngfú—恍惚 huǎnghū
防 fáng 虫—蝗 huáng 虫　　　斧 fǔ 头—虎 hǔ 头
飞 fēi 机—灰 huī 鸡　　　　　非凡 fēifán—辉煌 huīhuáng
奋 fèn 战—混 hùn 战　　　　　复 fù 员—互 hù 援
方 fāng 地—荒 huāng 地　　　防 fáng 止—黄 huáng 纸

（四）f 与 sh

在有些方言里有 f、sh 不分的情况，比如山东鲁西南地区。

f 与 sh 都是擦音，但发音部位不同。二者相混的情形主要是 sh 声母的合口字混入 f 声母。在掌握二者的发音差别的基础上，记住哪些字读 f，哪些字读 sh，予以纠正。也可以通过谐声字来记忆哪些读 f，哪些读 sh。

fan—番翻藩蕃燔幡憣饭返贩畈
shuan—拴栓
fu—夫芙扶富幅福副辐蝠
shu—叔淑孰熟塾署曙薯术述沭秫
fei—非霏菲匪绯悱扉斐腓啡诽翡痱篚鲱蜚榧
shui—水睡税
fo—佛
shuo—说

【发音训练】

1. f、sh 分类练习：

f—分　锋　反　发　访　浮　范　纷　福　芳　否　繁　粉　飞　峰
sh—生　舌　沙　水　诗　属　身　少　十　山　声　收　数　商　胜

2. f 和 sh 词语混合练习：

f—sh：方式　发生　丰收　辐射　防守　风沙　服侍　翻身　服饰　附属　丰盛
sh—f：师范　水费　释放　身份　是否　舒服　沙发　书房　说服　书法　束缚

3. f、sh 词语对比辨音练习

赋予 fùyǔ—术语 shùyǔ　　　　　副手 fùshǒu—戍守 shùshǒu
负值 fùzhí—数值 shùzhí　　　　　复关 fùguān—树冠 shùguān
复交 fùjiāo—树胶 shùjiāo　　　　富丽 fùlì—树立 shùlì
复生 fùshēng—数声 shùshēng　　复音 fùyīn—树阴 shùyīn
富民 fùmín—庶民 shùmín　　　　附表 fùbiǎo—数表 shùbiǎo
副词 fùcí—数词 shùcí　　　　　　复句 fùjù—数据 shùjù
匪兵 fěibīng—水兵 shuǐbīng　　　匪盗 fěidào—水稻 shuǐdào

**（五）读准 j、q、x**

普通话的舌面音 j、q、x 在有些方言区有与舌尖后音 zh、ch、sh 声母混用的情况，如把"知道"读成"机道"，"少数"读成"小数"等。

还有的方言区将普通话的舌面前音 j、q、x 发成了两套声母，即所谓"分尖团"。尖音是 z、c、s，团音是 j、q、x（如上海话、山东菏泽话）；或者尖音是 j、q、x，团音是舌面中音[c][c'][ɕ]，是舌面中部与硬腭构成阻碍，如山东烟台话。普通话是不分尖团的，因此分尖团的方言应将两类音合并为一类，把声母一律改为舌面前音 j、q、x。

还有一种现象，即有些人常常把 j、q、x 一律发成接近 z、c、s 的音，实际是舌叶音[tʃ]、[tʃ']、[ʃ]。这种情况不是受到方言的影响，而是普遍存在于年轻女性中，并有蔓延之势，现在很多男性特别是演艺界人士，也普遍存在这种发音。

舌面前音 j、q、x 是由舌面前部与硬腭形成阻碍而发声的。有些人在发音时，发音部位太靠近舌尖，发出的音带有"滋滋"的舌尖音的味道，属于语音缺陷。

普通话 j、q、x 的正确发音部位是：舌尖前部接近下齿背，使舌面前部与硬腭前部构成阻碍。

---

**【发音训练】**

1. j、q、x 和 zh、ch、sh，z、c、s 分类练习：

j、q、x—教学　前景　新疆　取消　心情　奇迹　信件　技巧　清洁　星球

zh、ch、sh—展示　车站　设置　主持　市场　传真　时装　证书　传说　删除

z、c、s—字词　色彩　赠送　参赛　早餐　存在　沧桑　塑造　阻塞　蚕丝　色泽

2. j、q、x 和 zh、ch、sh 词语混合练习：

| | | | | |
|---|---|---|---|---|
| 实际 shíjì | 剪除 jiǎnchú | 精致 jīngzhì | 趋势 qūshì | 消失 xiāoshī |
| 秩序 zhìxù | 沉寂 chénjì | 深浅 shēnqiǎn | 审讯 shěnxùn | 少将 shàojiàng |
| 机器 jīqì | 急切 jíqiè | 军区 jūnqū | 迁就 qiānjiù | 劝酒 quànjiǔ |
| 西式 xīshì | 机制 jīzhì | 启齿 qǐchǐ | 市区 shìqū | 戏曲 xìqǔ |

奖章　签证　近视　精湛　鉴赏　前程　写照　消失　修饰　记者　建设　汽车

3. j、q、x 和 zh、ch、sh 对比辨音练习：

墨迹 jì—墨汁 zhī　　　　密集 jí—密植 zhí　　　　蜥 xī 蜴—诗 shī 意

边际 jì—编制 zhì　　　　就 jiù 业—昼 zhòu 夜　　　浅 qiǎn 明—阐 chǎn 明

砖墙 qiáng—专长 cháng　洗 xǐ 礼—失 shī 礼　　　详细 xì—翔实 shí

缺席 xí—确实 shí　　　　获悉 xī—获释 shì　　　　逍 xiāo 遥—烧 shāo 窑

修 xiū 饰—收 shōu 拾　　电线 xiàn—电扇 shàn　　艰辛 xīn—艰深 shēn

交际 jì—交织 zhī　　　　姓 xìng 名—盛 shèng 名　失 shī 去—西 xī 去

精致 zhì—经济 jì　　　　叙 xù 说—述 shù 说　　　紧张 zhāng—锦江 jiāng

4. j、q、x 和 z、c、s 词语混合练习：

| | | | | | |
|---|---|---|---|---|---|
| 缉私 jīsī | 集资 jízī | 其次 qícì | 袖子 xiùzi | 下策 xiàcè | 习字 xízì |
| 戏词 xìcí | 资金 zījīn | 字迹 zìjì | 字据 zìjù | 自己 zìjǐ | 自觉 zìjué |
| 瓷器 cíqì | 刺激 cìjī | 思绪 sīxù | 私交 sījiāo | 私情 sīqíng | 私心 sīxīn |
| 司机 sījī | 丝线 sīxiàn | | | | |

### （六）读准零声母

普通话有一部分音节开头没有辅音声母，直接由韵母构成，这类音节称之为零声母音节。这类音节直接由韵母构成，因而发音时直接读韵母即可。普通话里开口呼、齐齿呼、合口呼、撮口呼中都有零声母音节。如：爱、安、昂、恩、二、衣、亚、也、研、阳、优、音、瓦、湾、网、文、翁、我、语、月、云、永等等。

普通话中以 a、o、e 起头的韵母（er 除外）构成的零声母音节，有的方言中在音节开头加上了一个舌根浊鼻音 ng[ŋ]；有的方言中在音节开头加上了一个舌根浊擦音[ɣ]。在学习普通话时应注意把这类音节开头的辅音声母去掉。

普通话中 u 韵母或以 u 起头的韵母构成的零声母音节，有的方言中把音节开头的元音 u 读成了一个唇齿浊擦音[v]。普通话中没有这个声母。在学习普通话时应注意把这类音节开头的辅音[v]改成舌面后高圆唇元音 u[u]。

普通话的 er 韵母的字，在有的方言中，音节开头加了一个舌尖后浊边音[ɭ]，韵母则变成了一个含糊的[ə]。在学习普通话时应注意这类音节的发音。不过 er 韵母构成的字很少，常用的只有"二、而、尔、儿、耳、洱、饵、迩、贰"几个。

---

**【发音训练】**

1. 开口呼韵母零声母音节练习，注意音节开头没有明显的辅音：

哀求　矮小　爱好　安全　案件　岸边　肮脏　昂扬　盎然　凹凸　熬夜　澳洲
奥运　欧洲　偶合　怄气　婀娜　讹诈　恶心　遏制　恩爱　尘埃　和蔼　平安
海岸　高昂　煎熬　棉袄　深奥　骄傲　名额　巍峨　饥饿　海鸥　西欧　木偶

2. 合口呼韵母零声母音节练习，注意音节开头是圆唇元音[u]：

挖潜　瓦解　歪曲　外语　弯曲　完成　玩具　晚餐　万分　汪洋　王牌　网页
网球　忘记　威武　微笑　违法　围棋　唯物　伟大　委员　伪造　位置　慰问
温度　文化　稳定　问答　窝囊　我们　卧室　乌云　污染　无比　舞蹈　误会

3. er 韵母音节练习：

而且　儿女　儿童　儿歌　耳朵　而后　而今　二胡　遐迩　耳环　耳鸣　儿子

---

**【测试训练】**

1. 读单音节字词 100 个：

碑　联　润　膀　徐　拗　胸　镖　童　哑　装　篇　贵　潘　逮　槛　临　逢　铐　仍　且　司　抓
或　枚　娶　优　禽　真　混　苔　瓦　炕　谋　染　册　黑　奴　肾　舔　逆　相　习　索　擦　宋
闩　石　踹　漱　军　用　鹤　旬　快　分　员　追　决　略　光　杂　称　名　俩　别　栽　拼　鹿
禁　俗　听　蒜　闸　江　绕　愁　刮　层　去　绿　烦　盆　丙　贪　达　宝　族　剃　挪　末　利
窜　迷　翁　耳　虽　车　晚

2. 读多音节词语（100 个音节）：

穷酸　　这会儿　　不如　　鼓手　　喧嚷　　唱片儿　　训话　　藤子　　紧凑
裙带　　窘况　　调门儿　　拍打　　秉公　　虐杀　　律诗　　约摸　　顶牛儿
辅佐　　分娩　　发慌　　管教　　赚头　　屈从　　铲除　　牙刷　　狭窄
两可　　屯垦　　遵照　　瑞雪　　一天　　配色　　揣测　　更动　　快慰

| 每年 | 求助 | 圣母 | 不再 | 唯恐 | 线装 | 仰仗 | 志向 | 灯花 |
|------|------|------|------|------|------|------|------|------|
| 一个 | 流离 | 历史剧 | 花岗岩 | 欢欣鼓舞 | | | | |

3. 朗读短文：

我常常遗憾我家门前的那块丑石：它黑黝黝地卧在那里，牛似的模样；谁也不知道是什么时候留在这里的，谁也不去理会它。只是麦收时节，门前摊了麦子，奶奶总是说：这块丑石，多占地面呀，把它搬走吧。

它不像汉白玉那样的细腻，可以刻字雕花，也不像大青石那样的光滑，可以供来浣纱捶布。它静静地卧在那里，院边的槐荫没有庇覆它，花儿也不再在它身边生长。荒草便繁衍出来，枝蔓上下，慢慢地，它竟锈上了绿苔、黑斑。我们这些做孩子的，也讨厌起它来，曾合伙要搬走它，但力气又不足；虽时时咒骂它，嫌弃它，也无可奈何，只好任它留在那里了。

终有一日，村子里来了一个天文学家。他在我家门前路过，突然发现了这块石头，眼光立即就拉直了。他再没有离开，就住了下来；以后又来了好些人，都说这是一块陨石，从天上落下来已经有二三百年了，是一件了不起的东西。不久便来了车，小心翼翼地将它运走了。

这使我们都很惊奇！这又怪又丑的石头，原来是天上的啊！它补过天，在天上发过热，闪过光，我们的先祖或许仰望过它，它给了他们光明、向往、憧憬；而它落下来了，在污土里，荒草里，一躺就//是几百年了！

我感到自己的无知，也感到了丑石的伟大；我甚至怨恨它这么多年竟会默默地忍受着这一切！而我又立即深深地感到它那种不屈于误解、寂寞的生存的伟大。

———节选自贾平凹《丑石》

注：普通话水平测试题短文中的//是400个音节后所用的标记。

4. 命题说话（每题说3分钟）。

（1）我喜爱的职业

（2）难忘的旅行

# 第二节 | 韵 母

## 一、韵母的发音及实例训练

### （一）韵母的分类

普通话39个韵母，可以根据不同的标准划分出不同的类别。

1. 韵母的结构类

根据内部结构，普通话39个韵母可分为单元音韵母、复元音韵母和带鼻音韵母3类。

（1）单元音韵母

单元音韵母简称单韵母，是指由一个元音充当的韵母。普通话单韵母共有10个，根据发音时舌头的部位及状态，可以分为 3 类：

①舌面元音韵母。共有 a、o、e、ê、i、u、ü 七个。

②舌尖元音韵母。共有 -i[ɿ]、-i[ʅ] 二个。

③卷舌元音韵母。只有 er 一个。

（2）复元音韵母

复元音韵母简称复韵母，是指由两个或 3 个元音复合而成的韵母。普通话复韵母共有 13 个。根据结构特点，可以分为 3 类：

①前响复韵母。共有 ai、ei、ao、ou 四个。

②后响复韵母。共有 ia、ie、ua、uo、üe 五个。

③中响复韵母。共有 iao、iou、uai、uei 四个。

（3）鼻韵母

鼻韵母是指由一个或两个元音加上鼻辅音韵尾-n 或-ng 复合而成的韵母。普通话鼻韵母共有 16 个，根据鼻尾音的不同，可以分为两类：

①前鼻韵母。共有 an、en、in、ün、ian、üan、uan、uen 八个。

②后鼻韵母。共有 ang、eng、ing、ong、iang、uang、ueng、iong 八个。

2. 韵母的"四呼"类

我国音韵学对韵母的传统分类，是根据有无韵头和不同的韵头划分的（韵母开头元音发音时唇形的不同），将韵母分为开口呼、齐齿呼、合口呼、撮口呼四类，简称"四呼"。如表 2-6 所示。

表 2-6　普通话韵母总表

| 按结构分＼按口形分 | | 开口呼 | | 齐齿呼 | 合口呼 | 撮口呼 |
|---|---|---|---|---|---|---|
| 单元音韵母 | | -i[ɿ][ʅ] | | i[i] | u[u] | ü[y] |
| | | a[A] | 后响复韵母 | ia[iA] | ua[uA] | |
| | | o[o] | | | uo[uo] | |
| | | e[ɤ] | | | | |
| | | ê[ɛ] | | ie[iɛ] | | üe[yɛ] |
| | | er[ɚ] | | | | |
| 复元音韵母 | 前响复韵母 | ai[ai] | 中响复韵母 | | uai[uai] | |
| | | ei[ei] | | | uei[uei] | |
| | | ao[ɑu] | | iao[iɑu] | | |
| | | ou[ou] | | iou[iou] | | |
| 带鼻音韵母 | 前鼻韵母 | an[an] | | ian[iɛn] | uan[uan] | üan[yɛn] |
| | | en[ən] | | in[in] | uen[uən] | ün[yn] |
| | 后鼻韵母 | ang[ɑŋ] | | iang[iɑŋ] | uang[uɑŋ] | |
| | | eng[əŋ] | | ing[iŋ] | ueng[uəŋ] | |
| | | | | ong[uŋ] | | iong[yŋ] |

（1）开口呼韵母

没有韵头，韵母是 a、o、e、ê、er、-i[ʅ]、-i[ʮ]或以 a、o、e 起头的韵母，共有 15 个。

（2）齐齿呼韵母

韵母是 i 或以 i 起头的韵母，共有 9 个。

（3）合口呼韵母

韵母是 u 或以 u 起头的韵母，共有 10 个（ong 传统上属合口呼）。

（4）撮口呼韵母

韵母是 ü 或以 ü 起头的韵母，共有 5 个(iong 传统上属撮口呼)。

### （二）韵母的结构

普通话 39 个韵母，有的只包含一个音素，有的包含 2 个或 3 个音素。由于各个音素在韵母中的作用和位置不同，韵母便有了不同的结构类型。

一个韵母无论包含几个音素，无论属于哪种结构类型，其中必有一个是主要成分，是韵母的主干，叫主要元音，也叫韵腹。如果一个韵母只有一个音素，那么这个音素就是韵腹；如果这个韵母包含 2 个或 3 个音素，其中发音时开口度最大，发音最清晰最响亮的那个元音，就是韵腹。可以充当韵腹的音素是 10 个单元音：a、o、e、ê、i、u、ü、-i[ʅ]、-i[ʮ]、er。

一个韵母中，韵腹前面的音素是韵头，又叫介音。其发音轻而短，只表示复韵母发音的起点。普通话中可以充当韵头的只有 i、u、ü 三个高元音。

一个韵母中，韵腹后面的音素叫韵尾。它只表示韵母滑动的最后方向。可以充当韵尾的音素有：元音音素 i、u（o）和鼻辅音音素-n、-ng。

普通话韵母结构类型见表 2-7。

表 2-7　普通话韵母结构表

| 例　字<br>（拼音） | 韵　头<br>（限于高元音i、u、ü） | 韵　身 | | |
|---|---|---|---|---|
| | | 韵　腹<br>（10个单元音） | 韵　尾 | |
| | | | 元音<br>（高元音 i、u） | 辅音<br>（鼻辅音 n、ng） |
| 一（yī） | | i | | |
| 二（èr） | | er | | |
| 白（bái） | | a | i | |
| 表（biǎo） | i | a | o | |
| 决（jué） | ü | ê | | |
| 为（wèi） | u | e | i | |
| 湾（wān） | u | a | | n |
| 阳（yáng） | i | a | | ng |
| 云（yún） | | ü | | n |

### （三）韵母的发音

**1. 单韵母的发音**

单韵母是普通话韵母的基础。单韵母的不同音色是由舌位的前后、舌位的高低、唇形的圆展的不同造成的。

发音时要注意口腔、舌位及唇形的配合：

第一，舌位的高低，是指发音时舌头隆起部分的最高点同上腭距离的大小。舌位的降低与抬高同口腔的开合有关，舌位越高开口度越小，反之越大。

第二，舌位的前后，是指发音时舌头隆起部分即舌高点的前后。前元音，发音时舌头向前平伸至下齿背，舌高点在舌面的前部；后元音，发音时舌头后缩，舌高点在舌面的后部；央元音，发音时舌头居中，舌高点在舌面中部，与硬腭中部相对。

第三，唇形的圆展，是指发音时双唇是拢圆、展开还是呈自然状态。

单韵母的发音特点是：在整个的发音过程中，舌位、唇形及开口度始终不变，没有动程。

**（1）舌面元音韵母**

发音时由舌面与硬腭调节气流和共鸣腔的形状，舌头的高点在舌面上，是舌面起主要作用的元音韵母。

**a[A]　舌面、央、低、不圆唇元音。** 发 a 时，口腔大开，舌头居中，舌位最低，双唇呈自然展开状，发音时声带颤动，气流自口腔出来。如下列词语首字的韵母：

把　拿　怕　洒　大　莎　茶　塔　栅　码　发　辣　哈　擦　卡
踏青　卡车　拿来　查找　杂志　麻将　擦边　栅栏　卡通　发行
八音盒　差不多　发烧友　哈密瓜　咖啡厅　拉力器　马拉松　沙尘暴
杂乱无章　沙里淘金　马到成功　拉丁字母　发人深省　答非所问

**o [o]　舌面、后、半高、圆唇元音。** 发 o 时，口微开，舌头后缩，舌位半高，双唇拢圆，发音时声带颤动，气流自口腔出来。这个音对某些方言区的人来说，是个难点音，初学者可发"多"音拖长，取其后半[③]。如下列词语首字的韵母：

伯　迫　拨　摩　破　佛　波　婆　默　播　颇　博　墨　魄　模
播音　佛教　博爱　播送　波涛　佛经　泊位　博士　迫切　末尾
破天荒　博士后　莫须有　玻璃钢　蘑菇云　破折号　博览会　泼冷水
默默无闻　墨守成规　波澜壮阔　博闻强记　迫在眉睫　破釜沉舟

**e[ɤ]　舌面、后、半高、不圆唇元音。** 发 e 时，双唇自然展开，舌高点偏后，其他情况与 o 相似，即在发 o 的基础上，展开双唇即可。如下列词语首字的韵母：

德　测　者　热　特　讷　个　课　色　勒　河　摄　哲　彻　车
得体　色彩　特殊　测评　责怪　乐观　科技　喝彩　婀娜　客车
核电站　科学院　和平鸽　鹅卵石　合议庭　摄影机　责任心　哲学家
车水马龙　彻头彻尾　得道多助　歌功颂德　舍生取义　和颜悦色

**ê[ɛ]　舌面、前、半低、不圆唇元音。** 发 ê 时，口半开，舌头前伸，舌尖抵住下齿背，舌位半低稍高，双唇自然展开，发音时声带颤动，气流自口腔出来。这是一个难点音，初学者可发"耶"音拖长，取其后半。普通话里 ê 韵母不和任何辅音声母相拼，自成音节的只有一个叹词"欸"。ê 的主要用途是跟 i、ü 结合构成复韵母 ie、üe。

**i[i] 舌面、前、高、不圆唇元音。**发 i 时，口腔开口度很小，舌头前伸，舌尖抵住下齿背，嘴角尽量展开，发音时声带颤动，气流自口腔出来。如下列词语首字的韵母：

 笔 密 你 滴 及 理 系 底 西 泥 匹 意 批 体 气
 笔墨 历史 基地 习俗 起来 地球 拟人 礼仪 地图 秘密
 笔记本 意识流 霹雳舞 理发师 比目鱼 戏剧节 仪仗队 霓虹灯
 系统工程 艺术体操 意气风发 息息相关 提纲挈领 气贯长虹

**u[u] 舌面、后、高、圆唇元音。**发 u 时，舌头后缩，双唇拢圆，口腔开口度最小，舌面后部隆起，舌位最高，发音时声带颤动，气流自口腔出来。如下列词语首字的韵母：

 捕 努 物 如 土 故 府 读 速 组 粗 路 普 库 湖
 布匹 图书 鼓舞 阻塞 录取 库存 母女 附录 突出 浮雕
 不倒翁 复读机 独联体 涂改液 路线图 故事片 出版社 足球队
 不伦不类 出租汽车 粗茶淡饭 独具匠心 付诸东流 古色古香

**ü[y] 舌面、前、高、圆唇元音。**发 ü 时，双唇拢圆，其他情况与 i 相似，即在发 i 的基础上，拢圆双唇即可。如下列词语首字的韵母：

 雨 据 女 渠 许 需 旅 曲 居 律 须 菊 瞿 诩 绿
 驱散 区域 序曲 巨大 许多 语句 女兵 绿色 趣味 绪论
 预选赛 居民区 趣味性 预备役 郁金香 绿油油 驱逐舰 羽毛球
 愈演愈烈 虚怀若谷 雨后春笋 栩栩如生 曲高和寡 居高临下

舌面元音的发音状况见图 2-3，将其图形化就成了图 2-4。

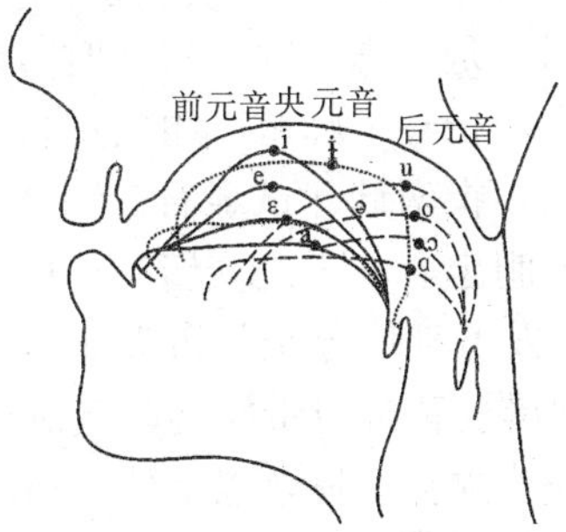

图 2-3 舌面元音舌位变化示意图

（2）舌尖元音韵母

发音时由舌尖的活动调节气流及共鸣腔的形状，是舌尖起主要作用的元音韵母，其音值由舌尖活动的前后来决定。

**-i[ɿ] 舌尖、前、高、不圆唇元音。**发音时，舌尖前伸，对着上齿背，但不接触，双唇展开，声带颤动，不要有摩擦。初学者可发"思"音拖长，取其后半。这个韵母只跟声母 z、c、s 相拼，不能跟其他任何辅音声母相拼，也不能自成音节。如下列词语首字的韵母：

前　　　　　　　央　　　　　　　后

不圆唇　　　圆唇　　　　　　不圆唇　　　圆唇

高　i[i]　ü[y]　　　　　　　　　　　　u[u]

半高　　　　　　　　　　　　　　　e[ɤ]　o[o]

半低　ê[ε]

低　　a[a]　　　　　ɑ[A]　　　ɑ[ɑ]

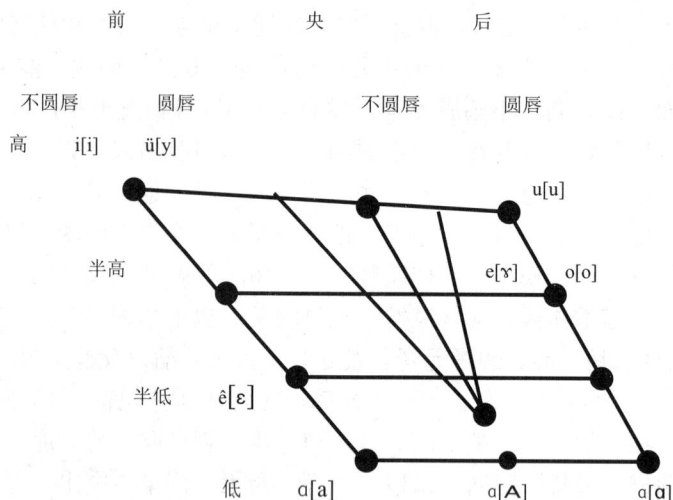

图 2-4　舌面元音舌位唇形图

四　词　子　司　紫　次　字　辞　似　此　咨　丝　磁　自　斯
自强　思索　资本　司机　词典　四呼　思绪　字体　磁卡　辞职
子午线　丝织品　次大陆　自助餐　私有制　紫外线　自由泳　思想家
自强不息　丝丝入扣　字里行间　司空见惯　此起彼伏　四维空间

**-i[ʅ]**　舌尖、后、高、不圆唇元音。发音时，舌尖翘起，对着硬腭前部，但不接触，唇形不圆，声带颤动，不要有摩擦。初学者可发"诗"音拖长，取其后半。这个音很像辅音声母 r 的发音，但是弱化了，发音时没有摩擦。这个韵母只跟声母 zh、ch、sh、r 相拼，不能跟其他任何辅音声母相拼，也不能自成音节。如下列词语首字的韵母：

迟　日　只　诗　池　指　是　志　师　尺　时　制　吃　始　之
尺寸　食品　质量　制止　指导　师范　事实　日光　知识　史诗
诗言志　知名度　使领馆　指南针　试金石　制高点　植物园　志愿者
实用价值　世外桃源　赤胆忠心　失之交臂　十四行诗　至理名言

舌尖元音韵母-i[ɿ]、-i[ʅ]的发音部位分别与舌尖前声母 z、c、s 和舌尖后声母 zh、ch、sh、r 相同，区别在于元音韵母发音时声带振动，气流通过口腔时不发生摩擦；声母发音时气流在口腔受到阻碍而发生摩擦，除浊音 r 外，zh、ch、sh 发音时声带都不振动。

《汉语拼音方案》规定，用 i 代表[i]、[ɿ]、[ʅ]三个音素。从形体上看，zi、zhi 中的 i 与 mi 中的 i 没有区别，但发音不会混淆。因为[i]出现的环境决不会出现舌尖元音[ɿ]、[ʅ]，[ɿ]只出现在 z、c、s 后，[ʅ]只出现在 zh、ch、sh、r 后，而这两个位置决不会出现舌面元音[i]。

（3）卷舌元音韵母

**er[ɚ]**　卷舌、央、中、不圆唇元音。这是一个用双字母表示的单元音。e[ə]表示舌位，r 表示卷舌动作。e[ə]是央元音，舌位比舌面单元音 e[ɤ]靠前。发 er 时，舌位居中，口腔在半开半闭之间，在发 e[ə]的同时，轻巧地把舌尖一卷，接近硬腭，同时声带颤动，就发出了 er 音。er 韵母在普通话中只能自成音节，且 er 韵母单用时常用字只有少数几个，er 还有一个重要作用是用在儿化韵里。

而、儿、耳、饵、尔、二、贰

二十 而且 反而 老二 然而 耳朵 时而 健儿 儿童节 闻名遐迩

单元音的发音见图 2-5。

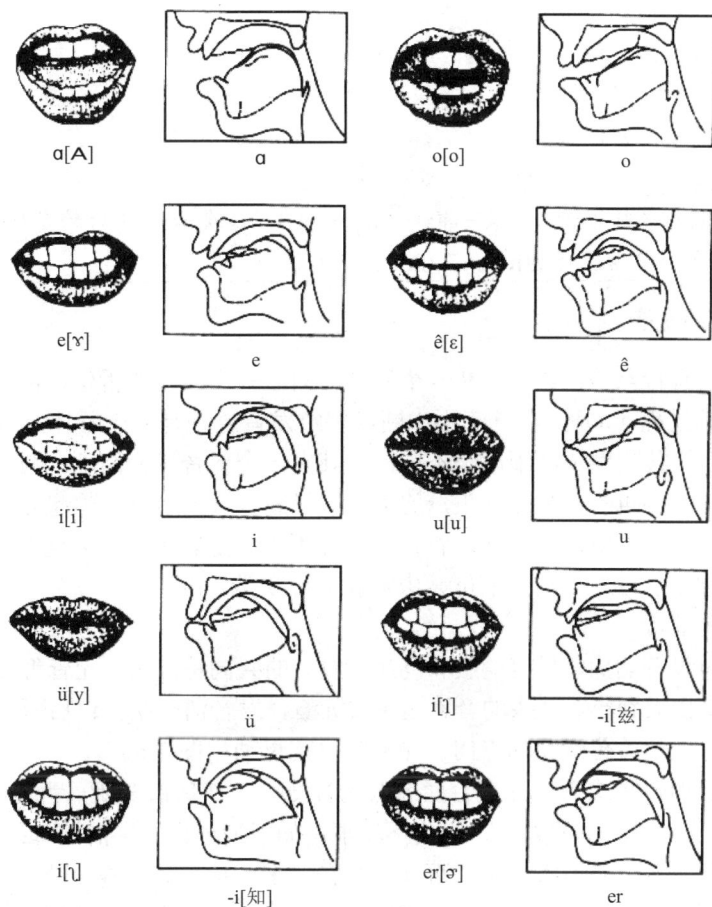

图 2-5 单元音唇形舌位图

【发音训练】

1. 结合"舌面元音舌位唇形图"，学生跟着老师连读：

①i—ê—a[a]，u—o—a[a]，体会舌位高低及开口度的变化

②ü—u—ü—u，体会舌位前后的变化

③i—ü—i—ü，e—o—e—o，体会唇形圆展的变化

2. 读单韵母及例字：

a—啊、八、怕、马、发、大、塔、拿、拉、咔、卡、哈、闸、茶、沙、杂、擦、萨

o—拨、魄、茉、佛

e—鹅、得、特、讷、乐、歌、渴、荷、者、车、舌、热、责、册、塞

ê—欸

i—衣、笔、批、密、底、梯、你、例、即、七、喜

u—五、步、木、福、读、图、努、路、孤、酷、湖、竹、触、书、儒、组、粗、
　　俗

ü—鱼、句、曲、许

-i[ɿ]—滋、此、思

-i[ʅ]—之、尺、室、日

er—而、二、耳、儿、饵、尔、贰、洱、迩

3. 学生跟着老师连读：-i[ɿ]—i[ʅ]—i[ɿ]—-i[ʅ]，体会舌位前后的变化及与舌尖前
声母 z、c、s 和舌尖后声母 zh、ch、sh、r 的区别。

2. 复韵母的发音

复韵母的发音特点是：第一，从一个元音滑向后一个元音的舌位，舌位、唇形都有
一个逐渐变动的过程（动程），气流不中断，整个发音过程是一个整体。第二，构成复
韵母的几个元音，其响度和清晰度是不同的，其中一个元音发音清晰、响亮，是主要元
音，即韵腹；韵腹前面的元音是韵头，韵头发音轻短，只表示发音的起点；韵腹后面是
韵尾，韵尾只表示舌位滑动的方向，音值含混而不太固定。根据主要元音所处的位置，
复韵母分为前响复韵母、后响复韵母、中响复韵母 3 类。

（1）前响复韵母

前响复韵母没有韵头，只有韵腹和韵尾。发音的共同特点是：元音舌位都是由低向
高滑动，开口度由大到小。开头的音素是主要元音，发音清晰响亮；后面的元音音素音
值轻短模糊，只表示舌位滑动的方向（见前响复韵母动程图 2-6）。

**ai[ai]**　发音时，口大开，先发舌面前低元音 a[a]，然后口渐闭，舌位向发 i[i] 的状
态过渡。i 只表示舌位滑动的方向，音值不清晰。如下列词语首字的韵母：

爱　麦　开　海　乃　太　歪　百　猜　在　来　拍　该　赛　皑
海洋　开端　概括　排序　耐心　来源　代价　彩虹　太湖　才华
白话文　百叶窗　菜篮子　差旅费　代表作　概念化　海岸线　太阳能
改弦更张　海市蜃楼　开门见山　耐人寻味　排山倒海　泰然自若

**ei[ei]**　发音时，口半闭，先发舌面前、半高元音 e[e]，然后舌位向发 i[i] 的状态过
渡。如下列词语首字的韵母：

北　枚　沸　培　美　内　杯　贼　磊　配　类　辈　黑　给　非
魅力　背景　飞快　内涵　北海　配音　蓓蕾　背诵　飞翔　内存
备忘录　类人猿　北极星　梅花鹿　黑板报　雷阵雨　玫瑰花　美术家
眉开眼笑　背道而驰　美不胜收　雷厉风行　眉清目秀　肺腑之言

**ao[au]**　发音时，口大开，舌头后缩，先发舌面后、低元音 a[a]，然后口渐闭，舌
位向发 u[u] 的状态过渡（实际比元音 u[u] 略低）。如下列词语首字的韵母：

报 考 号 高 道 贸 脑 包 劳 扫 澳 草 造 抛 讨

考勤 扰乱 逃跑 高级 导演 劳动 傲骨 翱翔 造型 报刊

奥运会 炒鱿鱼 保龄球 暴风雪 操作台 超短波 导火线 高才生

澳大利亚 包罗万象 高山流水 报告文学 超级市场 高等教育

**ou[ou]** 发音时，舌头后缩，先发舌面元音 o[o]（实际比元音 o[o]略低），然后口渐闭，向发 u[u]的状态过渡。如下列词语首字的韵母：

周 头 抽 手 楼 剖 走 凑 否 构 口 后 某 搜 柔

剖析 口语 否认 周到 构建 守候 搜索 头脑 抽签 酬劳

构词法 斗牛士 守门员 后备军 口头禅 手写体 投递员 走马灯

手舞足蹈 斗转星移 守口如瓶 口若悬河 手不释卷 搜索引擎

前响复韵母的发音见图 2-6。

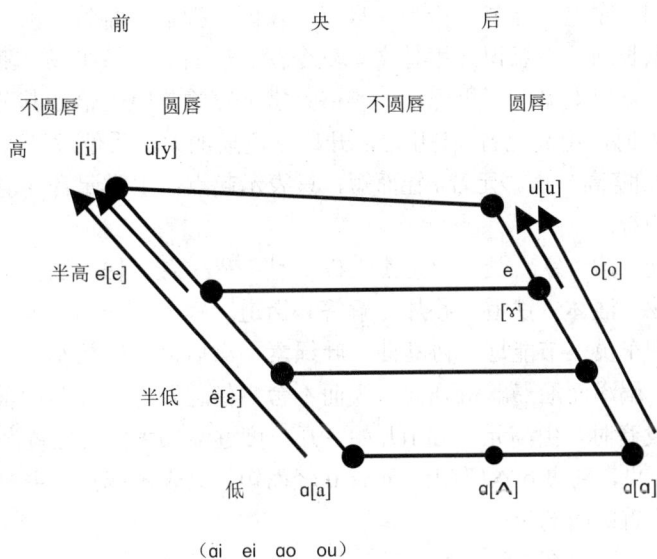

图 2-6 前响复韵母动程图

---

**【发音训练】**

1. 结合前响复韵母动程图，跟着老师连读：ai-ei-ao-ou，体会动程的变化。

2. 读复韵母及例字：

ai—皑、百、派、买、带、台、乃、来、该、凯、孩、窄、柴、晒、栽、才、赛

ei—诶、北、培、美、飞、内、雷、给、黑、谁、贼

ao—凹、报、跑、猫、岛、桃、闹、捞、告、考、豪、找、潮、烧、绕、早、糙、扫

ou—欧、剖、谋、否、都、头、漏、沟、蔻、猴、周、愁、首、揉、邹、凑、艘

3. 朗读下列词语，注意每个词语首字韵母的发音：

爱心 百姓 备注 考古 楼道 剖析 凹陷 欧洲 飞翔 草帽

| 代沟 | 黑客 | 百倍 | 否则 | 美好 | 雷同 | 内存 | 口令 | 派遣 | 雷达 |
| 高档 | 猜想 | 窄小 | 糟粕 | 讨论 | 筛选 | 导游 | 首先 | 矛盾 | 周期 |

（2）后响复韵母

后响复韵母只有韵头、韵腹而无韵尾。发音的共同特点是：舌位由高元音向低元音滑动，开口度由小到大。开头的音素都是高元音，开口度较小，发音轻而短，不太响亮，只表示韵母的起点；后面的元音音素开口度较大，发音清晰、响亮，是主要元音（见后响复韵母动程图 2-7）。

ia[iA]　发音时，由高元音 i[i] 开始，开口度逐渐加大，舌位逐渐降低，同时舌头后缩趋向中央，到央 a[A] 为止。元音 i 轻而短，只表示起点；主要元音 a 清晰、响亮。如下列词语首字的韵母：

亚　甲　下　掐　雅　加　恰　夏　压　嘉　侠

夏天　亚洲　家电　佳节　恰当　戛然　家园　押韵　雅致　洽谈

加速器　家长制　下意识　甲骨文　夏令营　假面具　下半场　亚热带

揠苗助长　家用电器　下里巴人　雅俗共赏　家喻户晓　恰如其分

ie[iɛ]　发音时，由高元音 i[i] 开始，开口度逐渐加大，舌位逐渐降低，到元音 ê[ɛ]（实际比元音 ê[ɛ] 略高）止。元音 i 轻而短，只表示起点；主要元音 ê 清晰、响亮。如下列词语首字的韵母：

叶　些　别　撇　铁　聂　灭　杰　碟　且　界　鞋　怯　街　械

贴切　结业　液体　铁道　叠加　解答　街道　鞋子　介绍　世界

节奏感　列车员　节能灯　协奏曲　叶绿素　歇后语　解放军　写字台

节外生枝　竭泽而渔　解析几何　锲而不舍　借题发挥　叶落归根

ua[uA]　发音时，由高元音 u[u] 开始，开口度逐渐加大，舌位逐渐降低，同时舌头稍前伸，趋向中央，到央 a[A] 为止。元音 u 轻而短，只表示起点；主要元音 a 清晰、响亮。如下列词语首字的韵母：

蛙　刷　抓　瓦　夸　话　刮　花　挂　跨　画

抓紧　华丽　挂历　挂花　跨栏　跨越　滑冰　刷子　瓜果　瓦解

花名册　抓辫子　滑翔机　瓜子脸　花岗岩　滑雪板　夸海口　滑轮组

化险为夷　花枝招展　瓜田李下　花团锦簇　画龙点睛　跨国公司

uo[uo]　发音时，由高元音 u[u] 开始，开口度逐渐加大，舌位逐渐降低，到 o[o]（实际比元音 o[o] 略低）止。如下列词语首字的韵母：

罗　阔　左　络　多　弱　活　诺　挪　朵　若　撮　所　托　火

左右　落款　沃土　罗列　国家　夺魁　错误　弱小　扩大　诺言

罗汉果　活化石　逻辑学　火车头　螺丝刀　多棱镜　螺旋桨　说明书

逻辑思维　货真价实　落叶归根　多多益善　火树银花　缩衣节食

üe[yɛ]　发音时，由高元音 ü[y] 开始，开口度逐渐加大，舌位逐渐降低，到元音 ê[ɛ]（实际比元音 ê[ɛ] 略高）止。元音 ü 轻而短，只表示起点；主要元音 ê 清晰、响亮。如下列词语首字的韵母：

学　越　决　却　雪　觉　榷　穴　崛　月

略微　确定　血液　决心　确切　崛起　掠影　学费　缺口　角色

学前班　角斗场　越野赛　掘土机　阅兵式　爵士乐　绝缘体　血小板

约法三章　雪中送炭　绝对音高　约定俗成　学海无涯　雪泥鸿爪

后响复韵母的发音见图2-7。

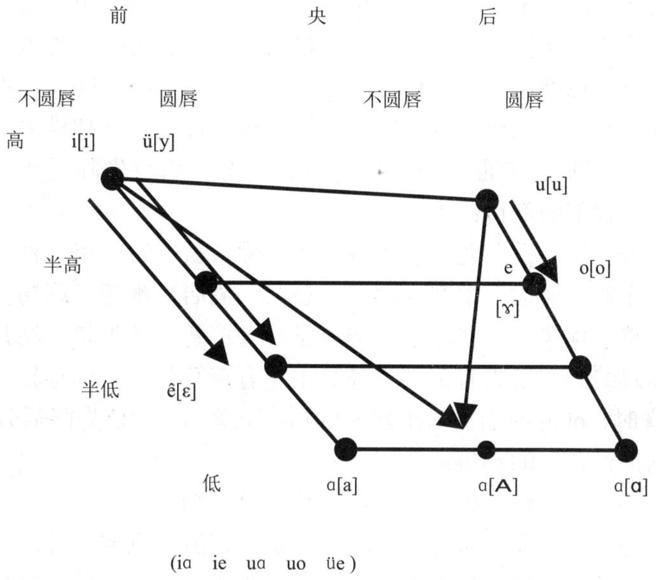

图 2-7　后响复韵母动程图

**【发音训练】**

1. 结合后响复韵母动程图，跟着老师连读：ia-ie-ua-uo-üe，体会动程的变化。

2. 读复韵母及例字：

ia—亚、俩、加、恰、峡

ie—叶、蝶、铁、聂、烈、节、且、鞋

ua—瓦、瓜、跨、华、抓、刷

uo—沃、多、托、诺、罗、国、扩、火、桌、绰、硕、若、左、撮、所

üe—月、决、却、雪

3. 朗读下列词语，注意每个词语首字韵母的发音。

雅致　狭隘　加强　恰当　冶金　协调　窃听　节约　烈火　涅槃

瓦砾　刷新　挂历　滑翔　抓紧　跨越　卧铺　国徽　诺言　卓越

螺丝　扩大　活泼　若干　左手　硕士　阅读　雪花　缺陷　抉择

（3）中响复韵母

中响复韵母是在前响复韵母前加韵头i或u构成的，是韵头、韵腹、韵尾结构齐备的韵母。发音的共同特点是：舌位先降后升，开口度由小到大再变小。中间的元音清晰、

响亮，是主要元音；前面的元音轻而短，只表示韵母的起点；后面的元音音值轻短模糊，只表示舌位滑动的方向。

**iao[iau]** 发音时，ao 的前面加一个轻短的高元音 i。由 i 开始舌位降至后 a，然后再向后高圆唇元音 u 的方向滑动。舌位先降后升，由前到后呈大曲折状。如下列词语首字的韵母：

遥　鸟　票　聊　巧　校　表　妙　标　描　裊　晓　桥　苗　敲

辽阔　角度　桥梁　调控　巧妙　标准　描绘　教育　桥牌　鸟类

表演赛　教师节　标准语　交响乐　聊天室　教科书　疗养院　巧克力

教学相长　标点符号　鸟语花香　雕梁画栋　矫枉过正　妙趣横生

**iou[iou]** 发音时，ou 的前面加一个轻短的高元音 i。舌位先降后升，由前到后呈小曲折状。如下列词语首字的韵母：

有　求　柳　秀　钮　丢　九　留　谬　牛　优　秋　纽　留　袖

优秀　留学　牛奶　柳树　游客　谬误　悠久　酒店　幽静　悠扬

邮电局　休止符　优选法　游泳池　修辞学　友谊赛　救生艇　幼儿园

秋高气爽　邮政编码　游刃有余　秀外慧中　有声有色　求同存异

**uai[uai]** 发音时，ai 的前面加一个轻短的后高元音 u。舌位先降后升，由后到前呈大曲折状。如下列词语首字的韵母：

外　怪　拽　快　揣　怀　帅　乖　崴　块　摔　徊

快乐　揣摩　怀念　率先　乖巧　甩卖　外贸　揣测　衰弱　外汇

外来词　外国语　快车道　怪不得　晒太阳　外语角　大元帅　甩包袱

外交辞令　快马加鞭　脍炙人口　怀才不遇　拐弯抹角　快乐时光

**uei[uei]** 发音时，ei 的前面加一个轻短的后高元音 u。舌位先降后升，由后到前呈小曲折状。如下列词语首字的韵母：

最　微　窥　追　瑞　虽　会　轨　税　亏　蕊　推　对　锤　粹

水平　虽然　维护　坠落　瑞雪　溃退　追回　推翻　对话　归队

微生物　水平线　未知数　回马枪　委员会　对话框　维生素　水彩画

摧枯拉朽　微言大义　水平测试　岿然不动　微观世界　水落石出

中响复韵母的发音见图 2-8、图 2-9。

---

**【发音训练】**

1. 结合中响复韵母动程图，跟着老师连读：iao-iou-uai-uei，体会动程的变化。

2. 读复韵母及例字。

iao—要、表、票、苗、调、条、鸟、聊、教、桥、晓

iou—优、丢、牛、柳、究、球、袖

uai—外、乖、快、槐、拽、揣、帅

uei—为、堆、颓、规、愧、晖、追、锤、水、瑞、最、催、随

3. 朗读下列词语，注意每个词语首字韵母的发音。

药品　标牌　飘荡　描绘　雕塑　调频　鸟鸣　聊天　交易　桥梁

| 优秀 | 丢弃 | 牛奶 | 流动 | 球员 | 羞涩 | 外形 | 怪圈 | 快讯 | 怀旧 |
| 率领 | 未来 | 堆砌 | 推广 | 愧疚 | 追随 | 吹奏 | 瑞雪 | 虽然 | 脆弱 |

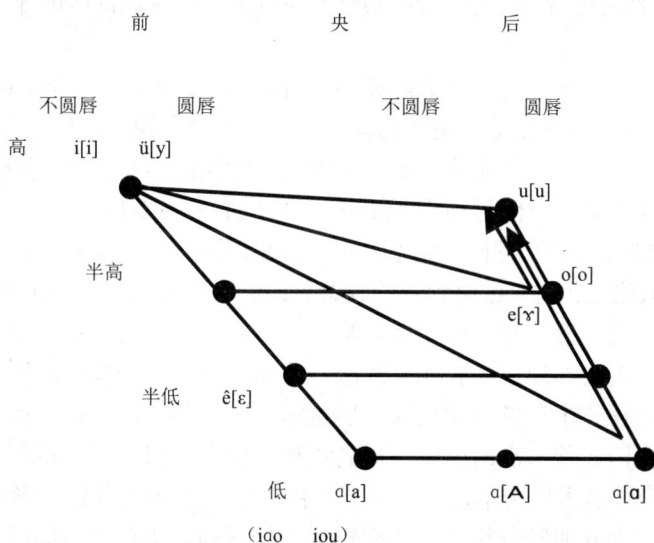

图 2-8　中响复韵母动程图（一）

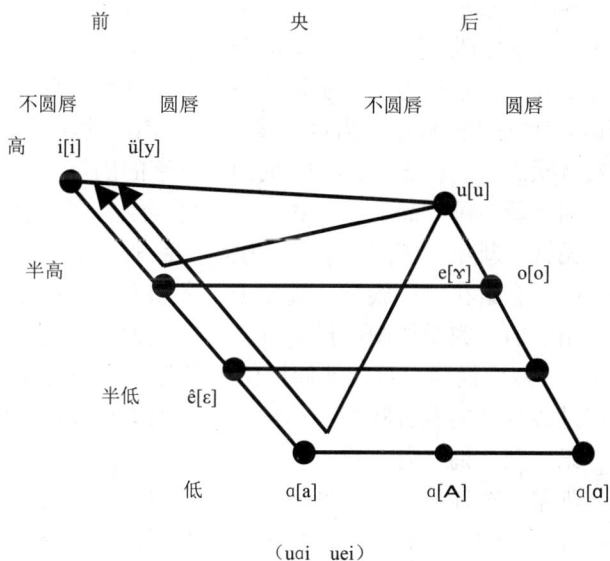

（iɑo　iou）

图 2-9　中响复韵母动程图（二）

（uɑi　uei）

### 3. 鼻韵母的发音

鼻韵母的发音特点是：由元音的发音状态逐渐向鼻辅音的发音状态过渡，从口音到鼻化元音，最后过渡到纯粹的鼻音，整个发音过程连续成一个整体。与作为鼻辅音声母不同的是，作为韵尾的鼻辅音不除阻，而是以声音渐弱结束发音。

普通话里作韵尾的鼻辅音有两个：-n 和-ng。这两个鼻辅音的发音方法是相同的，都是浊鼻音。发音时软腭下降，打开鼻腔的通路，声带颤动，气流最终从鼻腔出来。

二者的区别是发音部位不同：前鼻韵尾-n 是舌尖中音，发音时舌尖最终要抵住上齿龈；后鼻韵尾-ng 是舌根音，发音时舌根最终要抵住软腭（与辅音声母 g 发音部位相同）。

（1）前鼻韵母

前鼻韵母由一个或两个元音加上前鼻韵尾-n 构成，共有 8 个：an、en、in、ün、ian、uan、üan、uen。其发音特点是：先发元音，紧接着舌尖上翘，抵住上齿龈，软腭下降，堵塞口腔的通路，打开鼻腔的通路，发出纯粹的不除阻的前鼻音-n，同时声带颤动，气流最终从鼻腔出来（见前鼻韵母动程图 2-10、图 2-11 和图 2-12）。

**an[an]** 发音时，口腔大开，舌尖前伸，抵住下齿背，由舌面前元音 a[a]开始，紧接着舌尖上翘，抵住上齿龈，过渡到 n 的发音状态，动程明显。如下列词语首字的韵母：

安 办 餐 范 感 刊 坛 然 咱 潘 产 山 南 岚 伞
安然 橄榄 漫谈 灿烂 餐厅 寒冷 感谢 蝉联 赞叹 汉语
办公室 橄榄树 山东省 安全局 展览馆 汉语热 散文诗 南极洲
山清水秀 班门弄斧 盘山公路 返老还童 感人肺腑 汉语拼音

**en[ən]** 发音时，舌位居中，口腔半开，由中央元音 e[ə]开始，紧接着舌尖上翘，抵住上齿龈，过渡到 n 的发音状态，动程较大。如下列词语首字的韵母：

恩 盆 真 森 肯 晨 深 粉 刃 衬 奔 嫩 很 跟 怎
本科 盆地 跟随 根本 人参 认真 深圳 奔跑 嫩绿 森林
本命年 针织品 深呼吸 人生观 恳谈会 根本法 分界线 陈列馆
恩重如山 称心如意 笨鸟先飞 参差不齐 沉鱼落雁 真知灼见

**in[in]** 发音时，舌尖前伸抵住下齿背，发高元音 i[i]，紧接着舌尖上翘，抵住上齿龈，过渡到 n 的发音状态，动程很短。如下列词语首字的韵母：

因 拼 琴 临 新 民 品 津 宾 印 寝 缤 您 紧 林
您好 因为 民族 新年 邻居 金秋 缤纷 品质 紧张 琴弦
林阴道 音乐厅 金银花 民族学 进化论 亲和力 新年好 临界点
勤工俭学 因循守旧 宾至如归 拼音方案 钦差大臣 新陈代谢

**ün[yn]** 发音时，双唇拢圆，舌尖前伸抵住下齿背，发高元音 ü[y]，紧接着快速上翘，抵住上齿龈，过渡到 n 的发音状态，动程很短。如下列词语首字的韵母：

云 军 群 讯 允 询 君 裙
允诺 骏马 驯服 军训 均匀 群岛 韵律 询问 陨石 逊色
运动会 巡洋舰 运输机 君子兰 循环赛 群英会 军令状 韵律操
云蒸霞蔚 循规蹈矩 运筹帷幄 循循善诱 群策群力 军事基地

前鼻韵母 an、en、in、ün 的发音见图 2-10。

**ian[iεn]** 本来是 an 之前加一个轻短的 i[i]，但由于受到韵头和韵尾的双重影响，普通话语音的实际发音，其主要元音是半低元音[ε]。发音时，舌头前伸，口腔渐开，由[i]到[ε]，紧接着舌尖上翘，抵住上齿龈，过渡到 n 的发音状态。整个发音过程，舌位先降后升，全部动程是一个大往返。如下列词语首字的韵母：

言 艰 签 面 年 现 天 念 前 勉 变 建 篇 甜 典

潜力　田间　面临　签证　健身　年轻　现代　典雅　甜蜜　健康
研讨会　编辑部　片面性　面对面　电影院　天文馆　年轻化　简化字
言简意赅　闲情逸致　弦外之音　延年益寿　潜移默化　见义勇为

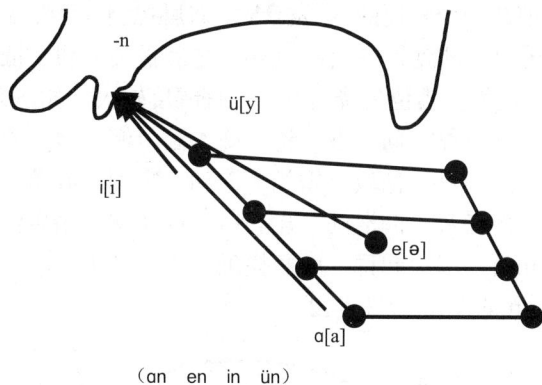

（an　en　in　ün）

图 2-10　前鼻韵母动程图

**uan[uan]**　an 之前加一个轻短的 u。发音时，双唇拢圆，舌头后缩，由后元音 u 开始，接着口腔大开，舌头前伸，过渡到前元音 a[a]，之后舌尖上翘，抵住上齿龈，过渡到 n 的发音状态。整个发音过程，舌位先降后升，动程幅度大。如下列词语首字的韵母：

暖　关　涮　酸　峦　短　钻　湾　团　川　软　欢　款　断　转
短篇　团结　篡改　软件　晚报　关心　山川　钻石　欢乐　玩具
玩具店　端午节　团体操　暖气片　观测站　欢迎词　专卖店　传播学
软件学院　传统文化　管中窥豹　酸甜苦辣　短篇小说　冠冕堂皇

前鼻韵母 ian、uan 的发音见图 2-11。

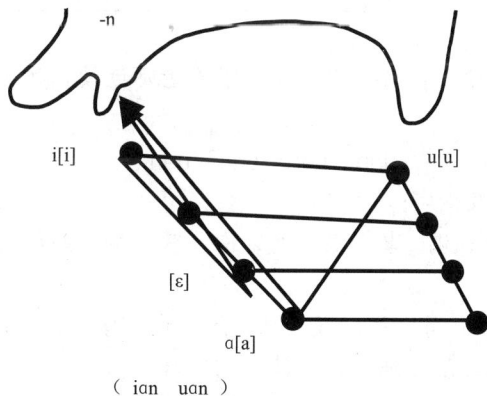

（ian　uan）

图 2-11　前鼻韵母动程图

**üan[yɛn]**　an 之前加一个轻短的 ü。发音时，双唇拢圆，舌头前伸，由前元音 ü 开始，接着口腔大开，过渡到元音 a，之后舌尖上翘，抵住上齿龈，过渡到 n 的发音状态。整个发音过程，舌位先降后升，全部动程是一个大往返。如下列词语首字的韵母：

元　卷　全　选　愿　宣　捐

隽永　元音　捐赠　选择　圆满　蜷缩　原理　渲染　渊博　眷恋　拳击　愿望
宣传品　卷舌音　选举权　圆舞曲　原子弹　元宵节　全方位　卷铺盖　全家福
拳头产品　悬崖勒马　卷土重来　轩然大波　全神贯注　旋转乾坤　全权代表

**uen[uən]**　en 之前加一个轻短的 u。发音时，双唇拢圆，舌头后缩，由后元音 u 开始，接着口腔半开，舌位居中，过渡到央元音 e[ə]，之后舌尖上翘，抵住上齿龈，过渡到 n 的发音状态。整个发音过程，舌位先降后升，动程幅度较大。如下列词语首字的韵母：

文　顿　昆　顺　存　尊　问　春　论　魂　温　润　笋　吞　准
吞没　尊重　温暖　闰月　伦敦　婚礼　滚动　顺利　春蕾　问候
村委会　文化课　唇齿音　润滑油　昆仑山　论说文　婚姻法　春运会
顺理成章　温故知新　闻鸡起舞　顺藤摸瓜　谆谆教诲　魂牵梦萦

前鼻韵母 üan、uen 的发音见图 2-12。

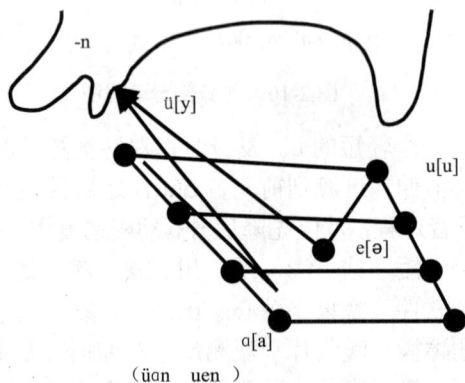

图 2-12　前鼻韵母动程图

**【发音训练】**

1. 结合前鼻韵母发音动程图，学生跟着老师连读，体会动程的变化及与复韵母的区别：

　　an—en—in—ün　　　　ian—uan—üan—uen

2. 读前鼻韵母及例字：

an—安、版、畔、满、樊、耽、檀、南、蓝、赣、勘、翰、粘、阐、赡、冉、咱、蚕、伞

en—恩、奔、盆、闷、氛、嫩、亘、恳、痕、珍、忱、绅、韧、怎、岑、森

in—音、濒、聘、泯、您、吝、津、沁、衅

ün—晕、菌、群、勋

ian—烟、变、翩、冕、滇、甜、年、敛、笺、嵌、弦

uan—湾、段、湍、暖、峦、冠、宽、桓、撰、川、涮、阮、钻、篡、酸

üan—渊、春、券、轩

uen—温、盾、豚、论、滚、昆、魂、谆、蠢、瞬、润、尊、存、笋

3. 朗读下列词语，注意前鼻韵母的发音：

安全 半天 参观 单元 帆船 观点 键盘 团圆 前面 全面
男篮 盐酸 寒暄 完全 悬念 信心 匀称 拼音 论文 军民
濒临 缤纷 沉浸 纯真 存根 谨慎 认真 神韵 询问 新闻
穿针引线 断简残篇 旋转乾坤 震撼人心 参观展览

4. 诗文朗读，注意其中的前后鼻韵母字的读音：

### 清平乐·六盘山

一九三五年十月

毛泽东

天高云淡，
望断南飞雁。
不到长城非好汉，
屈指行程二万。

六盘山上高峰，
红旗漫卷西风。
今日长缨在手，
何时缚住苍龙？

（2）后鼻韵母

后鼻韵母由一个或两个元音加上后鼻韵尾-ng 构成，共有 8 个：ang、eng、ing、ong、iang、uang、ueng、iong。其发音的共同特点是：先发元音，紧接着舌根上升，软腭下降，堵塞口腔的通路，打开鼻腔的通路，发出纯粹的不除阻的后鼻音-ng，同时声带颤动，气流最终从鼻腔出来（见后鼻韵母动程图 2-13、图 2-14 和图 2-15）。

**ang[ɑŋ]** 发音时，舌头后缩，口腔大开，由后 a 开始，接着舌根上升，软腭下降，过渡到 ng 的发音状态。整个发音过程，口腔由大开到微合，动程明显。如下列词语首字的韵母：

昂 帮 旁 康 章 藏 航 赏 桑 朗 常 苍 茫 当 港
朗读 航线 当场 房间 让步 档案 桑蚕 场所 苍茫 商场
长短句 藏书票 长颈鹿 常春藤 方法论 行业语 航空港 商品房
藏龙卧虎 昂首阔步 刚愎自用 畅所欲言 沧海桑田 防微杜渐

**eng[əŋ]** 发音时，舌头居中，口腔半开，由央 e[ə]开始，接着舌根上升，软腭下降，过渡到 ng 的发音状态。整个发音过程，口腔由半开到微合，动程较大。如下列词语首字的韵母：

成 层 猛 能 横 坑 僧 峰 冷 仍 正 圣 灯 朋 腾
灯光 腾飞 冷静 横行 憎恨 更正 丰盛 仍然 增加 更改
圣诞树 增值税 正字法 蒸馏水 升降机 蒙太奇 风向标 登山队
政通人和 正本清源 腾云驾雾 生态平衡 圣诞老人 梦寐以求

**ing[iŋ]** 发音时，舌头前伸，由前元音 i 开始，接着舌头后移，舌根微升，软腭下降，过渡到 ng 的发音状态。整个发音过程，舌头由前伸到后缩，口形外面变化不大，动程很短。如下列词语首字的韵母：

应 冰 请 名 宁 幸 零 迎 清 景 听 赢 评 定 兵

应该 领先 情趣 经营 幸福 宁静 倾听 评论 听课 明亮

迎新会 影剧院 星期六 形容词 幸运儿 听证会 轻音乐 平衡木

迎刃而解 行云流水 兴高采烈 亭亭玉立 轻描淡写 平易近人

**ong[uŋ]** 发音时，舌头后缩，唇形拢圆，由后元音[u](实际是介于元音 u[u]和 o[o]之间的一个音)开始，然后舌根微升，软腭下降，向发 ng 的状态过渡。这个音较难发，发音时，口形先大些，后小些，外面变化不明显，主要是舌根、软腭的动作，动程很小。韵母 ong 只能前拼辅音声母，不能自成音节。如下列词语首字的韵母：

聪 同 冲 孔 冬 控 红 松 浓 融 龙 综 懂 众 功

童话 松树 总统 红色 冲锋 空旷 从来 空洞 综合 熔化

总导演 中国画 同心圆 宋体字 溶解度 弄潮儿 龙须面 孔雀舞

纵横捭阖 中华民族 众志成城 同仇敌忾 融会贯通 龙飞凤舞

后鼻韵母 ang、eng、ing、ong 的发音见图 2-13。

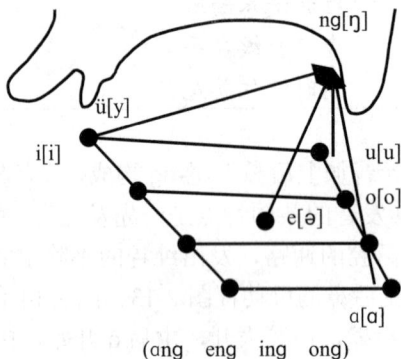

（ang eng ing ong）

图 2-13　后鼻韵母动程图

**iang[iaŋ]** ang 之前加一个轻短的 i。发音时，舌头前伸，由前元音 i 开始，紧接着舌头后缩，口腔大开，到后元音 a[a]，之后舌根上升，软腭下降，过渡到 ng 的发音状态。整个发音过程，舌位先降后升，口腔由小到大再到微合，动程幅度大。如下列词语首字的韵母：

阳 酿 奖 良 向 强 样 香 枪 蒋

强大 项目 讲课 粮仓 强迫 阳光 江河 奖励 将相

阳关道 相对论 降落伞 强心剂 娘子军 亮晶晶 奖学金 阳平调

阳春白雪 良师益友 相得益彰 强弩之末 良莠不齐 将计就计

**uang[uaŋ]** ang 之前加一个轻短的 u。发音时，由后元音 u 开始，双唇拢圆，舌头后缩，接着口腔大开，过渡到后元音 a[a]，之后舌根上升，软腭下降，过渡到 ng 的发音状态。整个发音过程，舌位先降后升，全部动程是一个直线大往返。如下列词语首字的韵母：

网　创　黄　爽　庄　矿　窗　皇　光　装　矿　望　犷

爽快　状况　创意　光明　黄色　旷课　网络　网卡　窗口　装潢

忘年交　光谱仪　矿泉水　望远镜　狂想曲　装甲车　双人舞　创造性

网络游戏　光彩照人　光明磊落　望子成龙　装腔作势　窗明几净

后鼻韵母 iang、uang 的发音见图 2-14。

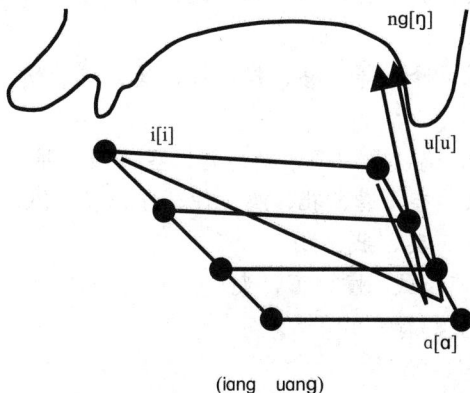

(iang　uang)

图 2-14　后鼻韵母动程图

**ueng[uəŋ]**　eng 之前加一个轻短的 u。发音时，双唇拢圆，舌头后缩，由后元音 u 开始，接着口腔半开，过渡到央元音 e[ə]，之后舌根上升，软腭下降，过渡到 ng 的发音状态。整个发音过程，舌位先降后升，动程幅度较大。韵母 ueng 不能前拼辅音声母，只能自成音节。如"翁、嗡、蓊、瓮"的韵母。

**iong[yŋ]**　发音时，双唇拢圆，由前元音 ü[y]开始，之后舌头后缩，舌根上升，软腭下降，过渡到 ng[ŋ]的发音状态。如下列词语首字的韵母：

用　炯　穹　兄　勇　炅　琼　匉

踊跃　雄伟　迥然　窘迫　熊猫　勇敢　兄长　庸俗　永恒　胸襟

咏叹调　雄纠纠　凶杀案　永久性

穷兵黩武　胸有成竹　穷途末路　雄才大略　琼浆玉液　炯炯有神

后鼻韵母 ueng、iong 的发音见图 2-15。

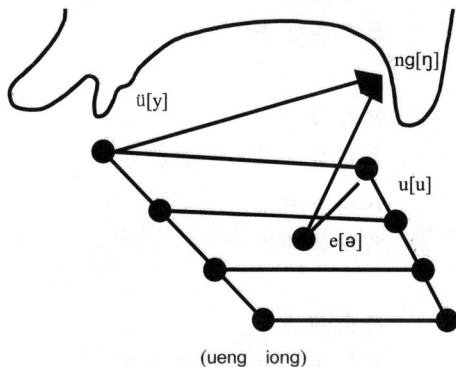

(ueng　iong)

图 2-15　后鼻韵母动程图

【发音训练】

1. 结合鼻韵母发音动程图，学生跟着老师连读：ang-eng-ing-ong，iang-uang-ueng-iong，体会动程的变化及与前鼻韵母的区别。

2. 读后鼻韵母及例字。

ang—昂、帮、乒、莽、防、档、倘、攘、朗、冈、扛、夯、涨、徜、殇、嚷、臧、舱、嗓

eng—绷、彭、檬、峰、等、誊、能、棱、庚、坑、横、狰、惩、圣、仍、憎、层、僧

ing—应、秉、乒、鸣、鼎、亭、凝、灵、茎、倾、邢

ong—冬、彤、农、垄、龚、孔、鸿、仲、憧、容、纵、淙、诵

iang—秧、酿、凉、奖、戕、翔

uang—汪、犷、旷、凰、幢、窗、爽

ueng—翁、嗡、瓮、螉

iong—雍、窘、穹、兄

3. 朗读下列词语。

长空　场景　畅想　菱形　昂扬　冰箱　帮忙　秉性　沧桑　苍劲　苍穹
聪颖　从容　党章　荡漾　灯光　顶峰　东方　冬青　隆冬　成功　憧憬
风光　刚强　耕种　供应　广场　方向　放映　锋芒　航空　恒星　倾听
晶莹　竞争　窘况　红星　彷徨　奖惩　将领　铿锵　朗诵　冷静　应用

4. 诗文朗读。

（一）

### 乡　愁

余光中

小时候
乡愁是一枚小小的邮票
我在这头
母亲在那头

长大后
乡愁是一张窄窄的船票
我在这头
新娘在那头

后来啊
乡愁是一方矮矮的坟墓
我在外头

母亲在里头

而现在
乡愁是一湾浅浅的海峡
我在这头
大陆在那头

（二）

## 爱的盛宴

张丽钧

我过去教过的一个正在读大四的学生放寒假后来学校看我。我问他："回到家感觉好不好？"他说："感觉最深的一点就是，吃饭不用刷卡！"我哑然一笑。他却认真地说："真的，老师，说起来有点俗，可我感觉最深的确实是这一点。您知道吗，我毕业后打算到欧洲去读研，到那时，想吃妈妈做的饭可就难了。不是跟您吹，我妈妈做的饭可是世界一流！管够，还唯恐你吃不好！我妈妈劝起饭来没完没了，弄得我的减肥计划彻底泡汤，可我这心里头啊，却乐着呢！老师，我总记得您讲过的那个吃饺子的故事，一想起那个故事，我就把我妈妈做的饭品出了一种特别的滋味。"

我心头一热，说："难得你还记得它。"

我的确曾经给这一届学生讲过一个发生在我朋友身上的真实故事——朋友在外地工作，长年不回家，母亲盼啊盼，终于得到了儿子要在除夕之夜回到故里的喜讯。那天，在爆竹声中，母亲包好了三鲜馅饺子，等着儿子回来后下锅。馅是精心调制的，应该正对儿子的胃口。但是，母亲心里还是有些忐忑，她想预先知道这饺子的咸淡，便先煮了两个来品尝。一尝之下，母亲大惊失色，饺子馅里竟然忘了放盐！看着两屉已包好的饺子，母亲绝望至极。她知道可以让儿子蘸着酱油吃，她也知道即便蘸着酱油吃儿子也会欢呼"好吃死了"，可她不愿意让千里迢迢回家来的儿子吃到有缺陷的饺子，怎么办？这个聪明的母亲，居然从邻居那里讨来了一个注射针管，调好盐水，开始逐个给饺子"打针"。儿子回到家时，饺子也注射完毕。母亲煮好饺子，让儿子尝尝饺子的味道如何。儿子尝了，连说："好吃！"的时候，母亲得意地举起那个针管给儿子看，向儿子夸耀说她可以将一个缺陷修复得让他感觉不出来。可是，儿子听着听着就哭了，他在想，这些年，他一人在外面打拼，也曾吃过很多饺子，那些饺子，咸的咸，淡的淡，他都咽下去了，有谁能像母亲这样在意他的口味？为了让儿子吃到咸淡适宜的饺子，母亲竟想出了这样高妙的法子。吃着这交织着母爱与智慧的饺子，哪个孩子能不动容？

我多么欣慰，几年前，我将这样一个暖心的故事植入了孩子们的心田，我根本不想收获什么，甚至以为那些听故事的人会很快把它淡忘。但是，这个同学居然能把这则故事铭记这么久！

读完上面那个故事我又想到了我，我也是一个离家在外打拼了很久的人。由于工作的性质，每到逢年过节都是我们最忙碌的时候，所以参加工作二十多年来，能在家过年过节的机会是太少了！每当我回到家，看到为了让我能吃到可口的饭菜而忙碌的父母亲，心里总有一股暖流在流淌！现在我也是一个做母亲的人了，每次看见住校回家的孩子狼吞虎咽地吃着我为她准备的饭菜时，就想到了我的父母亲。我相信，能在寡淡的饭菜中品味出一种难得的真味与厚爱的人，都是父母亲心中幸福的小鸟！父母亲摆出的一场爱的盛宴，只等着他们心中的小鸟来啄食。幸福的小鸟啊，你无须刷卡，只管用欢畅的啄（zhuó）食来尽情享用这人间的珍馐（xiū）吧。

**【测试训练】**

1. 读单音节字词。

败　肥　逗　盆　迟　赵　肯　浆　碑　巨　拼　铭　翁　熨　撑　枕　贼　岭　挪
嚼　瞎　纺　梦　脆　肆　蛙　臭　边　解　掀　瓷　荫　颗　蹲　琼　捐　曲　谁
吻　涩　姚　凶　润　宣　素　秋　缩　嵌　雾　襄　剜　走　铐　驶　惹　贰　钻
紫　臀　乱　乖　划　膜　笃　矿　日　港　患　堤　君　坏　穗　过　聊　跨　童
虐　屈　旅　浓　栽　略　傻　女　闸　赏　砸　蚕　喂　从　掐　勉　付　堆　暖
蛰　颤　更　憋　痷

2. 读多音节词语。

穷困　创作　请帖　规范　什么　不断　许诺　俊俏　非常　胜利　染料
肉馅儿　价值　算了　起源　纠正　葡萄　洒扫　私人　坏处　品种　片面
拐弯儿　虐待　炫耀　女儿　闻名　一片　没用　错误　阳光　否决　瓜分
阴风　体温　食堂　不敢　一天　掠取　恫吓　瑞雪　绿豆　纽扣儿　下边
滑冰　大伙儿　民航　粗暴　酱油　奢侈

3. 朗读短文。

一个大问题一直盘踞在我脑袋里：

世界杯怎么会有如此巨大的吸引力？除去足球本身的魅力之外，还有什么超乎其上而更伟大的东西？

近来观看世界杯，忽然从中得到了答案：是由于一种无上崇高的精神情感——国家荣誉感！

地球上的人都会有国家的概念，但未必时时都有国家的感情。往往人到异国，思念家乡，心怀故国，这国家概念就变得有血有肉，爱国之情来得非常具体。而现代社会，科技发达，信息快捷，事事上网，世界真是太小太小，国家的界限似乎也不那么清晰了。再说足球正在快速世界化，平日里各国球员频繁转会，往来随意，致使越来越多的国家联赛都具有国际的因素。球员们不论国籍，只效力于自己的俱乐部，他们比赛时的激情中完全没有爱国主义的因子。

然而，到了世界杯大赛，天下大变。各国球员都回国效力，穿上与光荣的国旗同样色彩的服装。在每一场比赛前，还高唱国歌以宣誓对自己祖国的挚爱与忠诚。一种血缘情感开始在全身的血管里燃烧起来，而且立刻热血沸腾。

在历史时代，国家间经常发生对抗，好男儿戎装卫国。国家的荣誉往往需要以自己的生命去换//取。但在和平时代，唯有这种国家之间大规模对抗性的大赛，才可以唤起那种遥远而神圣的情感，那就是：为祖国而战！

——节选自冯骥才《国家荣誉感》

4. 命题说话（任选一题，说 3 分钟）。

（1）我喜欢的季节（或天气）

（2）学习普通话的体会

## 二、韵母辨正及实例训练

每一种语言或方言都有自己的语音系统，汉语各方言与普通话的韵母系统也是各不相同的。我们在学习普通话韵母时，要找出方言与普通话韵母系统的对应规律及各类韵母的差异，以便纠正方音。

方言与普通话韵母系统的差异多种多样，主要有：

①有的韵母方言和普通话音值不同。如普通话的单韵母 a[A]，方言有的读成了前 a[a]，有的读成了后 a[ɑ]，还有的读成了舌位稍高、唇形较圆的元音[o]等；普通话的复韵母，有的方言动程不明显；普通话的鼻韵母，在许多方言中读成了鼻化音，或鼻辅音收尾时发音部位和普通话不同。这种情况虽然不涉及跨类韵母的分辨问题，看起来似乎好纠正，其实不然，越是这种细微的、不易察觉的差异，越容易被忽视，纠正起来也越难。

②普通话中有的韵母，方言里没有。如单韵母 o[o]，新疆、东北、河北、山东等很多方言中没有 o 韵母，把普通话的 o 韵母字读成了不圆唇的 e[ɤ]韵母；云南昆明话、有些地方的客家话和广西一些方言，没有撮口呼韵母。

③普通话中没有的韵母，方言中有。如山东全省几乎没有例外的都有[iai]韵母，实际上是把普通话中 jie、xie 音节中的部分字的韵母读成了[iai]韵母，也就是方言中的两个韵母 ie、[iai]对应普通话的一个韵母 ie。

④普通话中不同的韵母，方言中合并成了同一类韵母。如普通话中的前鼻韵母和后鼻韵母，有的方言不分，有的都读成前鼻韵母，如南京话、长沙话；有的都读成后鼻韵母，如广西灵川话；还有的是部分前后鼻韵母不分，如上海话、昆明话、兰州话、桂林话 en-eng 不分，in-ing 不分；山东青岛、潍坊的部分地区 eng-ong、ing-iong 混读，各地混读情况又不尽相同。

全国各地方言与普通话的差异复杂多样，各方言区的人应根据自己方言的情况有针对性地纠正自己的方音。韵母辨正应从以下方面进行：

### （一）注意韵母的音值

1. 注意单韵母的音值

单韵母是学好普通话韵母的基础，也是学好普通话的重要方面。只有把单韵母发得标准、规范，才能进一步发好复韵母和鼻韵母，进而说好普通话。

由于单韵母的音值取决于发元音时舌位的前后、舌位的高低及唇形的圆展，所以参照"舌面元音舌位唇形图"，辨析方言与普通话每一个单韵母发音时在这 3 个方面的异同，是发好普通话单韵母的关键。下列词语的韵母都是单韵母：

| 大地 | 读者 | 持续 | 处罚 | 词句 | 恶毒 | 儿女 | 饥饿 | 急剧 | 祖父 | 此刻 | 答复 | 赌博 |
| 堵塞 | 俄语 | 奇迹 | 起居 | 杂志 | 折合 | 牧区 | 哪个 | 法律 | 阻力 | 这么 | 日记 | 自制 |
| 字母 | 哭泣 | 垃圾 | 发热 | 立即 | 值得 | 法语 | 制度 | 智力 | 竹子 | 摩擦 | 发达 | 驱逐 |
| 理发 | 指出 | 直播 | 蚂蚁 | 谜语 | 蘑菇 | 日语 | 司法 | 西医 | 日益 | 素质 | 组织 | 喇叭 |
| 沙漠 | 奢侈 | 艺术 | 予以 | 合格 | 预测 | 笔录 | 注册 | 预习 | 普查 | 隔阂 | 地理 | 独特 |
| 不足 | 奇迹 | 马车 | 起居 | 特殊 | 突出 | 特意 | 法制 | 涉及 | 失去 | | | |

**2. 注意复韵母的音值**

要发好复韵母,要注意以下几点:

①复韵母的发音要有动程。

②构成复韵母的几个代表元音在"动程图"上的起始位置。

③辨析复韵母在方言与普通话中发音的差异。

北方一些方言区,前响复韵母发得接近单元音,中响复韵母发得接近后响复韵母,即动程不明显,如把 ai、uai 发成了近似于[ɛ]、[uɛ]的音,把 ao、iao 发成了近似于[ɔ]、[iɔ]的音。有的方言区将 ie、üe 发成了[iei]、[yə],将 ou 发成了[uə],还有的将 üe 韵母的韵腹也读成了圆唇元音,等等。在学习普通话时,这些差异和区别都是需要特别注意的。

**【发音训练】**

1. 朗读下列韵母,并比较普通话与方言韵母的差异。

a－o－e－ê－i－u－ü  -i[ŋ]－-i[ʅ]－er

i－ê   u－o   i－ü   o－e

ü－u   i－ê   i－u   er－e

ê－ai   e－ei   [ɔ]－ao   o－ou

2. 结合复韵母发音动程图朗读下列韵母,并体会普通话与方言韵母的差异。

ai－ei－ao－ou   ia－ua－uo－ie－üe   iao－iou－uai－uei

ai－ei   ie－üe   ao－ou   ua－ou

iao－[iɔ]   iou－[io]   uai－üe   uei－[ue]

3. 朗读下列词语,注意单韵母的发音(舌位的高低、舌位的前后及唇形的圆展)。

| 发布 | 法则 | 妇女 | 胳膊 | 古籍 | 碧绿 | 不可 | 差异 | 辐射 | 复杂 | 彻底 | 得意 | 地区 |
| 独立 | 几乎 | 机翼 | 饥饿 | 急剧 | 季度 | 极力 | 鼓励 | 顾虑 | 纪律 | 记者 | 举例 | 固体 |
| 和气 | 护膝 | 旅客 | 律师 | 魔术 | 目录 | 那么 | 女儿 | 札记 | 刹车 | 驳斥 | 湖泊 | 歌曲 |
| 博士 | 儿歌 | 日期 | 批复 | 皮革 | 驱逐 | 如何 | 沙漠 | 诗歌 | 婆婆 | 破除 | 扑克 | 其次 |
| 自私 | 其他 | 汽车 | 曲折 | 普及 | 努力 | 旗帜 | 日子 | 儿子 | 输出 | 时而 | 世纪 | 具体 |
| 卡车 | 科技 | 乐意 | 厘米 | 立刻 | | | | | | | | |

4. 朗读下列词语,注意复韵母发音的动程。

| 铁轨 | 野外 | 北国 | 下列 | 对话 | 爱好 | 摘要 | 开口 | 海外 | 才华 | 教导 | 高校 | 早操 |
| 巧妙 | 外国 | 秋收 | 水稻 | 外围 | 学说 | 节约 | 报晓 | 败坏 | 悠久 | 括号 | 招架 | 留学 |
| 花朵 | 接洽 | 拐角 | 派别 | 柴扉 | 财贸 | 淮海 | 秋收 | 蜗牛 | 火锅 | 国家 | 角斗 | 下雪 |
| 楼台 | 约略 | 贴切 | 拜会 | 玫瑰 | 坠落 | 锐角 | 吹奏 | 外调 | 挂帅 | 别扭 | 丢掉 | 抓获 |

| | | | | | | | | | | | |
|---|---|---|---|---|---|---|---|---|---|---|---|
| 劳累 | 内海 | 烈火 | 洁白 | 背带 | 配售 | 美国 | 飞碟 | 内角 | 推敲 | 对白 | 轨道 | 回落 |
| 学位 | 决赛 | 佳话 | 恰好 | 后台 | | | | | | | |

**3. 注意鼻韵母的音值**

鼻韵母是某些方言区学习普通话韵母的难点之一。鼻韵母的发音各地差异比较大,有的是鼻韵母中元音因素的舌位和普通话不同,有的是鼻辅音韵尾收尾时发音部位和普通话不同,还有的是发成了鼻化音等等。

发好鼻韵母,要注意以下几点:

① 鼻韵母的发音要有动程。

② 鼻韵母的发音在收尾时要完全堵塞口腔的通路,气流振动声带,全部从鼻腔出来,发出纯粹的鼻音,即鼻韵尾成阻时,归音必须到位,成阻部位要完全闭塞,不要发成鼻化音。前鼻韵母最后舌尖要抵住上齿龈,发不除阻的-n;后鼻韵母最后舌根要抵住软腭,发不除阻的-ng。

③ 注意鼻韵母中的元音音素在方言与普通话中发音的差异。

北方一些方言区,鼻韵母的发音动程不明显,主要原因是由于把鼻韵母发成了鼻化音,即主要元音鼻化,致使由元音向鼻辅音滑动的动程不明显,收尾时发的不是纯粹的鼻辅音。要发准鼻韵母,可以用"后字引衬法",即在前鼻韵母音节之后加一个d、t、n、l作声母的音节,在后鼻韵母音节之后加一个g、k、h作声母的音节。因为-n韵尾与声母d、t、n、l发音部位相同,-ng韵尾与声母g、k、h发音部位相同,这样利用后一音节的声母引导前一音节鼻韵母韵尾归音到位。当然要克服鼻化元音,关键还是要学会发纯粹的鼻辅音,以及由口元音向鼻辅音的过渡。例如下列词语:

| | | | | | | | | | |
|---|---|---|---|---|---|---|---|---|---|
| 品德 | 叛逆 | 昆仑 | 韵头 | 简单 | 甘甜 | 现代 | 尖端 | 审理 | 坦荡 |
| 山东 | 严冬 | 安定 | 恩典 | 饮料 | 万籁 | 文理 | 寒带 | 濒临 | 难点 |
| 漫谈 | 灿烂 | 斑斓 | 森林 | 园丁 | 山林 | 身体 | 神童 | 编导 | 团体 |
| 顺利 | 劝导 | 春天 | 善良 | 观点 | 间谍 | 悬念 | 舰队 | 频道 | 群雕 |

| | | | | | | | | | |
|---|---|---|---|---|---|---|---|---|---|
| 当空 | 沧海 | 称号 | 诚恳 | 旁观 | 墙根 | 香港 | 程控 | 梦幻 | 崇高 |
| 惊恐 | 窘况 | 讲稿 | 王冠 | 囊括 | 浪花 | 钢轨 | 慷慨 | 中肯 | 盛开 |
| 芒果 | 防空 | 糖果 | 掌管 | 彷徨 | 场合 | 成功 | 窗口 | 增高 | 纵横 |
| 聪慧 | 航海 | 张口 | 唱歌 | 盛况 | 正楷 | 丛刊 | 总纲 | 名贵 | 晴空 |

**【发音训练】**

1. 老师领读,注意每一个鼻韵母的动程及鼻辅音韵尾收尾时的发音状况,并体会与方言韵母的差异。

en—uen　in—ün　ing—iong　　uang—ueng

an—en　in—en　uan—uen　eng—ong—ueng

an—ian—uan—üan　ang—iang—uang

2. 结合鼻韵母发音动程图朗读下列词语,注意鼻韵母的发音(动程、元音音素的音值、鼻辅音收尾)。

| 南面 | 担心 | 产品 | 短篇 | 人民 | 恩人 | 烟云 | 谈论 | 远近 | 伦敦 |
| 音韵 | 辛勤 | 拼音 | 参赞 | 新闻 | 婉转 | 田园 | 简单 | 源泉 | 参观 |
| 展览 | 选民 | 深远 | 森林 | 冠军 | 锻炼 | 人群 | 认真 | 健全 | 音讯 |
| 边缘 | 军舰 | 灿烂 | 询问 | 银川 | 餐馆 | 诞辰 | 关联 | 辩论 | 光明 |
| 关键 | 联欢 | 文件 | 乾坤 | 心弦 | 暗淡 | 冠冕 | 谨慎 | 冲锋 | 憧憬 |
| 洪峰 | 聪明 | 动静 | 恭敬 | 公证 | 共鸣 | 送行 | 通风 | 竞争 | 冷静 |
| 童声 | 勇猛 | 永恒 | 忠诚 | 澄清 | 方向 | 风景 | 风筝 | 恒星 | 经营 |

3. 老师领读，比较每一组音发音的异同。

| an—en | in—ing | an—uan | en—uen |
| an—ang | en—eng | in—ing | ün—iong |
| ing—ong | eng—ong | ing—iong | ong—ueng |

4. 老师读词语，学生听辨记韵母。

| 依据 | 与其 | 主持 | 湖泊 | 姿势 | 承办 | 视察 | 儿童 | 思绪 | 宿舍 |
| 漠河 | 提取 | 提起 | 担水 | 端水 | 语句 | 体系 | 体恤 | 许可 | 拟人 |
| 女人 | 自杀 | 治沙 | 资格 | 刻薄 | 破格 | 国货 | 课桌 | 功课 | 褐色 |
| 货色 | 成本 | 应用 | 公证 | 公众 | 涣散 | 换算 | 恒星 | 红星 | 剖析 |
| 否定 | 冬泳 | 灯笼 | 梦境 | 宣传 | 编写 | 幼儿 | 婉转 | 寻求 | 永远 |

### （二）韵母的辨正

1. 分辨 e 和 o

有些方言 e 与 o 不分。例如，山东大部分地区、东北许多地区、河北一些地区、新疆等地方言没有 o 韵母，把 o 韵母的字读成了 e 韵母；西南许多方言把 e 韵母的字读成了 o 韵母。

首先要发准这两个韵母，e 与 o 都是舌面、后、半高元音，区别在于 e 是不圆唇元音，o 是圆唇元音，注意二者发音的异同；其次，普通话中 o 韵母只与唇音声母 b、p、m、f 相拼，不能与其他任何辅音声母相拼，而 e 韵母不能与 b、p、m、f（me "么" 除外）相拼。所以将方言中读 be、pe、me、fe 的音节，改为 bo、po、mo、fo 即可；方言中 o 与 b、p、m、f 以外的其他辅音声母相拼，肯定是错误的。（见第三章《普通话声韵配合表》）

2. 分辨 e 和 uo、a

普通话一些 e 韵母的字，在有些方言中读成了 o[o]（如西南方言）或者 uo 韵母，个别字读成了 a 韵母（如山东方言）。这种现象和声母有关，主要是舌根音和零声母之后的 e 韵母常常读成 uo 或 a，如：哥、歌、课、科、河、贺、饿、鹅、割、渴、喝。

【发音训练】

1. 老师领读。

o—e—e—o

bo—po—mo—fo　　　de—te—ne—le　　　ge—ke—he

zhe—che—she—re　　ze—ce—se

e—uo—a　　　　　　　a—uo—e

ge—ke—he—e　　　　guo—kuo—huo　　　ga—ka—ha

ge—guo—ga　　　　　ke—kuo—ka　　　　he—huo—ha

2. 朗读下列词语。

阁楼 割舍 割爱 割断 割让 疙瘩 科学 颗粒 窠白 苛刻 可以 课本 和平
河道 任何 荷花 禾苗 合作 盒子 瞌睡 磕碰 磕打 磕头 渴求 渴望 喝水

3. 朗读下列词语，注意辨析两个音节的韵母。

色泽 薄膜 客车 隔膜 隔阂 磨破 泼墨 褐色 波折 刻薄 薄荷 破格 漠河
课桌 国格 恶果 隔热 国歌 合格 菏泽 合伙 合作 俄国 各个 恶魔 叵测

4. 比较下列词语方言与普通话韵母有无不同。

隔阂—国货　　瓜葛—瓜果　　割断—果断　　歌曲—过去　　大哥—大锅
褐色—货色　　攻克—功课　　刻本—课本　　饿倒—卧倒　　坩埚—干戈

### 3. 分辨 i 和 ü

有些方言没有撮口呼韵母，在西南官话区如云南、贵州，上海崇明县，有些地方的客家话和广西钦州的一些方言，把 i 和 ü 都念成了 i。首先，要找出这两类韵母的异同，发准这两类韵母，i 和 ü 都是舌面前、高元音，区别是 i 是不圆唇元音，ü 是圆唇元音；其次，针对上述方言区没有撮口呼韵母的特点，着重练习撮口呼韵母的发音，多练习唇形拢圆的动作，i 与 ü 对比发音，体会其区别；最后要分清那些字是齐齿呼韵母，那些字是撮口呼韵母，我们可以利用形声字声旁类推法，掌握撮口呼韵母的字。如：

俞 yu—榆、逾、愉、渝、揄、瑜、觎、谕、愈、喻

元 yuan—园、沅、远、院、垸

爰 yuan—援、媛、瑗

云 yun—芸、纭、耘、运

**i、ü 辨音词例：**

经济（jīngjì）—京剧（jīngjù）　　气象（qìxiàng）—去向（qùxiàng）

一掀（yìxiān）—预先（yùxiān）　　节节（jiéjié）—决绝（juéjué）

间间（jiānjiān）—涓涓（juānjuān）　前辈（qiánbèi）—全背（quánbèi）

人勤（rénqín）—人群（rénqún）　　激进（jījìn）—拘禁（jūjìn）

分辨 i 和 ü 见表 2-8。

表 2-8　i、ü 辨音字表

| 声母 | i | ü |
|---|---|---|
| j | ①跻机饥肌讥叽积击基激鸡缉犄稽②籍急疾嫉吉集及级极即棘辑瘠③脊挤济给几己④忌记纪伎季寂计继既寄济剂迹际绩 | ①鞠拘居②局菊橘③举沮咀矩④巨距据锯剧具聚惧飓句 |
| q | ①期欺栖凄蹊漆七柒沏②其奇棋旗骑崎歧齐脐祈③起岂企乞启④气汽弃契砌迄器 | ①趋区驱躯曲屈祛蛆②渠③曲取娶黢④趣去 |

续表

| 声母 | i | ü |
|---|---|---|
| x | ①西牺吸希稀夕矽奚溪膝犀悉蟋锡昔惜析嬉息熄②媳席习檄袭③喜洗铣④系戏细 | ①需虚须②徐③许④畜蓄叙序絮恤婿酗绪续 |
| y | ①壹一医衣依②移彝宜颐遗仪疑姨倚③乙已以④意癔薏臆义议毅亿忆艺呓译驿异益抑翼易亦屹逸肆谊疫役 | ①淤迂于②舆余鱼渔愉逾娱③雨予语羽宇与屿④预玉愈谕喻郁育遇寓浴欲裕御狱与豫尉驭 |

---

**【发音训练】**

1. 老师领读，注音区分下列音节的读音。

| | | | | |
|---|---|---|---|---|
| yi—yu | ye—yue | yan—yuan | yin—yun | ying—yong |
| ni—nü | nie—nüe | li—lü | lie—lüe | |
| ji—ju | jie—jue | jian—juan | jin—jun | jing—jiong |
| qi—qu | qie—que | qian—quan | qin—qun | qing—qiong |
| xi—xu | xie—xue | xian—xuan | xin—xun | xing—xiong |

2. 朗读下列词语，比较下列词语，注意方言与普通话韵母的不同。

| | | | | |
|---|---|---|---|---|
| 意见—预见 | 通信—通讯 | 移民—渔民 | 戏曲—序曲 | 潜力—权利 |
| 书籍—书局 | 悬梁—贤良 | 试卷—事件 | 女的—你的 | 权限—前线 |
| 生育—生意 | 于是—仪式 | 美育—美意 | 美育—美意 | 缺点—切点 |
| 地区—第七 | 一律—一例 | 异域—意义 | 鲤鱼—礼仪 | 曲艺—起义 |
| 容易—荣誉 | 奇遇—奇异 | 寓意—异议 | 白云—白银 | 阅读—夜读 |
| 一句—一季 | 记号—句号 | 全面—前面 | 潜水—泉水 | 边缘—边沿 |
| 趣味—气味 | 拳头—前头 | 均匀—金银 | 疲倦—皮件 | 掠取—猎取 |

3. 朗读下列词语，注意分辨两个音节的韵母。

进军 军心 厌倦 英雄 继续 履历 原先 音韵 军民 比喻 寓意 异域 语气
纪律 捐献 寻亲 行凶 雄性 谜语 距离 应用 节约 泉眼 机遇 雨季 聚集
疑虑 曲艺 蓄意 淤泥 节略 例句 具体 预计 吸取 体育 选编 因循 急剧
记叙 预计 戏剧

4. 分辨前鼻韵母和后鼻韵母

普通话鼻韵母中，充当韵尾的两个辅音 n 和 ng，都是鼻音，有明确的前后之分，如 an—ang, en—eng, in—ing, ian—iang, uan—uang, uen—ueng。但是，有些方言前、后鼻韵母不分，或者都读成前鼻音-n 收尾的，或者都读成后鼻音-ng 收尾的；或者部分区分，部分混淆，并且各地方言区分与合的鼻韵母也各不相同，情况比较复杂，分布地域也比较广。一般是后鼻韵母读成前鼻韵母的情况为多。学习时应根据自己方言的情况找出方言与普通话的不同之处，有针对性地纠正。

首先，要发准普通话的前、后鼻韵母，必须发准-n（舌尖中浊鼻音）与-ng（舌根浊鼻音）这两个鼻辅音韵尾。这两个鼻辅音的发音方法是相同的：都是浊鼻音，发音时软腭下降，打开鼻腔的通路，声带颤动，气流最终从鼻腔出来。二者的区别是发音部位不同：前鼻韵尾-n 是舌尖中音，收尾时舌尖要抵在上齿龈上；后鼻韵尾-ng 是舌根音，收尾时舌根要抬起与软腭构成阻碍（与辅音声母 g 发音部位相同）。鼻尾音发完后检验一下自己的舌头停留在哪个部位就可以知道这个韵母的发音是否准确。

其次，要分清常用字中哪些字韵母带-n 尾，哪些字韵母带-ng 尾。可以利用形声字声旁类推法，如：

番—翻、藩、燔、蕃、幡、踏

方—芳、坊、房、妨、肪、访、仿、纺、舫、放

门—们、闷、扪、钔、问、闻

蒙—檬、朦、礞、蠓、艨

分—芬、纷、氛、吩、酚、汾、棼、粉、份、忿

风—枫、疯、砜、讽

贞—侦、桢、祯、浈

正—征、整、政、怔、证、症、钲

争—睁、挣、狰、狰、峥、铮、筝

另外，还可以利用普通话声韵拼合规律来掌握一部分字的韵母，可参照第三章《普通话声韵配合表》，例如：

前鼻韵母 en 不能和声母 d、t、n、l 相拼，"灯、等、登、腾、誊、疼，能，冷、棱、愣"等的韵母肯定是 eng（扽 dèn、嫩 nèn 是例外）。

前鼻韵母 in 不能和声母 d、t 相拼，"丁、钉、顶，听、庭、厅、宁、凝、柠"等的韵母肯定是 ing。做下列对比辨音练习：

an—ang：南方 反抗 繁忙

en—eng：本能 神圣 人证

in—ing：聘请 新兴 心灵

ian iang：边疆 联想 勉强

uan—uang：观光 宽广 钻床

uen—ueng：温—翁 问—瓮

ün—iong：运用 军用 群雄

分辨前鼻韵母和后鼻韵母见表 2-9～表 2-11。

**表 2-9 an、ang 辨音字表**

| 声母 | an | ang |
|---|---|---|
| ∅ | ①安桉氨鞍庵鹌谙③俺铵④岸按案胺暗黯 | ①肮②昂④盎 |
| b | ①扳颁班斑般搬②阪坂板版钣舨④办半伴拌绊扮瓣 | ①邦帮梆浜③绑榜膀④蚌棒傍谤磅镑 |
| p | ①番潘攀②爿胖盘磐蟠蹒④判叛畔拚盼襻 | ①乒滂膀②庞旁膀螃③耪④胖 |
| m | ②埋蛮谩馒鳗瞒①满螨④曼谩蔓幔慢漫 | ②邙芒忙盲氓茫硭③莽蟒 |
| f | ①帆番蕃幡藩翻②凡矾钒烦蕃樊繁④反返③犯范饭贩泛梵 | ①方坊芳②防坊妨肪鲂③仿访纺舫④放 |
| d | ①丹担单郸殚眈耽②胆疸掸①石旦但担诞淡惮弹蛋氮澹 | ①当铛裆③挡党谠④当挡档凼砀荡宕 |
| t | ①坍贪摊滩瘫②坛县谈郯痰弹覃潭檀③忐坦钽祖毯④叹炭碳探 | ①汤铴镗②唐塘搪溏瑭糖堂樘膛螳棠③倘惝淌躺傥④烫趟 |

续表

| 声母 | an | ang |
|---|---|---|
| n | ①囡②男喃楠③腩蝻④难 | ①囊曩②攮馕③攮 |
| l | ②兰拦栏岚婪阑澜谰蓝褴篮③览揽缆榄懒④烂滥 | ①啷②郎廊榔螂狼琅锒③朗④浪 |
| g | ①干杆肝竿甘泔柑尴②杆秆赶擀橄感④干赣 | ①冈刚纲钢扛肛缸罡③岗港④杠钢戆 |
| k | ①刊看堪③坎砍侃槛④看阚瞰 | ①康慷糠②扛亢伉抗炕钪 |
| h | ①鼾酣憨②邗汗邯含晗函涵韩寒③罕喊④汉汗旱捍悍焊颔翰瀚撼憾 | ①夯②行吭杭航④巷 |
| zh | ①占沾毡粘旃詹谵瞻③斩崭盏展搌辗④占战站栈绽湛颤蘸 | ①张章彰獐漳樟蟑③长涨掌④丈仗杖账帐涨障瘴 |
| ch | ①掺搀②单婵禅蝉谗馋屠潺廛澶蟾③产铲谄阐④忏颤 | ①昌菖猖娼鲳②长苌肠尝偿徜常嫦③厂场昶惝敞④怅畅倡唱 |
| sh | ①山舢芟杉衫钐删姗珊栅跚苫扇煽膻②闪陕④汕疝疝苫钐单掸禅扇骟善缮膳擅赡蟮 | ①伤殇商墒③上垧晌垧赏④上尚绱 |
| r | ②蚺然燃③冉苒染 | ①嚷②瓤③壤攘嚷④让 |
| z | ①糌簪②咱③攒④暂錾赞瓒 | ①赃脏臧②驵④脏奘葬藏 |
| c | ①参骖餐②残蚕惭③惨④灿孱璨 | ①仓苍沧舱②藏 |
| s | ①三叁③伞散馓糁④散 | ①丧桑③搡嗓④丧 |

### 表 2-10　en、eng 辨音字表

| 声母 | en | eng |
|---|---|---|
| ∅ | ①恩④摁 | |
| b | ①奔③本④笨 | ①崩②甭③绷④迸蹦泵 |
| p | ①喷②盆④喷 | ①烹②朋棚硼鹏彭澎膨③捧④碰 |
| m | ①闷②门们④闷 | ①蒙②盟萌蒙檬朦③猛蜢锰④梦孟 |
| f | ①分芬纷吩②坟焚汾③粉④奋份粪忿愤 | ①风枫疯蜂峰丰封②逢缝冯③讽④奉凤缝 |
| d | | ①登灯③等④邓凳瞪 |
| t | | ②疼腾誊滕藤 |
| n | ④嫩 | ②能 |
| l | | ②棱③冷④愣 |
| g | ①根跟②哏③艮 | ①耕庚羹更②耿梗④更 |
| k | ③肯啃垦恳④裉 | ①坑 |
| h | ②痕③很狠④恨 | ①亨哼②横衡恒④横 |
| zh | ①真贞针侦珍胗斟③诊疹枕④振震镇阵 | ①争筝睁征正怔蒸③整拯④正政证症郑挣 |
| ch | ①嗔抻②晨辰沉忱陈臣尘橙③碜④衬趁称 | ①称撑②成城诚承呈程惩澄乘盛③逞骋④秤 |
| sh | ①申伸呻绅身深②神③沈审婶④甚慎肾渗 | ①生牲笙甥升声②绳③省④圣胜盛剩 |
| r | ②人仁壬③忍④任认刃纫韧 | ①扔②仍 |
| z | ③怎 | ①曾增憎④赠锃 |
| c | ①参②岑 | ②曾层④蹭 |
| s | ①森 | ①僧 |

表 2-11 in、ing 辨音字表

| 声母 | in | ing |
|---|---|---|
| ∅ | ①因姻殷音阴②银龈垠吟寅淫③引蚓隐瘾饮尹④印荫 | ①英应鹰婴樱缨鹦②营莹萤盈迎赢③影④映硬应 |
| b | ①宾滨缤彬④殡鬓 | ①兵冰③丙柄秉饼禀④病并 |
| p | ①拼②贫频③品④聘 | ①乒②平苹萍屏瓶凭 |
| m | ②民③敏皿闽悯泯 | ②名茗铭明鸣冥④命 |
| d | | ①丁叮钉仃叮③顶鼎④定锭订 |
| t | | ①听厅汀②亭停廷庭蜓③挺艇 |
| n | ②您 | ②宁狞拧凝③拧④宁佞 |
| l | ②林琳淋磷邻鳞麟③凛禀檩④吝赁蔺 | ②灵伶蛉玲零铃龄菱陵凌绫③岭领④另令 |
| j | ①今斤巾金津襟筋③紧锦仅谨馑④尽劲缙觐烬近晋禁浸 | ①京惊鲸茎经菁精睛晶荆兢粳③景颈井警④敬镜竟净静境竞径劲 |
| q | ①亲侵钦②勤琴芹秦禽擒③寝④沁 | ①氢轻倾青清蜻卿②情晴擎③顷请④庆亲 |
| x | ①新薪辛锌欣心馨④信衅 | ①星腥猩兴②形刑型邢行③省醒④幸姓性杏兴 |

【发音训练】

1. 老师领读，注音区分下列韵母的读音。

an—ang　　en—eng　　in—ing

ian—iang　uan—uang　uen—ueng　　ün—iong

2. 朗读下列字词，注意其韵母的不同。

您—凝　林—灵　新—星　音—婴　班—帮　单—当　甘—刚　赞—藏

念—酿　健—将　烟—秧　人—仍　岑—层　民—名　染—嚷　暗—盎

温—翁　钧—炯　运—用　观—光　换—晃　川—窗　栓—霜　分—风

晚—网　盆—朋　粉—讽　痕—横　辰—程　身—声　站—账　门—盟

3. 朗读下列词语，比较方言与普通话韵母的不同。

天坛—天堂　　长针—长征　　开饭—开放　　分化—风化

脸面—两面　　出身—出生　　粉刺—讽刺　　临时—零时

傍 bàng 晚—半 bàn 碗　　　　　　粉 fěn 刺—讽 fěng 刺

赞 zàn 颂—葬 zàng 送　　　　　　花盆 pén—花棚 péng

陈 chén 旧—成 chéng 就　　　　　分 fēn 子—疯 fēng 子

扳 bān 手—帮 bāng 手　　　　　　正 zhèng 中—震 zhèn 中

女蓝 lán—女郎 láng　　　　　　　审 shěn 视—省 shěng 市

反 fǎn 问—访 fǎng 问　　　　　　今 jīn 天—惊 jīng 天

担 dān 心—当 dāng 心　　　　　　竞 jìng 赛—禁 jìn 赛

唐 táng 宋—弹 tán 送　　　　　　红心 xīn—红星 xīng

水干 gān—水缸 gāng　　　　　　人民 mín—人名 míng

看 kān 家—康 kāng 佳　　　　　　信 xìn 服—幸 xìng 福

战 zhàn 防—账 zhàng 房　　　　　劲 jìn 头—镜 jìng 头

赏 shǎng 光－闪 shǎn 光　　　　婴 yīng 儿－因 yīn 而

冉冉 rǎn－嚷嚷 rǎng　　　　海滨 bīn－海兵 bīng

土壤 rǎng－涂染 rǎn　　　　零 líng 时－临 lín 时

张 zhāng 贴－粘 zhān 贴　　　　静 jìng 止－禁 jìn 止

整 zhěng 段－诊 zhěn 断　　　　印 yìn 象－映 yìng 象

上身 shēn－上升 shēng　　　　频频 pín－平平 píng

人参 shēn－人生 shēng　　　　深耕 shēngēng－生根 shēnggēn

针 zhēn 眼－睁 zhēng 眼　　　　分针 fēnzhēn－风筝 fēngzheng

成 chéng 风－晨 chén 风　　　　深沉 shēnchén－生成 shēngchéng

同门 mén－同盟 méng　　　　亲近 qīnjìn－清静 qīngjìng

瓜分 fēn－刮风 fēng　　　　金银 jīnyín－晶莹 jīngyíng

出生 shēng－出身 shēn　　　　山口 shānkǒu－伤口 shāngkǒu

4. 朗读下列词语，注意分辨两个音节的韵母。

方案　当然　傍晚　账单　商贩　防范　杠杆　上山　灵敏　精心

平民　艳阳　两面　清音　运用　群雄　证人　成本　进行　两边

观光　本能　登门　晨风　承认　量变　阴影　狂欢　双关　边疆

| | | | |
|---|---|---|---|
| 担当 dāndāng | 班长 bānzhǎng | 繁忙 fánmáng | 反抗 fǎnkàng |
| 擅长 shàncháng | 商贩 shāngfàn | 当然 dāngrán | 账单 zhàngdān |
| 方案 fāng'àn | 真诚 zhēnchéng | 本能 běnnéng | 奔腾 bēnténg |
| 品行 pǐnxíng | 神圣 shénshèng | 人生 rénshēng | 心情 xīnqíng |
| 皇冠 huángguān | 心灵 xīnlíng | 民兵 mínbīng | 金星 jīnxīng |
| 演讲 yǎnjiǎng | 现象 xiànxiàng | 坚强 jiānqiáng | 绵羊 miányáng |
| 岩浆 yánjiāng | 镶嵌 xiāngqiàn | 香甜 xiāngtián | 想念 xiǎngniàn |
| 观光 guānguāng | 宽广 kuānguǎng | 观望 guānwàng | 万状 wànzhuàng |
| 端庄 duānzhuāng | 光环 guānghuán | 王冠 wángguān | 壮观 zhuàngguān |

5. 分辨 eng 和 ong、ing 和 iong

有些方言将普通话韵母 eng、ong、ing、iong 混读，一般是 eng 与 ong 混读，ing 与 iong 混读。具体读法各地方言又有不同，普通话 eng 与 ong 韵母的字有的方言都读成 eng 韵母，有的方言都读成 ong 韵母；ing 与 iong 韵母的字有的都读成 ing，有的都读成 iong。学习时可根据自己方言的情况找出方言与普通话的不同之处，有针对性的练习。

首先，要掌握普通话韵母 eng、ong、ing、iong 的正确发音。这种混读是由于韵母中元音因素的不同造成的，因此掌握其中元音因素的发音成为关键。

eng 中的 e[ə]是舌面央、中、不圆唇元音，发音时舌位居中，双唇呈自然状态；

ong 中的 o[u]是舌面后、高、圆唇元音，发音时舌头后缩，双唇拢圆；

ing 中的 i [i]是舌面前、高、不圆唇元音，发音时舌头前伸，唇形不圆，呈扁平状；

iong 中的 io[y]是舌面前、高、不圆唇元音，发音时舌头前伸，唇形拢圆，呈扁平状。

由此看来，eng 与 ong、ing 与 iong 发音的不同，主要是由于其中的元音音素唇形的圆展造成的。

其次，要分清普通话中哪些字是不圆唇的 eng、ing，哪些字是圆唇的 ong、iong。可以利用形声字声旁类推法，例如：

eng 朋—棚 硼 鹏 崩 蹦 绷 嘣
　　夆—蜂 峰 锋 缝 烽 逢
　　登—凳 蹬 瞪 噔 澄 磴
　　曾—增 赠 憎 蹭 僧

ong 龙—聋 垄 笼 拢 陇 垅 咙 珑
　　宗—综 踪 棕 粽 鬃
　　中—种 钟 忠 肿 仲 盅 衷
　　共—供 恭 拱 龚 洪 烘 哄

ing 丁—顶 订 钉 盯 叮 酊 仃 疗 厅 汀
　　廷—庭 挺 艇 霆 梃 铤 蜓
　　宁—拧 狞 泞 咛
　　令—龄 铃 零 领 岭 伶 拎 玲 羚 聆 囹 瓴 翎
　　青—请 情 清 晴 蜻 精 睛 靖 静

iong 凶—胸 匈 汹
　　甬—蛹 勇 踊 恿 俑 涌

另外，还可以利用普通话声韵拼合规律来掌握一部分字的韵母，可参照《普通话声韵配合表》，如：

普通话中 b、p、m、f 四个声母不能和圆唇的 ong、iong 搭配，可以和不圆唇的 eng、ing 相拼。方言中如遇到 b、p、m、f 拼 ong、iong 的字，韵母要改为 eng 或 ing。普通话中韵母 iong 只能和 j、q、x 及零声母相拼，不能和其他辅音声母相拼，并且构成的字也很少，可用记少不记多的方法，如常用的有"窘、炯、迥，穷、琼、邛、茕、穹，胸、雄、凶、兄、熊、汹、匈，永、咏、泳、用、拥、佣、勇、涌、踊、蛹、恿、俑、甬、雍、臃、庸、慵"等。

---

**【发音训练】**

1. 朗读下列韵母，注意分辨其读音差别。

eng—ong—ong—eng　　ing—iong—iong—ing

2. 朗读下列单字，注意其后鼻韵母的不同：

灯—东　腾—同　能—农　冷—拢　更—共　坑—空
恒—虹　政—众　诚—崇　影—永　仍—容　增—宗
层—从　僧—松　应—雍　景—炯　晴—穹　形—雄

3. 朗读下列词语，比较方言与普通话后鼻韵母的不同。

崇拜—成败　　充分—成分　　功名—更名　　冬夏—灯下
忠诚—征程　　隆冬—冷冻　　公众—公正　　工农—功能

洪水—衡水　　行凶—雄性　　汹涌—雄鹰　　工种—工整

4. 注意分辨下列词语的后鼻韵母的不同。

| | | | | | | | | | |
|---|---|---|---|---|---|---|---|---|---|
| 明星 | 名声 | 名胜 | 命令 | 命名 | 柠檬 | 平等 | 平静 | 平整 | 评定 |
| 倾听 | 蜻蜓 | 清醒 | 情形 | 声明 | 生病 | 盛情 | 盛行 | 形成 | 净重 |
| 行星 | 行程 | 行径 | 行政 | 姓名 | 英明 | 丰登 | 奉承 | 横生 | 童声 |
| 惊醒 | 精诚 | 精明 | 晶莹 | 冷风 | 菱形 | 聆听 | 梦境 | 明静 | 共鸣 |
| 屏风 | 凭证 | 清净 | 清明 | 清蒸 | 轻盈 | 请命 | 庆幸 | 声称 | 通风 |
| 生性 | 生平 | 洪钟 | 空洞 | 空中 | 恐龙 | 隆重 | 笼统 | 通红 | 通用 |
| 浓重 | 溶洞 | 松动 | 曾经 | 成功 | 称颂 | 承重 | 敬重 | 奉送 | 耕种 |
| 亨通 | 称雄 | 惊动 | 精通 | 警钟 | 轻松 | 冷冻 | 凌空 | 零用 | 灵通 |
| 领空 | 萌动 | 能动 | 蓬松 | 凭空 | 轻重 | 听众 | 冲锋 | 崇敬 | 憧憬 |
| 洪峰 | 龙灯 | 聪明 | 动静 | 工程 | 工龄 | 功能 | 恭敬 | 供应 | 公证 |

6. 读准 ie 韵母字

北方部分地区将普通话 jie、xie 音节的一部分字的韵母读成了[iai]韵母，即普通话的 ie 韵母在方言中分化为 ie、iai 两个韵母。所以下列汉字普通话同音而有的方言不同音：

接、揭—街、皆、阶、秸

姐—解

借、藉—界、届、戒、介、芥、疥、诫

斜、邪、协、携、胁、勰—鞋、谐

谢、卸、泻、亵、燮—蟹、械、解（姓）、邂、懈

普通话中没有 iai 韵母，方言中凡读该韵母的字，一律改为 ie 韵母即可。这类字数量有限，只有 20 个左右。

【发音训练】

1. 比较下列词语方言与普通话韵母的不同。

| | | | | |
|---|---|---|---|---|
| 交接—交界 | 截道—街道 | 接线—界线 | 接济—阶级 | 写字—鞋子 |
| 李姐—理解 | 了结—了解 | 借盐—戒严 | 告捷—告诫 | 会写—诙谐 |
| 凭借—评介 | 师姐—世界 | 调节—调解 | 结实—届时 | 携带—懈怠 |
| 揭示—街市 | 姓谢—姓解 | 接头—街头 | 接替—阶梯 | 截止—戒指 |

2. 朗读下列词语，注意 ie 韵母字的读音。

| | | | | | | | | |
|---|---|---|---|---|---|---|---|---|
| 阶段 | 秸秆 | 街市 | 解答 | 介绍 | 戒严 | 芥菜 | 届时 | 界河 |
| 和谐 | 皮鞋 | 机械 | 解数 | 姓解 | 邂逅 | 松懈 | 螃蟹 | 规诫 |

7. u 介音（韵头）问题

u 介音问题在方言中有两种情况：

（1）丢失 u 介音

丢失 u 韵头的情况主要发生在西南方言、湘方言、山东烟台方言中。

u 韵头的丢失，原因比较简单，主要是为了发音便利，而丢掉韵头。有丢失韵头情况的方言区的人需将本方言与普通话的读音进行比较，找出对应规律，然后系统地加以

纠正。纠正这种状况需常常翻阅字表，熟悉声韵拼合规律，逐渐改正。

这些方言区将普通话 d、t、n、l、z、c、s 声母后的合口呼韵母读成了开口呼韵母，主要是将 uei、uan、uen 读成了 ei、an、en。下列汉字在普通话中是不同的韵母，而在方言中则分别成了相同的韵母。见表 2-12。

表 2-12　ei-uei、an-uan、en-uen 韵母字对照表

| 韵母<br>声母 | ei | uei | an | uan | en | uen |
|---|---|---|---|---|---|---|
| d | 得你~去 | 堆对队兑 | 单丹胆但 | 端短段断 | | 吨敦顿盾 |
| t | | 推颓腿退 | 滩贪谈坛 | 团湍 | | 吞屯臀豚 |
| n | （内） | | 难南男楠 | 暖 | 嫩 | |
| l | （类） | | 蓝兰篮懒 | 峦孪卵乱 | | 抡论轮伦 |
| z | 贼 | 嘴最醉罪 | 咱攒赞暂 | 钻纂攥 | 怎 | 尊遵樽鳟 |
| c | | 催崔璀脆 | 参餐蚕惨 | 窜蹿篡汆 | 参~差岑涔 | 村存忖寸 |
| s | | 虽随髓岁 | 三叁伞散 | 酸算蒜 | 森 | 孙狲损笋 |

由上表可以看出，普通话中没有 tei、cei、sei、den、ten、len 音节的字，dei（得）、zei（贼）、nen（嫩恁）、zen（怎谮）、cen（参岑涔）、sen（森）的字也很少。

（2）增加 u 介音

有些方言将普通话 ei 韵母拼 n、l 声母的字读成了 uei 韵母。普通话是没有 nui、lui 这类音节的，凡有这类音节的方言，学习普通话时应去掉韵头 u，读成 nei、lei 音节。这类汉字在普通话中很少，常用的有：内、馁、类、累、泪、雷、垒、勒、擂、蕾、肋、镭、磊、儡、羸、耒、诔、酹，等。

---

**【发音训练】**

1. 比较下列音节读音的不同。

dei—dui　　dan—duan　tan—tuan　nan—nuan　lan—luan　zei—zui
zan—zuan　zen—zun　　can—cuan　cen—cun　san—suan　sen—sun

2. 比较下列词语方言与普通话韵母有无不同。

耽误—端午　淡水—断水　胆小—短小　弹弓—锻工　面谈—面团
泥潭—泥团　坛子—团子　山岚—山峦　三类—酸类　滥用—乱用
失散—失算　涣散—换算　电话—淡化　灰色—黑色　断然—淡然

3. 朗读下列词语，注意其中带 u 韵头的字的读音。

醉酒　催促　摧毁　璀璨　清脆　荟萃　对比　兑换　堆砌　队列
推测　颓废　翠绿　脆弱　精粹　纳粹　虽然　随笔　腿脚　蜕变
退却　嘴角　最近　罪行　隧道　麦穗　深邃　作祟　端庄　短评
段落　断定　绸缎　煅烧　锻炼　团结　湍急　温暖　峰峦　孪生
卵石　扰乱　遂愿　绥靖　隋朝　骨髓　岁月　粉碎　篡改　酸菜
蒜苗　算术　吨位　敦促　钻研　编纂　钻石　攥紧　攒动　窜逃
尊严　遵守　鳟鱼　村落　敛法　存在　墩子　蹲点　盾牌　顿号

| 遁词 | 吞并 | 颓废 | 推断 | 伦敦 | 谈论 | 随时 | 钻探 | 屯垦 | 团聚 |
| 海豚 | 臀部 | 抡刀 | 伦理 | 水平 | 内部 | 内容 | 气馁 | 累赘 | 雷达 |
| 论语 | 昆仑 | 沦落 | 涤纶 | 轮班 | 论处 | 傀儡 | 肋骨 | 泪水 | 类比 |
| 劳累 | 擂台 | 婉转 | 传单 | 短文 | 璀璨 | 虽然 | 兑现 | 雷雨 | 羸弱 |
| 垒球 | 累计 | 磊落 | 花蕾 | 思忖 | 寸阴 | 祖孙 | 猢狲 | 损失 | 竹笋 |

**8. 注意方言中的 ei 韵母字**

普通话 ai、o、e、i 韵母的部分字，在有些方言中读成了 ei 韵母。下列汉字在有的方言中成了同音字："百、笔、伯、柏"，"麦、密、墨、默"。注意下列汉字的读音：

bai－掰白百佰摆柏败拜稗拍麦脉摘宅窄翟拆

bo－伯柏魄迫墨默陌

de－德得勒格隔革克刻客则责泽策册侧色涩塞扼厄

bi－笔彼披坯密（口语）

**【发音训练】**

1. 比较下列音节读音的不同。

| bai－bei | pai－pei | mai－mei | zhai－zhei | chai－chei |
| bo－bei | po－pei | mo－mei | | |
| de－dei | le－lei | ge－gei | ke－kei | |
| ze－zei | ce－cei | se－sei | e－ei | |
| bi－bei | pi－pei | mi－mei | | |

2. 下列汉字在有的方言中是同音字，注意它们在普通话中的读音。

掰—杯　百—北　败—备　拍—胚　麦—魅　脉—妹　默—媚
墨—昧　泽—贼　笔—北　彼—北　披—胚　坯—胚　密—寐

3. 朗读下列词语，注意韵母的发音。

摆渡　失败　拜托　拍子　掰开　白菜　一百　柏油　小麦　摘除　宅院
宽窄　姓翟　拆除　伯伯　柏林　魄力　墨汁　默写　陌生　得意　勒索
格外　隔离　革新　克服　时刻　客车　法则　负责　色泽　政策　颜色
手册　发涩　堵塞　厄运　扼要　钢笔　彼此　雨披　土坯　稠密　笔记

4. 诗文朗读。

（一）

**雪花的快乐**

徐志摩

假如我是一朵雪花，
翩翩的在半空里潇洒，
我一定认清我的方向——
飞扬，飞扬，飞扬，——
这地面上有我的方向。

不去那冷寞的幽谷，

不去那凄清的山麓，
也不上荒街去惆怅——
飞扬，飞扬，飞扬，——
你看，我有我的方向！

在半空里娟娟的飞舞，
认明了那清幽的住处，
等着她来花园里探望——
飞扬，飞扬，飞扬，——
啊，她身上有朱砂梅的清香！

那时我凭借我的身轻，
盈盈的，沾住了她的衣襟，
贴近她柔波似的心胸——
消溶，消溶，消溶——
溶入了她柔波似的心胸！

（二）

## 体恤之心

戚锦泉

上海的冬夜，灯光闪烁，车水马龙。有个出租车司机在浦东大道接了一位客人，客人要去浦西的海鸥饭店。没开多久，这位客人却突然要求掉头回去。"已经进了隧道，没办法掉头了。"出租车司机说。"出门的时候我换了条裤子，忘了拿钱包出来了。"客人着急起来。

透过反射镜，出租车司机看到客人的窘态，他摆摆手，说可免费送他到目的地。一路上，他还不停地宽慰客人："不用担心，人总会有忘东西的时候，我也有过，人之常情嘛。"

就这样，两人聊了起来。出租车司机从客人口中得知，原来他刚来上海不久，人生地不熟。不一会儿，车到达目的地，计价器显示车费为17元，出租车司机悄悄把计价器的牌子翻起来——17元随即变成0元。随后，他又取出3张共计30元的乘车票递给客人，并嘱咐："回去的时候，找一辆我们公司的车子，可以用这个付车费。"那位客人收下乘车票，连声道谢，然后匆匆离去。过后，出租车司机并没有把这件事放在心上，毕竟这已经不是第一次了。可是，两天后他接到那个客人打来的电话，问他是否愿意做他的司机。这个客人叫龚天益，纽约银行上海分行行长。这个出租车司机叫孙宝清，上海一个普通的打工仔。

很多人问龚天益，为什么要选孙宝清？龚天益说："理由很简单，是他那颗体恤他人的心深深地打动了我：他知道我没带钱包，就一直宽慰我；明明20元乘车票就够了，他考虑也许我会有其他事情，给了我30元……银行业也是服务业，要以顾客为本，我认为他是服务业的楷模，所以我选择他。"

——丁文祥摘自《今晚报》2006年7月3日，《读者》2006年第18期

【测试训练】

1. 读单音节字词100个：

白　飞　逗　盆　迟　赵　肯　浆　碑　叵　抃　铭　翁　熨　撑　枕
贼　岭　嚼　夏　纺　梦　脆　肆　蛙　臭　边　解　掀　瓷　荫　颗
蹲　琼　捐　锐　谁　吻　涩　姚　凶　润　宣　素　秋　缩　嵌　雾
项　剜　走　铐　驶　而　上　钻　紫　臀　乱　乖　划　膜　笃　矿
日　港　惠　堤　君　坏　穗　喷　聊　跨　童　虐　屈　旅　浓　裁
略　傻　女　闸　赏　砸　蚕　喂　从　根　勉　付　堆　暖　蛰　颤
更　憋　疮　蓝

2. 读多音节词语（100个音节）：

穷困　　创作　　请帖　　规范　　什么　　不愧　　许诺　　俊俏　　非常
胜利　　染料　　肉馅儿　价值　　奢侈　　起源　　纠正　　葡萄　　洒扫
私人　　不悔　　品种　　片面　　拐弯儿　虐待　　炫耀　　女儿　　闻名
一幅　　没用　　错误　　阳光　　否决　　瓜分　　阴风　　体温　　食堂
麦子　　一旦　　掠取　　恫吓　　瑞雪　　绿豆　　钮扣儿　下边　　滑冰
大伙儿　民航　　软着陆　三部曲　文从字顺

3. 朗读短文：

一天，爸爸下班回到家已经很晚了，他很累也有点儿烦，他发现五岁的儿子靠在门旁正等着他。

"爸，我可以问您一个问题吗？"

"什么问题？""爸，您一小时可以赚多少钱？""这与你无关，你为什么问这个问题？"父亲生气地说。

"我只是想知道，请您告诉我，您一小时赚多少钱？"小孩儿哀求道。"假如你一定要知道的话，我一小时赚二十美金。"

"哦，"小孩儿低下了头，接着又说，"爸，可以借我十美金吗？"父亲发怒了："如果你只是要借钱去买无意义的玩具的话，给我回到你的房间睡觉去。好好想想为什么你会那么自私。我每天辛苦工作，没时间和你玩儿小孩子的游戏。"

小孩儿默默地回到自己的房间关上门。

父亲坐下来还在生气。后来，他平静下来了。心想他可能对孩子太凶了——或许孩子真的很想买什么东西，再说他平时很少要过钱。

父亲走进孩子的房间："你睡了吗？""爸，还没有，我还醒着。"孩子回答。

"我刚才可能对你太凶了，"父亲说，"我不应该发那么大的火儿——这是你要的十美金。""爸，谢谢您。"孩子高兴地从枕头下拿出一些被弄皱的钞票，慢慢地数着。

"为什么你已经有钱了还要？"父亲不解地问。

"因为原来不够，但现在凑够了。"孩子回答，"爸，我现在有//二十美金了，我可以向您买一个小时的时间吗？明天请早一点儿回家——我想和您一起吃晚餐。"

——节选自唐继柳编译《二十美金的价值》

4. 命题说话（任选一题，说 3 分钟）：
（1）我的业余生活。
（2）谈谈服饰。

# 第三节 声　调

## 一、声调及其作用

声调是指汉语音节中具有区别意义作用的音高变化。声调是汉语音节里不可缺少的重要组成部分。如："语言、寓言、预演"，声母、韵母完全相同，就是由于声调不同而区别意义的。声调主要由音高的变化构成。

声调可以从调值和调类两个方面进行分析。

### （一）调值

调值是指音节高低升降曲直长短的变化形式，也就是声调的实际读法。

调值属于音高的变化。音高又分为绝对音高和相对音高。

绝对音高由发音时的频率所决定。一般说来，人的主要发音体是声带，它的长短、厚薄、松紧对音高起决定作用。女性和儿童的声带比较短、比较薄，发音时的频率要高于成年男子，就是绝对音高不同所致；人自身也可以控制声带的松紧，从而发出音高不同的音。

相对音高由发音时的音高变化幅度及其形式所决定。比如，同是发上声字，儿童的绝对音高一般要高于老人，但是其变化的幅度与变化的形式是相同的，都是由半低降到最低再升到半高，就属于同一个声调。相对音高就是用比较的方法确定的同一基调的音高变化形式和幅度。调值的不同取决于相对音高，而不是取决于绝对音高。

### （二）调类

调类是指声调的种类，就是将调值相同的字归纳在一起而建立的类。同一种语言或方言中，有几种基本调值就可以归纳成几种调类。汉语普通话有 55、35、214、51 四种基本调值，就有四个调类（阴平、阳平、上声、去声）。汉语方言中最多的有 10 个调类，最少的有 3 个调类。调值的多少决定了调类的多少。

汉语普通话与各方言的声调，有着不同的调值和调类。普通话或不同方言调值相同的字，不一定属于同一个调类，如 55 调的字，在普通话属于阴平，而在济南话则属于上声；而调类相同的字，调值往往差别很大，如同是上声，普通话的调值是 214，沈阳话是 213，兰州话是 442，西安话是 42，南京话是 22，上海话是 33，等等。由于历史音变等原因，同一个字在普通话或不同的方言中，也可能属于不同的调类，我们在学习普通话时，除了掌握方言与普通话的对应规律之外，还应记住不符合规律的例外字。

### （三）声调的作用

**1. 区别意义**

普通话中很多字词，声母、韵母完全相同，只是由于声调不同，意义也就不同。如：shijian 两个音节，声调不同，可以表示"时间、世间、实践、事件"等不同的词义。

**2. 增强语言的节奏感和感染力**

普通话声调的高低升降、抑扬起伏、平仄相间，赋予了汉语独特的音乐美和节奏感，增强了语言的感染力。

### （四）标记声调的方法

汉语标记声调的方法有多种，比如有的是采用数字标调类的方法，就是拼音右侧加"1、2、3、4"等数字，表示其属于第几个调类。如：Pu3tong1hua4，分别表示第三声、第一声和第四声。还有的在音标的四角标记不同的符号，表示不同的调类，等等。

最常见的标记声调的方法是由赵元任先生创制的"五度标记法"，就是用五度竖标来标记调值相对音高的一种方法。具体方法是：画一条竖线，分为四格五度，将音高分成高 5 度、半高 4 度、中 3 度、半低 2 度、低 1 度，并在竖线的左侧用短线（或点）表示音高升降变化的形式。如上声的调值为 214，表示其读法为从半低到低再到半高。

采用五度标调法记录声调，一般只记发音的起点和终点的音高，如普通话阴平的调值是 55，就表示其起点和终点的音高都是 5；如果中间有转折，则还要记录其折点的音高，普通话上声的调值是 214，则分别记录了起点、终点和折点的音高。普通话四声用五度标记法如图 2-16 所示。

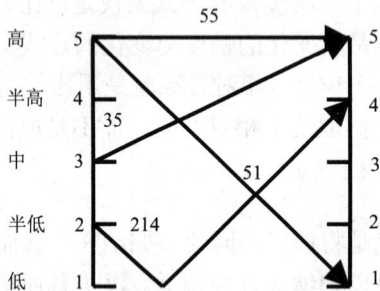

图 2-16　普通话调值五度标记图

普通话四声的调值分别为 55、35、214、51。普通话四声的调号就是由上图演化而来，把声音化为形象，便于学习。

【小资料】

赵元任简介（1892～1982）：中国语言学界称之为"汉语言学之父"。他 18 岁以优异成绩考取庚子赔款第二批留美官费生，在被录取的 72 人中名列第 2，胡适名列第 55。他与胡适同船赴美，同进康乃尔大学。1919 年获哈佛大学哲学博士学位。翌年回国，应聘为清华大学心理学及物理学讲师。后又重返哈佛进修语言学理论。1925 年，清华大学成立国学研究所，聘梁启超、王国维、陈寅恪、赵元任四位教授为导师。他学的是数理，但精通乐理，歌曲《教我如何不想他》，刘半农作词，赵元任谱曲。他一生的成就在语言学，是罕见的语言天才。他能说 33 种方言，精通多国文字。著名哲学家罗素来中国时，找他去当翻译。

根据赵元任《从家乡到美国——赵元任早年回忆·卷首语》编辑

## 二、普通话的声调

普通话有 4 种基本调值，分属 4 种不同调类，即：阴平、阳平、上声、去声，俗称为第一声、第二声、第三声、第四声。

阴平：高平调，调值为 55。如：江山多娇、居安思危；

阳平：中升调，调值为 35。如：竭泽而渔、文如其人；

上声：降升调，调值为 214。如：岂有此理、理想美好；

去声：高降调，调值为 51。如：变幻莫测、万事俱备。

请看下面的一首诗：

zhú shì yín

竹 室 吟

shān xī fēi yōu gē,

山 溪 飞 幽 鸽，

yúnxiá yóu xián dié.

云 霞 游 闲 蝶。

hǎishuǐ yǒng yuǎn xuě,

海 水 涌 远 雪，

wùqì dàng jìng yuè.

雾 气 宕 静 月。

第一行"山、溪、飞、幽、鸽"发音时声带保持均衡紧张，听感上声音高而平，称为阴平。

第二行"云、霞、游、闲、蝶"发音时声带由松变紧，听感上声音由低而高，称为阳平。

第三行"海、水、涌、远、雪"发音时声带由紧而松再变紧，听感上声音先降后升，称为上声。

第四行"雾、气、宕、静、月"发音时声带由紧变松，听感上声音起点很高，然后一直降到最低，称为去声。

下列词语是按四声顺序和四声逆序组合而成的：

阴阳上去：

心明眼亮　深谋远虑　心直口快　光明磊落

中流砥柱　山明水秀　风调雨顺　诸如此类

去上阳阴：

背井离乡　碧海蓝天　刻骨铭心　墨守成规

破釜沉舟　逆水行舟　弄巧成拙　异口同声

普通话声调有一个很大的特点，即4个声调的调值区别非常明显：一平、二升、三曲、四降，不易混淆，这也是普通话悦耳动听的原因之一。而有的方言调值相近，如德州话、济南话的阳平是42调，去声是21调；广州话有55调、33调、22调；梅州客家话有52调、31调、21调；开封话有41调、31调；长沙话有13调、24调、45调，等等，区别不明显，外地人凭听觉很难分辨。

---

**【小资料】**

### 普通话声调口诀

起音高高一路平；

由中到高往上升；

先降后升曲折起；

高起猛降到底层。

---

**【发音训练】**

1. 朗读下列带调元音：

ā–á–ǎ–à　ē–é–ě–è　ī–í–ǐ–ì　ū–ú–ǔ–ù　ǖ–ǘ–ǚ–ǜ

2. 朗读下列双音节词语，注意读准每个字的声调。

| | | | | | | | |
|---|---|---|---|---|---|---|---|
| 阴平+阴平： | 中心 | 乡村 | 今天 | 播音 | 山东 | 分析 | 西方 | 发挥 |
| 阴平+阳平： | 高级 | 森林 | 中文 | 科研 | 空调 | 规模 | 单纯 | 升级 |
| 阴平+上声： | 出口 | 申请 | 思想 | 标准 | 基础 | 商品 | 出版 | 充满 |
| 阴平+去声： | 优惠 | 关注 | 方向 | 知道 | 宽带 | 科技 | 收入 | 机制 |
| 阳平+阴平： | 国家 | 成功 | 研究 | 民间 | 节约 | 南方 | 航空 | 时间 |
| 阳平+阳平： | 回答 | 形成 | 执行 | 哲学 | 调节 | 传媒 | 民族 | 灵活 |
| 阳平+上声： | 苹果 | 团体 | 培养 | 即使 | 媒体 | 防止 | 环保 | 良好 |
| 阳平+去声： | 实践 | 培训 | 文化 | 服务 | 环境 | 结束 | 评价 | 承诺 |
| 上声+阴平： | 首先 | 北京 | 喜欢 | 简单 | 法规 | 始终 | 取消 | 审批 |
| 上声+阳平： | 语言 | 水平 | 否则 | 解决 | 总裁 | 选择 | 海洋 | 考察 |
| 上声+上声： | 理想 | 展览 | 保险 | 尽管 | 产品 | 海港 | 指导 | 演讲 |
| 上声+去声： | 启动 | 百货 | 统计 | 领袖 | 网络 | 阻碍 | 理性 | 掌握 |
| 去声+阴平： | 设施 | 健康 | 降低 | 竞争 | 创新 | 汽车 | 亚洲 | 目标 |
| 去声+阳平： | 著名 | 内涵 | 浪潮 | 价格 | 任何 | 住宅 | 内存 | 问题 |
| 去声+上声： | 记者 | 重点 | 市场 | 背景 | 代表 | 探索 | 政府 | 拓展 |
| 去声+去声： | 电视 | 现在 | 状态 | 密切 | 建设 | 概念 | 扩大 | 迅速 |

3. 朗读下列四音节词语，注意声调的配合。

①阴平字组词：声东击西　江山多娇　息息相关

②阳平字组词：文如其人　儿童文学　谋求团结

③上声字组词：美好理想　产品展览　岂有此理

④去声字组词：万籁俱寂　变幻莫测　创造纪录

⑤四声顺序组词：中华伟大　风调雨顺　阴阳上去

⑥四声逆序组词：碧海蓝天　妙手回春　字里行间

⑦混合声调组词：龙飞凤舞　鸟语花香　和风细雨　集思广益　世外桃源　闲情
　　　　　　　　逸致

4．朗读下列词语，注意同一组词语声调的不同。

| 安然—黯然 | 摆脱—拜托 | 班机—班级 | 边缘—边远 | 标明—表明 |
| 病例—病理 | 步伐—不法 | 参与—残余 | 常识—尝试 | 迟到—赤道 |
| 厨房—处方 | 处决—触觉 | 豆浆—豆酱 | 防止—防治 | 凡例—范例 |
| 肥料—废料 | 分期—分歧 | 改编—改变 | 更改—梗概 | 孤立—鼓励 |
| 国籍—国际 | 古文—顾问 | 核实—合适 | 回忆—会意 | 火车—货车 |
| 坚定—鉴定 | 检疫—建议 | 教师—教室 | 接触—解除 | 例题—立体 |
| 论争—论证 | 毛衣—贸易 | 奴隶—努力 | 平凡—平反 | 抢先—抢险 |
| 清静—情景 | 歧途—企图 | 燃料—染料 | 生理—胜利 | 师范—示范 |

5．诗文朗读。

（一）

## 再别康桥

徐志摩

轻轻的我走了，
正如我轻轻的来；
我轻轻的招手，
作别西天的云彩。

那河畔的金柳，
是夕阳中的新娘；
波光里的艳影，
在我的心头荡漾。

软泥上的青荇，
油油的在水底招摇；
在康河的柔波里，
我甘心做一条水草！

那榆荫下的一潭，
不是清泉，是天上虹。
柔碎在浮藻间，

沉淀着彩虹似的梦。

寻梦？撑一支长篙，
向青草更青处漫溯，
满载一船星辉，
在星辉斑斓里放歌。

但我不能放歌，
悄悄是别离的笙箫；
夏虫也为我沉默，
沉默是今晚的康桥！

悄悄的我走了，
正如我悄悄的来；
我挥一挥衣袖，
不带走一片云彩。

（二）

## 钟 和 表

肖复兴

钟和表的搭配，是阴阳匹配，对位在时间之河的此岸与彼岸。

钟表，一个词，两个意思：表是戴在腕上的或揣在怀里的，肌肤之亲，形影相随，属于私人；钟是摆在外面的，哪怕只是一只床头的闹钟，和人也有距离。如果悬挂在大街的钟楼之上，其公共性明显地区别于私人性的表。

一般而言，表是一夫一妻的配置（很少见一人戴两块手表的），钟则是大众情人，你什么时候走到大街上，它们都如同打开电视就能够蹦出来的主持人一样，老远就候着你呢。当然，钟的性别并不见得一定非女性莫属，如果把手表比作小家碧玉，那种屹立在钟楼上的大钟，则是巍峨凛然的壮汉。钟和表的搭配，是阴阳匹配，对位在时间之河的此岸与彼岸。

不管你相信不相信我这样的说法，我是确信不疑的。先不说表，单只说钟，最初的感觉源于到故宫的钟表馆，小时候看里面陈列着各国进贡清廷的各式钟表，突然之间，乱钟齐鸣，那金属质感一般脆生生的响声回荡在钟表馆里的时候，真是吓了我一跳。那时候，我家住在前门附近，从故宫出来，第一次有意识地抬头看一眼前门火车站钟楼上的钟和西交民巷银行大楼上的钟，钟高高在上的感觉，尤其是回荡在空气中的响亮的钟声，随尘埃一起飘散落定，有一种洞悉世事与俯视苍生的威严。

这种感觉，一直到20年前我第一次出国，蓦然重新兜上心头。在莫斯科的红场上，我见到了梦中久违的克里姆林宫钟楼上的大钟。已经是晚上八点，夕阳还辉煌在红场上空，多明戈男高音一样的钟声在阳光中激情四溢地荡漾。想起"文化大革命"中自己曾经写下过"要把克里姆林宫的红星点亮，要把克里姆林宫的钟声重新敲响"的诗句，如今真的听见了它的钟声，并没有经过我们的重新敲打，就在旁若无人地回荡，心里对它的感觉忽然有一种畏惧，那是对时间的畏惧。逝者如斯，克里姆林宫的大钟还在，而一代人的青春已经不再。

和钟邂逅相逢，最神奇的一次在捷克的首都布拉格。天下着淅淅沥沥的秋雨，而且午饭的时间已到，主人坚持一定要去看看老城广场的一座老钟。那是市政大厅的塔楼上中古时代的一座天文老钟，钟楼非常别致，由上下两个大钟组成，上面的钟代表着年月日，下面的钟上由十二个月不同的画面围成一圈，两侧各有一扇蓝色的窗户，每当正点到来的时候，钟的顶端会出现一个骷髅敲钟，两扇蓝色的窗户里次第走出十二个信徒，代表着手里举着各自的象征物品十字架、书、剑……代表着社会的各个阶层，在纷纷向人们鞠躬退去之后，会跳出一只公鸡仰着脖子来打鸣。据说，骷髅的出现是要告诉人们死亡对任何人是一律平等的；公鸡打鸣象征着希望，提醒人们谁也不要放弃希望。

被主人疾步匆匆地拉着赶到这座钟楼下面，是中午十二点刚刚要到之前，为的就是看这座天文钟的表演。雨越下越大，这里仍然是人山人海。据说，当时将这座奇特的古钟造好之后，市政府派人将造钟的钟表匠的眼睛扎瞎，为的是让这座古钟绝无仅有。钟表匠气愤之极，便将钟的装置破坏，使得好长时间钟无法走时。几个世纪过去了，钟依然生机盎然摆动在我们的面前，面对战争，或者强权，钟都是这样有着长久的生命力。到了该敲钟的时候，布拉格老城广场的古钟一样跳出骷髅、公鸡来敲钟、打鸣，稍稍提醒我们一下关于死亡和希望这样永恒的话题。

如果说表是属于我们私人的珍藏，吻合着我们的心跳脉搏，悄悄地滴答着我们生命谱线；那么，钟，无论和你邂逅相逢的钟是新是老，则是属于我们生存的背景空间，既敲响出现在进行时态，也回荡在历史的苍茫回忆之中。手表也许是你的红颜知己，相伴你的终生；钟可能是你的智慧老人，指点你的迷津，春潮带雨晚来急，野渡无人钟自鸣。

腕上风云，可以花香灯影，柳暗烟笼；空中钟声，却可以是日照江山，星垂平野。更何况，再名贵的手表，可以属于你自己；再破旧的老钟，纵使你花钱买下，也不仅仅属于你自己。表，属于时间；钟，属于岁月。是的，它们的区别就是这样，就像一个明喻一个暗喻一样，就像一个散文一个诗一样。

—— 《北京青年报》2004 年 05 月 14 日

### 三、声调辨正及实例训练

方言区的人学习普通话的声调，首先要把普通话 4 个声调的调值读准，因为方言区的人往往有调值发音不到位的情况。要抓住普通话声调高音成分多、抑扬分明的特点，克服受方音调值影响而读不到位的毛病。比如山东人容易出现的问题是：阴平不够高，阳平升不上去，上声降下来也升不上去，到不了 4 度，甚至处在后一音节的上声也读成半上 21 调，这样就造成调值不完整，音长太短。方言区的人学习普通话的声调可从以下几方面入手：

### （一）读准普通话的调值

方言区的人学习普通话时，要根据普通话声调的特点，读准普通话的调值，发音要完整到位，把握好调值升降的"度"。方言区的人学习普通话声调时，有的调值往往发音不到位，比如，阴平调往往音长偏短，音高偏低；阳平调往往起点偏低，或最后升不到 5 度；上声调经常出现的问题是发音不完整，普通话的上声是一个降升调，很多人往往只降不升，发成 21 调或 212 调，最后没有升到 4 度；去声调起点低，终点高，下降幅度小。这些都是方言区的人容易忽视的问题，学习普通话时需要特别注意。

练习时可用带调的单韵母或由单韵母构成的字练习普通话四声的调值。例如：

ā  á  ǎ  à        ī  í  ǐ  ì
八  拔  把  爸        妈  麻  马  骂
朱  竹  主  助        趋  衢  取  趣

### （二）调类区分

汉语历史悠久，各方言的调类和普通话还是有差别的：一是调类数量多少不一；二是各调类收字也有出入。方言的调类需要同普通话进行比较，找出其对应规律。

在普通话四声中，只有平声分为阴阳两类。而有 6 个或 6 个以上调类的地区，像苏州、绍兴、长沙、南昌、厦门、广州等地，去声也分为阴阳两类。这些地区的人应注意把这两类声调合并成一类，把调值都改为高降调。

### （三）调值改读

方言调值跟普通话调值有同有异，同一调类的字，在不同方言中读音调值不一致，如同为上声，济南话读 55 调，西安话读 42 调，上海话读 33 调。即使在北方方言区内，很多方言与普通话可能调类完全相同，但是调值却各不相同，学习普通话时要注意进行改读。

从沈阳、济南、郑州、太原、西安、兰州、成都、昆明、汉口、南京十个点的调查材料看，除太原、南京外，其他各点调类同普通话基本一致，只是调值同普通话不同。因此，这些地区的人学习普通话声调，主要是将方言调值改为普通话调值，才能读准每个字的字音。

### （四）入声字问题

在普通话里，古入声字已经分别归入阴、阳、上、去四声里面。有的方言，虽然入声也已经消失，但分布情况与普通话并不完全一致。有的方言入声归入阳平，如西南方言、武汉方言；有的方言，入声则分别归入去声和阳平，如兰州方言。在保留入声的方言里，情况也互有差别。有的只有一个入声，如南京方言；有的有两个入声，分阴入和阳入，如福州方言；有的则有四个入声，分上阴入、下阴入、上阳入、下阳入，如广西的玉林方言。

入声字的问题，一方面是个声调问题，另一方面又是个韵母问题。就是说，入声字与其他声调之间，除了在音高（还有音长）上有区别以外，韵母（主要是韵尾）也往往不同。

在入声消失的方言中，与普通话的区别，一方面韵母可能不同，另一方面声调可能不同，这就需要在改读韵母使之与普通话一致的基础上，将原来的入声字按照普通话的声调进行重新归类，再改读普通话的调值即可。而保留入声字的方言，则需要去掉其入声韵尾，延长发音的音长，将韵母改为与普通话相同的韵母，然后再将其声调按普通话重新进行归类。要想了解哪些字古代是入声，可参阅表2-13《古入声字普通话读音表》，用表中的入声字组成词语用普通话反复朗读。

表2-13 古入声字普通话读音表

| 音 节 | 阴 平 | 阳 平 | 上 声 | 去 声 |
|---|---|---|---|---|
| ba | 八捌 | 拔跋 | | |
| ma | 抹（抹布） | | | |
| fa | 发 | 伐阀筏罚乏 | 法砝 | 发（理发） |
| da | 搭答（答应） | 答（答复）瘩达 | | |
| ta | 塌踏（踏实） | | 塔 | 沓踏（踏步）榻拓（拓碑） |
| na | | | | 呐纳钠捺 |
| la | 垃邋 | | | |
| ka | 喀 | | | |
| ha | | | 哈（哈达） | |
| zha | 扎（扎针） | 铡扎（挣扎）札轧（轧钢） | 眨 | 栅 |
| cha | 插 | 察 | | 刹（古刹） |
| sha | 杀刹（刹车） | | | 霎 |
| za | 扎（包扎）匝砸 | 砸杂 | | |
| ca | 擦 | | | |
| sa | | | | 萨卅 |
| bo | 饽拨剥（剥削）钵泊（湖泊） | 伯泊箔舶勃渤脖博膊薄（薄弱）驳铗帛 | | 薄（薄荷） |
| po | 泼 | | | 迫（强迫）珀粕魄（气魄） |
| mo | 摸 | 膜 | 抹 | 末沫抹（抹灰）茉陌莫寞漠默墨没殁 |
| fo | | 佛 | | |
| de | | 得德 | | |
| te | | | | 特忒忑 |
| ne | | | | 讷 |
| le | 肋 | | | 乐勒（勒令） |
| ge | 搁胳疙割鸽 | 格阁蛤（蛤蚧）革膈隔葛（葛布）骼（骨骼） | 葛 | 各（各个）铬 |
| ke | 磕瞌 | 咳壳 | 渴 | 克刻客恪 |
| he | 喝 | 核貉（一丘之貉）涸盒劾（弹劾）阂 | | 赫褐鹤吓（恐吓）喝（喝彩） |
| zhe | | 折哲蜇辙辄磔谪 | 褶 | 浙 |
| che | | | | 彻撤澈掣 |
| she | | 舌折 | | 设涉摄慑 |

续表

| 音 节 | 阴 平 | 阳 平 | 上 声 | 去 声 |
|---|---|---|---|---|
| re | | | | 热 |
| ze | | 则择泽责 | | 仄 |
| ce | | | | 侧厕测恻策册 |
| se | | | | 塞涩色铯瑟啬穑 |
| e | | 额 | 恶（恶心） | 恶（恶劣）噩遏厄扼轭鄂腭鳄 |
| bi | 逼 | 鼻荸 | 笔 | 壁璧必毕碧辟（复辟）避愎 |
| pi | 劈霹 | | 匹劈（劈柴）癖 | 辟僻 |
| mi | | | | 密蜜觅幂汨 |
| di | 滴 | 狄涤迪笛敌的（的确）嫡 | | 的（目的） |
| ti | 剔踢 | | | 惕 |
| ni | | | | 匿溺逆 |
| li | | | | 立粒笠栗砾力历沥雳 |
| ji | 激击唧积缉（通缉）圾 | 及级极汲吉急棘即集籍辑亟疾嫉 | 给（供给）脊 | 鲫寂绩迹 |
| qi | 七柒漆缉（缉鞋口）戚 | | 乞 | 泣讫迄 |
| xi | 吸膝悉蟋息熄析淅晰蜥昔惜夕汐锡 | 习席媳袭檄 | | |
| yi | 一壹揖 | | 乙 | 易蜴亦邑役疫益溢翼逸译驿亿忆屹抑轶翌 |
| zhi | 织汁只（只身） | 直值植殖执侄职 | | 挚帜秩掷（投掷）质室蛭炙 |
| chi | 吃 | | 尺 | 炽斥赤叱饬 |
| shi | 施虱湿失 | 十什拾石识食蚀实 | | 室释适饰式拭弑 |
| ri | | | | 日 |
| bu | 晡 | | 卜 | 不 |
| pu | 扑 | 仆 | 朴（朴素）蹼 | 暴（一曝十寒）瀑（瀑布）曝 |
| mu | | | | 幕木沐睦目苜穆牧 |
| fu | | 匍弗佛（仿佛）拂伏袱茯服幅福辐 | | 缚复腹蝮鲋馥覆 |
| du | 督 | 读犊牍独毒 | | |
| tu | 秃突凸 | | | |
| lu | | | | 赂鹿漉辘簏录绿（绿林）禄碌陆戮 |
| gu | 骨（骨朵） | | 骨（骨髓）谷 | 梏 |
| ku | 窟哭 | | | 酷 |
| hu | 忽惚 | 斛囫鹄（鹄立） | | |
| zhu | | 竹烛逐竺术（白术） | 嘱瞩 | 祝筑 |
| chu | 出 | | | 触畜（畜生）矗绌黜怵 |
| shu | 叔淑 | 赎塾孰熟 | 属蜀 | 术述束 |
| ru | | | 辱 | 入褥 |

续表

| 音 节 | 阴 平 | 阳 平 | 上 声 | 去 声 |
|---|---|---|---|---|
| zu | | 足族卒镞 | | |
| cu | | | | 促簇蹴 |
| su | | 俗 | | 塑肃速宿粟夙 |
| wu | | | | 雾勿物 |
| lü | | | | 律率（效率）绿氯 |
| ju | 鞠疽锔 | 局菊桔 | | |
| qu | 曲屈 | | 曲（歌曲） | |
| xu | | | | 续畜（畜牧）蓄恤旭煦 |
| yu | | | | 育域浴欲玉狱郁毓 |
| bai | | 白 | 百柏 | |
| pai | 拍 | | | |
| mai | | | | 麦脉 |
| zhai | 摘 | 宅翟 | 窄 | |
| chai | 拆 | | | |
| shai | | | 色（掉色） | |
| sai | 塞（瓶塞儿） | | | |
| bei | | | 北 | |
| mei | | 没（没有） | | |
| dei | | | 得（我得去） | |
| lei | 勒（勒紧） | | | |
| gei | | | 给 | |
| hei | 黑 | | | |
| zei | | 贼 | | |
| bao | | 雹薄（薄纸） | | |
| lao | | | | 烙酪 |
| zhao | 着（高着儿） | 着（烧着了） | | |
| shao | | 勺芍 | | |
| zhou | 粥 | 轴妯（妯娌） | | |
| jia | 夹（夹子） | 夹荚铗颊 | 甲钾胛岬 | |
| qia | 掐 | | | 恰洽 |
| xia | 瞎呷 | 狭侠峡狎匣辖 | | |
| ya | 押鸭压 | | | 轧揠 |
| bie | 鳖憋 | 别蹩 | 瘪 | 别（别扭） |
| pie | 瞥撇（撇开） | | 撇苤（苤蓝） | |
| mie | | | | 灭蔑 |
| die | 爹跌 | 迭叠谍堞 | | |
| tie | 贴帖 | | 铁帖（帖子） | 帖（字帖） |
| nie | 捏 | | | 聂镊蹑镍孽蘖涅 |

续表

| 音 节 | 阴 平 | 阳 平 | 上 声 | 去 声 |
|---|---|---|---|---|
| lie | | | 咧（咧嘴） | 列冽烈裂猎劣 |
| jie | 秸揭接疖 | 诘洁结劫杰孑节竭睫捷截 | | |
| qie | 切（切开） | | | 怯切（密切）窃妾挈锲 |
| xie | 歇蝎楔 | 协胁挟 | | 泄屑亵燮 |
| ye | | | | 液掖腋叶页业谒咽（呜咽） |
| gua | 刮 | | | |
| hua | | 滑猾 | | 划画 |
| zhua | 抓 | | | |
| shua | 刷 | | | 刷（刷白） |
| wa | 挖 | | | 袜 |
| duo | 咄掇 | 夺度（猜度）踱铎 | | |
| tuo | 托脱 | | | 柝拓（开拓） |
| nuo | | | | 诺 |
| luo | 捋 | | | 烙洛落络骆 |
| guo | 郭蝈聒 | 国帼 | | |
| kuo | | | | 扩廓 |
| huo | 豁（豁口） | 活 | | 或惑获霍豁（豁亮） |
| zhuo | 桌捉拙涿 | 苗灼酌浊镯着（着落）啄诼琢擢濯卓 | | |
| chuo | 戳 | | | 绰啜辍龊 |
| shuo | 说 | | | 硕烁铄妁朔搠槊蒴 |
| ruo | | | | 若弱 |
| zuo | 作（作坊） | 昨琢（琢磨） | | 作柞酢 |
| cuo | 撮 | | | 错 |
| suo | 缩 | | 索 | |
| wo | 喔 | | | 沃斡幄握龌 |
| nüe | | | | 虐疟 |
| lüe | | | | 略掠 |
| jue | 撅 | 决诀抉觉珏绝倔掘崛厥橛蹶攫爵嚼（咀嚼） | | |
| que | 缺 | 瘸 | | 却确鹊雀阕阙 |
| xue | 薛削（剥削） | 学穴噱（噱头） | 雪 | 血（血压）谑 |
| yue | 约曰 | | 哕 | 悦阅越粤月钺钥（锁钥）跃乐（音乐）岳 |
| miao | | | 渺 | |
| jiao | | 嚼（嚼碎） | 脚角 | |
| qiao | | | | 壳 |
| yao | | | | 药钥鹞 |
| liu | | 馏（馏金） | | 馏（馏子）六 |

| 音节 | 阴平 | 阳平 | 上声 | 去声 |
|------|------|------|------|------|
| jiu | | | 九 | |
| xiu | 休 | | | |
| guai | 乖 | | | |
| shuai | | | | 率（率领）蟀 |

【发音训练】

1. 先标出下列成语的声调，然后朗读下列短语，注意读准每个字的声调。

异口同声　山明水秀　众志成城　潜移默化　正本清源

令人神往　张冠李戴　万象更新　名正言顺　心明眼亮

龙飞凤舞　满园春色　暮鼓晨钟　深谋远虑　集思广益

2. 朗读下列词语，注意其中的古入声字在方言和普通话中读音的异同。

剥夺　活跃　哲学　接触　束缚　克服　答复　各国　压缩　出错

挖掘　褐色　的确　赤脚　适合　脉络　法律　魄力　熟悉　碧绿

复杂　博学　笔记　马匹　卑鄙　熊猫　办法　防止　山峰　幸福

铁塔　讨论　朗诵　掠夺　革新　时刻　横竖　立即　节约　鞠躬

甲乙　及格　刷子　成绩　黑色　稻谷　渴望　密切　桌子　客人

3. 诗文朗读。

（一）

## 沁 园 春·长 沙

一九二五年

毛泽东

独立寒秋，

湘江北去，

橘子洲头。

看万山红遍，

层林尽染；

漫江碧透，

百舸争流。

鹰击长空，

鱼翔浅底，

万物霜天竞自由。

怅寥廓，

问苍茫大地，

谁主沉浮？

携来百侣曾游。

忆往昔峥嵘岁月稠。

恰同学少年，

风华正茂；

书生意气，

挥斥方遒。

指点江山，

激扬文字，

粪土当年万户侯。

曾记否，

到中流击水，

浪遏飞舟？

（二）

　　有个塌鼻子的小男孩儿，因为两岁时得过脑炎，智力受损，学习起来很吃力。打个比方，别人写作文能写二三百字，他却只能写三五行。但即便这样的作文，他同样能写得很动人。

　　那是一次作文课，题目是《愿望》。他极其认真地想了半天，然后极认真地写，那次作文极短。只有三句话：我有两个愿望，第一个是，妈妈天天笑眯眯地看着我说："你真聪明。"第二个是，老师天天笑眯眯地看着我说："你一点也不笨。"

　　于是就是这篇作文，深深地打动了他的老师，那位妈妈式的老师不仅给了他最高分，在班上带感情朗诵了这篇作文，还一笔一画地批道：你很聪明，你的作文写得非常感人，请放心，妈妈肯定会格外喜欢你的，老师肯定会格外喜欢你的，大家肯定会格外喜欢你的。

　　捧着作文本，他笑了，蹦蹦跳跳地回家了，像只喜鹊。但他并没有把作文本拿给妈妈看，他是在等待，等待着一个美好的时刻。

　　那个时刻终于到了，是妈妈的生日——一个阳光灿烂的星期天。那天，他起得特别早，把作文本装在一个亲手做的美丽的大信封里，等着妈妈醒来。妈妈刚刚睁眼醒来，他就笑眯眯地走到妈妈跟前说："妈妈，今天是您的生日，我要//送给您一件礼物。"

　　果然，看着这篇作文，妈妈甜甜地涌出了两行热泪，然后一把搂住小男孩儿，搂得很紧很紧。

　　是的，智力可以受损，但爱永远不会。

——《普通话水平测试实施纲要·作品51号》

【测试训练】

1. 读单音节字词100个。

感 拍 亚 舟 纲 帘 宁 拽 慌 泉 洒 开 揉 昂 别 件
迎 揣 农 群 吓 债 产 檬 跌 宾 铺 锐 综 迅 扯 柴
删 风 夜 心 属 最 从 源 舍 赔 嫩 坑 条 饮 塑 断
女 窘 恶 费 狠 鼻 脚 亮 跨 暖 绿 琼 池 给 要 坏
怎 象 画 窜 虐 凶 师 贸 方 底 牛 顿 博 洋 掠 思
烤 浪 下 艇 六 某 托 润 匡 缺 俩 捐 您 餐 恳 通
肿 疼 普 仍

2. 读多音节词语（100个音节）。

迥然 不去 可观 旅伴 谱写 女婿 老头儿 高原 摘要
男人 迷信 摧残 不清 马路 一年 贴切 否则 衬衫
能够 飞翔 吹牛 调查 仇恨 刚才 软件 怀念 军队
英明 主编 差点儿 朋友 卡车 亲爱 爽快 一面 粗粮
狂妄 东风 角色 揣测 刷子 聊天儿 篮球 寒冷 航空
下来 没事儿 增值税 亚健康 知识产权

3. 朗读短文。

在一次名人访问中，被问及上个世纪最重要的发明是什么时，有人说是电脑，有人说是汽车，等等。但新加坡的一位知名人士却说是冷气机。他解释，如果没有冷气，热带地区如东南亚国家，就不可能有高的生产力，就不可能达到今天的生活水准。他的回答实事求是，有理有据。

看了有关报道，我突发奇想：为什么没有记者问："20世纪最糟糕的发明是什么？"其实2002年10月中旬，英国的一家报纸就评出了"人类最糟糕的发明"。获此"殊荣"的，就是人们每天大量使用的塑料袋。

诞生于上个世纪30年代的塑料袋，其家族包括用塑料制成的快餐饭盒、包装纸、餐用杯盘、饮料瓶、酸奶杯、雪糕杯等等。这些废弃物形成的垃圾，数量多、体积大、重量轻、不降解，给治理工作带来很多技术难题和社会问题。

比如，散落在田间、路边及草丛中的塑料餐盒，一旦被牲畜吞食，就会危及健康甚至导致死亡。填埋废弃塑料袋、塑料餐盒的土地，不能生长庄稼和树木，造成土地板结。而焚烧处理这些塑胶垃圾，则会释放出多种化学有毒气体，其中一种称为二噁英的化合物，毒性极大。

此外，在生产塑料袋、塑料餐盒的//过程中使用的氟里昂，对人体免疫系统和生态环境造成的破坏也极为严重。

——节选自林光如《最糟糕的发明》

4. 命题说话（任选一题，说3分钟）。

（1）我的成长之路。

（2）谈谈科技发展与社会生活。

## 思考与练习

（一）声母部分

1. 什么是发音部位？普通话声母按发音部位可分为哪几类？

2. 什么是发音方法？普通话声母的发音方法包括哪几个方面？各包括哪些声母？

3. 熟读普通话 21 个辅音声母，注意其发音部位和发音方法。

4. 说明下列声母的发音部位。

b—　　　　　　f—　　　　　　g—　　　　　　n—

sh—　　　　　　r—　　　　　　q—　　　　　　z—

5. 说明下列声母的发音方法。

p—　　　　　　m—　　　　　　l—　　　　　　k—

x—　　　　　　zh—　　　　　　s—　　　　　　r—

6. 连线：将声母和相应的说明连接起来。

c　　　　舌根、清、擦音

b　　　　舌尖中、浊、鼻音

n　　　　舌尖前、送气、清、塞擦音

f　　　　双唇、不送气、清、塞音

h　　　　唇齿、清、擦音

7. 熟读下列词语，并注意两个词语声母的区别。

舌尖后音－舌尖前音：

| | | | | | |
|---|---|---|---|---|---|
| 战歌－赞歌 | 志愿－自愿 | 收集－搜集 | 推迟－推辞 | 熟语－俗语 | 申述－申诉 |
| 春装－村庄 | 找到－早到 | 师长－司长 | 插手－擦手 | 池塘－祠堂 | 打闪－打伞 |
| 战时－暂时 | 致力－自力 | 商业－桑叶 | 竖立－肃立 | 支援－资源 | 新春－新村 |
| 木柴－木材 | 征订－增订 | 主力－阻力 | 初步－粗布 | 中指－宗旨 | 禅师－蚕丝 |

鼻音 n－边音 l：

| | | | | | |
|---|---|---|---|---|---|
| 脑子－老子 | 南部－蓝布 | 泥巴－篱笆 | 浓重－隆重 | 烂泥－烂梨 | 流脑－刘老 |
| 留念－留恋 | 年代－连带 | 女客－旅客 | 水牛－水流 | 男女－褴褛 | 河南－荷兰 |

舌根音 h－唇齿音 f：

| | | | | | |
|---|---|---|---|---|---|
| 虎头－斧头 | 互助－附注 | 挥动－飞动 | 红衣－缝衣 | 送回－送肥 | 弧度－幅度 |
| 花生－发生 | 会话－废话 | 荒地－方地 | 工会－公费 | 恢复－飞赴 | 恍惚－仿佛 |
| 胡子－浮子 | 换人－犯人 | 皇粮－房梁 | 换菜－饭菜 | 烘干－风干 | 恢弘－绯红 |

8. 诗文朗读

（一）

### 无怨的青春

席慕蓉

在年轻的时候，如果你爱上了一个人，请你，请你一定要温柔地对待他。

不管你们相爱的时间有多长或多短，若你们能始终温柔地相待，那么，所有的时刻都将是一种无瑕的美丽。

若不得不分离，也要好好地说声再见，也要在心里存着感谢，感谢他给了你一份记忆。

长大了以后，你才会知道，在蓦然回首的刹那，没有怨恨的青春才会了无遗憾，如山冈上那轮静静的满月。

## （二）

## 爱自己

*流沙*

外籍教师凯丽来自加拿大，上个月刚到学校担任英语教师。

凯丽长得很美，深蓝的眼睛，高挑的身材，金黄而丝质的头发。微笑的时候，她的脸上会露出两个深深的酒窝。

在学校里，她给孩子们教授英语，而课余时间，她则向孩子们学习中文。

有一天，凯丽给孩子们布置了一道英语作文，题目是《你爱谁》。

孩子们的答案几乎一样：我爱爸爸妈妈，我爱祖国。凯丽觉得不可思议。

凯丽在课堂上对孩子们说："难道你们只爱爸爸妈妈和祖国吗？"孩子们说："还有老师，还有学校，还有爷爷奶奶……"

凯丽问："孩子们，再想想，还有什么才是你需要爱的？"

孩子们想不出来。

凯丽说："孩子们，你们要爱的不只这些，你们首先要爱的是你们自己，唯有爱自己，才能爱父母，爱祖国，爱这个世界上的一切。"

"你们自己才是最重要的，而不是其他，你们必须要有这样的意识。"凯丽说。

凯丽的言论在学校里掀起轩然大波，校长找到凯丽，希望她不要强迫孩子们接受她的观点，凯丽扑闪着大眼睛，觉得不可思议。

不久，凯丽提出了辞呈，学校极力挽留。但凯丽去意已决，校长问她："你当初到中国来，说你热爱这个国度，热爱有人间天堂之称的杭州，怎么说走就走呢？"

凯丽说："校长先生，是的，我热爱这里的一切，但是，我不能勉强自己，我首先得爱自己，我觉得自己的教育理念在这里无法施行，我不可能委屈自己去浪费自己的时间。"

凯丽走了，她是作为一个另类老师的形象离开的。

凯丽的离去，给人留下了一个无人涉及的问题：在中国教育中，为什么会缺少自我教育？

凯丽无法懂得，我们也无法参透。

————王海平摘自《杂文报》2006 年 8 月 25 日，《读者》2006 年第 21 期

（二）韵母部分

1. 熟读普通话韵母总表。

2. 举例说明应从哪几个方面分析单元音韵母的发音。

3. 根据不同标准，普通话韵母可以分成类？

4. 按所提供的条件，与相应的单韵母连线。

| 舌面、后、高、圆唇元音 | i |
| 舌面、前、高、不圆唇元音 | u |
| 舌面、央、低、不圆唇元音 | a |
| 舌尖、前、高、不圆唇元音 | er |
| 卷舌、央、中、不圆唇元音 | [ɿ] |

5. 说明下列各组韵母的主要区别，并准确地把它们读出来。

i—ü　　　　o—e　　　　o—uo　　　　ai—ei

in—ing　　en—eng　　ong—eng　　uan—uang

6. 写出并读准下列词语的韵母。

鼓励　必须　白玉　旋律　国家　破格　沉默　内部
灯光　本能　心灵　惊醒　沸腾　药品　压缩　倘若
宽阔　蓬勃　坚定　优胜　深情　证明　风雷　江河

（三）声调部分

1. 什么是声调？声调的性质是什么？

2. 声调有什么作用？试举例说明。

3. 什么是调值？什么是调类？二者的关系怎样？

4. 比较自己的方言和普通话声调的异同及对应关系。

5. 指出下面句子中每个字的声调。

1）这里除了光彩，还有淡淡的芳香。香气似乎也是浅紫色的，梦幻一般轻轻地笼罩着我。

2）森林，是地球生态系统的主体，是大自然的总调度室，是地球的绿色之肺。

6. 朗读下列词语，注意其中的古入声字在方言和普通话中读音的异同：

潜力　权力　雪花　职业　竹竿　尺寸　处理　仍然　儒家　咱们　憎恶
小组　昨天　纬度　愉快　此时　色泽　宿舍　缩小　骨髓　而且　适宜
仪式　邮寄　延长　应答　危机　违章　娱乐　赠与　国家　方法　钢铁

## 注　释

①亦有学者认为，舌尖前音的发音是由舌尖抵下齿背，舌叶两边接触左右上臼齿形成阻碍。

②曹为公教授在《论归纳音位的条件》（菏泽师专学报，1995，第3期）和《普通话教程》（中国社会科学出版社，1995）中认为：从音位学"区别性特征"理论的角度看，普通话的"清音"和"浊音"不属于区别性特征，除了sh和r是同部位的清浊对立外，其他均不对立。塞音、塞擦音全是清音，鼻音、边音只有浊音。因此在描述声母的发音特征时，除sh、r分别标出"清"、"浊"外，其他无须一一注出"清、浊"，如描述"b"就是双唇不送气塞音；"p"是双唇送气塞音，其余依次类推。

③曹为公教授对 o 的发音有自己的见解。他从语言事实出发，认为普通话音系中并不存在作为单韵母的o[o]。汉语拼音 bo、po、mo、fo 四个音节中的 o 是复韵母 uo 的省写。叹词"哦"，汉语拼音拼成 o，它的实际发音接近半开（舌位半低）的[ɔ]。如果说普通话有单韵母 o，那么它的音值不是半高的[o]，而是接近半低的[ɔ]，通常只作零声母音节，如"哦"、"噢"等个别叹词。详见曹为公《单韵母 o 的音值质疑》（《青岛滨海学院学报》2004 年第 1 期）。

# 第三章

# 普通话的音节与音变

【摘要】本章主要介绍普通话的音节与音变。其中音节包括音节结构、音节拼读的方法、声母韵母拼合规律以及音节的拼写等；语流音变现象包括变调、轻声、儿化、语气词"啊"的音变等。

## 第一节 音　节

### 一、音节的结构及特点

音节是语音的基本结构单位，是听觉上自然感到的最小的语音片断。发音时发音器官的肌肉每紧张一次，音量由强到弱，就形成一个音节。普通话音节由 1—4 个音素组成。一般来说，一个汉字的读音就是一个音节，儿化音节除外。儿化音节书面上可以由两个汉字表示，例如 huār—花儿，wánr—玩儿，其中"儿"在口语里不单独成音节，而是与前面的音节合成一个卷舌的音节。

普通话音节包含声母、韵母、声调 3 个构成因素。韵母内部又可分为韵头、韵腹、韵尾 3 部分。因此，一个成分齐备的音节包含有声母、韵头、韵腹、韵尾和声调 5 部分。一个音节最少包含韵腹、声调两部分。见表 3-1《普通话音节结构表》。

表 3-1　普通话音节结构表

| 结构方式 例字 | 音节 | 声母 | 韵母 | | 韵尾 | | 声调 | |
|---|---|---|---|---|---|---|---|---|
| | | | 韵头 | 韵腹 | 元音 | 辅音 | 调类 | 调值 |
| 庄 | zhuāng | zh | u | ɑ | | ng | 阴平 | 55 |
| 稼 | jiā | j | i | ɑ | | | 阴平 | 55 |
| 排 | pái | p | | ɑ | i | | 阳平 | 35 |
| 球 | qiú | q | i | o | u | | 阳平 | 35 |
| 十 | shí | sh | | -i[ʅ] | | | 阳平 | 35 |
| 字 | zì | z | | -i[ʅ] | | | 去声 | 51 |
| 芦 | lú | l | | u | | | 阳平 | 35 |
| 苇 | wěi | ø | u | e | i | | 上声 | 214 |

续表

| 结构 \ 例字 \ 方式 | 音节 | 声母 | 韵母 | | 韵尾 | | 声调 | |
|---|---|---|---|---|---|---|---|---|
| | | | 韵头 | 韵腹 | 元音 | 辅音 | 调类 | 调值 |
| 原 | yuán | ø | ü | a | | n | 阳平 | 35 |
| 野 | yě | ø | i | ê | | | 上声 | 214 |
| 五 | wǔ | ø | | u | | | 上声 | 214 |
| 岳 | yuè | ø | ü | ê | | | 去声 | 51 |
| 耳 | ěr | ø | | er | | | 上声 | 214 |
| 语 | yǔ | ø | | ü | | | 上声 | 214 |

从表中可以总结出普通话音节结构的如下特点：

1）一个音节最少包含一个音素（如雨－ü、二－er），最多包含 4 个音素（如窗—ch、u、a、ng）。

2）音节中元音占优势。每个音节都有元音，少则一个（作韵腹，如衣－i），多则 3 个（分别作韵头、韵腹、韵尾，如"优"中的 i、o、u）。一个音节可以没有辅音，但不能没有元音（如"苇、岳、野、耳"等）。由于元音占优势，辅音和元音相互间隔，形成了比较分明的音节界限；阴、阳、上、去 4 个声调的变化，使语言抑扬顿挫，富有音乐美。

3）普通话音节中，没有复辅音，并且辅音的位置是固定的，要么出现在音节的开头作声母，要么出现在音节的末尾作韵尾，如 zhuang（庄）中的 zh、ng。充当韵尾的辅音只有-n 和-ng 两个。

4）普通话音节中，声调和韵腹是必不可少的，可以没有辅音声母、韵头和韵尾。

5）韵腹是一个音节中的主要元音，可以由 10 个单元音（a、o、e、ê、i、u、ü、er、-i[ʅ]、-i[ɿ]）充当；韵头由 i、u、ü 三个高元音充当；韵尾由元音 i、u（ao、iao 中的韵尾最终活动方向是 u）和鼻辅音-n、-ng 充当。

## 二、音节拼读的方法

拼读就是把声母、韵母拼合成一个音节。学习普通话，除了要掌握好声母、韵母、声调外，还必须掌握拼音方法，并且在此基础上，经过反复练习，逐步达到能直呼音节的水平。下面介绍几种拼音的方法：

### 1. 声韵两拼法

先读声母，再读韵母，最后把声母和韵母相拼读出音节。拼音时声母要读得轻而短，韵母要读得重而长，即所谓"前音轻短后音重，两音相连碰一碰"。这种方法适用于任何类型的音节。例如：

t－ui→tuī（推）　　　　g－uang→guǎng（广）　　　　h－ua→huà（话）

p－u→pǔ（普）　　　　t－ong→tōng（通）

2. 三拼连读法

先轻读声母，后快读介音，再响亮地读出韵身，最后拼读出音节，即所谓"声轻介快韵身响"。这种方法只适用于有韵头的音节。例如：

g—u—o→guó（国）　　　j—i—a→jiā（家）

q—i—ang→qiáng（强）　　zh—u—ang→zhuàng（壮）

3. 声介合拼法

把声母和介音先拼起来，作为一个拼音部件，叫做"声介合母"，然后再与后面的韵身拼合。这种方法也只适用于有韵头的音节。例如：

xi—a→xià（夏）　　　　ti—an→tiān（天）

shu—ang→shuāng（霜）　ji—ang→jiàng（降）

4. 直呼音节

直呼音节就是见到一个音节就能直接读出来，而不需要按声母、韵母、声调临时现拼。要达到这一要求，需要有一个过程，必须经过一定的训练。例如：

nán　guāng　jiàng　nüè

需要说明的是：普通话基本音节中有 zhi、chi、shi、ri、zi、ci、si、yi、wu、yu、ye、yue、yun、yin、yuan、ying 等 16 个整体认读音节，这些音节不能像其他音节那样拼读，而必须作为一个整体直接读出来。整体认读音节与直呼音节是不同的，整体认读音节中的声母和韵母是一个整体，而不能根据字母拼读出来，比如 zhi，不是 zh 与 i 的拼合，ye 也不是 y 和 e 的拼合；直呼音节是一种拼读的方法。

**注意**：发音时要注意普通话音节的吐字归音。相关内容参见第一章第二节"发声的方法与技能"中的"吐字归音"部分。

## 三、声母韵母拼合规律

普通话有 21 个辅音声母，39 个韵母。假如任何一个声母可以跟任何韵母相拼，就可以拼出 800 多个音节，而普通话如果不计四声实际只有 400 多个音节。这说明，不是任何一个声母和任何一个韵母都可以拼合成音节。普通话声母和韵母的拼合是有一定规律的，声韵拼合关系取决于声母的发音部位和韵母的"四呼"。学习掌握普通话声韵拼合规律，可以避免拼音和拼写时出现差错，还可以帮助我们纠正方音，更有效地学好普通话。

《普通话声韵配合简表》表 3-2 可以供我们练习拼音，了解普通话中哪些声母跟哪些韵母可以相拼，哪些声母不能跟哪些韵母相拼。下面是普通话声韵拼合的一些主要规律：

1）双唇音和舌尖中音 d、t 能跟开口呼、齐齿呼、合口呼韵母拼合，不能跟撮口呼韵母拼合。双唇音拼合口呼只限于 u。

2）唇齿音、舌根音、舌尖前音和舌尖后音能跟开口呼、合口呼韵母拼合，不能跟齐齿呼、撮口呼韵母拼合。唇齿音拼合口呼只限于 u。

3）舌面音同上述 4 组声母相反，只能跟齐齿呼、撮口呼韵母拼合，不能跟开口呼、合口呼韵母拼合。

4）舌尖中音 n、l 能跟四呼韵母拼合。零声母音节在四呼中都有。

表 3-2　普通话声韵配合简表

| 声母发音部位 | 韵母"四呼" | 开口呼 | 齐齿呼 | 合口呼 | 撮口呼 |
|---|---|---|---|---|---|
| 双 唇 音 | b、p、m | + | + | (u) | O |
| 唇 齿 音 | f | + | O | (u) | O |
| 舌尖中音 | d、t | + | + | + | O |
| | n、l | + | + | + | + |
| 舌 面 音 | j、q、x | O | + | O | + |
| 舌 根 音 | g、k、h | + | O | + | O |
| 舌尖后音 | zh、ch、sh、r | + | O | + | O |
| 舌尖前音 | z、c、s | + | O | + | O |
| 零 声 母 | ø | + | + | + | + |

我们还可以从韵母的角度出发，得出普通话声韵拼合的一些规律（参见《普通话声韵配合表》）：

1）开口呼韵母：除了不与舌面音 j、q、x 相拼外，能与其他各类声母相拼。

2）齐齿呼韵母：只与双唇音、舌尖中音、舌面音及零声母相拼，不与唇齿音、舌根音、舌尖前音、舌尖后音相拼。

3）合口呼韵母：除了舌面音 j、q、x 以外，可以与其他各类声母相拼，但与双唇音和唇齿音相拼时，只限于单韵母 u 和复韵母 uo（uo 省作 o）。

4）撮口呼韵母：只与舌尖中音 n、l 和舌面音 j、q、x 以及零声母相拼，不与其他各类声母相拼。

上述 4 条规律中，凡属某类声母与某类韵母不能相拼的，概无例外；能相拼的，则并非指全部能相拼，还存在特殊情况。例如：一般来说，开口呼韵母能与舌面音以外的声母相拼，但其中的 ê、er 这两个韵母就不与任何辅音相拼；开口呼韵母 ao 不与唇齿音 f 相拼；-i[ɿ] 韵母只拼 z、c、s 三个声母，-i[ʅ] 韵母只拼 zh、ch、sh、r 四个声母，并且都没有零声母音节；从拼写的角度看，开口呼韵母 o 只拼双唇音和唇齿音声母，而合口呼韵母 uo 却不能跟双唇音或唇齿音声母相拼。若从发音的角度看，则正好反过来；合口呼韵母中，ong 韵母没有零声母音节，ueng 韵母只有零声母音节。

各地方言的声韵拼合规律跟普通话不完全一样。例如山东大部分方言区唇音声母可以跟 e 韵母拼合，而普通话不能；有的方言舌尖前可以和齐齿呼韵母拼合。比较普通话和方言声韵拼合情况的异同，并掌握其对应规律，对学好普通话是很有帮助的。

【发音训练】

1. 拼读下列音节，注意整个音节的吐字归音以及零声母音节和辅音声母音节拼读的异同。

ào　ān　bō　fǒu　mèi　nǎo　lǎo　nán　lán　chǎng　ěr　nèn　zhī　chéng

zhōu yā yě xín biān níng niǎo yóu qī liào dīng jiàng nián jiā jiě xié lóng chūn sòng wén wēng guāng shùn nuǎn wú wǒ guā zhuō suǒ wài tuì nüè lüè jù quē xuán qún jiǒng xún juān yú yuè yuán yùn yōng nǔ lǚ

2. 用直呼音节法读下列音节。

bān hóu zhěng xìn chūn bàng shǒu méi nǔ lái kǒu xué pǐn zōu kùn hú bīng zhī rè chǔ jūn gōng dǎng lǔ niú ling mèng duān

3. 听写：老师读汉字，学生记音节写汉字（同音字即可），锻炼听音、辨音能力。

钻 查 解 白 周 短 陈 让 崔 教 同 鸟 朋 否 默 审 塞
给 擦 求 敏 先 呼 将 开 语 雪 轮 炯 洪 衡 讯 日 荣
博 画 快 安 选 昆 翁 广 用 局 窗 却 直 儒 叶 春 欧
银 车 去 仍 事 虽

4. 朗读下列整体认读音节。

yè zhí yù chī yuán wǔ yǐ shì yǐng rì yuè zì yún cí sī yīn

5. 拼读下列音节。

ān bō fǒu tè nǎo lǎo nán ěr ào lán zhōu zōu chǎng nèn zhī chén yā yě xín liào dīng jiàng biān níng niǎo nián jiā yán yóu qī jiě xié wú wǒ guā zhuō suǒ wài tuì wēng guāng shun nuǎn lóng chūn sòng yú yuè yuán yùn yōng nǔ lǚ nüè jiǒng xún juān lüè jù quē xuán qún

## 四、音节的拼写

《汉语拼音方案》对普通话音节的拼写有如下具体的规定：

### （一）y、w 的使用

《汉语拼音方案》规定：齐齿呼、合口呼、撮口呼 3 类韵母自成音节时，要以 y、w 起头。

1)《汉语拼音方案·韵母表》中 i 行韵母自成音节时，如果 i 是韵头，把 i 改成 y；如果 i 是韵腹，则在 i 前加 y：

$$
i\to y\begin{cases} \text{i 改成 y：} & ia\to ya \quad ie\to ye \quad iao\to yao \quad iou\to you \\ & ian\to yan \quad iang\to yang \quad iong\to yong \\ \text{i 前加 y：} & i\to yi \quad in\to yin \quad ing\to ying \end{cases}
$$

2)《汉语拼音方案·韵母表》中 u 行韵母自成音节时，如果 u 是韵头，把 u 改成 w；如果 u 是韵腹，则在 u 前加 w：

$$
u\to w\begin{cases} \text{u 改成 w：} & ua\to wa \quad uo\to wo \quad uai\to wai \quad uei\to wei \\ & uan\to wan \quad uen\to wen \quad uang\to wang \quad ueng\to weng \\ \text{u 前加 w：} & u\to wu \end{cases}
$$

3)《汉语拼音方案·韵母表》中 ü 行韵母自成音节时，无论 ü 是韵头，还是韵腹，

一律要在 ü 前加 y，并去掉 ü 上两点：

　　ü→yu　　üe→yue　　üan→yuan　　ün→yun

　　说明：《汉语拼音方案》规定 y、w 的用法，目的是按词连写时音节界限清楚。y、w 不是声母，而是隔音字母。

### （二）隔音符号的用法

　　以"a、o、e"开头的零声母音节用在其他音节后面时，由于前面没有"y、w"等字母，容易产生混淆，需要加隔音符号"'"隔开。如：

　　ji'ang（激昂）— jiang（江）　　　　xi'an（西安）— xian（先）

　　ku'ai（酷爱）— kuai（快）　　　　dang'an（档案）— dangan（单干）

　　he'ai（和蔼）　　　　hai'ou（海鸥）　　　　tian'e（天鹅）

　　cao'an（草案）　　　　mu'ou（木偶）　　　　ruan'e（软腭）

### （三）韵母 iou、uei、uen 的省写

　　《汉语拼音方案》规定：iou、uei、uen 前拼辅音声母时，写成 iu、ui、un；如果 iou、uei、uen 自成音节，则按 y、w 的使用规则改写。例如：

　　x—iou→xiu（秀）　　　　d—uei→dui（对）　　　　l—uen→lun（论）

　　iou→you（优）　　　　uei→wei（微）　　　　uen→wen（温）

### （四）ü 上两点的省略

　　《汉语拼音方案·韵母表》中 ü 行韵母和 j、q、x 相拼时，ü 上两点省略；自成音节时，一律前加 y，并去掉 ü 上两点。ü 行韵母和 n、l 相拼时，ü 上两点不能省略，因为 n、l 还可以和 u 行韵母相拼。例如：

　　xùqǔ 序曲　　　　jūnxùn 军训　　　　xuěyuán 雪原

　　yǔjù 雨具　　　　lǚjū 旅居　　　　yuēlüè 约略

　　ü 行韵母拼 ⎧ 零声母：前加 y，ü 上两点省略：yu、yue、yuan、yun（4 个）
　　　　　　　⎨ n、l：ü 上两点不省略：nü、nüe、lü、lüe（4 个）
　　　　　　　⎩ j、q、x：ü 上两点省略：ju、qu、xu、jue、que、xue、juan、quan、xuan、jun、qun、xun（12 个）

### （五）字母大写和分词连写

　　1）同一个词的音节要连写，词与词分写。句子或诗行开头的字母要大写。例如：

　　Guójiā tuīguǎng quán guó tōngyòng de Pǔtōnghuà. 国家推广全国通用的普通话。

　　Yǔyán shì rénlèi zuì zhòngyào de jiāojì gōngjù. 语言是人类最重要的交际工具。

　　Pǔtōnghuà shì jiàoshī de zhíyè yǔyán. 普通话是教师的职业语言。

　　Liǎng gè huánglí míng cuì liǔ,　　两个黄鹂鸣翠柳，

　　Yì háng báilù shàng qīng tiān. 一行白鹭上青天。

　　Chuāng hán xīlǐng qiānqiū xuě, 窗含西岭千秋雪，

Mén bó dōngwú wàn lǐ chuán. 门泊东吴万里船。

2）专用名词和专用短语中的每个词开头字母要大写。汉语人名按姓和名分写，姓和名的开头字母大写。笔名、别名等，按姓名写法处理。汉语地名中的专名和通名分写，每一部分的第一个字母大写。例如：

| Pǔtōnghuà | Rénmín Rìbào | Qīnghuá Dàxué |
|---|---|---|
| 普通话 | 《人民日报》 | 清华大学 |

| Sū Dōngpō | Lǔ Xùn | Běijīng Shì | Tài Shān |
|---|---|---|---|
| 苏东坡 | 鲁迅 | 北京市 | 泰山 |

3）标题中的字母可以全部大写，也可以每个词开头的字母大写，有时为了简明美观，可以省略声调符号。例如：

| HETANG YUESE | KUANGREN RIJI |
|---|---|
| Hétáng Yuèsè | Kuángrén Rìjì |
| 《荷塘月色》 | 《狂人日记》 |

【测试训练】

1. 读单音节字词 100 个。

胞 雄 潘 撒 奔 二 掖 克 伐 音 沓 羊 剜 非 她 鹤 质 叉
逮 枚 槛 扯 雌 坡 佟 矿 绿 关 决 犬 熏 软 谁 揣 啄 捆
拐 负 慌 拼 量 孔 挑 敌 谋 苔 申 增 耍 处 薛 红 卷 略
举 裉 佳 选 住 蛋 抓 邹 天 跌 撇 凑 鸟 农 钙 镖 梯 宁
习 尚 绷 摔 穷 军 寺 怎 瞒 绑 折 纫 尼 听 混 腮 槽 葬
池 掐 膻 轴 鬼 流 念 丢 捆 漱

2. 读多音节词语（100 个音节）。

| 花园 | 广场 | 坏处 | 一台 | 黄瓜 | 率领 | 困难 | 聊天儿 |
|---|---|---|---|---|---|---|---|
| 沙包 | 拼命 | 闰月 | 旦角儿 | 附会 | 美味 | 飘扬 | 胖子 |
| 定购 | 全体 | 仍旧 | 许多 | 锅贴儿 | 崩溃 | 捏造 | 一辆 |
| 公路 | 军队 | 撒落 | 板擦儿 | 祖国 | 缺点 | 耳垂 | 采暖 |
| 扉页 | 选举 | 强盗 | 下台 | 夹杂 | 不会 | 穷苦 | 扭转 |
| 兄弟 | 不能 | 欢送 | 寻找 | 空间 | 特异 | 相比 | 尽力 |
| 线轴儿 | 标志 | | | | | | |

3. 朗读短文。

中国的第一大岛、台湾省的主岛台湾，位于中国大陆架的东南方，地处东海和南海之间，隔着台湾海峡和大陆相望。天气晴朗的时候，站在福建沿海较高的地方，就可以隐隐约约地望见岛上的高山和云朵。

台湾岛形状狭长，从东到西，最宽处只有一百四十多公里；由南到北，最长的地方约有三百九十多公里。地形像一个纺织用的梭子。

台湾岛上的山脉纵贯南北，中间的中央山脉犹如全岛的脊梁。西部为海拔近四千米的玉山山脉，是中国东部的最高峰。全岛约有三分之一的地方是平地，其余为山地。岛内有缎带般的瀑布，蓝宝石似的湖泊，四季常青的森林和果园，自然景色十分优美。西南部的阿里山和日月潭，台北市郊的大屯山风景区，都是闻名世界的浏览胜地。

　　台湾岛地处热带和温带之间，四面环海，雨水充足，气温受到海洋的调剂，冬暖夏凉，四季如春，这给水稻和果木生长提供了优越的条件。水稻、甘蔗、樟脑是台湾的"三宝"。岛上还盛产鲜果和鱼虾。

　　台湾岛还是一个闻名世界的"蝴蝶王国"。岛上的蝴蝶共有四百多个品种，其中有不少是世界稀有的珍贵品种。岛上还有不少鸟语花香的蝴//蝶谷，岛上居民利用蝴蝶制作的标本的艺术品，远销许多国家。

——节选自《中国的宝岛——台湾》

　　4. 命题说话（任选一题，说3分钟）。

　　（1）我所在的集体（学校、机关、公司等）

　　（2）谈谈社会公德（或职业道德）

# 第二节　语 流 音 变

　　语言表达和语言交际活动不是一个个音节发出的，而是一连串音节连续发出形成语流。在语流中，由于相连的音素和音素、音节与音节、声调和声调之间的相互影响，或由于表情达意的需要，某些音素、音节或声调的读音会发生某些变化，这些变化就叫语流音变，简称"音变"。语流音变是标准口语语音中不可缺少的重要内容。方言区的人要学一口标准、流利的普通话，仅仅读准普通话的声母、韵母、声调和单字音是远远不够的，还必须掌握普通话的连读音变规律。

　　语流音变是普通话中的自然现象。汉语是有声调的语言，汉语声调和语调的平升曲降，词语的轻重格式搭配，组词造句的较大灵活性，以及人们对语言的约定俗成，致使语音中的一些因素自然要发生变化。我们学习普通话，必须培养普通话语感，掌握其动态的语流音变规律。这样，说出来的普通话才不觉生硬、别扭，才能给人以自然和谐、优美流畅之感。

　　普通话常见的音变主要有：变调、轻声、儿化、语气词"啊"的音变等。

## 一、变调及实例训练

### （一）变调

　　在语流中，由于相邻音节之间的相互影响，有些音节的声调往往会发生一些变化，与单念时调值不同，这种现象叫做变调。变调包括变调值和变调类两种情况：一般地说，变得与本调值不一样就算变调值(调类未变)；从一种声调的调值变成另一种声调的调值就是变调类。普通话里，"一"、"不"的变调（轻声除外）属于变调类，其他声调的变化属于同一个声调音位内部的变化，即仅仅属于变调值。例如"一"单念时调值是55，但在"一天、一年、一秒"等词语中调值变为51变去声；在"一日、一月、一个"等词语中调值变为 35 变阳平。又如"雨"单念时调值是 214，但在"雨水"一词中调值变为 35，听上去像"鱼水"。普通话的变调一般是前一音节受后一音节声调的影响而发生变化，即前变后不变。普通话中常见的变调现象有：上声的变调、去声的变调、"一、不"的变调等。

### 1. 上声的变调

上声在阴平、阳平、上声、去声前都会产生变调，念完全的上声原调的机会很少。上声音节的字只有单念或在特别强调的时候，才有可能读原调。例如：

理　简　点　语　英语　毛笔　静止　好！　快走。

不是"鱼水"，是"雨水"！

上声的变调有以下情况：

1）两个上声相连，前一个上声调值由 214 变为阳平 35；在原为上声变读轻声的字音前，有两种不同的变调情况，一种变为阳平 35，一种变为半上 21 调。例如：

上声+上声：理想　野草　演讲　简短　水果　语法　橄榄　铁塔（变为 35 调）

上声+轻声：

①老虎　打扫　可以　想起　手脚　许久　等等　讲讲（变为 35 调）

②耳朵　马虎　姐姐　奶奶　嫂子　毯子　尺子　椅子（变为 21 调）

2）三个上声相连，如果后面没有其他音节，也不带什么语气，末尾音节一般不变调，开头、中间的上声音节有两种变调：

① 当词语的结构是双音节+单音节（"双单格"）时，开头、当中的上声音节调值变为 35，跟阳平的调值一样。例如：

演讲/稿　管理/者　展览/馆　手写/体　草稿/纸　水彩/笔　打靶/场（35　35 / 214）

② 当词语的结构是单音节+双音节（"单双格"），开头音节处在被强调的逻辑重音时，读作半上，调值变为 21；当中音节则按两字组变调规律变为 35。例如：

小/老虎　很/勇敢　买/水果　小/组长　买/礼品　冷/处理　小/拇指（21 / 35　214）

3）3 个以上的上声相连，根据词语内部层次的不同适当分组，再按上述办法变调。例如：

彼此/友好　岂有/此理　买把/雨伞（35　214 / 35　214）

我给你/五把/小雨伞（21　35　214 / 35　214 / 21　35　214）

4）上声在非上声（阴平、阳平、去声及由非上声改读的轻声）前，调值由 214 变为 211。例如：

上声+阴平：北京　凯歌　解剖　奖金　海滨　祖先　首都　体操　火车（变为 21 调）

上声+阳平：祖国　礼仪　简洁　启蒙　阐明　改革　朗读　体裁　雪白（变为 21 调）

上声+去声：宇宙　感谢　偶像　处境　曲艺　短暂　底蕴　想象　挑战（变为 21 调）

上声+轻声：早晨　老实　你们　脑袋　底下　打量　比方　眼睛　打听（变为 21 调）

### 2. 去声的变调

两个去声相连，前一个去声如果不是重读音节则变为高降调 53。例如：

创办　次要　代号　愤怒　挂号　互助　建造　暗淡　报社　毕业　并列　倡议

盼望　庆祝　日历　锐利　外电　训练　自卫　快乐　利益　秘密　面貌　懦弱

3. "一"、"不"的变调

"一"的单字调是阴平，调值是55；"不"的单字调是去声，调值是51。"一、不"单念或用在词句末尾，以及"一"在序数中，"不"在非去声（阴平、阳平、上声）前，声调不变，念本调，"一"念阴平，"不"念去声。例如：

一：一、三、五　　第一　　十一　　统一　　三七二十一　　一二三四

不：不　偏不　就不　不说　不忙　不管

"一、不"的变调情况：

① "一"在非去声前念去声：

一千　一般　一天　一瞥　一群　一行　一成　一条　一起　一种　一百　一场

当"一"作为序数表示"第一"时不变调。如"一楼"表示"第一楼"或"第一层楼"时，"一"不变调，读阴平；而表示"全楼"的意思时，"一楼"的"一"变调，读去声。例如：

一（读阴平）楼是教育系，二楼是中文系。

哨声响了，一（读去声）楼的人都下来了。

② "一、不"在去声前念阳平：

一个　一切　一定　一座　一样　不去　不怕　不像　不会　不做

③ "一、不"夹在词语中间念轻声：

听一听　读一读　想一想　看一看　说不说　来不来　肯不肯　去不去
挡不住　差不多　走不动　管不了　买不起　看不见　够不着　盛不了

---

**【发音训练】**

1. 朗读下列词语，练习上声的变调。

上声+上声：

| 古朴 | 友好 | 奖品 | 美满 | 管理 | 奖赏 | 橄榄 | 母语 | 潦草 | 影响 | 舞蹈 | 洗礼 |
| 委婉 | 敏感 | 首尾 | 选手 | 辗转 | 鼓舞 | 讲解 | 举止 | 索引 | 腼腆 | 浅显 | 笼统 |

上声+阴平：

| 首都 | 展出 | 起飞 | 改编 | 感知 | 鼓吹 | 上声 | 纸张 | 惋惜 | 体操 | 总纲 | 顶真 |
| 海滨 | 崭新 | 恐慌 | 凯歌 | 港湾 | 广播 | 奖金 | 海鸥 | 解剖 | 点播 | 选修 | 舞厅 |

上声+阳平：

| 朗读 | 楷模 | 体裁 | 礼仪 | 改革 | 简洁 | 反驳 | 企鹅 | 雪白 | 整齐 | 旅游 | 解决 |
| 雨鞋 | 以前 | 审核 | 妥协 | 主持 | 语文 | 检查 | 启蒙 | 永恒 | 阐明 | 主席 | 选择 |

上声+去声：

| 璀璨 | 表率 | 丑陋 | 雅趣 | 广袤 | 谨慎 | 矫健 | 短暂 | 揣测 | 踊跃 | 等待 | 审讯 |
| 想象 | 底蕴 | 忍耐 | 处境 | 抵触 | 诽谤 | 闪烁 | 宇宙 | 尺度 | 宠爱 | 偶像 | 翡翠 |

上声+轻声：

| 老鼠 | 想起 | 讲讲 | 打扫 | 可以 | 手脚 | 暖和 | 好处 | 尾巴 | 耳朵 | 你的 | 走了 |
| 马虎 | 本事 | 讲究 | 点心 | 尺子 | 有的 | 我们 | 晓得 | 已经 | 打听 | 老实 | 指甲 |

2. 朗读下列词语，练习"一、不"的变调。

一篇 一同 一起 一律 一条 一直 一口 一般 一边 一举

一天 一群 一笔 一样 一家 一组 一段 一面 一切 一斤

不如 不符 不许 不法 不免 不必 不知 不禁 不屈 不时

不行 不惜 不是 不来 不要 不忍 不但 不去 不想 不看

一气呵成 一诺千金 一朝一夕 一知半解 一呼百诺 一筹莫展 一尘不染

一笔勾销 一鼓作气 一见如故 一蹴而就 一来二去 一了百了 一落千丈

一脉相承 一毛不拔 一劳永逸 一心一意 一见钟情 一唱一和 一脉相承

不置可否 不约而同 不同凡响 不拘一格 不堪回首 不寒而栗 不伦不类

不拘一格 不即不离 不折不扣 不翼而飞 不义之财 不卑不亢 不三不四

不闻不问 不谋而合 不翼而飞 不可思议 不假思索 不见经传 不求甚解

3. 朗读下列短文，找出其中变调的音节，注出其在语流中的实际调值。

没有一片绿叶，没有一缕炊烟，没有一粒泥土，没有一丝花香，只有水的世界，云的海洋。

一阵台风袭过，一只孤单的小鸟无家可归，落到被卷到洋里的木板上，乘流而下，姗姗而来，近了，近了！……

——节选自《普通话水平测试实施纲要·作品22号》

在浩瀚无垠的沙漠里，有一片美丽的绿洲，绿洲里藏着一颗闪光的珍珠。这颗珍珠就是敦煌莫高窟。它坐落在我国甘肃省敦煌市三危和鸣沙山的怀抱中。

莫高窟是举世闻名的艺术宝库。这里的每一尊彩塑、每一幅壁画、每一件文物，都是中国古代人民智慧的结晶。

——节选自《普通话水平测试实施纲要·作品29号》

4. 朗读下列诗歌，注意"一"的变调。

（一）

据说是清代陈沆（一说是纪晓岚）的"一"字诗：

一帆一桨一渔舟，一个渔翁一钓钩。一俯一仰一顿笑，一江明月一江秋。

在青岛崂山微子崮南，太清景区东南太清湾口，有一块黛青色巨石，因宜于垂钓而得名"钓鱼台"。石上刻有太古子宋绩臣所作的一首七言诗亦类于此：

一蓑一笠一髯叟，一丈长杆一寸钩。一山一水一明月，一人独钓一海秋。

清代女诗人何佩玉也有一首"一"字诗佳作：

一花一柳一鱼矶，一抹夕阳一鸟飞。一山一水中一寺，一林黄叶一僧归。

（二）

**雨 巷**

戴望舒

撑着油纸伞，独自
彷徨在悠长、悠长
又寂寥的雨巷，

我希望逢着
一个丁香一样地
结着愁怨的姑娘。

她是有
丁香一样的颜色，
丁香一样的芬芳，
丁香一样的忧愁，
在雨中哀怨，
哀怨又彷徨；

她彷徨在这寂寥的雨巷，
撑着油纸伞
像我一样，
像我一样地
默默彳亍着，
冷漠，凄清，又惆怅。

她静默地走近，
走近，又投出
太息一般的眼光，
她飘过
像梦一般地，
像梦一般地凄婉迷茫。

像梦中飘过
一枝丁香地，
我身旁飘过这女郎；
她静默地远了，远了，
到了颓圯的篱墙，
走尽这雨巷。

在雨的哀曲里，
消了她的颜色，
散了她的芬芳，
消散了，甚至她的
太息般的眼光，
丁香般的惆怅。

撑着油纸伞，独自
彷徨在悠长、悠长

> 又寂寥的雨巷，
> 我希望飘过
> 一个丁香一样地
> 结着愁怨的姑娘。

## 二、轻声及实例训练

### （一）什么是轻声

轻声是一种特殊的变调现象。语流中有的音节在一定条件下失去原有声调的调值，念成一种又轻又短的声音，这就是轻声。轻声没有固定的调值，不是四声之外的第五种声调，而是四声的一种特殊音变。例如，"消息、你们、朋友、月亮"等词语中的"息、们、友、亮"，单念时各自都有固定的声调，分别是阴平、阳平、上声、去声，但在这些词语中都读得既轻又短了。

轻声是普通话语音系统的一个重要特征，从本质上来说，轻声是一种韵律。轻声使普通话语音变得抑扬顿挫，富有音乐美。

### （二）轻声的语音特性

轻声音节的变化与语音的四要素都有关系。主要表现在音长变短，音强变弱，听感上显得轻短模糊，其音高由于受其前一音节调值的影响，是不固定的。一般来说，上声字后面的轻声字音高比较高，阳平字后面的轻声字次之，阴平字后面的轻声字较低，去声字后面的轻声字最低。用五度标记法表示如下：

（1）阴平字+轻声字→.$|^2$（半低）

| 聪明 | 衣服 | 精神 | 耽误 | 庄稼 | 秧歌 | 招牌 | 舒坦 | 煎饼 | 烟筒 |
| 东西 | 甘蔗 | 师傅 | 踏实 | 交情 | 知识 | 消息 | 商量 | 先生 | 关系 |

（2）阳平字+轻声字→·$|^3$（中调）

| 学生 | 朋友 | 棉花 | 核桃 | 黄瓜 | 糊涂 | 拾掇 | 累赘 | 逻辑 | 眉毛 |
| 粮食 | 合同 | 麻烦 | 模糊 | 脾气 | 凉快 | 学问 | 琢磨 | 觉得 | 便宜 |

（3）上声字+轻声字→·$|^4$（半高）

| 眼睛 | 已经 | 有的 | 显得 | 本着 | 搅和 | 数落 | 喇嘛 | 比方 | 晓得 |
| 早晨 | 老实 | 你们 | 暖和 | 耳朵 | 舍得 | 妥当 | 脑袋 | 讲究 | 嘴巴 |

（4）去声字+轻声字→.$|^1$（低调）

| 动静 | 热闹 | 月亮 | 扫帚 | 故事 | 热乎 | 似的 | 大方 | 队伍 | 告诉 |
| 漂亮 | 后边 | 护士 | 记得 | 近视 | 志气 | 客气 | 快活 | 骆驼 | 这个 |

另外，轻声音节还可以引起音色的变化。

### （三）普通话变读轻声的规律

普通话中，新词、科学术语没有轻声词，轻声词一般是口语中的常用词。另外，普通话中变读轻声的成分，还有一些规律可循。

1）助词（包括结构助词、动态助词、语气助词）像"的、地、得、着、了、过、吧、吗、呢、啊、啦、嘛"等，一般读轻声。例如：

你的　　　　大声地（说）　　走得（快）　　听着　　来了　　去过

好吧。　　是吗？　　你呢？　　是不是啊？　　已经走啦？　　有话就说嘛。

2）某些历史悠久的名词或方位词后缀像"子、头、巴"等，一般读轻声。例如：

子—孩子、儿子、鞋子、车子、帽子、嫂子、金子、窗子、桌子、胖子

头—舌头、苗头、骨头、木头、甜头、里头、后头、石头、里头、码头

巴—结巴、尾巴、嘴巴

3）代词或名词后表复数的"们"和后缀"么"读轻声。例如：

们—同学们、女士们、先生们、我们、你们、他们、咱们、人们

么—这么、那么、什么、怎么、多么、要么

4）名词、代词后面表示方位的词或语素读轻声。例如：

校园里　桌子上　手上　家里　地下　右边　外面　东边

5）某些动补式合成词中间的语素"不、得、一"读轻声。例如：

不—了不起、挡不住、来不及、对不起、走不开

得—想得开、来得及、合得来、靠得住、吃得开

一—看一看、想一想、听一听、试一试、走一走

6）动补式合成词"V不得"中的后两个音节读轻声。例如：

动不得　顾不得　舍不得　巴不得　由不得　了不得

7）动词、形容词后面表示趋向的词"来、去、起来、下去、出来、回来、过去、回去"等读轻声。例如：

起来　进来　过来　飞起来　好起来　冲下去　降下去

出去　上去　过去　说出来　捡回来　走过去　拿回去

8）部分单纯词中的叠音词和重叠式合成词的后一音节读轻声，部分双音节动词的重叠形式，第2、4音节一般读轻声；双音节形容词的重叠形式，第2音节读轻声，第3、4一般读阴平声。例如：

姥姥　饽饽　狒狒　妈妈　猩猩　弟弟　商量商量　讨论讨论　研究研究

娃娃　星星　听听　劝劝　看看　听听　漂漂亮亮　大大方方　明明白白

9）有些词读轻声与不读轻声时，词义或词性是不同的，注意其区别。例如：

翻译　过去　精神　大意　地道　地方　地下　本事　编辑　不是　千斤

人家　大方　大爷　翻腾　开通　利害　买卖　实在　兄弟　造化　下水

对头　东西

10）一批口语中常用的双音节词，第二个音节习惯上读轻声。这类轻声词数量大且无规律可循。例如：

暖和　老实　本钱　舍得　讲究　称呼　出息　聪明　耽误　唠叨　灯笼　告诉

后边　这个　护士　报酬　坏处　折腾　关系　规矩　垃圾　踏实　他们　嘴巴

福气　含糊　核桃　和气　和尚　合同　风筝　甘蔗　胳膊　工夫　扎实　黄瓜

商量　收拾　疏忽　舒服　先生　时候　徒弟　学生　学问　值得　琢磨　麻烦

## （四）轻声辨正举要

### 1. 轻声辨正

1）现代汉语方言中，有些方言没有轻声现象，这些方言区的人学习普通话，首先要培养普通话的语感，学会发轻声音节；其次根据普通话变读轻声的规律，掌握有规律的轻声词，这类轻声词数量有限，比较容易把握；然后再掌握口语中常用的轻声词，这类词数量较多，没有什么规律，需要长期积累，培养语感。

2）有轻声现象的方言区的人，学习普通话需要注意两点：一是有的方言中的轻声读得比较重，这需要在多听、多读、多说的基础上，逐步培养普通话语感。二是有的方言将作为后缀的"子"(zǐ)读成了其他音，虽然也是轻声音节，但音值变了，如：烟台等地读成了闪音[r]，发音时舌尖轻轻一闪；牟平、乳山等地读成了轻声音节 de；淄博、蓬莱等地读成了一个模糊的音节 e[ə]或 ng[ŋ]；鲁北有的地方读成了一个模糊的音节 e[ə]或 wu，等等。这些方言区的人首先要学会普通话轻声音节"子"的正确读音，然后通过大量的练习，逐步培养语感。

3）"子、头"作为后缀要读轻声，但在有些词语中"子、头"不是后缀，而是实词或实语素，不能读轻声。例如：

～子：

| 才子 | 菜子 | 臣子 | 赤子 | 弟子 | 父子 | 公子 | 瓜子 | 君子 | 浪子 | 莲子 | 母子 |
| 男子 | 女子 | 逆子 | 棋子 | 孺子 | 松子 | 太子 | 天子 | 童子 | 王子 | 虾子 | 仙子 |
| 孝子 | 学子 | 游子 | 幼子 | 义子 | 养子 | 老子 | 孟子 | 墨子 | 孙子 | 荀子 | 孔子 |

一些科学术语中的"子"也不读轻声：

| 电子 | 离子 | 粒子 | 分子 | 原子 | 因子 | 黑子 | 核子 | 介子 |

～头：

| 笔头 | 布头 | 埠头 | 被头 | 白头 | 报头 | 磁头 | 从头 | 侧头 | 葱头 | 词头 | 刺头 |
| 村头 | 插头 | 城头 | 船头 | 床头 | 车头 | 潮头 | 出头 | 点头 | 低头 | 带头 | 东头 |
| 地头 | 弹头 | 到头 | 当头 | 额头 | 分头 | 坟头 | 关头 | 过头 | 工头 | 个头 | 光头 |
| 回头 | 喉头 | 话头 | 滑头 | 猴头 | 肩头 | 街头 | 镜头 | 尽头 | 鸡头 | 机头 | 巨头 |
| 接头 | 劲头 | 箭头 | 教头 | 开头 | 磕头 | 口头 | 叩头 | 空头 | 块头 | 刊头 | 炕头 |
| 老头 | 龙头 | 两头 | 眉头 | 矛头 | 南头 | 扭头 | 牛头 | 喷头 | 平头 | 碰头 | 排头 |
| 起头 | 桥头 | 牵头 | 墙头 | 人头 | 认头 | 蒜头 | 抬头 | 探头 | 推头 | 田头 | 滩头 |
| 窝头 | 心头 | 西头 | 线头 | 先头 | 韵头 | 一头 | 摇头 | 源头 | 烟头 | 仰头 | 钻头 |

字头

方言区的人要分清普通话中末字是"子、头"的词语，哪些是轻声词，哪些不是轻声词。

### 2. 学习轻声应注意的问题

（1）具有区别词性、区别词义、区别词形作用的轻声词必须读轻声

轻声不仅能增强语言的节奏感，使语言抑扬顿挫，富有音乐美，而且还具有区别词形、区别词义、区分词性的作用。例如：

区别词性：

① 听到这个消息，他**精神**为之一振。(非轻声词，名词)

② 穿上这套军装，他**精神**多了。(轻声词，形容词)

另如：编辑、买卖、翻译等。

区别词义：

① 这条路是**东西**向的。(非轻声词，指方向)

② 他去超市买**东西**了。(轻声词，泛指各种具体的或抽象的事物。)

另如：孙子、兄弟、照应、地下、地方、人家等。

区别词性和词义：

① 过马路请走**地道**。(非轻声词，名词，指在地面下掘成的交通坑道。)

② 她的普通话说得真**地道**。(轻声词，形容词，真正的；纯粹。)

另如：大方、大意、不是、实在、利害、言语等。

区别词形：

① 南京长江大桥日夜有卫兵**把守**。(非轻声词)

② 卧室门上的**把手**已经修好了。(轻声词)

另如：报仇—报酬   莲子—帘子   文字—蚊子   蛇头—舌头   鸭头—丫头

龙头—笼头   虾子—瞎子   原子—园子   感情—敢情   孢子—包子

（2）代表普通话特点的轻声词必须读轻声

有些轻声词，没有区别词义、词性和词形的作用，读轻声只是一种习惯，如果不轻声，便觉得别扭，不像标准的普通话。《普通话水平测试实施纲要》中"普通话水平测试用必读轻声词语表"收录的双音节轻声词548条。我们可以以此为标准掌握普通话的轻声词。

---

【小资料】

## 普通话水平测试用必读轻声词语表（新大纲）

### 说　明

1. 本表根据《普通话水平测试用普通话词语表》编制。

2. 本表供普通话水平测试第二项——读多音节词语（100 个音节）测试使用。

3. 本表共收词 548 条（其中"子"尾词 207 条），按汉语拼音字母顺序排列。

4. 条目中的非轻声音节只标本调，不标变调；条目中的轻声音节，注音不标调号，如："明白　míngbai"。

| | | |
|---|---|---|
| 爱人 àiren | 班子 bānzi | 包袱 bāofu |
| 案子 ànzi | 板子 bǎnzi | 包涵 bāohan |
| 巴掌 bāzhang | 帮手 bāngshou | 包子 bāozi |
| 把子 bǎzi | 梆子 bāngzi | 豹子 bàozi |
| 把子 bàzi | 膀子 bǎngzi | 杯子 bēizi |
| 爸爸 bàba | 棒槌 bàngchui | 被子 bèizi |
| 白净 báijing | 棒子 bàngzi | 本事 běnshi |

| | | |
|---|---|---|
| 本子 běnzi | 耷拉 dāla | 嘟囔 dūnang |
| 鼻子 bízi | 答应 dāying | 肚子 dǔzi |
| 比方 bǐfang | 打扮 dǎban | 肚子 dùzi |
| 鞭子 biānzi | 打点 dǎdian | 缎子 duànzi |
| 扁担 biǎndan | 打发 dǎfa | 队伍 duìwu |
| 辫子 biànzi | 打量 dǎliang | 对付 duìfu |
| 别扭 bièniu | 打算 dǎsuan | 对头 duìtou |
| 饼子 bǐngzi | 打听 dǎting | 多么 duōme |
| 拨弄 bōnong | 大方 dàfang | 蛾子 ézi |
| 脖子 bózi | 大爷 dàye | 儿子 érzi |
| 簸箕 bòji | 大夫 dàifu | 耳朵 ěrduo |
| 补丁 bǔding | 带子 dàizi | 贩子 fànzi |
| 不由得 bùyóude | 袋子 dàizi | 房子 fángzi |
| 不在乎 bùzàihu | 耽搁 dānge | 废物 fèiwu |
| 步子 bùzi | 耽误 dānwu | 份子 fènzi |
| 部分 bùfen | 单子 dānzi | 风筝 fēngzheng |
| 裁缝 cáifeng | 胆子 dǎnzi | 疯子 fēngzi |
| 财主 cáizhu | 担子 dànzi | 福气 fúqi |
| 苍蝇 cāngying | 刀子 dāozi | 斧子 fǔzi |
| 差事 chāishi | 道士 dàoshi | 盖子 gàizi |
| 柴火 cháihuo | 稻子 dàozi | 甘蔗 gānzhe |
| 肠子 chángzi | 灯笼 dēnglong | 杆子 gānzi |
| 厂子 chǎngzi | 凳子 dèngzi | 杆子 gǎnzi |
| 场子 chǎngzi | 提防 dīfang | 干事 gànshi |
| 车子 chēzi | 笛子 dízi | 杠子 gàngzi |
| 称呼 chēnghu | 底子 dǐzi | 高粱 gāoliang |
| 池子 chízi | 地道 dìdao | 膏药 gāoyao |
| 尺子 chǐzi | 地方 dìfang | 稿子 gǎozi |
| 虫子 chóngzi | 弟弟 dìdi | 告诉 gàosu |
| 绸子 chóuzi | 弟兄 dìxiong | 疙瘩 gēda |
| 除了 chúle | 点心 diǎnxin | 哥哥 gēge |
| 锄头 chútou | 调子 diàozi | 胳膊 gēbo |
| 畜生 chùsheng | 钉子 dīngzi | 鸽子 gēzi |
| 窗户 chuānghu | 东家 dōngjia | 格子 gézi |
| 窗子 chuāngzi | 东西 dōngxi | 个子 gèzi |
| 锤子 chuízi | 动静 dòngjing | 根子 gēnzi |
| 刺猬 cìwei | 动弹 dòngtan | 跟头 gēntou |
| 凑合 còuhe | 豆腐 dòufu | 工夫 gōngfu |
| 村子 cūnzi | 豆子 dòuzi | 弓子 gōngzi |

| | | |
|---|---|---|
| 公公 gōnggong | 护士 hùshi | 空子 kòngzi |
| 功夫 gōngfu | 皇上 huángshang | 口袋 kǒudai |
| 钩子 gōuzi | 幌子 huǎngzi | 口子 kǒuzi |
| 姑姑 gūgu | 活泼 huópo | 扣子 kòuzi |
| 姑娘 gūniang | 火候 huǒhou | 窟窿 kūlong |
| 谷子 gǔzi | 伙计 huǒji | 裤子 kùzi |
| 骨头 gǔtou | 机灵 jīling | 快活 kuàihuo |
| 故事 gùshi | 脊梁 jǐliang | 筷子 kuàizi |
| 寡妇 guǎfu | 记号 jìhao | 框子 kuàngzi |
| 褂子 guàzi | 记性 jìxing | 困难 kùnnan |
| 怪物 guàiwu | 夹子 jiāzi | 阔气 kuòqi |
| 关系 guānxi | 家伙 jiāhuo | 喇叭 lǎba |
| 官司 guānsi | 架势 jiàshi | 喇嘛 lǎma |
| 罐头 guàntou | 架子 jiàzi | 篮子 lánzi |
| 罐子 guànzi | 嫁妆 jiàzhuang | 懒得 lǎnde |
| 规矩 guīju | 尖子 jiānzi | 浪头 làngtou |
| 闺女 guīnü | 茧子 jiǎnzi | 老婆 lǎopo |
| 鬼子 guǐzi | 剪子 jiǎnzi | 老实 lǎoshi |
| 柜子 guìzi | 见识 jiànshi | 老太太 lǎotàitai |
| 棍子 gùnzi | 毽子 jiànzi | 老头子 lǎotóuzi |
| 锅子 guōzi | 将就 jiāngjiu | 老爷 lǎoye |
| 果子 guǒzi | 交情 jiāoqing | 老子 lǎozi |
| 蛤蟆 háma | 饺子 jiǎozi | 姥姥 lǎolao |
| 孩子 háizi | 叫唤 jiàohuan | 累赘 léizhui |
| 含糊 hánhu | 轿子 jiàozi | 篱笆 líba |
| 汉子 hànzi | 结实 jiēshi | 里头 lǐtou |
| 行当 hángdang | 街坊 jiēfang | 力气 lìqi |
| 合同 hétong | 姐夫 jiěfu | 厉害 lìhai |
| 和尚 héshang | 姐姐 jiějie | 利落 lìluo |
| 核桃 hétao | 戒指 jièzhi | 利索 lìsuo |
| 盒子 hézi | 金子 jīnzi | 例子 lìzi |
| 红火 hónghuo | 精神 jīngshen | 栗子 lìzi |
| 猴子 hóuzi | 镜子 jìngzi | 痢疾 lìji |
| 后头 hòutou | 舅舅 jiùjiu | 连累 liánlei |
| 厚道 hòudao | 橘子 júzi | 帘子 liánzi |
| 狐狸 húli | 句子 jùzi | 凉快 liángkuai |
| 胡萝卜 húluóbo | 卷子 juànzi | 粮食 liángshi |
| 胡琴 húqin | 咳嗽 késou | 两口子 liǎngkǒuzi |
| 糊涂 hútu | 客气 kèqi | 料子 liàozi |

| | | |
|---|---|---|
| 林子 línzi | 木头 mùtou | 欺负 qīfu |
| 翎子 língzi | 那么 nàme | 旗子 qízi |
| 领子 lǐngzi | 奶奶 nǎinai | 前头 qiántou |
| 溜达 liūda | 难为 nánwei | 钳子 qiánzi |
| 聋子 lóngzi | 脑袋 nǎodai | 茄子 qiézi |
| 笼子 lóngzi | 脑子 nǎozi | 亲戚 qīnqi |
| 炉子 lúzi | 能耐 néngnai | 勤快 qínkuai |
| 路子 lùzi | 你们 nǐmen | 清楚 qīngchu |
| 轮子 lúnzi | 念叨 niàndao | 亲家 qìngjia |
| 萝卜 luóbo | 念头 niàntou | 曲子 qǔzi |
| 骡子 luózi | 娘家 niángjia | 圈子 quānzi |
| 骆驼 luòtuo | 镊子 nièzi | 拳头 quántou |
| 妈妈 māma | 奴才 núcai | 裙子 qúnzi |
| 麻烦 máfan | 女婿 nǚxu | 热闹 rènao |
| 麻利 máli | 暖和 nuǎnhuo | 人家 rénjia |
| 麻子 mázi | 疟疾 nüèji | 人们 rénmen |
| 马虎 mǎhu | 拍子 pāizi | 认识 rènshi |
| 码头 mǎtou | 牌楼 páilou | 日子 rìzi |
| 买卖 mǎimai | 牌子 páizi | 褥子 rùzi |
| 麦子 màizi | 盘算 pánsuan | 塞子 sāizi |
| 馒头 mántou | 盘子 pánzi | 嗓子 sǎngzi |
| 忙活 mánghuo | 胖子 pàngzi | 嫂子 sǎozi |
| 冒失 màoshi | 狍子 páozi | 扫帚 sàozhou |
| 帽子 màozi | 盆子 pénzi | 沙子 shāzi |
| 眉毛 méimao | 朋友 péngyou | 傻子 shǎzi |
| 媒人 méiren | 棚子 péngzi | 扇子 shànzi |
| 妹妹 mèimei | 脾气 píqi | 商量 shāngliang |
| 门道 méndao | 皮子 pízi | 晌午 shǎngwu |
| 眯缝 mīfeng | 痞子 pǐzi | 上司 shàngsi |
| 迷糊 míhu | 屁股 pìgu | 上头 shàngtou |
| 面子 miànzi | 片子 piānzi | 烧饼 shāobing |
| 苗条 miáotiao | 便宜 piányi | 勺子 sháozi |
| 苗头 miáotou | 骗子 piànzi | 少爷 shàoye |
| 名堂 míngtang | 票子 piàozi | 哨子 shàozi |
| 名字 míngzi | 漂亮 piàoliang | 舌头 shétou |
| 明白 míngbai | 瓶子 píngzi | 身子 shēnzi |
| 蘑菇 mógu | 婆家 pójia | 什么 shénme |
| 模糊 móhu | 婆婆 pópo | 婶子 shěnzi |
| 木匠 mùjiang | 铺盖 pūgai | 生意 shēngyi |

| | | |
|---|---|---|
| 牲口 shēngkou | 特务 tèwu | 消息 xiāoxi |
| 绳子 shéngzi | 梯子 tīzi | 小伙子 xiǎohuǒzi |
| 师父 shīfu | 蹄子 tízi | 小气 xiǎoqi |
| 师傅 shīfu | 挑剔 tiāoti | 小子 xiǎozi |
| 虱子 shīzi | 挑子 tiāozi | 笑话 xiàohua |
| 狮子 shīzi | 条子 tiáozi | 谢谢 xièxie |
| 石匠 shíjiang | 跳蚤 tiàozao | 心思 xīnsi |
| 石榴 shíliu | 铁匠 tiějiang | 星星 xīngxing |
| 石头 shítou | 亭子 tíngzi | 猩猩 xīngxing |
| 时候 shíhou | 头发 tóufa | 行李 xíngli |
| 实在 shízai | 头子 tóuzi | 性子 xìngzi |
| 拾掇 shíduo | 兔子 tùzi | 兄弟 xiōngdi |
| 使唤 shǐhuan | 妥当 tuǒdang | 休息 xiūxi |
| 世故 shìgu | 唾沫 tuòmo | 秀才 xiùcai |
| 似的 shìde | 挖苦 wāku | 秀气 xiùqi |
| 事情 shìqing | 娃娃 wáwa | 袖子 xiùzi |
| 柿子 shìzi | 袜子 wàzi | 靴子 xuēzi |
| 收成 shōucheng | 晚上 wǎnshang | 学生 xuésheng |
| 收拾 shōushi | 尾巴 wěiba | 学问 xuéwen |
| 首饰 shǒushi | 委屈 wěiqu | 丫头 yātou |
| 叔叔 shūshu | 为了 wèile | 鸭子 yāzi |
| 梳子 shūzi | 位置 wèizhi | 衙门 yámen |
| 舒服 shūfu | 位子 wèizi | 哑巴 yǎba |
| 舒坦 shūtan | 蚊子 wénzi | 胭脂 yānzhi |
| 疏忽 shūhu | 稳当 wěndang | 烟筒 yāntong |
| 爽快 shuǎngkuai | 我们 wǒmen | 眼睛 yǎnjing |
| 思量 sīliang | 屋子 wūzi | 燕子 yànzi |
| 算计 suànji | 稀罕 xīhan | 秧歌 yāngge |
| 岁数 suìshu | 席子 xízi | 养活 yǎnghuo |
| 孙子 sūnzi | 媳妇 xífu | 样子 yàngzi |
| 他们 tāmen | 喜欢 xǐhuan | 吆喝 yāohe |
| 它们 tāmen | 瞎子 xiāzi | 妖精 yāojing |
| 她们 tāmen | 匣子 xiázi | 钥匙 yàoshi |
| 台子 táizi | 下巴 xiàba | 椰子 yēzi |
| 太太 tàitai | 吓唬 xiàhu | 爷爷 yéye |
| 摊子 tānzi | 先生 xiānsheng | 叶子 yèzi |
| 坛子 tánzi | 乡下 xiāngxia | 一辈子 yībèizi |
| 毯子 tǎnzi | 箱子 xiāngzi | 衣服 yīfu |
| 桃子 táozi | 相声 xiàngsheng | 衣裳 yīshang |

| | | |
|---|---|---|
| 椅子 yǐzi | 寨子 zhàizi | 竹子 zhúzi |
| 意思 yìsi | 张罗 zhāngluo | 主意 zhǔyi (zhúyì) |
| 银子 yínzi | 丈夫 zhàngfu | 主子 zhǔzi |
| 影子 yǐngzi | 帐篷 zhàngpeng | 柱子 zhùzi |
| 应酬 yìngchou | 丈人 zhàngren | 爪子 zhuǎzi |
| 柚子 yòuzi | 帐子 zhàngzi | 转悠 zhuànyou |
| 冤枉 yuānwang | 招呼 zhāohu | 庄稼 zhuāngjia |
| 院子 yuànzi | 招牌 zhāopai | 庄子 zhuāngzi |
| 月饼 yuèbing | 折腾 zhēteng | 壮实 zhuàngshi |
| 月亮 yuèliang | 这个 zhège | 状元 zhuàngyuan |
| 云彩 yúncai | 这么 zhème | 锥子 zhuīzi |
| 运气 yùnqi | 枕头 zhěntou | 桌子 zhuōzi |
| 在乎 zàihu | 镇子 zhènzi | 字号 zihao |
| 咱们 zánmen | 芝麻 zhīma | 自在 zizai |
| 早上 zǎoshang | 知识 zhīshi | 粽子 zòngzi |
| 怎么 zěnme | 侄子 zhízi | 祖宗 zǔzong |
| 扎实 zhāshi | 指甲 zhǐjia(zhǐjia) | 嘴巴 zuǐba |
| 眨巴 zhǎba | 指头 zhǐtou(zhítou) | 作坊 zuōfang |
| 栅栏 zhàlan | 种子 zhǒngzi | 琢磨 zuómo |
| 宅子 zháizi | 珠子 zhūzi | |

**【发音训练】**

1. 熟读《普通话水平测试实施纲要·普通话水平测试用必读轻声词语表》所收录的轻声词。

2. 朗读下列词语，注意轻声音节的读音。

抽屉　应酬　态度　月亮　弟兄　别扭　伺候　凑合　大夫　认识　势力
消息　心里　心思　休息　衣服　冤枉　招呼　知识　长处　成分　得罪
粮食　凉快　耳朵　眉毛　棉花　模糊　南边　朋友　脾气　便宜　葡萄
打听　已经　脑袋　晓得　底下　比方　免得　你们　我们　有的　早晨
刺激　岁数　动静　队伍　漂亮　热闹　近视　客气　快活　相声　笑话

3. 找出下面一段文字中应读轻声的音节，并有表情地朗读。

月光如流水一般，静静地泻在这一片叶子和花上。薄薄的青雾浮起在荷塘里。叶子和花仿佛在牛乳中洗过一样；又像笼着轻纱的梦。虽然是满月，天上却有一层淡淡的云，所以不能朗照；但我以为这恰是到了好处——酣眠固不可少，小睡也别有风味的。月光是隔了树照过来的，高处丛生的灌木，落下参差的斑驳的黑影，峭楞楞如鬼一般；弯弯的杨柳的稀疏的倩影，却又像是画在荷叶上。塘中的月色并不均匀；但光与影有着和谐的旋律，如梵婀玲上奏着的名曲。

——节选自朱自清《荷塘月色》

## 三、儿化音及实例训练

### （一）什么是儿化

普通话中卷舌单韵母 er 不能与辅音声母相拼，只能自成音节。自成音节的字常用的也只有少数几个，如："儿、而、尔、迩、耳、饵、二"等。普通话里，er 除了自成音节之外，还可以和前一个音节的韵母结合起来，紧密地组成一个音节，从而使这个音节的韵母带上了一个卷舌动作的尾音。

"儿化"就是使平舌韵母卷舌化的一种特殊音变现象，这种卷舌化了的韵母叫"儿化韵"，它不同于原本就是卷舌韵母的 er（儿）。

儿化音节是一个音节，有时书面上并无特殊标志，有时可在该音节后加一个"儿"，这里的"儿"不是一个独立的音节，只表示卷舌动作。例如在普通话中，当念"画儿"这个儿化音节时，在字音的末尾有一个卷舌动作，这个卷舌动作与前面的韵母结合成一个整体，从而使该韵母带上卷舌色彩而成为儿化韵。

儿化音节的拼写，只需在原来的音节之后加上一个表示卷舌动作的符号"r"即可，如：画儿 huàr、玩儿 wánr、小鸟儿 xiǎoniǎor、背心儿 bèixīnr。

### （二）儿化的音变规律

普通话 39 个韵母，除 ê、er 之外其他韵母都可以儿化。各类韵母儿化以后读音的变化情况并不完全相同，儿化韵的发音规律主要取决于韵母的末尾音素是否便于卷舌。韵母的末尾音素开口度较大或舌位较后的，便于卷舌，儿化时韵母直接卷舌；韵母的末尾音素开口度较小且舌位较前的，其舌位与卷舌动作发生冲突，不便于卷舌，儿化时韵母就会发生某些变化，有的丢失韵尾，有的还要改变韵腹或增音，然后再卷舌。这种变化是有规律的。

1. 音节末尾音素是 a、o、e、ê、u（包括 ao、iao 中的 o[u]）的儿化

音节末尾音素是 a、o、e、ê、u（包括 ao、iao 中的 o[u]）的，儿化时韵母直接卷舌。因为发这些音时，口腔开口度较大，儿化时有足够的空间供舌头卷起，所以不需要改变原来的韵母，只要在发原来韵母的同时将舌头卷起即可。如表 3-3 所示。

表 3-3　儿化音变表

| 韵　母 | 儿　化　音　变 | 例　　词 |
| --- | --- | --- |
| a | a[A]—ar[Ar] | 号码儿、刀把儿、一打儿 |
| ia | ia[iA]—iar[iAr] | 豆芽儿、一下儿、脚丫儿 |
| ua | ua[uA]—uar[uAr] | 鲜花儿、牙刷儿、香瓜儿 |
| o | o[o]—or[or] | 山坡儿、锯末儿、泡沫儿 |
| uo | uo[uo]—uor[uor] | 大伙儿、酒窝儿、蝈蝈儿、火锅儿 |
| e | e[ɤ]—er[ɤr] | 方格儿、小个儿、小舌儿、山歌儿 |
| ie | ie[iɛ]—ier[ier] | 台阶儿、树叶儿、半截儿、小鞋儿 |
| üe | üe[yɛ]—üer[yer] | 主角儿、木橛儿、丑角儿 |
| u | u[u]—ur[ur] | 水珠儿、桃核儿、单幅儿、面糊儿 |

续表

| 韵 母 | 儿 化 音 变 | 例 词 |
|---|---|---|
| ao | ao[ɑu]—aor[ɑur] | 小猫儿、水泡儿、蜜桃儿、小刀儿 |
| iao | iao[iɑu]—iaor[iɑur] | 小鸟儿、零票儿、面条儿、秋苗儿 |
| ou | ou[ou]—our[our] | 老头儿、纽扣儿、小狗儿、把手儿 |
| iou | iou[iou]—iour[iour] | 小牛儿、煤球儿、抓阄儿、加油儿 |

2. 韵尾是 i、n（除 in、ün 外）的儿化

韵尾是 i、n（除 in、ün 外）的，儿化时丢掉韵尾，主要元音稍变化后（多数是央化）卷舌。因为发韵尾是 i、n 的音时，口腔开口度较小，儿化时没有足够的空间供舌头卷起，加之韵尾的性质是短而弱，不能单独存在；同时受卷舌影响，主要元音央化。如表 3-4 所示。

表3-4 儿化音变表

| 韵 母 | 儿 化 音 变 | 例 词 |
|---|---|---|
| ai | ai[ai]—air[ar] | 小孩儿、名牌儿、鞋带儿、锅盖儿 |
| uai | uai[uai]—uair[uar] | 冰块儿、一块儿、乖乖儿 |
| ei | ei[ei]—eir[ər] | 刀背儿、晚辈儿 |
| uei | uei[uei]—ueir[uər] | 一会儿、口味儿、项坠儿、裤腿儿 |
| an | an[an]—anr[ar] | 花瓣儿、花篮儿、竹竿儿、门槛儿 |
| ian | ian[iɛn]—ianr[iar] | 一点儿、聊天儿、小年儿、窗帘儿 |
| uan | uan[uan]—uanr[uar] | 铁环儿、小船儿、茶馆儿、好玩儿 |
| üan | üan[yan]—üanr[yar] | 圆圈儿、手绢儿、绕远儿、花园儿 |
| en | en[ən]—enr[ər] | 后门儿、课本儿、纳闷儿、脸盆儿 |
| uen | uen[uən]—uenr[uər] | 小棍儿、一捆儿、没准儿、打盹儿 |

3. 韵母是 in、ün 的儿化

韵母是 in、ün 的，儿化时丢掉韵尾，主要元音加[ər]。由于这两个韵母的韵腹开口度较小，儿化时，丢掉韵尾后仍没有足够的空间供舌头卷起，所以必须在主要元音后加一个开口度较大的央元音[ə]，同时卷舌。如表 3-5 所示。

表3-5 儿化音变表

| 韵 母 | 儿 化 音 变 | 例 词 |
|---|---|---|
| in | in[in]—inr[iər] | 带劲儿、背心儿、脚印儿 |
| ün | ün[yn]—ünr[yər] | 合群儿、花裙儿 |

4. 韵母是 i、ü 的儿化

韵母是 i、ü 的，儿化时加[ər]。由于这两个韵母的韵腹开口度较小，儿化时，没有足够的空间供舌头卷起，所以必须在其后面加一个开口度较大的央元音[ə]，同时卷舌。如表 3-6 所示。

表3-6 儿化音变表

| 韵 母 | 儿 化 音 变 | 例 词 |
|---|---|---|
| i | i[i]—ir[iər] | 小米儿、小鸡儿、米粒儿、玩意儿 |
| ü | ü[y]—ür[yər] | 小曲儿、有趣儿、蛐蛐儿、金鱼儿 |

## 5. 韵母是-i[ʅ]、-i[ɿ]的儿化

韵母是-i[ʅ]、-i[ɿ]的，儿化时韵母变成[ər]。这是两个开口度较小的舌尖元音，儿化时，没有足够的空间供舌头卷起，再加上舌尖元音本来就是舌尖起作用，不可能在发舌尖音的时候再重复卷舌一次，所以口腔必须改变状态才能发出儿化音。如表 3-7 所示。

表 3-7　儿化音变表

| 韵　母 | 儿　化　音　变 | 例　词 |
|---|---|---|
| -i[ʅ] | -i[ʅ] —-ir[ər] | 肉刺儿、铁丝儿、棋子儿、瓜子儿 |
| -i[ɿ] | -i[ɿ] —-ir[ər] | 锯齿儿、果汁儿、没事儿、树枝儿 |

## 6. 韵尾是-ng（除 ing、iong 外）的儿化

韵尾是-ng（除 ing、iong 外）的，儿化时，丢掉韵尾，韵腹鼻化并卷舌。因为后鼻韵尾发音时舌根隆起，在此基础上再把舌尖卷起是不可能的，所以必须丢掉韵尾；由于受原韵母后鼻韵尾的影响，儿化时虽然韵尾丢失，韵腹还是鼻化并卷舌的。如表 3-8 所示。

表 3-8　儿化音变表

| 韵　母 | 儿　化　音　变 | 例　词 |
|---|---|---|
| ang | ang[aŋ] —angr[ãr] | 药方儿、帮忙儿、后响儿、偏旁儿 |
| iang | iang[iaŋ] —iangr[iãr] | 唱腔儿、瓜秧儿、鼻梁儿 |
| uang | uang[uaŋ] —uangr[uãr] | 蛋黄儿、天窗儿、竹筐儿、张庄儿 |
| eng | eng[əŋ] —engr[ə̃r] | 板凳儿、水坑儿、门缝儿、头绳儿 |
| ong | ong[uŋ] —ongr[ũr] | 有空儿、小虫儿、胡同儿、酒盅儿 |
| ueng | ueng[uəŋ] —uengr[uə̃r] | 水瓮儿 |

## 7. 韵母是 ing、iong 的儿化

韵母是 ing、iong 的，儿化时，丢掉韵尾，再加上鼻化的[ə̃r]。与上述后鼻韵母相同，因为后鼻韵尾发音时舌根隆起，在此基础上再把舌尖卷起是不可能的，所以必须丢掉韵尾；又由于 ing、iong 的韵腹开口度很小，儿化时，没有足够的空间供舌头卷起，所以必须在其后面加一个开口度较大的央元音[ə]，同时卷舌。如表 3-9 所示。

表 3-9　儿化音变表

| 韵　母 | 儿　化　音　变 | 例　词 |
|---|---|---|
| ing | ing[iŋ] —ingr[iə̃r] | 电影儿、花瓶儿、肉丁儿、打鸣儿 |
| iong | iong[yŋ] —iongr[yə̃r] | 小熊儿 |

由上述规律可以看出，儿化以后，有些原来不同的韵母变成了同一个儿化韵。详情如表 3-10 所示。

表 3-10　儿化音变表

| 儿化韵 | 原　韵　母 | 例　词 |
|---|---|---|
| [ar] | ai、an | 台儿、坛儿，牌儿、盘儿 |
| [uar] | uai、uan | 一块儿、一罐儿 |
| [ər] | ei、en、-i[ʅ]、-i[ɿ] | 小辈儿、一阵儿、写字儿、果汁儿 |
| [uər] | uei、uen | 碗柜儿、冰棍儿、一会儿、魂儿 |
| [iər] | i、in | 玩意儿、脚印儿、小鸡儿、皮筋儿 |
| [yər] | ü、ün | 有趣儿、花裙儿 |

## （三）儿化韵和儿化词辨正举要

1. 儿化韵辨正

有的方言区没有儿化现象，学会发儿化音是这些方言区的人学习普通话的最大难点。首先要学会发普通话的儿化音，其次要反复朗读、熟练掌握《普通话水平测试实施纲要·普通话水平测试用儿化词语表》所收录的189条儿化词。

2. 学习儿化应注意的问题

普通话39个韵母中，除了ê、er两个韵母外，其余37个韵母均可儿化。从实际语言运用的角度看，有些词一定儿化，有些词可儿化可不儿化，有些词则不能儿化。我们学习普通话时应注意以下几点：

1）有区别词义、区别词性、区分同义词作用的儿化词必须儿化。例如：

信：信件—信儿：消息、信息　　　　眼：眼睛—眼儿：小洞、小孔
盖：动词—盖儿：名词　　　　　　　尖：形容词—尖儿：名词
干：形容词（太干了）—干儿：名词（葡萄干儿）
手：名词—（一）手儿：量词　　　　挑：动词—（一）挑儿：量词
拉练—拉链儿　　　　邮票—油票儿　　　　公分—工分儿

2）表示细小、轻微的性状或喜爱、亲切等特殊感情色彩的儿化词必须儿化。例如：

金条—面条儿　大事—小事儿　鸵鸟—小鸟儿　铁丝—头发丝儿
大孩子—小孩儿　老头子—老头儿　宝贝—宝贝儿　小猫儿　悄悄话儿

3）代表普通话特点的儿化词必须儿化。有些儿化词，既不区别词义、词性和同音词，也不表示特殊的感情色彩，只是一种习惯，如果不儿化，便觉得别扭，不像标准地道的普通话。例如：

① 这种电脑游戏很好玩儿。

② 我一会儿就写完。

③ 模特儿大赛明天举行。

④ 电脑这玩意儿不学还真不行。

4）可儿化可不儿化的词以不儿化为原则。《普通话水平测试实施纲要》（商务印书馆2004年1月）中《普通话水平测试用儿化词语表》共收词189条，我们可以以此为标准掌握普通话儿化词的范围。

5）在书面语中，由于作者的习惯不同，有些必须儿化的词在书面上没有表示出来。在将书面语转化为口头表达时，必须儿化。例如：《普通话水平测试实施纲要·作品22号》《可爱的小鸟》一文中，"小鸟"一词都没加儿尾，但朗读时为了体现"小鸟儿"的可爱，都应读成儿化词。

6）有些单音节名词加儿尾可读作双音节。如"笛儿、鸟儿、影儿、牛儿、蝉儿、风儿"等，根据表达的需要可以读作双音节，且"儿"都应读作轻声，如"鸟儿"读作niǎo'er。

【小资料】

## 普通话水平测试用儿化词语表（新大纲）

### 说　明

1. 本表参照《普通话水平测试用普通话词语表》及《现代汉语词典》编制，加 * 的是以上二者未收，根据测试需要而酌增的条目。

2. 本表仅供普通话水平测试第二项——读多音节词语（100 个音节）测试使用。本表儿化音节，在书面上一律加"儿"，但并不表明所列词语在任何语用场合都必须儿化。

3. 本表共收词 189 条，按儿化韵母的汉语拼音顺序排列。

4. 本表列出原形韵母和所对应的儿化韵，用＞表示条目中儿化音节的注音，只在基本形式后面加 r，如"一会儿 yīhuìr"，不标语音上的实际变化。

### 一

| | | |
|---|---|---|
| a＞ar | 刀把儿 dāobàr | 号码儿 hàomǎr |
| | 戏法儿 xìfǎr | 在哪儿 zàinǎr |
| | 找茬儿 zhǎochár | 打杂儿 dǎzár |
| | 板擦儿 bǎncār | |
| ai＞ar | 名牌儿 míngpáir | 鞋带儿 xiédàir |
| | 壶盖儿 húgàir | 小孩儿 xiǎoháir |
| | 加塞儿 jiāsāir | |
| an＞ar | 快板儿 kuàibǎnr | 老伴儿 lǎobànr |
| | 蒜瓣儿 suànbànr | 脸盘儿 liǎnpánr |
| | 脸蛋儿 liǎndànr | 收摊儿 shōutānr |
| | 栅栏儿 zhàlánr | 包干儿 bāogānr |
| | 笔杆儿 bǐgǎnr | 门槛儿 ménkǎnr |

### 二

| | | |
|---|---|---|
| ang＞ar（鼻化） | 药方儿 yàofāngr | 赶趟儿 gǎntàngr |
| | 香肠儿 xiāngchángr | 瓜瓤儿 guārángr |

### 三

| | | |
|---|---|---|
| ia＞iar | 掉价儿 diàojiàr | 一下儿 yīxiàr |
| | 豆芽儿 dòuyár | |
| ian＞iar | 小辫儿 xiǎobiànr | 照片儿 zhàopiānr |
| | 扇面儿 shànmiànr | 差点儿 chàdiǎnr |
| | 一点儿 yīdiǎnr | 雨点儿 yǔdiǎnr |
| | 聊天儿 liáotiānr | 拉链儿 lāliànr |
| | 冒尖儿 màojiānr | 坎肩儿 kǎnjiānr |

牙签儿 yáqiānr　　　　　　　　　露馅儿 lòuxiànr
心眼儿 xīnyǎnr

四

iang＞iar（鼻化）　　鼻梁儿 bíliángr　　　　　　　透亮儿 tòuliàngr
花样儿 huāyàngr

五

ua＞uar　　　　脑瓜儿 nǎoguār　　　　　　　大褂儿 dàguàr
麻花儿 máhuār　　　　　　　笑话儿 xiàohuar
牙刷儿 yáshuār
uai＞uar　　　　一块儿 yīkuàir
uan＞uar　　　　茶馆儿 cháguǎnr　　　　　　　饭馆儿 fànguǎnr
火罐儿 huǒguànr　　　　　　落款儿 luòkuǎnr
打转儿 dǎzhuànr　　　　　　拐弯儿 guǎiwānr
好玩儿 hǎowánr　　　　　　大腕儿 dàwànr

六

uang＞ugr（鼻化）　蛋黄儿 dànhuángr　　　　　　打晃儿 dǎhuàngr
天窗儿 tiānchuāngr

七

üan＞üar　　　　烟卷儿 yānjuǎnr　　　　　　　手绢儿 shǒujuànr
出圈儿 chūquānr　　　　　　包圆儿 bāoyuánr
人缘儿 rényuánr　　　　　　绕远儿 ràoyuǎnr
杂院儿 záyuànr

八

ei＞er　　　　　刀背儿 dāobèir　　　　　　　摸黑儿 mōhēir
en＞er　　　　　老本儿 lǎoběnr　　　　　　　花盆儿 huāpénr
嗓门儿 sǎngménr　　　　　　把门儿 bǎménr
哥们儿 gēmenr　　　　　　　纳闷儿 nàmènr
后跟儿 hòugēnr　　　　　　　高跟儿鞋 gāogēnrxié
别针儿 biézhēnr　　　　　　一阵儿 yīzhènr
走神儿 zǒushénr　　　　　　大婶儿 dàshěnr
小人儿书 xiǎorénrshū　　　　杏仁儿 xìngrénr
刀刃儿 dāorènr

九

eng＞er（鼻化）　　钢镚儿 gāngbèngr　　　　　　夹缝儿 jiāfèngr

|  | 脖颈儿 bógěngr | 提成儿 tíchéngr |

## 十

| ie＞ier | 半截儿 bànjiér | 小鞋儿 xiǎoxiér |
| üe＞üer | 旦角儿 dànjuér | 主角儿 zhǔjuér |

## 十一

| uei＞uer | 跑腿儿 pǎotuǐr | 一会儿 yīhuìr |
|  | 耳垂儿 ěrchuír | 墨水儿 mòshuǐr |
|  | 围嘴儿 wéizuǐr | 走味儿 zǒuwèir |
| uen＞uer | 打盹儿 dǎdǔnr | 胖墩儿 pàngdūnr |
|  | 砂轮儿 shālúnr | 冰棍儿 bīnggùnr |
|  | 没准儿 méizhǔnr | 开春儿 kāichūnr |
| ueng＞uer（鼻化） | *小瓮儿 xiǎowèngr |  |

## 十二

| -i（前）＞er | 瓜子儿 guāzǐr | 石子儿 shízǐr |
|  | 没词儿 méicír | 挑刺儿 tiāocìr |
| -i（后）＞er | 墨汁儿 mòzhīr | 锯齿儿 jùchǐr |
|  | 记事儿 jìshìr |  |

## 十三

| i＞i:er | 针鼻儿 zhēnbír | 垫底儿 diàndǐr |
|  | 肚脐儿 dùqír | 玩意儿 wányìr |
| in＞i:er | 有劲儿 yǒujìnr | 送信儿 sòngxìnr |
|  | 脚印儿 jiǎoyìnr |  |

## 十四

| ing＞i:er（鼻化） | 花瓶儿 huāpíngr | 打鸣儿 dǎmíngr |
|  | 图钉儿 túdīngr | 门铃儿 ménlíngr |
|  | 眼镜儿 yǎnjìngr | 蛋清儿 dànqīngr |
|  | 火星儿 huǒxīngr | 人影儿 rényǐngr |

## 十五

| ü＞ü:er | 毛驴儿 máolǘr | 小曲儿 xiǎoqǔr |
|  | 痰盂儿 tányúr |  |
| üe＞ü:er | 合群儿 héqúnr |  |

### 十六

| e＞er | 模特儿 mótèr | 逗乐儿 dòulèr |
| | 唱歌儿 chànggēr | 挨个儿 āigèr |
| | 打嗝儿 dǎgér | 饭盒儿 fànhér |
| | 在这儿 zàizhèr | |

### 十七

| u＞ur | 碎步儿 suìbùr | 没谱儿 méipǔr |
| | 儿媳妇儿 érxífùr | 梨核儿 líhúr |
| | 泪珠儿 lèizhūr | 有数儿 yǒushùr |

### 十八

| ong＞or（鼻化） | 果冻儿 guǒdòngr | 门洞儿 méndòngr |
| | 胡同儿 hútòngr | 抽空儿 chōukòngr |
| | 酒盅儿 jiǔzhōngr | 小葱儿 xiǎocōngr |
| iong＞ior（鼻化） | 小熊儿 xiǎoxióngr | |

### 十九

| ao＞aor | 红包儿 hóngbāor | 灯泡儿 dēngpàor |
| | 半道儿 bàndàor | 手套儿 shǒutàor |
| | 跳高儿 tiàogāor | 叫好儿 jiàohǎor |
| | 口罩儿 kǒuzhàor | 绝着儿 juézhāor |
| | 口哨儿 kǒushāor | 蜜枣儿 mìzǎor |

### 二十

| iao＞iaor | 鱼漂儿 yúpiāor | 火苗儿 huǒmiáor |
| | 跑调儿 pǎodiàor | 面条儿 miàntiáor |
| | 豆角儿 dòujiǎor | 开窍儿 kāiqiàor |

### 二十一

| ou＞our | 衣兜儿 yīdōur | 老头儿 lǎotóur |
| | 年头儿 niántóur | 小偷儿 xiǎotōur |
| | 门口儿 ménkǒur | 钮扣儿 niǔkòur |
| | 线轴儿 xiànzhóur | 小丑儿 xiǎochǒur |

### 二十二

| iou＞iour | 顶牛儿 dǐngniúr | 抓阄儿 zhuājiūr |

|  |  |  |
|---|---|---|
|  | 棉球儿 miánqiúr | 加油儿 jiāyóur |

二十三

| uo＞uor | 火锅儿 huǒguōr | 做活儿 zuòhuór |
|---|---|---|
|  | 大伙儿 dàhuǒr | 邮戳儿 yóuchuōr |
|  | 小说儿 xiǎoshuōr | 被窝儿 bèiwōr |
| (o)＞or | 耳膜儿 ěrmór | 粉末儿 fěnmòr |

**【发音训练】**

1. 熟悉"儿化的音变规律"，反复朗读"儿化的音变规律"中的"例词"。

2. 熟读《普通话水平测试用儿化词语表》所收录的儿化词。

3. 朗读下面短文，注意其中儿化词的发音。

对于一个在北平住惯的人，像我，冬天要是不刮风，便觉得是奇迹；济南的冬天是没有风声的。对于一个刚由伦敦回来的人，像我，冬天要能看得见日光，便觉得是怪事；济南的冬天是响晴的。自然，在热带的地方，日光是永远那么毒，响亮的天气，反有点儿叫人害怕。可是，在北方的冬天，而能有温晴的天气，济南真得算个宝地。

设若单单是有阳光，那也算不了出奇。请闭上眼睛想：一个老城，有山有水，全在天底下晒着阳光，暖和安适地睡着，只等春风来把它们唤醒，这是不是理想的境界？小山整把济南围了个圈儿，只有北边缺着点口儿。这一圈小山在冬天特别可爱，好像是把济南放在一个小摇篮里，它们安静不动地低声说："你们放心吧，这儿准保暖和。"济南的人们在冬天是面上含笑的。他们一看那些小山，心中便觉得有了着落，有了依靠。他们由天上看到山上，便不知不觉地想起："明天也许就是春天了吧？这样的温暖，今天夜里山草也许就绿起来了吧？"就是这点儿幻想不能一时实现，他们也并不着急，因为这样慈善的冬天，干什么还希望别的呢！

最妙的是下点儿小雪呀。看吧，山上的矮松越发的青黑，树尖儿上顶着一髻儿白花，好像日本看护妇。山尖儿全白了，给蓝天镶上一道银边。山坡上，有的地方雪厚点儿，有的地方草色还露着；这样，一道儿白，一道儿暗黄，给山们穿上一件带水纹儿的花衣；看着看着，这件花衣好像被风儿吹动，叫你希望看见一点儿更美的山的肌肤。等到快日落的时候，微黄的阳光斜射在山腰上，那点儿薄雪好像忽然害羞，微微露出点儿粉色。就是下小雪吧，济南是受不住大雪的，那些小山太秀气。

——节选自老舍《济南的冬天》

## 四、语气词"啊"的音变及实例训练

"啊"有叹词和语气词两种词性。作叹词用时，一般出现在句子开头，根据所表示的语气和思想感情的不同，"啊"可有阴平、阳平、上声、去声 4 种不同的声调；作语气词时，用在词句末尾或句中，也可用在列举的事项之后，用来表示各种不同的语气、语调和不同的感情，读轻声。

叹词"啊"的读音情况举例：

① 啊（ā），真美呀！（表赞叹）

② 啊（á），你说什么？（表追问）

③ 啊（ǎ）？这是怎么回事啊？（表惊疑）

④ 啊（à），好吧。（表应诺）

"啊"读去声时，可表示应诺（音较短）、恍然大悟（音较长）或舞台朗诵中的赞叹、感叹（音较长）。例如：

① 啊，我去就是了。

② 啊，原来如此。

③ 啊，黄河！

另外，"啊"读阴平和去声都可以表示惊异或赞叹，可根据具体的表达需要确定语气、语调和叹词"啊"的读音。

"啊"作语气词时，读轻声。可以用在词句末尾表示赞叹、肯定、辩解、催促、嘱咐、疑问等语气；也可以用在句中稍作停顿，让人注意下面的话；还可以用在列举的事项之后。

### （一）语气词"啊"的变读规律

语气词"啊"出现在句末或句中时，由于受到前面音节末尾音素的影响，其读音会发生变化。"啊"的音变规律如下：

1）前面的音素是 a、o（不包括 ao、iao）e、ê、i、ü 时，"啊"读作 ya，汉字的规范写法为"呀"。例如：

① 雨真大呀！da‿a 啊→ia(ya)呀

快回家呀！jia‿a 啊→ia(ya)呀

你使劲划呀！hua‿a 啊→ia(ya)呀

② 好大的火呀！huo‿a 啊→ia(ya)呀

你得仔细琢磨呀！mo‿a 啊→ia(ya)呀

③ 你快喝呀！he‿a 啊→ia(ya)呀

多么迷人的秋色呀！se‿a 啊→ia(ya)呀

④ 好大的雪呀！xue‿a 啊→ia(ya)呀

今天是教师节呀！jie‿a 啊→ia(ya)呀

⑤ 我上大一呀！yi‿a 啊→ia(ya)呀

买什么菜呀？cai‿a 啊→ia(ya)呀

奇怪呀！guai‿a 啊→ia(ya)呀

去交学费呀？fei‿a 啊→ia(ya)呀

你去开会呀？hui‿a 啊→ia(ya)呀

⑥ 好大的雨呀！yu‿a 啊→ia(ya)呀

你去不去呀？qu‿a 啊→ia(ya)呀

2）前面的音素是 u（包括 ao、iao）时，"啊"读作 wa，汉字的规范写法为"哇"。

① 你去跳舞哇？wu‿a 啊→ua(wa)哇

你买的新书哇？shu‿a 啊→ua(wa)哇

② 中考哇，高考哇，他是身经百战的。kao‿a 啊→ua(wa)哇

③ 你别笑哇！xiao‿a 啊→ua(wa)哇

真巧哇！qiao‿a 啊→ua(wa)哇

④ 快走哇！zou‿a 啊→ua(wa)哇

别发愁哇！chou‿a 啊→ua(wa)哇

⑤ 你去打球哇？qiu‿a 啊→ua(wa)哇

"十一"你去哪儿旅游哇？you‿a 啊→ua(wa)哇

3）前面的音素是-n 时，"啊"读作 na，汉字的规范写法为"哪"。例如：

① 天哪！tian‿a 啊→na 哪

② 你在弹琴哪？qin‿a 啊→na 哪

③ 还没干完哪？wan‿a 啊→na 哪

4）前面的音素是-ng 时，"啊"读作 nga，汉字的规范写法为"啊"。例如：

① 这首歌真好听啊！ting‿a 啊→nga 啊

② 这不可能啊！neng‿a 啊→nga 啊

③ 菜真香啊！xiang‿a 啊→nga 啊

5）前面的音素是-i[ʅ]（舌尖后元音）、er 或儿化韵时，"啊"读作 ra，汉字的规范写法为"啊"。例如：

① 手套就一只啊？zhi‿a 啊→ra 啊

线画得不直啊。zhi‿a 啊→ra 啊

② 你快吃啊！chi‿a 啊→ra 啊

现在也不迟啊。chi‿a 啊→ra 啊

③ 你有事啊？shi‿a 啊→ra 啊

你在复习历史啊？shi‿a 啊→ra 啊

④ 今天谁值日啊？ri‿a 啊→ra 啊

今天是你生日啊？ri‿a 啊→ra 啊

⑤ 你排行老二啊？er‿a 啊→ra 啊

儿啊！er‿a 啊→ra 啊

⑥ 你去哪儿玩儿啊？wanr‿a 啊→ra 啊

你有什么事儿啊？shir‿a 啊→ra 啊

6）前面的音素是-i[ɿ]（舌尖前元音）时，"啊"读作[zA]，汉字的规范写法为"啊"。例如：

① 这是谁的帽子啊？zi‿a 啊→[z]a 啊

你在写字啊？zi‿a 啊→[z]a 啊

② 你去过几次啊？ci‿a 啊→[z]a 啊

你今天背了多少单词啊？ci‿a 啊→[z]a 啊

③ 你别撕啊！si‿a 啊→[z]a 啊

你可要三思啊！si‿a 啊→[z]a 啊

## （二）语气词"啊"的变读辨正

语气词"啊"是零声母音节，由于它一般出现在词句的末尾，总是处在其他音节的后面，在语流中常常会受到其前一个音节末尾音素的影响而产生连读音变。上述变读规律是根据语言实际总结出来的，我们学习时不必死记硬背，只要将前一音节顺势连读"a"，自然就会读出"啊"的音变来。但是，在书面语中，由于写作者习惯不同，或者不了解语气词"啊"的音变规律和相应的汉字书写形式，语气词"啊"的写法比较混乱。当我们将书面语转变为口语表达时，往往无所适从。如果按音变规律变读，书面上可能没有表示出来；如果按书写形式去读，由于不符合变读规律，读出来就会很别扭。

下面是语气词"啊"的部分不规范用例：

①钱这东西，多少才是多哇？（梁晓声《翟子卿》）　"哇"应为"呀"。
②这块丑石，多占地面呀，抽空把它搬走吧。（贾平凹《丑石》）　"呀"应为"哪"。
③多么美丽的一片梨树林呀！（彭荆风《驿路梨花》）　"呀"应为"哪"。
④没有呀！我真没收到呀！（钱钟书《围城》）　两个"呀"均应为"哇"。
⑤我吃得很多，并没有不舒服呀！（钱钟书《围城》）　"呀"应为"哇"。
⑥家乡的桥呀，我梦中的桥！（郑莹《家乡的桥》）　"呀"应为"哇"。

在书面语中，类似的不规范用例很多。朗读时，我们应按照语气词"啊"的音变规律变读。

---

**【发音训练】**

1. 根据"啊"的音变规律，注出下列句子中语气词"啊"的实际读音和符合音变规律的汉字的写法，并反复朗读。

| | |
|---|---|
| 你发音真准啊！ | 怎么办啊？ |
| 他普通话说得真好啊！ | 大家快来吃菠萝啊！ |
| 您在哪儿住啊？ | 好新潮的大衣啊！ |
| 什么了不起的事啊！ | 孩子们笑得多欢啊！ |
| 别打啊！ | 先别夸啊！ |
| 这件事儿可不简单啊！ | 他就是老四啊！ |
| 电脑你还学不学啊？ | 这儿多好玩儿啊！ |
| 快帮我解围啊！ | 随便吃啊！ |
| 等你回家啊！ | 你们都是记者啊！ |
| 看你这一身油啊！ | 屋顶还漏不漏啊？ |
| 他是王小二啊！ | 这孩子多活跃啊！ |
| 小心水烫啊！ | 没法治啊！ |
| 你做烧茄子啊！ | 这是第几次啊？ |
| 你怎么不吃鱼啊？ | 你小点儿声啊！ |
| 不管用啊！ | 原来如此啊！ |
| 日子过得真快啊！ | 这些书啊，都是我精心挑选的。 |

还这么小啊！　　　　　　　　　　大家唱啊，跳啊，玩儿得可高兴了。

唐诗啊，宋词啊，元曲啊，他能背二百多首。

《诗经》啊，《论语》啊，《汉书》啊，《史记》啊，他都认真读过。

他喜欢很多种项目，游泳啊、跳水啊、滑雪啊、滑冰啊、跳舞啊、标枪啊、铁饼啊、长跑啊、足球啊、射箭啊、钓鱼啊、围棋啊、桥牌啊什么的，真是个全才！

菜市场里，韭菜啊、香椿啊、萝卜啊、竹笋啊、菜花啊、茄子啊、西红柿啊、羊肉啊、鲜鱼啊、鸡蛋啊、香肠啊、苹果啊、香蕉啊、饮料啊，真是琳琅满目！

植物园里有各种树木花卉：杨树啊、垂柳啊、油松啊、桧柏啊、牡丹啊、芍药啊、玫瑰啊、月季啊、郁金香啊、桂花啊、车前子啊、仙人掌啊，让人觉得美不胜收！

2. 诗文朗读。

**（一）**

### 祖国呵，我亲爱的祖国

舒 婷

我是你河边上破旧的老水车，
数百年来纺着疲惫的歌；
我是你额上熏黑的矿灯，
照你在历史的隧洞里蜗行摸索；
我是干瘪的稻穗；是失修的路基；
是淤滩上的驳船
把纤绳深深
　　勒进你的肩膊，
——祖国呵！

我是贫困，
我是悲哀。
我是你祖祖辈辈
　　痛苦的希望呵，
是"飞天"袖间
千百年未落到地面的花朵，
——祖国呵！

我是你簇新的理想，
刚从神话的蛛网里挣脱；
我是你雪被下古莲的胚芽；
我是你挂着眼泪的笑涡；
我是新刷出的雪白的起跑线；
是绯红的黎明

正在喷薄；

——祖国呵！


我是你十亿分之一，

是你九百六十万平方的总和；

你以伤痕累累的乳房

喂养了

迷惘的我、深思的我、沸腾的我；

那就从我的血肉之躯上

去取得

你的富饶、你的荣光、你的自由；

——祖国呵，

我亲爱的祖国！


## （二）

### 难忘的八个字

〔加拿大〕玛丽·安·伯德

随着年龄的增长，我发觉自己越来越与众不同。我气恼，我愤恨——怎么会一生下来就是裂唇！我一跨进校门，同学们就开始嘲笑我。我心里很清楚，弯曲的鼻子，倾斜的牙齿，说起话来还结巴。

同学们问我："你嘴巴怎么会变得这样？"我撒谎说小时候摔了跤，给地上的碎玻璃割破了嘴巴。我觉得这样说，比告诉他们我生出来就是兔唇要好受点。我越来越敢肯定：除了家里人以外，没人会爱我，甚至没人会喜欢我。

二年级时，我进了老师伦纳德夫人的班级。伦纳德夫人很胖，很美，温馨可爱，她有着金光闪闪的头发和一双黑黑的、笑眯眯的眼睛。每个孩子都喜欢她，敬慕她。但是，没有一个人比我更爱她。因为这里有个很不一般的缘故——我们低年级同学每年都有"耳语测验"。孩子们依次走到教室的门边，用右手捂住右边耳朵，然后老师在她的讲台上轻轻说一句话，再由那位孩子把话复述出来。可我的左耳先天失聪，几乎听不见任何声音，我不愿把这事说出来，因为同学们会更加嘲笑我的。

不过我有办法对付这种"耳语测验"。早在幼儿园做游戏时，我就发现没有人看你是否真正捂住耳朵，他们只注意你重复的话对不对。所以每次我都假装用手盖紧耳朵。这次，和往常一样，我又是最后一个。每一个孩子都兴高采烈，因为他们的"耳语测验"做得挺好。我心想老师会说什么呢？以前，老师们一般总是说："天是蓝色的"，或者是"你有没有一双新鞋"等等。

终于轮到我了，我把左耳对着伦纳德老师，同时用右手紧紧捂住了右耳，然后把右手抬起一点，这样就足以听清老师的话了。

我等待着……然后，伦纳德老师说了八个字，这八个字仿佛是一束温暖的阳光直射我的心田，这八个字抚慰了我受伤的、幼小的心灵，这八个字改变了我对人生的看法。

这位很胖、很美、温馨可爱的老师轻轻说道：

"我希望你是我女儿！"

---

**【测试训练】**

1. 读单音节字词100个。

诈　惹　而　紫　迟　碑　拆　冒　否　南　粉　档　耕　起　俩　丢
表　变　瞥　拼　酿　平　扑　垮　播　阔　乖　退　断　抢　光　弄
翁　举　略　泉　均　穷　扎　涩　司　使　筛　废　找　偶　山　恨
扛　仍　习　加　灭　跳　牛　甜　民　亮　鸣　促　抓　佛　若　甩
绘　卵　纯　矿　红　岸　决　癣　熏　雄　损　采　赠　忍　盎　簪
疫　截　邀　雁　荫　仰　顶　蒜　村　壮　荣　御　远　躯　恩　擦
袄　庸　恽　学

2. 读多音节词语（100个音节）。

君子　一百　渲染　雪耻　取景　疟疾　远房　穷困　律诗
窘迫　不断　统称　碎步儿　专门　贺词　斧头　滑冰　遭受
幻想　流水　别扭　一块　林业　快乐　瓜分　口语　品种
一会儿　夏天　抹杀　创作　高大　而已　干活儿　改变　恰好
烹饪　挑战　蜜蜂　存款　内容　不妨　外地　损伤　漂亮
差点儿　超声波　圣诞节　潜移默化

3. 朗读短文。

在达瑞八岁的时候，有一天他想去看电影。因为没有钱，他想是向爹妈要钱，还是自己挣钱。最后他选择了后者。他自己调制了一种汽水，向过路的行人出售。可那里正是寒冷的冬天，没有人买，只有两个人例外——他的爸爸和妈妈。

他偶然有一个和非常成功的商人谈话的机会。当他对商人讲述了自己的"破产史"后，商人给了他两个重要的建议：一是尝试为别人解决一个难题；二是把精力集中在你知道的、你会的和你拥有的东西上。

这两个建议很关键。因为对于一个八岁的孩子而言，他不会做的事情很多。于是他穿过大街小巷，不住地思考：人们会有什么难题，他又如何利用这个机会？

一天，吃早饭时父亲让达瑞去取报纸。美国的送报员总是把报纸从花园篱笆的一个特制的管子里塞进来。假如你想穿着睡衣舒舒服服地吃早饭和看报纸，就必须离开温暖和房间，冒着寒风，到花园去取。虽然路短，但十分麻烦。

当达瑞为父亲取报纸的时候，一个主意诞生了。当天他就按响邻居的门铃，对他们说，每个月只需付给他一美元，他就每天早上把报纸塞到他们的房门底下。大多数人都同意了，很快他有了七十多个顾客。一个月后，当他拿到自己赚的钱时，觉得自己简直是飞上了天。

很快他又有了新的机会，他让他的顾客每天把垃圾袋放在门前，然后由他早上运到垃圾桶里，每个月加一美元。之后他还想出了许多孩子赚钱的办法，并把它集结成书，书名为《儿童挣钱的二百五十个主意》。为此，达瑞十二岁时就成了畅销书作家，十五岁有了自己的谈话节目，十七岁就拥有了几百万美元。

——节选自[德]博多·费舍尔《达瑞的故事》刘志明译

4. 命题说话（任选一题，说3分钟）。

（1）我喜欢的明星（或其他知名人士）。

（2）我喜爱的书刊。

## 🗝思考与练习

（一）音节部分

1. 普通话音节有些什么特点？

2. 根据拼写规则，拼写下列句子。

国家通用语言文字是普通话和规范汉字。——《国家通用语言文字法》

书是人类进步的阶梯。　　　——高尔基

黑夜给了我黑色的眼睛，

我却用它来寻找光明。　　　——顾城《一代人》

江碧鸟逾白，山青花欲燃。

今春看又过，何日是归年。　——杜甫《绝句》

3. 对比分析下列音节，在方言与普通话中是否都能相拼，请根据声韵拼合规律加以说明并改正。

小—shiao　　泼—puo　　教—giao　　梦—mong　　波—be

精—zing　　托—to　　翁—wong　　家—ja　　多—do

4，短文朗读。

### 数学家的眼光

美籍华人陈省身教授是当代举世闻名的数学家，他十分关心祖国数学科学的发展。人们称赞他是"中国青年数学学子的总教练"。

1980年，陈教授在北京大学的一次讲学中语惊四座：

"人们常说，三角形内角和等于180度。但是，这是不对的!"

大家愕然。怎么回事?三角形内角和是180度，这不是数学常识吗?

接着，这位老教授对大家的疑问做了精辟的解答：

说"三角形内角和为180度"不对，不是说这个事实不对，而是说这种看问题的方法不对，应当说"三角形外角和是360度"！

把眼光盯住内角，只能看到：

三角形内角和是180度;

四边形内角和是360度;

五边形内角和是540度;

......

$n$ 边形内角和是（$n-2$）×180 度。

这就找到了一个计算内角和的公式。公式里出现了边数 n。

如果看外角呢？

三角形的外角和是 360 度；

四边形的外角和是 360 度；

五边形的外角和是 360 度；

......

任意 $n$ 边形外角和都是 360 度。

这就把多种情形用一个十分简单的结论概括起来了。用一个与 $n$ 无关的常数代替了与 $n$ 有关的公式，找到了更一般的规律。

——摘自"院士数学讲座专辑"《数学家的眼光》（张景中著）

（二）音变部分

1. 什么是变调？普通话主要有哪几种变调现象？

2. 什么是轻声？普通话轻声的作用是什么？

3. 什么是儿化？儿化的作用是什么？

4. 举例说明语气词"啊"的音变主要有哪几种情况。

5. 你的母语中有没有轻声现象？如果有，比较方言与普通话轻声音变及其规律的异同；如果你的母语中没有轻声现象，首先学会轻声的发音，其次掌握轻声的规律，并反复练习《普通话水平测试用必读轻声词语表》中的轻声词。

6. 你的母语中有没有儿化现象？如果有，根据儿化音变规律找出其发音、表意与普通话的异同；如果你的母语中没有儿化现象，首先学会儿化韵的发音，其次掌握儿化韵的变读规律，并反复练习《普通话水平测试用儿化词语表》中的儿化词。

7. 根据变读规律改正下列句子中语气词"啊"使用的错误，并反复朗读。

① 今天天气真好呀！

② 大家唱呀，跳呀，玩儿得可高兴了。

③ 他是你的老师呀？

④ 你在背单词哇？

⑤ 今天谁值日哪？

⑥ 这首歌真好听呀！

⑦ 你们去踢足球哪？

8. 朗读下列短文，注意其中的音变现象。

没有一片绿叶，没有一缕炊烟，没有一粒泥土，没有一丝花香，只有水的世界，云的海洋。

一阵台风袭过，一只孤单的小鸟无家可归，落到被卷到洋里的木板上，乘流而下，姗姗而来，近了，近了！……

忽然，小鸟张开翅膀，在人们头顶盘旋了几圈，"噗啦"一声落到了船上。许是累了？还是发现了"新大陆"？水手撵它它不走，抓它，它乖乖地落在掌心。可爱的小鸟和善良的水手结成了朋友。

　　瞧，它多美丽，娇巧的小嘴，啄理着绿色的羽毛，鸭子样的扁脚，呈现出春草的鹅黄。水手们把它带到舱里，给它"搭铺"，让它在船上安家落户，每天，把分到的一塑料桶淡水匀给它喝，把从祖国带来的鲜美的鱼肉分给它吃，天长日久，小鸟和水手的感情日趋笃厚。清晨，当第一束阳光射进舷窗时，它便敞开美丽的歌喉，唱啊唱，嘤嘤有韵，婉如春水淙淙。人类给它以生命，它毫不悭吝地把自己的艺术青春奉献给了哺育它的人。可能都是这样？艺术家们的青春只会献给尊敬他们的人。

　　小鸟给远航生活蒙上了一层浪漫色调。返航时，人们爱不释手，恋恋不舍地想把它带到异乡。可小鸟憔悴了，给水，不喝！喂肉，不吃！油亮的羽毛失去了光泽。是啊，我//们有自己的祖国，小鸟也有它的归宿，人和动物都是一样啊，哪儿也不如故乡好！

　　慈爱的水手们决定放开它，让它回到大海的摇篮去，回到蓝色的故乡去。离别前，这个大自然的朋友与水手们留影纪念。它站在许多人的头上，肩上，掌上，胳膊上，与喂养过它的人们，一起融进那蓝色的画面……

——节选自王文杰《可爱的小鸟》

# 第 四 章
# 普通话词语的规范化运用

**【摘要】** 词汇是语言构成的三大要素之一。普通话是汉民族的一种标准话，所用词汇自然也要求符合标准，合乎规范。本章主要介绍词与词汇的基本知识；明确词语的规范化原则，分别对方言词、外来词、古语词、新生词的规范化问题提出要求；以分析对比方言词语与普通话词语的主要差异为重点，对词语规范化进行实例辨析。

## 第一节 | 词与词汇概说

### 一、词汇

词汇是语言的结构材料，是词和语的总称。各种语言都有自己的词汇，如"汉语词汇"、"英语词汇"、"维吾尔语词汇"等。另外，"词汇"一词还可以指一个人掌握的全部词语，如：他是一个小学生，掌握的词汇量还很有限；也可以指一部著作、一篇作品中运用的全部词语，如：《围城》这部小说所用词汇非常丰富。可见，词汇是就整体而言，是一个集合概念。一个民族语言的词汇越丰富，这种语言就越发达；一个人掌握的词汇越丰富，他驾驭语言的能力就越强，对事物和思想感情的表达就越精确。要提高普通话水平，需要掌握一定的词汇量作支撑，更要注重词语运用的标准化、规范化。

### 二、词

词是能够独立运用的最小的语言单位。如"海南的风光是迷人的"，这句话能分出6个独立运用的最小的语言单位："海南"、"的"、"风光"、"是"、"迷人"、"的"。它们都有固定的语音形式，都包含着一定的语义内容。从上例可以看出，词要具备两个条件：一是能独立运用。指词具有一定的语法功能，可以用来造句，可以充当句子成分，可以表示词与词之间的结构关系，可以表达句子的语气。在上例中，"海南"是主语"风光"的定语，"是""迷人"为谓语，都能单独充当句子成分；第一个"的"表示"海南"和"风光"的偏正关系；后一个"的"表示全句是陈述语气。二是单位最小。指词不能再分，若再分解，分解出来的单位就不再保持原有的意义或没有意义了。如"海南"、"风光"，可分成"海"、"南"和"风"、"光"，虽各自能独立表示一定意义，但与原词的意义已完全不同了。再如"玻璃"，如果分开，则只是两个没有任何意义的音节或字了。

由此可见，词是个体，词汇是整体，词与词汇是个体与整体的关系，二者是不能混用的。我们不能说"今天外语课，我学了 20 个词汇"，只能说"我学了 20 个词"。

## 三、词素

词素是语言中最小的有意义的单位，词根、前缀、后缀、词尾都是词素。如"他用毛巾擦玻璃"，有 7 个音节（字），前 5 个都有意义，都是最小的语音单位（音节），所以是 5 个词素，"玻"、"璃"虽然都是最小的语音单位，但都没有意义，都不是词素；再如，"迪斯科"、"葡萄"各是一个词素，而"老虎"、"桌子"则各包含了两个词素。词是造句单位，词素是构词单位，词素是比词小一级的语言单位，小，主要就小在它不能独立充当句法成分。

# 第二节 | 词语的规范化

## 一、词语规范化的意义

"普通话"包括了语音、词汇、语法三方面的标准，是语音、词汇、语法的统一体。尽管普通话与方言的差异主要表现在语音上，但我国各大方言区在词汇方面与普通话的差异也是显而易见的。因此，在掌握普通话标准音的同时，也不能忽视普通话词语的规范化问题。在语言中，词语与一般文化联系最密切，也最具有一般文化性质，相对于语音、语法来讲，词语是语言中最活跃、最敏感的要素，"几乎处在经常变动中"[①]。普通话词语的标准之所以不像语音标准那么固定、明确，是由普通话词语的来源与发展规律决定的。

我国方言众多，但北方方言比其他方言区的词汇更具普遍性。普通话词汇就是在北方方言的基础上形成并发展起来的，它包括汉民族共同使用的和逐渐发展为共同使用的词语。1955 年现代汉语规范问题学术会议明确规定，普通话以北方话为基础方言。但也不是所有的北方方言的词语都能进入普通话词汇。我们既要舍弃北方方言中的某些俚语俗词，又要吸收其他方言词、古语词、外来词、新生词等某些富有表现力的词语，不断丰富、扩充普通话词汇。

词汇与现实生活的关系至为密切，它就像一个晴雨表，记录着时代发展的脉搏。陈原先生说："语言中最活跃的因素——词汇，常常最敏感地反映了社会生活和社会生活的变化。"[②] 随着社会生活的快速变化和国际交流的日益加强，大量的方言词语、外来词语、缩略词语、新生词语等涌进了普通话，这些词语，一方面丰富了普通话词汇，另一方面也给普通话词汇带来了分歧和混乱。如"电脑"、"炒鱿鱼"、"峰会"、"三包"等词语，形象、简洁，极富表现力；而诸如"的士"（出租车）、"大哥大"（无线电话）、"内矛"（人民内部矛盾）、"上吊"（上海吊车厂）的叫法，则是不规范、不严肃的。这就需要对这些词语进行规范，使汉语朝着纯洁、健康的方向发展。正如陈原先生所说："在任何一个社会里，社会的组织和成员都要求彼此使用的语言文字有一定的规范。如果你用你的变体，我用我的变体，社会交际就会产生歧义。……规范化是社会语言共同体的需要。信息社会就更需要规范化，因为信息化社会是要求信息交际的高速度、高效率。没有规范化，高速度、高效率也就无从谈起。"③越是现代信息社会，对词语规范化程度的要求越严、越高。1997 年 12 月 23 日，孙家正在全国语言文字工作会议上做了《努力促进社会语言文字的规范化》的重要讲话。可见，词语的规范化不仅意义深远，而且势在必行。

## 二、词语规范化的原则

由于词语比语音、语法活跃、敏感，需要不断创造出新词语去反映层出不穷的新事物、新概念，所以词语的规范化难度要比语音、语法大得多。1955 年现代汉语规范问题学术讨论会就没有给词汇规范定出标准，原因就在于此。语言是随着社会生活的变化而不断发展的，词汇的规范化标准也应建立在动态原则之上。正如著名语言学家张斌先生所说："无论如何，我想，评论者不能把语言规范看成固定不变的东西。五十年代认为不合规范的，八十年代可能成为习惯而被认为合法的了。比如《语法修辞讲话》初版把'战机'、'劳改'列为生造词语，作者今天的看法恐怕不一样了。"④吕叔湘先生在 1984 年曾把"民品"、"达标"、"死缓"、"人流"、"糖心病"、"内矛" 6 个词列为"简称的滥用"，可是，如今这 6 个简称中前 4 个已被普遍正规使用，成了公认的汉语言新词语。原则尽管是动态的，但毕竟是要讲原则的，一般说来，词汇的规范化应当依据以下几方面的原则。

### （一）必要性原则

必要性就是根据语言实践的需要，对词语进行选择和取舍。现实生活中产生了新事物，形成了新概念，就有必要用新词语来称谓，没有这样的固定、统一词语，就无法言简意赅地表达新事物、新概念，就会引起交际的空白。姚汉铭著的《新词语·社会·文化》一书中，把这项原则称之为"填空性原则"。用伏尔泰的话来说就是："一个新词，只有在绝对必要、明白易懂并且悦耳时才情有可原。"⑤语言的产生与发展从根本上说就是源于需要，词语的规范化当然也以必要性为首要原则。如"特区"、"大包干"、"试管婴儿"、"航天飞机"、"武警"、"新潮"、"信息"、"断层"、"辐射"等，都是伴随着新生事物产生的必要而确定的词语，填补了空白，是词语类别中最迫切需要的。对那些没有必要又反生累赘的造词，则要予以清除。如，普通话词汇中已有"刺耳"、"开始"、"受益"等现成词，有人却又生造出"刺声"、"起始"、"享益"，既没必要，也不符合构词法，是不符合词语规范的。

另外，信息化社会要求信息传递具有高效性。正如罗常培、吕叔湘先生所说："信息传递的第一个要求是准确无误，第二个要求是省时省力，合起来可以称为效率原则。对语言来说，最理想的效果是在保证准确的前提下，用最经济的手段达到交际的目的。"⑥如"包修、包退、包换"、"公共关系"、"检查和测试"等短语，在现代生活中使用频率很高，人们便将其缩略成"三包"、"公关"、"检测"，尽管这些词语不属填补空白，意义表述的明确性也不如前者，但由于符合效率性原则和必要性原则，也属普通话词汇的范畴。

当然，缩略语不能影响词语的关键性理解和严肃性。如果在南京把天津的南开大学简称为"南大"，就很容易与南京大学混淆，造成交际失误。如把"上海吊车厂"简称为"上吊"，把"继续教育学院"简称为"继院"，把"上海测量研究所"简称为"上测所"，听起来就使人产生歧义，也是很不文雅、不严肃的，都属要规范之列。

### （二）普遍性原则

普遍性就是要选用那些流行范围广、使用频率高的词语。这是由语言的性质和普通话的要求决定的。语言既然是交际的工具，它越是畅通无阻，就越能体现高效性。普通话就是现代汉民族的共同语，拥有最广的流行范围和最高的使用频率，因此，在评价和选择普通话词语时，要遵循普遍性原则，以保证普通话的纯正品质和高效性能。如"玉米"、"苞谷"、"苞米"、"棒子"等说法是指同一种东西，在北方方言中都有一定影响，"苞谷"、"苞米"在东北方言中用的较普遍，"棒子"在山东、河北、河南则用的较多，而"玉米"一词，无论在东北，还是中原及南方广大地域，都有使用并能被广泛接受，所以，从普遍性原则的角度，就要把"玉米"一词作为规范化用语。又如"土豆"、"洋芋"、"山药蛋"也都属北方方言中的用词，但"土豆"的说法流行面最广，所以在规范时，应保留"土豆"，舍弃"洋芋"、"山药蛋"。再如，"积累"和"累积"、"整齐"和"齐整"，前一种说法在口语和书面语中都通用，使用广泛而普遍，容易被人接受，而后一种说法仅有少数人在个别场合使用过，不符合普遍性原则，在规范中当然要采用前者而淘汰后者。

### （三）准确性、明确性原则

准确性就是选用那些能准确无误地反映客观事物的词语，淘汰不能准确反映客观实际的词语，这是语言交际的最基本要求。例如，过去把身体失去一部分或丧失部分机能的人称为"残废"，它的表义性就不够准确。因为有些人虽残却并未废，他们同样可以为社会做出一定的贡献，于是有人提议把"残废"改为"残疾"，很快得到全社会的支持并迅速流行起来。这不仅因为"残疾"合乎表义准确性原则，而且还合乎道德标准，体现了现代社会以人为本的理念及对残疾人的尊重，更富有人文色彩。所谓明确性，就是选用那些意义明确、便于人们理解和运用的词语。对那些含混不清或容易与其他词混淆的词语就要尽量淘汰或更换。例如，有人自造的"闪窜"、"基训"、"暴笑"、"相跟踵至"、"自我心思"等所谓词语，除造词者本人外，别人很难理解，纯属滥造，应予杜绝。对一些外来词语，一般要以意译的习惯性说法作为规范性用词，如"麦克风"与"话筒"、"德律风"与"电话"、"布拉吉"与"连衣裙"等，后者在意义上更明确，更容易被人理解，事实上，后者的使用也越来越广泛、普遍，所以后者理应被确定为规范词语。语言交流要求在听觉、视觉上都要清晰、明确，易于分辨，才能达到快捷、高效的交流目的。对一些容易混淆的词语，如"财务"与"财物"、"期中"与"期终"，这些词在视觉上，区别是明显的，但在听觉上容易混淆，况且它们还多用于同一领域或相近场合，就会造成一些不必要的麻烦。对这种情况则可采用同义词素相互代替的方法，改造同音词的一方，加以区别和规范，如变"财物"为"钱物"，变"期终"为"期末"，就显得清晰、明确得多。

另外，有的学者还讲到互补性原则，如"电脑"对于"电子计算机"，"发廊"、"发屋"对于"理发店"似乎是多余的，但在语言实践中，它们仍显示出在不同使用场合的特有风格，形成了事实上的不能舍弃。还有的讲到效率原则、生动鲜活原则，如"展销"（展览以销售）、"大锅饭"（不分优劣平均分配的方式）、"穿小鞋"（报复刁难）、"马蜂窝"（问题成堆的地方）等，这些词都是以简明、形象、高效取胜的，现在括号中的词倒是用的较少，大有被取代之势。这说明它们有表现力、生命力，符合人们交流的习惯，符合语言发展的规律。

需要说明的是，上述几点规范化原则是相对的，动态的。一个词语并非要符合上述所有原则才是规范的，事实上，只要突出地符合其中一条，这个词语就可以成立了。如缩略语，在准确性、明确性上肯定不如原词语，但由于突出地符合效率性原则或必要性原则，便为社会接受并广泛使用了。还有些词看上去似乎没有多大的必要性，如"发廊"、"穿小鞋"等，但由于人们特定的心理和使用习惯，它们还是鲜活地存在于汉语言交流中。这就说明人们定出的理性原则总是第二性的，习性才是第一性的。另外，这些原则在具体的使用中也是有层次的，不同的使用环境和使用对象，对词语的规范化要求也是不一样的。公文、政论文、科学论文、新闻报道等，对词语的规范化程度要求很高，而通讯、特写、文艺作品等要求用词活泼、生动、新颖，对词语的规范化程度要求则不是太高。同样，书面语与口语，严肃庄重场合与日常交际场合，教师、政府官员与普通群众，在使用词语的规范化上也有不同层次的要求。也就是说，我们既强调原则、规范的必要性，又承认语言发展变化的必然性，二者是一对矛盾统一体。

## 三、方言词、外来词、古语词、新生词的规范化

方言词、外来词、古语词、新生词是普通话词语的主要来源，但这几类词成为普通话词语，要有一个规范化的过程。不符合普通话词语标准的，则不能成为普通话词语。

### （一）方言词的规范化

普通话词汇以北方方言词汇作为基础，但即使是代表北方方言的北京话，其词语也不能全部归入普通话词汇，这是因为北京话中有不少是仅老北京人才懂的"土语词"，如"涮人"（戏弄人）、"坏醋"（事情败坏）、"盖帽儿"（最好的）。从方言区吸收的词语，只有在全民范围内通用开来，才能成为共同语的词汇，如来自吴方言的"垃圾"、"蹩脚"、"把戏"、"尴尬"，来自粤方言的"雪糕"、"冰激凌"，来自沪方言的"名堂"。这样看来，方言词要成为普通话词语，是有原则和条件的。

第一，普通话中已有适当的词可用，就不必吸收方言词了。当方言词语表示的事物概念在普通话里没有适当的词语来表示时，可以吸收方言词。如，普通话中已有"火柴"，就没必要吸收"洋火"、"取灯儿"、"自来火"等方言，普通话中已有"香皂"、"小偷"、"吸烟"的规范用词，也没必要再用"胰子"、"贼娃子"、"吃烟"之类的方言词了。但如沪方言中的"名堂"及南方方言中的"椰子"、"龙眼"，在普通话中没有任何一个词能表达其意义或事物，当然要吸收到普通话中来。

第二，普通话中虽然已有和方言词大致对应的词，但方言词的表现力更强，词面更鲜明、生动，这类方言词就应吸收到普通话中来。如吴方言中的"扯皮"、"垃圾"与湘方言中的"里手"，用普通话中与之最接近的"纠缠"、"脏土"与"内行"都不能取而代之，这就有必要把这些方言词吸收到普通话的词汇中。

所以，普通话吸收方言词语，主要看共同语是否有这种需要，看方言词本身是否具有表现力，表义是否明晰。对尚未进入普通话的方言词要特别慎重，切忌滥用。

### （二）外来词的规范化

外来词是一种从其他民族语言中吸收过来的词。外来词在汉语中古已有之，如"葡萄"、"菩萨"、"刹那"、"塔"等。现代的外来词则更多，如"苏维埃"、"扑克"、"巧克力"、"啤酒"、"卡车"等。外来词是两种文化融合的结果，随着对外开放的不断扩大，汉民族与外民族的语言交流会愈来愈广泛，许多符合国际潮流、反映新事物、新概念的外来词将会源源不断地融入到汉语言中。"洋为中用"，也要强调规范，对外来词的翻译和取舍要注意以下几点：

#### 1. 要准确表达事物和概念的含意

准确是对词语的基本要求，对外来词也不例外。英文词"whisky"，最初意译为"英国烧酒"，因不够准确才音译为"威士忌"；英文词"logic"，曾用汉语中已有的"名学"去意译，但终因不能完全表达英文词的内在含义而改用成音译"逻辑"。现在"威士忌"、"逻辑"已成为汉语言的通用词语。

#### 2. 坚持通行化、简约化

如果一个外来词有多种音译形式，就应采用最通行的一种。因为语言是约定俗成的，最通行的，也是符合语言发展规律并为社会所接受的。如，法语词"mètre"，汉译词有"米"、"米突"、"密达"、"迈当"4种形式，而"米"是最通行的，我们就以"米"为规范词，而舍弃其余3个；如果一个外来词，已有一个被广为接受的读音和写法，就不必再滥造新形式，如英语词"chaplin"译为"卓别林"，已属人们所公认的固定译词，若再译为"贾白林"或"贾波林"之类，不仅大可不必，而且徒增混乱与麻烦，就属于不规范译词。

#### 3. 翻译外来词时，提倡音义兼顾

我们学习汉语可以借助字形、字义展开联想，来加强理解与记忆，所以在吸收外来语言时，也往往以意译为多，或半音译半意译，或音译加类名。为适应汉民族使用习惯，我们倡导翻译外来词时，兼顾音义两方面。例如，"幽默"、"乌托邦"、"可口可乐"、"摩托车"、"浪漫主义"、"卡车"、"啤酒"、"芭蕾舞"等。

需要说明的是，意译词是否算外来词在语言学界是有争议的。在这里，我们认为它运用了汉语言的词素和构词方式，就不以外来词论。

### （三）古语词的规范化

语言像一条河流，从古到今，川流不息。我们今天的语言是从古代发展而来的，毛

泽东在《反对党八股》一文中明确指出："我们还要学习古人语言中有生命的东西。""当然，我们坚决反对去用已经死了的语汇和典故，这是确定了的，但是好的仍然有用的东西还是应该继承。"我们要继承、使用那些易为人们理解且精炼而形象的古语词，用以丰富现代汉语词汇，增强普通话词语的表现力，但我们反对以古语词显雅摆阔和文白夹杂的"孔乙己式"的做法。古语词要成为规范的普通话词语需注意以下几点。

1. 摒弃生僻、费解的古语词

语言是交际的工具，本来是给人提供交流便利的，如果使用一些生僻、费解的古语词，反而会给人们的交流设置障碍，增添麻烦，不利于语言的进步和发展。如古语词中的"嶒嶝"、"葳蕤"、"揄扬"、"骓骊"、"踦踞"、"媸妍"、"淫濛"等，一般人已不懂其意，更谈不上通用性，所以普通话就不能吸收这类古语词。

2. 不采用已被普通话词语取代的古语词

语言交流要求准确、简便、快捷，有些古语词已被简单明了的现代词语所替代，在这种情况下，就没必要再用古语词了。如"尔"、"雉"、"黎民"、"仓廪"，已分别被现代词"你"、"野鸡"、"百姓"、"仓库"所取代。有时在特定的背景或场合，普通话词汇中也容许留存一些必要的古语词，如"兹"、"参拜"、"阁下"、"吊唁"、"笑靥"、"子夜"等就经常作为公文、外交、悼念、文艺等方面的词语，以示庄重、典雅或尊敬。有时在论述文中适当用些古代格言、警句，也会起到言简意赅、警醒、凝练的效果。

3. 杜绝文白夹杂、不文不白的句子

尽管提倡白话文已有近百年的历史，但事实上还有一部分文化人在讲话尤其是写文章时，总是有那么点"恋旧情结"，自觉或不自觉地用上几个文言词语。这虽属个人偏好，但语言毕竟是交际的工具，不仅仅局限于使用者个人，更多的要考虑其公众性和通用性，要采用大家都乐于接受的语言形式。文白夹杂、不文不白的句子自然会造成行文不规范、语句风格不协调的弊端，有碍人们的语言交流，应坚决杜绝。例如，"那时候，我年幼，尚不省事，每天跟着爸爸到市场去摆摊。"这是一般的叙事句子，既不表示幽默，也不表示庄严，在浅白的口语中间插入文言词语"年幼、尚、省事"后，就显得不伦不类。如果改为"那时候，我年纪很小，还不懂事"，语体风格就协调一致，读来也自然流畅。

### （四）新生词的规范化

随着社会的变革和科技的进步，新生词将会大量涌现，如航天、峰会、闪婚等。但也存在一个规范化问题，如新出现的词语是否符合现代汉语的构词规律，会不会与原有的词发生音、形上的混淆。新生词的规范化最重要的是避免生造词语，容易出现生造词语一般有以下几个类型。

1. 近义杂糅

在意义相类或相近的词语中各抽出一个语素，组合成一个生造词语，使得词义含糊不清，妨碍思想的表达与交流。请看如下几例：

1）资本主义国家发展工业滥肆污染环境、制造公害的老道，我们坚决不能走。（转引自赵运昌《怎样修改病句》，南开大学出版社 1984 年版）

2）《亮色》撇开拙实琐细的写作路数，不致力于编织故事，而是以别致的文笔把冗实的情节转化为场景和情绪，努力营造一种意境和气氛，……揭示了人物内心世界不可捉摸的奥微。（《作品》1986 年第二期第 53 页）

3）"难道就这样度过一生？"这个问题一直缠萦在他的脑际。（《中国青年报》1984 年 3 月 11 日）

例 1）中的"滥肆"和例 2）中的"拙实"、"冗实"、"奥微"，属想当然式的近义拼凑，乖僻生硬，令人费解。例 3）中可能从"缠绕"和"萦绕"中各抽出一个词素生造出了"缠萦"。另外像"揍打"、"打问"、"违挠"、"协帮"等，都属于近义杂糅的生造词，既没有多少新意，又徒增混乱，应予彻底废除。

2. 生拼硬造

词的构成本来是有内在规律的，不能随个人意愿生拼硬造。如：

1）老龚头方要解释，忽听外边一声刺声的喇叭尖叫，还夹着邢元一声叫喊……（《走进暴风雨》，《小说月报》1983 年第 8 期）

2）肉身服装以棉织品为佳，……（《祝您健康》1984 年 4 期）

上述例子中的"刺声"与"肉身"都是不规范的乱造词，并且与其修饰的"喇叭尖叫"和"服装"也不搭配。

3. 任意缩略

缩略是一种造词方法，但这种方法的运用是有一定限度和规律的。一般情况下，越是使用频率高的固定词组越容易产生缩略语。如果不顾某些原则，任意缩略，那么缩略成的词语便是生造词语。如：

似乎，有人相处一生也防意如城，朝夕厮守终了也还是隔膜的，但是他们不过刚始萍水相逢……（《青砖的楼房》，《人民文学》1984 年 4 期）

句子中的"刚始"大概是"刚刚开始"的简称，词义不明晰，人们接受起来也很不习惯。再如把"生产自救"缩略为"生救"，把"人民助学金"缩略为"助金"，把"大学教师"缩略为"大教"等，这些缩略都造成了词义的不明确，极不规范，也是不可取的。

# 第三节 | 方言词语规范化实例辨正

## 一、方言常用词语与普通话词语的主要差异

方言词语与普通话词语的差异，虽然不像语音之间的差异那么明显、突出，但还是或多或少地存在着。只有掌握了二者之间的差异与对应关系，学会替换并养成习惯，才

能纠正自己的方言土语，促使普通话水平不断提高。

由于我国幅员辽阔，方言区众多，方言词语与普通话词语的差异情况非常复杂，但主要表现为以下两种情况。

### （一）义同形异

对同一概念或事物，不同地域的方言表达用词不同，与规范的普通话用词也往往不同，这种情形我们称之为义同形异。词形之异又有完全不同、部分不同或顺序不同之分。

1）方言词语与普通话词语的文字形式完全不同。如以下几组对比：

| 普通话 | 广州话 | 长沙话 | 南昌话 | 梅县话 |
|---|---|---|---|---|
| 蚯蚓 | 黄犬 | 蛐蟮子 | 寒今子 | 虫蟮 |
| 目前 | 而家 | 在今 | 而今 | 今介 |
| 吝啬 | 孤寒 | 抠 | 啬 | 小气 |

有些方言词语从词形上已很难看出与普通话表示同一意义的词语之间的联系，如普通话"麻雀"一词，如表 4-1 所示。

表 4-1　"麻雀"一词的方言

| 天津 | 洛阳 | 鲁西南 | 山西北区 | 山西南区、西区部分县 | 海康（广东） |
|---|---|---|---|---|---|
| 老家贼 | 小虫儿 | 小小虫 | （老）家巴子 | 飞虫、宿娃、宿儿、宿宿 | 鸟冥 |

再如普通话"聊天儿"一词，如表 4-2 所示。

表 4-2　"聊天儿"一词的方言

| 北京 | 东北 | 山东 | 重庆 | 广州 | 长沙 |
|---|---|---|---|---|---|
| 侃大山 | 唠嗑 | 拉呱儿 | 摆龙门阵 | 打牙较 | 扯粟壳 |

有些方言词语的词素与普通话还有一些联系，但方言却有许多不同的形式，词义却相同，如表 4-3 所示。

表 4-3　方言与普通话的差异（完全不同）

| 沈阳 | 西安 | 成都 | 武汉 | 合肥 | 扬州 | 上海 | 温州 | 长沙 | 赣州 | 普通话 |
|---|---|---|---|---|---|---|---|---|---|---|
| 小嘎儿 | 娃 | 小娃儿 | 小伢 | 小伢子 | 小霞子 | 小囡 | 细儿 | 细伢子 | 奴仔 | 小孩儿 |

2）方言词语与普通话词语的文字形式部分相同，如表 4-4 所示。

表 4-4　方言与普通话的差异（部分相同）

| 普通话 | 重庆话 | 武汉话 | 长沙话 | 南昌话 |
|---|---|---|---|---|
| 星星 | 星星儿 | 星、星斗 | 星子 | 星子 |
| 旋风 | 旋风儿 | 旋涡风 | 旋涡子风 | 旋头风 |
| 小孩儿 | 小娃儿 | 小伢 | 细伢子 | 细伢子 |
| 什么 | 啥子 | 么事 | 么子 | 什哩 |
| 恰巧 | 恰好、刚好 | 恰好、碰巧 | 正好、恰巧 | 碰巧 |

3）方言词语与普通话词语的构成词素相同，但顺序不同，如表 4-5 所示。

表 4-5　方言与普通话的差异（顺序不同）

| 普通话 | 方言 |
| --- | --- |
| 客人 | 人客 |
| 灰尘 | 尘灰 |
| 母鸡 | 鸡母 |
| 介绍 | 绍介 |
| 喜欢 | 欢喜 |
| 热闹 | 闹热 |
| 地道 | 道地 |

随着普通话的快速推广，这类义同形异的方言词语大多正在日益缩小其使用范围，但极少数含义明确、形象生动、富有表现力的也可能会扩大其使用范围，渐渐为人所熟知，也会纳入普通话词语的范畴。

需特别关注的是经济发达地区的方言词语对普通话的影响最为突出。经济发展强劲地区的方言，对普通话的冲击也是强劲的。如沪方言"名堂"、"拍板"、"毛毛雨"、"撑门面"等，粤方言"炒鱿鱼"、"发廊"、"峰会"、"知名度"、"跳槽"等都已成为普通话词语了。以沪方言、粤方言为主的经济先行地区的方言词语进入普通话，从语言学的角度真实、准确地折射出我国改革开放的态势。同时，在当前汉语的变异中，规范化更是亿万人民的需要。语言自身的规范化要求，语言工作者的规范化努力，都有利于普通话的日益壮大。有特殊表达作用的沪方言、粤方言等的方言词语会在普通话中长期落户，但不规范的、冲击普通话的新潮方言词语，最终将会被淘汰。

## （二）形同义异

有些词语在方言和普通话中，书写形式完全相同，但词义却不相同。有的是所指内容不同，有的是所指范围不同。这种类型的方言词语在使用中最容易产生歧义与误解，需引起特别注意。侯宝林先生说的关于方言与普通话的一个相声，就是利用了这一点。相声中说：他到上海演出，去一家饭店吃饭。服务员问他："吃点什么？"回答："半盆面汤。"不一会儿，服务员端来半盆洗脸水，老先生理解为大城市，讲卫生。洗后，仍不改初衷，还是半盆面汤，如是三回。老先生理解成饭店特别干净，怕洗一遍洗不干净；服务员以为遇到一个难伺候的顾客。原来北方方言中的"面汤"是指面条，而上海话则是洗脸水。上海话里的"面"专指"面条"，普通话里的"面"指的是"小麦磨成的面粉"或"面条"。再如河北省涞源说"粥"的时候，你可千万不要理解成稀饭，它说的是大米干饭；普通话里的馒头，吴方言说的是带馅儿的包子；普通话里的"妈妈"是对母亲的称呼，上海话指的是伯母，菏泽市的牡丹区、巨野、定陶等地用来称呼姑姑，山东、河北等地除了母亲的意思外，有时还指乳房。下面分两种情况举例说明。

1. 所指内容不同

如表 4-6 所示。

表4-6　方言与普通话的差异（所指内容不同）

| 同形词 | 普通话词义 | 方言词义 |
| --- | --- | --- |
| 面 | 面粉 | 面条（吴方言） |
| 粥 | 稀饭 | 干饭（河北涞源话） |
| 馒头 | 发酵面蒸无馅圆形食品 | 包子（吴方言） |
| 鸭子 | 鸭 | 鸭蛋（吴方言） |
| 爷爷 | 祖父 | 父辈（江淮话） |
| 姑娘 | 未婚女子、女儿 | 小老婆（福州话） |
| 妈妈 | 母亲 | 伯母（上海话），（山东、河北等地也指乳房） |
| 麦穗 | 小麦的穗 | 玉米（厦门话） |
| 对手 | 竞赛的对方 | 帮忙（福州话） |
| 客气 | 谦让、有礼貌 | 漂亮（南昌话） |
| 得意 | 称心如意 | 有意思、有趣（广州话） |
| 纳闷 | 因疑惑而发闷 | 傻瓜（福州话） |

**2. 所指范围不同**

如表4-7所示。

表4-7　方言与普通话的差异（所指范围不同）

| 同形词 | 普通话词义 | 方言词义 |
| --- | --- | --- |
| 水 | 无色无味无臭液体 | 兼指雨（广州话、梅县话） |
| 泥 | 含水的半固体土 | 兼指湿的泥和干的土（广州话、梅县话） |
| 椅 | 椅子 | 兼指椅子和凳子（闽方言） |
| 孙 | 孙子、儿子的儿子 | 兼指侄（闽方言） |
| 手 | 上体上肢前端能拿东西的部分 | 兼指手臂（闽方言） |
| 爹爹 | 父亲 | 兼指祖父和父亲（长沙话） |
| 妹子 | 女孩子、妹妹 | 兼指姑娘、女儿和女朋友（长沙话） |
| 外甥 | 姐姐或妹妹的儿子 | 兼指外孙（山东话） |
| 鼻子 | 人和高等动物的嗅觉器官 | 兼指鼻涕（山东话） |
| 倒 | （人或竖立的东西）横躺下来 | 兼指躺（闽方言） |
| 射 | 用推力或弹力发出 | 兼指扔、砸、快跑（长沙话） |
| 肥 | 含脂肪多，一般不用于人 | 兼用于人和动物（南方大部分方言） |

　　方言和普通话中这类词形相同而词义不同的词尽管所占比例不多，但在语言交际中极易造成麻烦，所以在学习普通话时，要尽量多了解这方面的词例，并加以辨别，以免用错乃至造成误会。

## 二、方言常用词语规范化实例辨正

### （一）用普通话词语替换方言词语

　　在认识方言词语与普通话词语差异的基础上，还要学会辨别哪些是普通话词语，哪些是方言词语，以及如何把方言词语替换成普通话词语。

　　首先，要在学习与生活中做一个有心人。在平常读书、看报和听广播、看电视特别是新闻联播时，多留意普通话用词的规范性说法和表达方式，找出本地方言中不符合普通话规范的用词，并在日常写作与口语表达中自觉地加以替代转换。日积月累，慢慢就可掌握方言与普通话词语间的一些对应关系，逐步摆脱方言用词对自己的影响。

　　其次，要勤查词典。实践证明，平时多翻检词典，对充实、丰富自己的普通话词汇量、纠正方言用词是大有益处的。如果遇到不知道普通话与方言的对应关系时，也可以通过查词典求得。2005 年 7 月修订的第五版《现代汉语词典》在普通话词语的规范方面是最有参考价值的工具书之一。第五次修订，删去 2000 条，另增 6000 余条，全书收词约 65000 条，反映了语言文字规范化的最新成果，是学习普通话的好帮手，学习普通话的人应经常翻检查阅。《实用汉语图解词典》（外语教学与研究出版社，1982 年 12 月第 1 版）也可供学习普通话时参考。本词典收录了一些不常见的事物名称和专业术语，并配以图画、解释。不好找对应词时，可以借助它按图索词。

　　再次，要多向普通话水平高的人学习、请教。在与他们交谈中，要有意体会和学习对方的用词造句，尽量避开方言中的旧、土、粗、俗词语，也就是在学中用，在用中学，这是学习普通话规范用词的最直接、最便捷的方式。

### （二）方言与普通话常用词语对照辨正

　　普通话水平测试中的词语选择判断题，主要是从词形构造方面来区分同义异形的词语。2004 年版《普通话水平测试实施纲要》里收列普通话与方言词语对照条目 955 条。这里我们仅选出部分常用词语与几种代表性方言用词作一对照（见表 4-8）。各地学生可在老师的指导下，归纳出普通话常用词语与本地方言用词的对照表，以便使学习更具针对性、时效性。

表 4-8　常用普通话词语与几种代表性方言词语对照表

| 普通话 | 山东话 | 重庆话 | 武汉话 | 长沙话 | 南昌话 |
|---|---|---|---|---|---|
| 太阳 | 太阳、日头、太阳地儿 | 太阳 | 太阳、日头 | 太阳、日头 | 日头、太阳 |
| 月亮 | 月亮、月明地、月姥娘 | 月亮、月亮婆婆 | 月亮 | 月亮 | 月光 |
| 闪电 | 打闪 | 扯火闪 | 扯霍 | 闪 | 霍闪 |
| 下雾 | 起雾、上雾、挂帐子 | 下雾、下雾罩 | 下雾 | 下雾、下罩子 | 下雾 |
| 日食 | 天狗吃日头 | 日食 | 天狗吃日头 | 天狗吃日 | 天狗吃日 |
| 月食 | 天狗吃月亮 | 月食 | 天狗吃月亮 | 天狗吃月 | 天狗吃月 |
| 城市 | 城里 | 城里 | 城里 | 城里 | 城里 |
| 乡村 | 乡下、乡里 | 乡里 | 乡里 | 乡里 | 乡里 |
| 今天 | 今儿、今们 | 今天儿、今天 | 今天、今日 | 今日子、今朝 | 今日 |
| 昨天 | 夜儿、夜来、夜们 | 昨天儿、昨天 | 昨天、昨日 | 昨日子 | 昨日 |
| 明天 | 明儿、明日、赶明 | 明天儿、明天 | 明天、明日 | 明日、明朝子 | 明日 |
| 后天 | 后儿、后日、过明儿 | 后天儿 | 后天、后日 | 后日、后日子 | 后日 |
| 早晨 | 清早、寝起来 | 早上 | 早晨 | 早上、早晨头 | 清早 |
| 上午 | 头晌儿、头晌午 | 上半天 | 上午、上半天 | 上午、上半日 | 上昼 |
| 中午 | 晌午头儿、中午头儿 | 中午、晌午 | 中时 | 中时候、中午 | 当昼 |
| 下午 | 下晌儿、吃晌饭儿 | 下半天、下半天儿 | 下午、下半天 | 下午、下昼 | 下昼 |

续表

| 普通话 | 山东话 | 重庆话 | 武汉话 | 长沙话 | 南昌话 |
|---|---|---|---|---|---|
| 傍晚 | 傍黑儿、合黑儿 | 擦黑 | 煞黑 | 煞黑 | 断夜边子 |
| 夜晚 | 黑夜、夜里、黑价 | 晚黑 | 夜晚、黑了 | 夜晚 | 夜晚 |
| 春节 | 年关、年下 | 大年初一 | 春节 | 春节、大年初一 | 正月初一 |
| 元宵节 | 元宵节、十五 | 元宵节、正月十五 | 正月十五 | 元宵节 | 元宵节 |
| 端阳 | 端午、五月端五 | 端阳节、端午 | 端午 | 端午、五月节 | 端午 |
| 中秋节 | 八月十五、八月节 | 中秋节 | 中秋 | 中秋、八月节 | 中秋 |
| 除夕 | 年除、三十晚上 | 三十晚上 | 三十晚上 | 大年三十 | 三十夜晚 |
| 男人 | 男的、外头人、男劳力 | 男的、男人家 | 男将、男的 | 男的、男人家 | 男人、男个 |
| 女人 | 妇女、女里 | 女的、女人家 | 女将、女的 | 女的、女人家 | 女人、女个 |
| 老人 | 老年人、老人家 | 老人、老把子 | 老人、老头儿 | 老倌人、婆婆子 | 老头子、老婆婆 |
| 小孩子 | 小孩 | 小娃儿、细人 | 小伢 | 细伢子、细人子 | 细人子、细伢子 |
| 男孩子 | 男孩、小儿 | 男娃儿、崽儿 | 男伢、儿子伢 | 伢子 | 崽里子 |
| 女孩子 | 小妮子、小围女 | 女娃、女崽 | 女伢、姑娘伢 | 细妹子、妹伢子 | 女崽 |
| 父亲 | 爹、大大、爸爸 | 爸爸、老汉儿 | 爸爸、爹爹 | 爷大倌、爹爹 | 爸爸、爷 |
| 母亲 | 娘、妈妈 | 妈妈、妈 | 妈妈、姆妈 | 娘老子、姆妈 | 娘、姆妈 |
| 伯父 | 大爷、大爹 | 伯伯 | 伯伯、伯父 | 伯伯 | 伯爷 |
| 伯母 | 大娘、大妈 | 伯妈 | 伯母、伯伯（少） | 伯妈 | 母娘、伯娘 |
| 叔父 | 叔、叔叔 | 叔叔、叔爷 | 叔叔、叔爷 | 叔叔 | 叔 |
| 婶母 | 婶子、婶 | 婶娘 | 婶娘 | 婶子、婶婶 | 婶娘、婶婶 |
| 祖父 | 爷爷、爷 | 爷爷、公公 | 爷爷、爹爹 | 爹爹、公公 | 爷爷、公公 |
| 祖母 | 奶奶 | 婆婆 | 奶奶、婆婆 | 娭毑 | 奶奶、婆婆 |
| 外祖父 | 姥爷 | 外祖父、家公 | 家公、家公爹爹 | 外公 | 阿公 |
| 外祖母 | 姥娘、姥姥 | 外婆、家婆 | 家家、家婆 | 外婆 | 阿婆 |
| 岳父 | 大爷、老岳、老丈人 | 老丈人、老亲爷 | 亲爷、老亲爷 | 岳老子、丈人老子 | 丈人 |
| 岳母 | 大娘、岳母、丈母娘 | 老丈母 | 亲娘、老亲娘 | 岳母娘、丈人婆 | 丈母娘 |
| 丈夫 | 男人、外头 | 男的、男人 | 先生、爱人 | 男人 | 老公、男客 |
| 妻子 | 媳妇、家里的 | 老婆、堂客 | 老婆、爱人 | 堂客 | 老婆、女客 |
| 儿子 | 儿郎、小子 | 娃儿、儿 | 儿子、伢、男伢 | 崽、伢子 | 崽 |
| 姑娘 | 围女、妮儿 | 女儿、妹崽 | 女儿、女伢 | 女、妹子 | 女 |
| 儿媳 | 儿媳妇 | 儿媳妇 | 媳妇 | 媳妇 | 媳妇、新妇 |
| 女婿 | 女婿、客（kei） | 女婿 | 女婿 | 郎、姑爷 | 郎、姑爷 |
| 孙子 | 孙儿、孙子 | 孙儿 | 孙子 | 孙崽、孙伢子 | 孙子 |
| 孙女 | 孙女 | 孙女儿 | 孙姑娘 | 孙女、孙妹子 | 孙女子 |
| 公牛 | 牤牛、犍子 | 公牛、牯牛 | 公牛 | 牛牯子、牯牛 | 牛牯 |
| 母牛 | 牸牛 | 母牛、牸牛 | 母牛 | 牛婆子 | 牛婆 |
| 公狗 | 牙狗 | 公狗、牙狗 | 公狗 | 狗公（子） | 狗公 |
| 母狗 | 母狗 | 母狗 | 母狗 | 狗婆子 | 狗婆 |
| 公猪 | 牙猪 | 牙猪、角猪 | 公猪、牙猪 | 猪公、脚猪 | 猪牯 |
| 母猪 | 老母猪 | 草猪 | 母猪 | 猪婆、草猪 | 猪婆 |
| 公鸡 | 公鸡 | 鸡公、公鸡 | 鸡公、公鸡 | 鸡公、叫鸡公 | 鸡婆、鸡项子 |
| 母鸡 | 草鸡 | 鸡母、母鸡 | 鸡母、母鸡 | 鸡公、样鸡 | 鸡婆 |
| 老鼠 | 老鼠 | 耗子 | 老鼠、高大爹 | 老鼠 | 老鼠、财神 |
| 乌鸦 | 老哇 | 老哇 | 乌鸦 | 老哇子 | 老鸦 |
| 壁虎 | 壁虎 | 爬壁虎儿 | 壁虎子 | 壁虎子、巴壁虎 | 壁蛇子 |
| 粥 | 稀饭、糊涂 | 稀饭 | 稀饭 | 稀饭、粥 | 粥 |
| 面条 | 面条子 | 面、面条 | 面、面条 | 面 | 面 |
| 馒头 | 馒头、馍馍 | 馒头 | 馒头、馍馍 | 馒头 | 馍馍、馒头 |

续表

| 普通话 | 山东话 | 重庆话 | 武汉话 | 长沙话 | 南昌话 |
|---|---|---|---|---|---|
| 饺子 | 水饺、扁食 | 饺子 | 饺子 | 饺子 | 饺子 |
| 馄饨 | 馄饨 | 抄手儿 | 馄饨 | 馄饨 | 清汤 |
| 猪舌头 | 猪口条 | 猪舌头儿、口条 | 猪舌头、赚头 | 猪舌头、猪赚头 | 招财 |
| 脊背 | 脊梁 | 背 | 背心 | 背、背心 | 背脊 |
| 膝盖 | 胳拉拜 | 磕膝头儿 | 磕膝 | 膝头骨、磕膝骨 | 膝头、磕膝 |
| 脚 | 脚丫子 | 脚板子 | 脚 | 脚 | 脚 |
| 上衣 | 褂子 | 上装 | 上衣 | 褂子 | 褂子 |
| 围巾 | 围巾、围脖 | 围巾 | 围颈 | 围领 | 围颈 |
| 厨房 | 厨屋 | 灶房、厨房 | 厨房、灶屋 | 灶房 | 灶房 |
| 厕所 | 茅房、茅子 | 厕所、茅厕 | 厕所、茅司 | 茅厕 | 茅厕 |
| 家具 | 家具、家什 | 家具 | 家具 | 家具、家当 | 家具 |
| 被子 | 被子、盖体 | 铺盖 | 被子、被窝 | 被窝 | 被窝 |
| 被单 | 单子、棉条 | 垫子 | 卧单 | 垫单 | 卧单 |
| 热水瓶 | 暖瓶、暖壶 | 温水瓶、热水瓶 | 开水瓶（子） | 热水瓶、开水瓶 | 热水瓶 |
| 睡觉 | 歇、困觉 | 睡瞌睡 | 睡觉、睡瞌睡 | 困觉、困 | 困觉 |
| 打瞌睡 | 打盹儿 | 啄瞌睡 | 参瞌睡 | 触瞌睡 | 打瞌睡 |
| 结婚 | 办喜事、结婚 | 办喜事、成亲 | 结婚、办喜事 | 结婚 | 结婚 |
| 娶媳妇 | 娶媳妇 | 娶亲 | 接媳妇 | 讨亲、讨堂客 | 娶亲、娶老婆 |
| 出嫁 | 嫁人、出阁、出门子 | 嫁女 | 出嫁、出阁 | 嫁人、出嫁 | 嫁人 |
| 怀孕 | 有喜了、双身子 | 怀起了、有喜了 | 有喜了、官伢 | 怀肚 | 有喜 |
| 过生日 | 过生 | 过生日 | 做坐 | 过生 | 做生、长尾巴 |
| 去世 | 死了、没了、过世 | 过世 | 死了、走了 | 死、过咖哒 | 死了 |
| 玩魔术 | 玩把戏、耍把戏 | 耍魔术、耍把戏 | 变魔术、变把戏 | 玩把戏、变把戏 | 玩把戏 |
| 站住 | 站住 | 站、站起 | 站倒 | 站、企 | 企、站 |
| 跌倒 | 摔倒、栽倒 | 跌倒 | 达倒 | 绊 | 跌、搭 |
| 吵架 | 吵架、吵嘴 | 诀架、拌嘴 | 讲口 | 吵架 | 相骂 |
| 发脾气 | 发脾气、发火 | 冒火、发脾气 | 发毛 | 发脾气 | 发脾气 |
| 挂念 | 念咕、惦记、想得慌 | 欠、拌欠 | 挂欠 | 挂牵、牵 | 挂记、牵倒 |
| 忘记 | 忘了 | 忘记、记不倒 | 忘记、忘了 | 不记得、忘记 | 忘记、不记得 |
| 好 | 好、不孬 | 好看、漂亮 | 好 | 好 | 好 |
| 坏 | 孬 | 坏 | 拐 | 坏、拐 | 坏 |
| 美 | 俊、好看 | 标致、摩登 | 漂亮、标致 | 漂亮、好看 | 客气、好看 |
| 丑 | 难看、不好看 | 难看、丑 | 丑、难看 | 丑、不好看 | 不客气、难看 |
| 肮脏 | 脏 | 邋遢、脏兮兮 | 刺人、脏、遢瓜 | 邋遢 | 腌赞 |
| 自己 | 自个、自家 | 各人 | 自己、自家 | 自家 | 自拣 |
| 别人 | 人家 | 别个 | 别个 | 别个、人家 | 人家、别个 |
| 谁 | 谁 | 哪个、啥子人 | 哪个、啥个 | 哪个 | 哪个 |
| 怎么 | 咋 | 啷个 | 怎么 | 何什 | 啷（样） |
| 做什么 | 干什么、干啥 | 搞啥子、做啥子 | 做么事 | 做么子、搞么子 | 做什哩 |
| 刚刚 | 刚好、多会 | 将将、刚刚儿 | 将将、才 | 严刚 | 刚合、平刚 |
| 马上 | 立马、快点 | 马上、立刻 | 马上 | 马上 | 马、仰子 |
| 早晚 | 迟早 | 横竖 | 迟早 | 横直 | 横直 |

🐰 思考与练习

1. 指出下列词语哪个是普通话词语？哪个是方言词语？属于何地方言？

小娃儿　小孩儿　客人　侬客　打头　洗头发　轻视　看勿起　不想

么想倒　做么子　干啥　没关系　么相干　做梦　走浏阳　热水壶

热水瓶

2. 找出下列词语中的普通话"儿化词"。

女儿　猴儿　房房儿　玩意儿　壶壶儿　胎儿　好小子儿　花儿　老头儿

3. 收集整理本地的方言词语，分类后与相应的普通话词语进行分析比较。

## 注　释

①斯大林.1971. 马克思主义和语言学问题.人北京：人民出版社

②陈原.1980. 语言与社会生活. 北京：三联书店

③陈原　1987. 变异与规范化。语文建设，4

④张斌.1991. 报刊病句四百例析·序，上海：上海科技教育出版社

⑤转引自居伊·科多．1985. 术语学概论.北京：科学出版社

⑥罗常培，吕叔湘.1956. 现代汉语规范问题，现代汉语规范问题学术会议文件汇编，北京：科学出版社

# 第五章

## 普通话语法的规范化运用

【摘要】本章共包括 3 个部分：第一节语法概说，分 4 个方面来阐述：语法的性质、语法的特点、语法手段和语法单位，通过这几个方面的梳理，使学生掌握有关普通话语法的基础知识；第二节语法的规范化，这是本章的重点，一是怎样规范运用语法，二是方言与普通话语法的主要差别；第三节语法规范化实例分析，实例分析仅以几种方言为代表。

## 第一节 | 语 法 概 说

### 一、什么是语法

语法是语言组合的规则和规律。就像建一座大厦，必须先具备砖、沙子、钢筋、水泥、门窗等建筑材料。但仅有这些建筑材料是不够的，还必须把这些材料按一定的建筑规律和设计方案放在最恰当的位置，才能建成理想的大厦。同样道理，我们有了语言的建筑材料：词素、词汇、短语，也必须按照一定的规则、规律进行组合，才能建成人类语言这座大厦。词素是如何组合成各种结构的词，词又是如何组合成各种短语，短语或词又怎样形成各种句子，小单位用什么手段和方式组合成种种大单位，其中都存在着一定的规律。在语言表达中，我们不能违反语言的语法规则。例如："太阳"、"吃饭"、"美妙"就不能说成"阳太"、"饭吃"、"妙美"，如果你单方面的硬性改动，别人会听不懂，达不到交流的目的；再如，"科学"、"中心"、"云彩"变成"学科"、"心中"、"彩云"，意思就发生了变化。这些问题都不是词义造成的，而是由不同的语法规则决定的。可见，在使用语言时，必须遵循一定的语法规则。

语法规则是客观存在的，不是哪一个人创造出来的，它是人们在长期的语言使用中约定俗成的。语法这个术语有两个含义，一个指语法结构规律本身，即语法事实；另一个指语法学。语法学是研究、描写语法规律的科学，是对客观存在着的语法系统的认识和说明。它的任务就是要通过大量的语言事实进行分析归纳，科学地总结出客观存在的语法规则。对词的构成和变化归纳出来的规则叫词法；对短语或句子的结构进行分析总结出来的规则叫做句法。如"汉语语法"、"语文课本"、"经济政策"，每个短语都有两个名词，而前一个名词修饰后一个名词。又如："太阳出来了"、"弟弟出去了"，这两个句子包含的词不同，表达的意义也不一样，但在结构上有共同之处。如果把句子的结构进行概括，就得出"主语（名词）——谓语（动词）"这样一个普遍的语法规则。依照这个规则可以制造出无穷个同样结构而意义不同的句子来。在一种语言中，句子是无穷的，而语法规则却是有限的。

## 二、语法的特点

### （一）概括性

语法是在研究和解释语法事实时高度概括出的规律，是从众多的语法单位里抽象出其中共同的组合方式和类型及如何表达语意的规则。斯大林在《马克思主义和语言学问题》一文中说："语法从词和句的个别和具体的东西中抽象出来，把作为词的变化和用词造句的基础的一般的东西拿来，并且以此构成语法规则、语法规律。"如"雪白雪白"、"滚烫滚烫"、"冰凉冰凉"，这些都是形容词重叠。和一般的双音节形容词的重叠方式不同，它反映出一条词的变化规律：有些偏正式形容词可以按 ABAB 式重叠，制造出更强的比喻、夸张色彩。而"心情舒畅"、"阳光明媚"、"队伍整齐"则体现的是另一条规律：名词在前，形容词在后，表达陈述和被陈述关系，加上标点就是主谓句。由此可见，语法是抽象出的公式，它舍弃了个别和具体的内容。语法的任务就是描写、解释组成短语和句子的规则和格式，因此，具有抽象性和概括性。

### （二）区域性

每种语言都有自己的语法，同一种语言的不同方言，在语法上也有差别，如山东曲阜、济宁、泰安等地的"你么去？"，普通话则是"你干什么去？"；广州话"买两斤香蕉添"，普通话则是"再买两斤香蕉"；普通话的"我写字"翻译成藏语是"我字写"；普通话的"两本书"，傣语说成"书两本"，类似的例子不胜枚举。由此可见，每种语言都有明显的地域特点。不同地域的语言语法上有异有同，同是共性，异则是个性特点，只有把握不同地域语言的共性和个性特点，才能更好地规范地使用语言。

### （三）缓慢性和时代性

语法系统是客观存在的语法事实，它是各种规则交织成的整体，语法单位及结构规则不是杂乱无章的拼凑在一起，而是相互联系、相互制约，形成了一种组织严密的语言表达规则。所以整个语法系统是相对稳固的，虽有变化，但很缓慢。例如：陈涉者，阳城人也。后来逐渐变成：陈涉是阳城人。但直到现在，仍有使用这种格式的，如：鲁迅，绍兴人。语法的稳固性不说明语法是一成不变的，新的语法规则总会逐渐产生出来。因此，语法又具有时代特征。如：我们不能也不应该这样做。句子中的"不能也不应该"的说法，"五四"以前的白话文还没有，后来才慢慢运用起来。

## 三、语法手段

表达语法结构需要一定的语法手段，这种手段在各种语言中有不同的特点。在汉语中，语言单位的组合主要靠两种组合手段：一是语序，二是虚词。

汉语的语序相对固定。语序不同,结构关系往往不同,意思也随之变化。语序是词在句子中的先后顺序,同样几个词,排列顺序不同,意思就不一样。如"我要学习普通话",如果把"要"字放在句首,就变成"要我学习普通话",意思就发生了很大变化。

汉语中虚词起着重要作用,使用不同的虚词,就形成不同的结构关系、语气情态。如"学校和商店"中的"和"换成"的"就变成了"学校的商店",改变了虚词就构成了不同的结构关系;再如"下雨了。"、"下雨吗?"、"下雨吧!",这三句使用了不同的虚词,表示了不同的语气情态。尽管虚词在汉语中的数量有限,但它的功能非常大,成为汉语词与词、句子与句子之间联系的重要成分。

## 四、语法单位

语法单位可以分为四级:词素、词、短语、句子。也有人把它分为五级:词素、词、短语、句子、句群。

词素是语言中最小的音义结合的构词单位。是语言的备用单位。词素可以组合成合成词,有的可单独成词。

词是最小的能够独立运用的语言单位,是构成短语和句子的备用单位。一部分词加上语调可以单独成句。

短语是语义上和语法上都能搭配而没有语调的一组词,是造句的备用单位。

大多数句子是具有一个语调、能够表达一个相对完整意思的语言单位。

句子根据语气分出来的句子类型共有4种:陈述句、疑问句、祈使句、感叹句。例如:

华威先生猛地跳起来了。(说明事实的陈述句)

为什么我的眼里常含泪水?（提出问题的疑问句)

咱们快去吧。　　　　　　　　(提出要求的祈使句)

让暴风雨来得更猛烈些吧!　　(带有明显感情色彩的感叹句)

句子根据结构分出来的类型叫句型,分单句和复句。单句由带上一个语调的短语或词构成,又分主谓句和非主谓句。如:

梅雨潭是一个瀑布潭。(主谓句)

多高的楼啊!　　　　　(非主谓句)

复句有两个以上分句组成,如:

山朗润起来了,水涨起来了,太阳的脸红起来了。

温馨是百无聊赖的日子门缝塞进一束康乃馨,或是走一程暗香浮动的幽径,与心仪的文友轻轻地说轻轻地唱轻轻地笑。

以上两例都由3个分句组成。

句群是由前后连贯共同表达一个中心意思的两个或两个以上意义互相关联的句子组成的。例如:

春天来了。它来到教室里,静静地听小学生读书、唱歌。它来到操场上,欢乐地和小学生一起游戏。

这段话3个句子,都讲春天来了。3个句子的关系在意义上十分密切,它们便组成

了句群 。组成句群的句子可以是单句，也可以是复句。

# 第二节 语法的规范化

一个民族的语言主要分为书面语和口语两种形式。作为交际的工具和信息的载体，它们共同为社会服务。无论哪一种表达形式，都应该讲究语法规范化。在现代社会，人们讲究高效率、快节奏、简洁、明了、快捷、恰切的口语表达成为现代人的必备素质。具备这样的素质需经过多方面的训练，语法的规范化训练就是其中之一。

## 一、怎样规范运用语法

### （一）要学习语法知识

我们要规范运用语法，首先要掌握语法的基本知识，懂得语法规则，从理论上指导、规范自己在文字写作和语言表达中的语法运用。汉语是我们的母语，我们从小就学会了说话，对于语言的感性认识是很丰富的。但感性知识是不完全可靠的，有时候我们也会说出不合语法的句子来。通过语法学习，可以使自己对语言的感性认识上升为理性知识，做到不但知其然，还要知其所以然，这样才可以提高运用规范化语言的自觉性。另外，学习语法知识是转换地方方言、用普通话交流的需要。我们每人使用的母语只是现代汉语的一个分支——本地方言。社会的发展需要快速交流，方言之间的隔阂就成了最大的拦路虎。方言与普通话在语音、词汇、语法各方面都存在着差异。所以学习语法知识是学习普通话的一个方面，也是一个必需的方面。只有掌握了现代汉语语法知识，才能找出方言与普通话的差异，才能搞好辨正。

### （二）听、读、说是学习语法的有效手段

普通话"是以典范的现代白话文著作为语法规范"。这句话告诉了我们语法的规范标准。有的人认为学说普通话，只是变变调，所以语言中往往摆脱不掉方言的影响，制造出不符合普通话语法规范的句子，影响了表情达意的效果。这种掺杂着方言的普通话，依然是只有本方言区的人才能听懂，而不能消除不同方言区人们之间的语言隔阂。要掌握语法的标准，方法有很多。实践告诉我们，听、读、说是学习规范语法行之有效的方法。所谓"听"，一是听广播、电视、电影、话剧中的规范口语，尤其是广播、电视中的新闻联播，语言最为规范。二是听身边普通话标准的人的表达，更能方便学习。三是听专业的录音带，看光盘，看录像带。多听专业人员发音，对照自己，纠正发音，有很好的效果。"读"是接触规范普通话的另一个手段。通过读才知道何谓典范的现代白话文著作，才能借助它来规范自己的语言。读的目的要明确，作品要有选择：一要读现代白话文，二要读用规范的现代汉语创作的作品，不读方言作品。"说"更为重要，读虽然也是动嘴，但不同于自己组织语言的说话。有人在读作品时，普通话听起来比较标准，可用口语表达时却吭吭哧哧，词不达意，这是因为读是视觉作用和嘴巴的结合，而说的先决条件是思维活动。由思维活动确定说什么、怎么说，先说什么，再说什么。所以，

说的训练不可忽视。有人学习普通话，用大量的时间学习语音知识、读文章，虽然也是必需的，但这只是从理论学习和感性认识上来认识。而普通话必须靠平时多说多练，把听、读、说结合起来，普通话水平才会逐步得到提高。

### （三）从分析对比中掌握语法知识

人所共知，方言与普通话有较大差异，当然也包括语法方面的差异。学习普通话语法，除了上面介绍的方法外，我们还可以用分析对比的方法，找出本地方言与普通话的对应关系及差异，再有针对性地练习，可避免走弯路，能达到事半功倍的效果。在分析对比的过程中，可以从语法单位方面分析对比，看词素、词、短语、句子各有哪些不同；也可以从语法学方面分析对比，看问题是出在词法上、还是出在句法上。但无论哪一种方法，都能帮助我们找出问题，归类掌握。

## 二、方言与普通话语法的主要差别

方言就是地方话。我国地域辽阔，方言众多，且差异很大。每个地方的方言与普通话的语法差别都不一样，很少有共性。这里仅就几个省份个别地区的方言语法与普通话做一对比。在学习中，可结合本地方言实际，找出与普通话的差别。

### （一）词法方面

#### 1. 词缀

在普通话里，词缀有前缀和后缀。如"老师"、"阿姨"中的"老"、"阿"在词的前面，叫前缀；如"石头"、"凳子"中的"头"、"子"在词的后面，叫后缀。在山东的不少地市，前缀没有问题，词的后缀与普通话存在差别；山西方言却有与之相反的问题。

#### （1）名词后缀

山东方言和普通话相比，名词的后缀使用比普通话多。我们从山东方言与普通话的对应关系可略知一二。

1）方言里有后缀"头"，普通话没有。如表 5-1 所示。

表 5-1　方言与普通话差别举例

| 枣庄话 | 郯城话 | 普通话 | 枣庄话、菏泽话 | 普通话 |
|---|---|---|---|---|
| 掠子头 | 离巴头、外行头 | 外行 | 绝户头 | 没儿子的人 |
| 强筋头 | 强筋头、难缠头 | 顽固的人 | 扒灰头 | 与儿媳不轨的人 |

2）方言里有后缀"子"，普通话没有。如表 5-2 所示。

表 5-2　方言与普通话差别举例

| 潍坊话 | 普通话 | 平邑话 | 普通话 | 新泰话 | 普通话 | 菏泽话 | 普通话 |
|---|---|---|---|---|---|---|---|
| 马子 | 马 | 门栓子 | 门栓 | 鼻孔眼子 | 鼻孔 | 糊子 | 糊糊 |
| 泉子 | 泉 | 姑姑子 | 尼姑 | 食嗓子 | 食道 | 腮帮子 | 腮 |
| 人头子 | 木偶戏 | 门崖子 | 台阶 | 歪拉子 | 跛子 | 心眼子 | 心眼 |

续表

| 潍坊话 | 普通话 | 平邑话 | 普通话 | 新泰话 | 普通话 | 菏泽话 | 普通话 |
|---|---|---|---|---|---|---|---|
| 蛇虫子 | 蜥蜴 | 旮旯子 | 角落 | 饭棚子 | 厨房 | 腻虫子 | 蚜虫 |
| 屎壳郎子 | 蜣螂 | 毛猴子 | 狼 | 圆盘子 | 劝解 | 老大会子 | 长时间 |
| 石头崖子 | 台阶 | 死头子 | 小气 | 影干子 | 痕迹 | 壶盖子 | 壶盖 |
| 油炸果子 | 油条 | 献浅子 | 献殷勤 | 剃头匠子 | 理发员 | 下巴颏子 | 下巴 |
|  |  |  |  | 公子 | 雄性动物 | 衣胞子 | 胎盘 |

3）方言里有后缀"子"，普通话是儿化词。如表 5-3 所示。

**表 5-3　方言与普通话差别举例**

| 郯城话 | 普通话 | 青州话 | 普通话 |
|---|---|---|---|
| 面条子 | 面条儿 | 酒盅子 | 酒盅儿 |
| 小米子 | 小米儿 | 光棍子 | 光棍儿 |
| 谷穗子 | 谷穗儿 | 灯罩子 | 灯罩儿 |
| 豆角子 | 豆角儿 | 茶碗子 | 茶碗儿 |
| 豆腐脑子 | 豆腐脑儿 | 后脑勺子 | 后脑勺儿 |

4）方言里有后缀"头子"，普通话里的后缀是"头"或"巴"。如表 5-4 所示。

**表 5-4　方言与普通话差别举例**

| 菏泽话 | 普通话 | 郯城话 | 普通话 |
|---|---|---|---|
| 嘴头子 | 嘴巴 | 大伯头子 | 大伯子 |
| 二婚头子 | 二婚头 | 半婚头子 | 二婚头 |
| 烟头子 | 烟头 |  |  |

5）菏泽、枣庄一带用"巴子"作名词后缀，而普通话不用。如表 5-5 所示。

**表 5-5　方言与普通话差别举例**

| 枣庄话 | 普通话 | 菏泽话 | 普通话 |
|---|---|---|---|
| 甩巴子 | 没本事的人 | 宰巴子 | 屠夫（也戏称好沾亲人便宜的人） |
| 撮巴子 | 抢夺东西的流浪汉 | 结巴子 | 口吃的人 |
| 瘸巴子 | 瘸子 | 嘴巴子 | 耳光 |

6）青州、临朐、昌乐、安丘、淄博等地用"斯"、"汉"、"巴"作后缀，普通话用"子"作后缀。如表 5-6 所示。

**表 5-6　方言与普通话差别举例**

| 诸城话 | 临朐话 | 普通话 |
|---|---|---|
| 小厮 | 小厮 | 男孩子、小男孩 |
| 瘸巴 | 瘸巴 | 瘸子 |
| 瞎汉、瞎斯 | 瞎汉 | 瞎子 |
| 聋汉 | 聋汉 | 聋子 |

（2）动词后缀

山东方言使用的动词后缀较多，普通话则较少。山东方言的动词后缀主要有"巴"、"达"、"由"、"么"、"弄"等。

1）方言用"巴"作动词后缀，普通话只是重叠动词，两个动词之间加"一"。如表5-7所示。

表5-7 方言与普通话差别举例

| 菏泽话、青岛话 | 普通话 | 烟台话、菏泽话 | 普通话 |
| --- | --- | --- | --- |
| 捏巴捏巴 | 捏一捏 | 弹巴弹巴 | 弹一弹 |
| 握巴握巴 | 折一折 | 搓巴搓巴 | 搓一搓 |
| 撕巴撕巴 | 撕一撕 | 唒巴唒巴 | 唒一唒 |
| 压巴压巴 | 压一压 | 踩巴踩巴 | 踩一踩 |
| 洗巴洗巴 | 洗一洗 | 抹巴抹巴 | 抹一抹 |

2）方言用"达"作后缀，普通话还是重叠动词，中间加"一"。如表5-8所示。

表5-8 方言与普通话差别举例

| 菏泽话、平度话、威海话 | 普通话 | 济南话、菏泽话 | 普通话 |
| --- | --- | --- | --- |
| 敦达敦达 | 反复提起东西再摔地上 | 磕达磕达 | 磕一磕 |
| 溜达溜达 | 散步 | 甩达甩达 | 甩一甩 |
| 跳达跳达 | 跳一跳 | 踢达踢达 | 踢一踢 |

3）方言用"悠"作后缀，普通话还是重叠动词，中间加"一"。如表5-9所示。

表5-9 方言与普通话差别举例

| 济南话、菏泽话 | 普通话 |
| --- | --- |
| 晃悠晃悠 | 晃一晃 |
| 逛悠逛悠 | 逛一逛 |
| 转悠转悠 | 转一转 |
| 团悠团悠 | 揉一揉 |

此外，在山西方言中，有一个特殊的前缀"圪"，它构词能力特别强，既可以构成大量的名词、动词，也可以构成形容词、量词。如表5-10所示。

表5-10 方言与普通话差别举例

| | 山西方言 | 普通话 |
| --- | --- | --- |
| 名词 | 圪蚤 | 跳蚤 |
| | 圪脑（晋城话） | 指头 |
| | 圪膝盖 | 膝盖 |
| | 圪桃 | 核桃 |
| | 圪洞（临汾话） | 胡同 |
| | 圪都（太原话） | 拳头 |

续表

| | 山西方言 | 普通话 |
|---|---|---|
| 动词 | 圪溜 | 散步 |
| | 圪拐 | 拐弯 |
| | 圪钻 | 躲藏 |
| | 圪蹴 | 蹲 |
| | 圪搅 | 搅拌 |
| 形容词 | 圪脏（晋城话） | 肮脏 |
| | 圪戳（太原话） | 衣服不平整，有皱褶 |
| 量词 | 一圪节甘蔗 | 一节甘蔗 |
| | 一圪嘟草 | 一丛草 |
| | 一圪哒面包 | 一块面包 |

山西人特别钟爱的"圪"字，有时还可以做中缀。如：兰圪盈盈的天（蓝天）、白圪洞洞等。

**2. 量词用法不同**

在普通话里，量词非常丰富，在使用上分工也很细致。而有的方言，量词使用起来却很宽泛，常用一个量词称呼几种事物。如：吴方言中的"只"（见表 5-11）。

表 5-11　方言与普通话差别举例

| 吴方言 | 普通话 |
|---|---|
| 一只阳台 | 一个阳台 |
| 两只床 | 两张床 |
| 两只别针 | 两枚别针 |
| 三只帽子 | 三顶帽子 |
| 三只台子 | 三张桌子 |
| 四只灯 | 四盏灯 |

而粤方言又恰恰相反，它用几个量词来称说同一事物。比如人称量词"个"，还用"只、粒、条、丁"等，使用不同的量词带有不同的感情色彩。如"三两粒人"中的"粒"就带有轻蔑的意思。

**3. 词语的重叠情况不同**

方言在词语的重叠上和普通话也不尽相同。有名词重叠、动词重叠和形容词重叠等。如：四川仁寿和甘肃临洮往往把普通话中带"子"后缀的名词、单音节名词、单音节儿化词的名词都变成重叠词，同时儿化。如表 5-12 所示。

表 5-12　方言与普通话差别举例

| 四川仁寿、甘肃临洮 | 普通话 |
|---|---|
| 草草儿 | 草 |
| 碗碗儿 | 碗 |

续表

| 四川仁寿、甘肃临洮 | 普通话 |
|---|---|
| 桌桌儿 | 桌 |
| 刀刀儿 | 刀 |
| 珠珠儿 | 珠子 |
| 房房儿 | 房子 |
| 圈圈儿 | 圈儿 |
| 眼眼儿 | 眼儿 |
| 罐罐儿 | 罐儿 |

　　在以太原为代表的晋中方言中，用重叠格式构成了大量的名词。如表 5-13 所示。

表 5-13　方言与普通话差别举例

| 山西话 | 普通话 |
|---|---|
| 车车、箱箱、裙裙、刀刀 | 小车儿、箱、裙、小刀儿 |
| 擦擦、盖盖 | 板擦儿、盖儿 |
| 戳戳 | 图章 |
| 卷卷 | 凉粉卷 |
| 红红 | 胭脂 |
| 好好 | 聪明的孩子 |
| 憨憨 | 智力差的人 |
| 三三 | 老三 |

　　陕西话和山西话中，也有三音节重叠词语，其中有名词、量词、形容词等。如表 5-14 所示。

表 5-14　方言与普通话差别举例

| 陕西话、山西话 | 普通话 |
|---|---|
| 拉话话儿 | 说话 |
| 山曲曲儿 | 山歌 |
| 布袋袋 | 布袋 |
| 门环环 | 门环 |
| 麻绳绳 | 麻绳 |
| 九样样 | 九种样子 |
| 两颗颗（心） | 两颗（心） |
| 对对眼 | 对眼儿 |
| 豁豁嘴 | 豁嘴 |
| 格格布 | 花格布 |

　　在武汉话中，动词重叠借助一个"神"，表示连续不断的意思。如表 5-15 所示。

表 5-15　方言与普通话差别举例

| 武汉话 | 普通话 |
|---|---|
| 眼睛眨眨神 | 眨个不停 |
| 水开得翻翻神 | 水滚沸 |

广西话为了加深形容的程度，往往把普通话中的单音节形容词重复 3 次，表示到了极点。如表 5-16 所示。

表 5-16　方言与普通话差别举例

| 广西话 | 普通话 |
| --- | --- |
| 白白白 | 极白 |
| 老老老 | 极老 |
| 瘦瘦瘦 | 极瘦 |

### （二）句法方面

**1. 词语的搭配情况不同**

1）方言与普通话相比，在一些词语成分的搭配上，存在着不同。吴方言中的动宾结构的词语就是一个例证。如表 5-17 所示。

表 5-17　方言与普通话差别举例

| 苏州话 | 普通话 |
| --- | --- |
| 吃（水、汤、茶、酒） | 喝（水、汤、茶、酒） |
| 吃烟 | 吸烟 |

2）山西方言中偏正结构的词语在词语成分的搭配上与普通话也有不同。如表 5-18 所示。

表 5-18　方言与普通话差别举例

| 山西方言 | 普通话 |
| --- | --- |
| 炭块块 | 碎煤块 |
| 笨煤 | 无烟煤 |
| 希煤 | 烟煤 |
| 蓝煤 | 焦煤 |
| 撂煤 | 煤核儿 |

**2. 语序不同**

1）山东方言很复杂，每个地区都有不同。这里仅举几例，如表 5-19 所示。

表 5-19　方言与普通话差别举例

| 济南话 | 普通话 | 烟台话 | 济南话 | 普通话 | 济南话 | 普通话 |
| --- | --- | --- | --- | --- | --- | --- |
| 下雨开了 | 下开雨了 | 真够儿热了 | 乔热 | 热得很 | 一天强起一天 | 一天比一天强 |
| 睡觉开了 | 睡开觉了 | 真够儿气人了 | 乔气人 | 气人得很 | 她长得不高起我 | 她长得不比我高 |
| | | 真够儿有本事的 | 愣有本事 | 有本事得很 | 论手艺她不差起你 | 论手艺她不比你差 |

2）普通话表示疑问的语气词放在句子的末尾，方言中却有不同，如表 5-20 所示。

**表5-20 方言与普通话差别举例**

| 云南方言 | 吴方言 | 普通话 |
|---|---|---|
| 屋首格有人？ | 屋里厢啊有人？ | 屋里有人吗？ |
| 你个坐车？ | 侬啊坐车子？ | 你坐车吗？ |
| 他格是小王？ | 伊啊是小王？ | 他是小王吗？ |

3）有些方言还把宾语放在谓语的前面，如表5-21所示。

**表5-21 方言与普通话差别举例**

| 西宁话 | 普通话 |
|---|---|
| 你饭吃 | 你吃饭 |
| 你我给 | 你给我 |

　　每个地方的方言都受本地政治、经济、文化、地域的影响，它们和普通话有差异是必然的。我国众多的方言，虽然都有自己的语言特色，它们异彩纷呈，丰富了我国的语言宝库，但也给人们的交流带来了一些麻烦。所以，我们要掌握方言与普通话语法差异的对应规律，尽量消除不同方言区之间的语言隔阂。

# 第三节 | 语法实例辨析

## 一、词法辨析

### （一）词缀

**1. "阿"作前缀**

　　如：吴方言、闽方言、粤方言中，"阿"的使用率很高，通常用于亲属称谓前面：阿婆、阿爸、阿姑、阿哥、阿妹；人名的前面：阿勇、阿华、阿方、阿强；姓的前面：阿陈、阿张、阿王、阿刘；梅县话和江阴话连喜欢的喜鹊都叫做阿鹊。可见这些方言中的"阿"用法，都带有亲热、亲昵、喜欢的意味儿。"阿"作为前缀，普通话里却使用的很少，常见的就一个"阿姨"。

**2. "儿"后缀**

　　"儿"后缀主要在北方方言区使用。闽方言、粤方言、湘方言、赣方言、客家方言等都没有儿化。在北方方言中，也不完全相同。有的词普通话中儿化，方言中却不儿化，如：普通话中的"打盹儿"、"小米儿"，山西话说成"打盹"、"小米"；而有的词普通话中不儿化，山西方言却儿化，如：普通话中的"梨"、"女婿"、"老太婆"，却被分别说成"梨儿"、"女婿儿"、"老太婆儿"。山东平度方言、牟平方言又是另一种说法：没高矮儿（很矮）、没深浅儿（很浅）、没宽下儿（很窄）、没厚薄儿（很薄）；普通话中的"他们"、"我们"，长岛话分别说成"他轧伙儿"、"俺轧伙儿"，牟平话则说成"俺捏些儿"、

"俺这些儿"。

3. "子" 后缀的语法功能，方言与普通话大体相同

全国各地方言除了粤方言、安徽话、闽方言、客家话之外，"子" 后缀的使用比普通话还要丰富。好多普通话不使用 "子" 后缀的词语，方言却使用。如：西南官话的 "树子"、"羊子"、"蚂蚁子"、"驼背子"；江淮官话的 "老鼠子"、"蝴蝶子"、"麻雀子"、"哑巴子"；吴方言的 "学生子"、"昨日子"、"前日子"、"礼拜日子"；赣方言的 "蚌壳子"、"星子"、"驼背子"、"侄女子"；湘方言的 "老鼠子"、"星子"、"石头子"、"夜间子"；山西方言的 "妹子"、"衫子"；山东还有些地方在人名的最后一个字的后面加 "子"，带有亲近的感情。但这种加法只用于长对幼或年龄差不多的人之间。所有这些词语在普通话中都不用 "子" 后缀。另外，普通话使用了 "子" 后缀的，方言也有不使用的，如山东、山西的一部分地区把 "饺子" 说成 "扁食"，把 "屋子" 说成 "屋舍" 或 "锅舍" 等。

4. "们" 后缀，方言与普通话的使用范围也有不同

在河北省的藁城，可以把 "树"、"衣服"、"鸡" 说成 "树们"、"衣服们"、"鸡们"；在甘肃省的兰州，可以把 "肉"、"书"、"米" 说成 "肉们"、"书们"、"米们"。而普通话中的 "们" 一般只可以用在表示人的名词或人称代词后面表示复数，如：朋友们、同学们、孩子们、他们、它们、我们、你们等。

5. 山西方言中还存在着这样一些说法

如表 5-22 所示。

表 5-22　方言与普通话的差别举例

| 山西话 | 普通话 |
| --- | --- |
| 包儿 | 包子 |
| 镜儿 | 镜子 |
| 燕儿 | 燕子 |
| 揑片子 | 面片儿 |
| 粉条子 | 粉条儿 |
| 大婶子 | 大婶儿 |
| 门坎子 | 门坎儿 |

方言中的 "子" 后缀，正好和普通话的儿化对调。这种变化虽然对表达意义没太多影响，但毕竟带有方言色彩，也应注意改正。

6. 广东方言中有些地方还使用了 "里" 作后缀

它与普通话的对应关系，如表 5-23 所示。

表 5-23　方言与普通话的差别举例

| 普通话 | 男孩儿 | 女孩儿 | 小刀儿 | 碗 | 桃儿 | 棍子 | 小鸡 | 小鸭 |
| --- | --- | --- | --- | --- | --- | --- | --- | --- |
| 广东话 | 赖里 | 妹里 | 刀里 | 碗里 | 桃里 | 棍里 | 鸡里 | 鸭里 |

从实例中也可清楚地看出规律,"里"后缀都用在名词后面,大多是小的事物。有规律就好改正。

### (二)词形与词义

许多方言词语与普通话的构词形式不同,词义却相同;也有反过来的,词义不同,词形却相同,这样的方言词语在交流时最容易引起误会,造成歧义。在一些方言中,某些词素有特定的构词规律。如表 5-24 所示。

**表 5-24 方言与普通话的差别举例**

| 普通话 | 毛毛雨 | 小石子 | 小路 | 小巷 | 小铺 | 小贩 | 小鱼 | 小牛 | 小狗 |
|---|---|---|---|---|---|---|---|---|---|
| 福建话 | 雨朦仔 | 石仔 | 路仔 | 巷仔 | 铺仔 | 贩仔 | 鱼仔 | 牛仔 | 狗仔 |

方言中的"仔"表示小的意思,常跟在名词词素的后面形成方言词语,构词方式非常规律。通过类推的方法就可以换成普通话词语。

在山西话中,还有一种现象。一个词语中的词素和普通话一样,词义也一样,只是结合的顺序不一样。如普通话中的"荤腥"、"蔬菜"、"枕头"、"黄昏"、"要紧",山西方言分别说成"腥荤"、"菜蔬"、"头枕"、"昏黄"、"紧要"。

## 二、句法辨析

### (一)词语组合

#### 1. 补语辨正

普通话的常用格式为:动词+得+补语。山东方言的补语却有自己的表达方式,在肯定语气中,补语常说成:动词+补语+语气词"喽"(或"老"、"溜"),如表 5-25 所示。

**表 5-25 方言与普通话的差别举例**

| 新泰话 | 聊城话 | 临朐话 | 普通话 |
|---|---|---|---|
| 看见喽 | 看见老 | 看见溜 | 看得见 |
| 上去喽 | 上去老 | 上去溜 | 上得去 |
| 说清喽 | 说清老 | 说清溜 | 说得清 |
| 拿动喽 | 拿动老 | 拿动溜 | 拿得动 |

普通话在表示否定语气的补语中,通常说成:出不去,听不清,去不得,听不得。山东方言也有不同,用"不能+动词"所取代。如表 5-26 所示。

**表 5-26 方言与普通话的差别举例**

| 烟台话 | 普通话 |
|---|---|
| 这话可不能说。 | 这话可说不得。 |
| 你可不能小看了。 | 你可小看不得。 |

普通话在表示疑问的补语中,通常格式是:动词+得+补语+动词+不+补语或动词+得+补语+吗;菏泽、聊城等地的说法是:动词+补语+喽不。如表 5-27 所示。

表5-27　方言与普通话的差别举例

| 菏泽、聊城话 | 普通话 |
| --- | --- |
| 听完喽不？ | 听得完吗？（第二种模式）听得完听不完？（第一种模式） |
| 写完喽不？ | 写得完吗？（第二种模式）写得完写不完？（第一种模式） |

青州、临朐、潍坊等地的说法是：动词+补语+溜（或"了"）+啊吧。如表5-28所示。

表5-28　方言与普通话的差别举例

| 青州、临朐、潍坊话 | 普通话 |
| --- | --- |
| 拿动溜啊吧？ | 拿得动拿不动？拿得动吗？ |
| 看清溜啊吧？ | 看得清看不清？看得清吗？ |
| 解开溜啊吧？ | 解得开解不开？解得开吗？ |

"不过"这个词在普通话中作补语时，通常是紧挨在动词谓语后面，宾语的前面。可是，在闽、粤、吴、客家话等方言中，却习惯把它放在宾语的后面。例如：

广州话：我打渠唔过。（普通话：我打不过他。）

潮州话：我伊唔过。（普通话：我说不过他。）

苏州话：我讲伊勿过。或：我讲勿伊过。（普通话：我说不过他。）

歙县话：我讲渠不过。（普通话：我说不过他。）

这些说法与普通话相比，都是不规范的。这些方言区的人应按照（主语+谓语+不过+宾语）的形式进行辨正。

2. 词语组合辨正

（1）名词、量词的组合

普通话的名词量词的组合关系有两种，如：这本书（指示代词+量词+名词）。另一种说法：一本书（数词+量词+名词）。可是，在闽、粤方言区，数词、指示代词却可以省掉。

例如：广州话：支笔系边个慨？（普通话：这支笔是谁的？）

　　　潮州话：只鸟歇在树顶。（普通话：一只鸟儿歇在树上。）

这两个方言区的人应按照普通话的词语组合特点，补上指示代词和数词。

（2）数词、量词组合

普通话中的多位数，后面是零时，往往省略成分，如："25 000"可说成"两万五"，省略了"千"。如果后面加量词就不能省略，"25 000元"就得说成"两万五千元"。而闽、粤方言末尾数一律去掉，不管带不带量词。如广州话、厦门话就把"25 000元"说成"两万五元"。

（3）吴方言和安徽方言的单音节动词重叠后可以带补语

如吴方言、安徽方言的"洗洗干净"、"听听明白"、"看看清楚"，普通话说成"洗干净"、"听明白"、"看清楚"。这样，可以很清楚地看明白它们与普通话的不同，在普通话表达时要改过来，不能把这些不符合普通话表达习惯的方言词汇带到普通话中。

3. 句子结构辨正

（1）比较句

普通话的比较句主要分成两类：一类是相等式，如：他跟你长得一样高。这种格式的比较句，各方言里基本一样。二类是不等式，这种比较句各方言说法不一，差别较大。例如：

福州话：伊高我。（普通话：他比我高。）

厦门话：我的笔较好你的笔。（普通话：我的笔比你的笔好。）

潮州话：牛大过猪。（普通话：牛比猪大。）

海南话：北京寒过海南。（普通话：北京比海南冷。）

广州话：坐飞机快过火车。（普通话：坐飞机比坐火车快。）

怀宁话：牛大似猪。（普通话：牛比猪大。）

聊城话：全班没聪明起他。（普通话：全班没有比他聪明的。）

利津话：这个不强那个。（普通话：这个不比那个好。）

从上面的例子可以看出：方言中的比较句很复杂，有一个办法全国通用，在说普通话时，遵循它的比较句格式：甲+比+乙+形容词。按照这个格式，方言区的人们就能改正自己的表达习惯。

（2）宾语的位置

山东方言有两种情况与普通话不一样。一是宾语为人称代词"你"、"我"、"他"时，它的表达格式是：动词+人称代词+动词；二是如动词之间有"一"、"了"时，表达格式是：动词+人称代词+一+动词、动词+了+人称代词+动词。宾语的这些现象广泛的存在于山东中部、北部地区。如：淄博、潍坊、东营、滨州、泰安、曲阜、临沂等。普通话的规范说法都是把人称代词放在最后，其他的在前面。如表5-29所示。

表5-29 方言与普通话的差别举例

| 山东话 | 普通话 |
| --- | --- |
| 等我等。 | 等等我。 |
| 喂他喂。 | 喂喂他。 |
| 接他一接。 | 接一接他。 |
| 看它一看。 | 看一看它。 |
| 瞧了他瞧。 | 瞧了瞧他。 |
| 问了他问。 | 问了问他。 |

普通话中的双宾语句，第一个宾语多指人，第二个宾语多指事物。如：给他一本书。第一个宾语是人称代词"他"，指人；第二个宾语是"书"，指物。可在粤方言、闽方言、吴方言、客家方言、赣方言、皖西等方言中，词序恰恰相反：他们把指物的宾语放在前面，指人的宾语放在后面。例如：

广州话：畀一本书渠。（普通话：给他一本书。）

闽平阳话：给一本书汝。（普通话：给你一本书。）

吴金华话：分支笔渠。（普通话：给他一支笔。）

皖宜春、怀宁话：把本书我。（普通话：给我一本书。）

这些方言与普通话相比，就是双宾语的位置和普通话不同，应依照普通话的双宾语的语法规则加以改正。

由于我国方言词语和语法情况十分复杂，很少有共性，本章只能就方言与普通话的一些常见差别进行分析，为学习者提供普通话语法规范化训练的路径。各地应该结合自己的方言实际，搞好方言与普通话的分析对比，有针对性地进行语法规范化训练。

## 思考与练习

1. 就语音、词汇、语法三方面，谈一下在你的方言中，与普通话的差异主要体现在哪些方面？

2. 找出本地方言与普通话差异较明显、较突出的语法现象，与普通话规范语法进行分析比较，并进行训练。

3. 总结自己学习普通话语法的好方法，并与同学们交流。

4. 自己读过哪些现代白话文著作，请把你认为语法规范的文章推荐给同学。

下篇

普通话应用

# 第 六 章
# 普通话的一般应用与训练

【摘要】 朗读，是一种运用声音技术将书面语言转化为有声语言的再创作活动。它对提高人们的阅读能力、语言学习能力、思维能力以及教师口语表达能力都起着重要作用，为此应该掌握朗读的基本要求并按照这些要求训练朗读能力。说话是人们为了达到交际目的，运用有声语言交流思想、表达感情、传递信息的一种言语实践活动。它有叙述、描述、议论、说明4种表达方式。说话还是一种没有文字凭借的表达方式，本章主要训练即兴演讲、交谈、论辩等方面的说话能力。

## 第一节 朗读技能训练

### 一、朗读的性质和作用

#### （一）朗读的性质

朗读，是一种运用声音技术将书面语言转化为有声语言的再创作活动，是具有较高审美价值的艺术化的口语表达，是更能表情达意、言志传神的口头活语言。随着人们文化素养的提高，对朗读提出了更高、更多的要求，人们已经不再满足于照字读音的"念书"，而是要求朗读不仅要清晰、响亮、富有感染力，还要准确地表达书面语的内涵。朗读已经成为一门口头表达艺术，它要求朗读者对所朗读的文字作品进行再加工、再创作。所谓再创作，就是在深入理解和感受作品的基础上，通过富有感染力的声音，准确、鲜明、声情并茂地再现原作的思想内涵和精神特质。

#### （二）朗读的作用

朗读是一种具有较高文化品位的口语表达形式，它在人们的学习、工作和生活中起着非常重要的作用。

首先，朗读是一种提高人们的阅读能力和语言学习能力的重要手段。通过朗读，人们可以加深对作品的理解和感受，从而提高阅读作品的能力；同时，作品中优美的语言、准确的语词以及语言表达的技巧，还会对朗读者产生潜移默化的影响，在"润物细无声"的朗读过程中，提高了朗读者的语言学习能力和语言鉴赏能力，从而有效地提高朗读者的"内语言"能力。

其次，朗读是训练思维能力、提高口语表达能力的有效方法。思维和口语有着极为密切的关系。朗读，可以提高一个人的思维能力。在分析、感受作品的过程中，作品的思路、层次的构成、文气的贯通以及作品中优美的画面、鲜明的人物形象、复杂的情感等等，对朗读者的逻辑力、分析力、理解判断力和想象力、创造力的提高都会有所帮助。通过朗读，还可以使朗读者积累大量的词汇。因为朗读的过程，也是广泛吸取古今中外名家高手语言精华的过程。作品中丰富的词语、精湛的句式结构、美妙的修辞方法都在丰富着朗读者的语言宝库。朗读的过程是一个反复实践、不断提高的过程，这一过程本身，就是一个提高口语表达能力的过程。

再次，朗读对教师口语能力的训练起着承上启下的作用。因为朗读训练是教师口语训练的有机组成部分，是普通话正音训练的继续，也是说话训练的开始。在普通话学习阶段，所掌握的声母、韵母、声调等知识，在发音训练中所学到的用气发声、共鸣控制、吐字归音等技能，都将在朗读训练的实践中得以融会贯通。朗读训练还是教师口语表达训练的开始。教师口语的表达，是一个由内部语言转化为外部有声语言的复杂过程。而朗读，则是把作品的书面语言转换为有声语言。在有声语言的实践中，口腔的开合、文字的正音辨调、语句的表情达意以及语言表达的技能技巧，都将是教师口语表达所迫切需要的基本功。

最后，朗读的过程还是一个审美享受的过程。通过朗读，可以使朗读者和听众深切地感受到作品所表现的生活美、自然美和艺术美。朗读者抑扬顿挫地朗读，又使听众感受到汉语语言的音乐美。

## 二、朗读的基本要求

### （一）深刻理解作品

理解是朗读的前提。朗读前，必须充分理解作品，深刻感受作品的内容和形式；还要进一步了解作品写作的时代背景和作者本人的主观意向。因为任何一部作品都离不开它所处的时代，每部作品都会有时代的烙印，都会渗透作者的主观感受。只有把握了作品的这些相关方面，语言表达的艺术效果才会渐入佳境。理解作品，主要包括以下两个方面。

#### 1. 阅读作品

阅读作品是朗读准备工作的第一步，首先要了解作品说了什么。比如《卖火柴的小女孩》这篇文章，就叙述了除夕之夜，一个无家可归的小女孩冻死街头的故事。故事运用对比手法，把现实的"冷"与幻觉中的"热"加以对照，深刻揭露了现实世界的黑暗和悲惨。

#### 2. 感受作品

感受作品、把握作品是朗读的关键一环。要朗读好一篇作品，首先要逐字逐句地阅读，一遍遍地反复思考，认真感受其中的每一个情景，领会其中的每一个观点，使作品里叙述的人物、事件在脑海里"活"起来。在此基础上，要根据朗读的需要，对作品的布局、结构进行总体的设计，比如对段落进行归并、划分等。其次要正确把握作品的主题。主题是作品的中心思想，是一篇文章的"灵魂"和"统帅"，也是一篇文章所要表达的中心意思。抓准了作品的主题，会使朗读的目的更加明确，使朗读"内明于心，外达于人"。再次要注意把握作品的语言风格。语言风格是不同作者或作品在语言表达的整体风貌上所表现出来的个性特征。比如许地山《落花生》的朴素，巴金《海上日出》的明朗，高尔基《海燕》的豪放等等。只有准确地把握作品的语言风格，才能传神地朗读出作品的独特韵味。

### （二）明确朗读目的，确定朗读的感情基调

朗读的过程是朗读者对文章进行"二度创作"的过程。明确了朗读目的，就有了处理文章感情基调的基础。感情基调是指作品的基本情调和朗读者的情感态度。确定朗读的感情基调，就是要求朗读者把握作品总的感情色彩，并确定好自己的情感态度。朗读者只有从作品的人物、事件或作者的倾向及语言风格等方面去认真揣摩，才能恰当地把握住作品的基调。感情色彩有喜、怒、哀、乐之分，态度有肯定、否定、赞扬、批评之别，朗读者要从作品各方面的综合因素上去揣摩作品总的情感特色，确定朗读的态度。确定朗读的基调要注意两点：第一，基调要恰当，态度要鲜明。每篇作品都有其特定的感情色彩，朗读者应该在理解、感受中深入开掘，自然而然地把朗读者的态度融化在作品内容里，既保持作品基调，又有鲜明的朗读态度。如，汪国真的诗歌如小桥流水，亲切自然，还有几分羞涩；杜甫的诗则沉郁顿挫，富有"兼济天下"的忧患意识。第二，基调既要统一，又要有变化。作品的基调是一种整体感，是作品各部分具体感的总和，是各个局部的有机综合。但是各局部也必然会有其各显区别的、发生变化的具体色彩，这就要注意基调统一中的变化。如《卖火柴的小女孩》的基调是亲切爱怜、压抑愤懑，但那幻觉中的温暖、短暂的喜悦，表明了这个小女孩对幸福的憧憬和追求。这里，在亲切爱怜、压抑愤懑的基调中，出现了短暂的兴奋、明快的色彩。总之，只有明确了朗读目的，把握住了作品基调，才能把作品内容在情与声的统一中表现得更加充分、完美。

### （三）关注听众，注意引发听众共鸣

朗读的过程实质上是一个朗读者和听众交流的过程。朗读没有听众，不可能实现朗读目的，所以朗读者首先应该做到"心中有人"；进而考虑到所面对的听众的身份，比如年龄、职业、种族、文化背景等因素，由此决定朗读时以何种态势与听众进行情感交流，以达成双方对作品内容的共识，从而产生共鸣，达到朗读的最佳效果。如果给幼儿园的小朋友朗读，朗读时语气应亲切生动，语调富有变化，表情丰富灵活，从而引起小听众的共鸣；如果听众是大学、中学学生，朗读者就要在表达更深刻的题旨和表达更丰富的感情等方面下工夫。另外，朗读过程中还要注意观察听众的反应，根据听众反馈的信息，及时调整自己，主动与听众交流，激发听众的情绪，千方百计把自己的有声语言送进听众的心里，让听众随着朗读者的情感跌宕而产生相应的心理反应。

### （四）掌握朗读技巧

朗读技巧是实现朗读目的的重要手段，是对作品语言进行有声创作所进行的设计和处理。朗读之前，先要对作品有一个总体把握，如全篇的基调是什么，文章的开头、发展、高潮、结局应运用什么技巧来表现，哪里应该重读，哪里应该停顿的时间较长，哪里语速应该加快，哪里应该换气等等，一一作出详细地安排，然后试读几遍，感受一下安排是否妥当，不当之处应再进一步调整，直到能把文章的思想感情和艺术成就完美地表达出来。

## 三、朗读的基本技巧

### （一）注重内在的心理感受

心理感受是指作品中的形象、情节等引起的感知、体会、联想的过程。朗读或聆听作品时，人们或会心一笑，或拍案叫绝，或感伤流泪……这些都是来自对作品的心理感受。

#### 1. 形象感受

对作品中所出现的人物、事件、情节、场面、景物、情绪等，朗读者应该去认真认识、接受、领会、思考，对那些表达事物形象的"实词"，要"感知于外"，并结合自己的经历、经验和知识积累，"受之于心"，设身处地地去体验作品所呈现的情景，发挥记忆、联想、想象的能力，以增强有声语言表达的强烈感染力。高尔基在谈到创作时说："作家的作品要相当强烈地打动读者的心胸，只有作家所描写的一切——情景、形象、状貌、性格等等，能历历浮现在读者面前，而以读者的经验、印象及知识积蓄去补充和增补。"作为朗读者，就要把作家那种"相当强烈地打动读者的心胸"的感情，用有声语言再现出来；就要全身心地投入到作品中去，使自己受到感染，这样才能在朗读中表达得真切、具体、生动、形象，并由此打动听众。比如朱自清先生的散文《背影》，只写了"我"和"父亲"两个人物形象，事件是父亲送儿子上火车，场景是火车站。作者极为细致地描绘了"父亲"的外形以及"父亲"上下月台和穿过铁路的样子，显示出"父亲"为"儿子"买桔子所费的周折。这些形象的运用，展现给读者的是一幅"父子亲情"的动人画面①。

#### 2. 逻辑感受

作品中的逻辑关系，主要指全篇各层次、段落、语句之间的内在联系，是文章的安排和构思。这种内在联系，犹如文气，顺畅地贯穿全篇，体现在作品的脉络中。朗读者必须抓准语句、篇章的真正含义，把握思想感情的目的性；还要在心中形成一种语言链条，对作品中那种上下衔接、前后呼应的语言的整体性、连贯性、流动性有一个整体的把握。朗读时，要善于把握这种逻辑关系，以便更好地体味作品。一般说要从以下 3 个方面入手：

首先，要注意段落之间的层次关系，句群、句子之间的事理关系，看看作品思想是如何从整体上展开、从细微处表现的。

其次，要注意关键词的运用，尤其是动词、形容词。

再次，要注意修辞手法的使用特色。在朗读议论性的文章时，还应该注意虚词的运用。比如朗读《论鲁迅》（毛泽东）中的一段话：

我们纪念他，不仅因为他的文章写得好，是一个伟大的文学家，而且因为他是一个民族解放的急先锋，给革命以很大的助力。他并不是共产党组织中的一人，然而他的思想、行动、著作，都是马克思主义的。……

【提示】 为什么要纪念鲁迅，是这段文字论述的中心。而贯通全段文气，给朗读者以强烈的逻辑感受的，是"不仅"、"而且"、"然而"几个虚词。"不仅……而且……"组成一个递进复句，指出纪念鲁迅的原因。接着又用"（虽然）……然而……"组成一个转折复句，把纪念鲁迅的伟大意义透彻地表达了出来②。

3. 情感感受

朗读者还应该以自己的心去体会作者的心。文章是作者生命运动的结果。一篇优秀的作品，是作者思想、感情的结晶，作者的创作必然是"情动于中而行于言"的。作家徐迟在谈到诗朗诵时说："朗读者应该进入到诗人创作时所具有的那种精神状态中去，把诗人在创作时燃烧着的思想感情，再一次在朗诵中燃烧起来。"所以，只有当朗读者在朗诵时感受到作者创作时的情感，才能感动自己，感染听众。如朗读贺敬之的《回延安》：

人物——"白羊肚手巾红腰带，亲人们迎过延河来"，"亲人见了亲人面，欢喜的眼泪眶眶里转……"

景物——"一条条街道宽又平，一座座楼房披彩虹"，"一盏盏电灯亮又明，一排排绿树迎春风……"

【提示】 一幕幕动人的情景如在眼前，也深深激荡着读者的心；再联想到诗人在延安度过的那段难忘的战斗生活，体会到诗人与乡亲们之间的鱼水情谊，感受到诗人那热爱宝塔山、延河水，那样热切盼望见到时隔十年未见面的亲人的火热情感，我们就不难理解诗人是在怎样一种激情下写出"手抓黄土我不放，紧紧儿贴在心窝上"，"身长翅膀脚生云，再回延安看母亲"这样感情浓郁的诗句的③。

（二）注意朗读技巧的使用

1. 停连的运用

停就是停顿，指朗读中语流声音的中断；连就是连接，指朗读中语流声音的接续。停连既是口语表达者发音生理的需要，也是话语内容、情感表达的需要，又是话语接听者接受语音刺激、感受理解话语内容的需要。因此，停连是话语语调的重要构成要素，是口语表达中重要的修辞手段。朗读中，停连具有调节气息、突出重点、强调语义的作用。掌握停连技巧，做到"停到好处，连到妙处"，以增强有声语言的表达魅力。停连主要包括语法停连和逻辑停连。

（1）语法停连

语法停连就是按照作品的结构，在标题、副标题、小标题，部分、段落、层次之间进行的停连。一般情况下，标题后的停顿要长些；部分、大层次间的停顿次之；段落和小层次间的停顿较短。句逗停连大于语组停连。句逗停连是指句子之间、句子内部成分之间或意段之间由标点符号所标示的停连。句逗停连停顿时间的长短与标点大致相当，一般为：句号、问号、叹号>分号，冒号>逗号>顿号。比如：

　　我们的船渐渐逼近榕树了。///我有机会看清它的真面目：//是一棵大树，/有数不清的丫枝，/枝上又生根，/有许多根一直垂到地上，/伸进泥土里。///一部分树枝垂到地面上，/从远处看，/就像一棵大树斜躺在水面上一样。

（节选自巴金《小鸟的天堂》）

　　语组停连指在句子内部没有标点符号的地方，按词语间语法关系所做的停连。句子里主谓之间、动宾之间、修饰限制语与中心语之间都可以有停顿。一些较长的句子虽无标点，但构成的词语很多，词语之间的语法关系复杂，有多种不同的层次分布，朗读时就需要通过适当的停连体现这种层次性，以使朗读气息畅通、语义分明。例如：

　　这就是/被誉为"世界民居奇葩"、世上独一无二的/神话般的山区建筑模式的/客家人民居。

　　当然，这些停顿位置的长短都是相对的，要根据内容的联系是否紧密，感情的变化是否衔接来灵活掌握。

　　（2）逻辑停连

　　逻辑停连又叫强调停连，是为表达某种特定感情而作的停连。它不受语法停连的限制，依传情达意的需要来决定停连的位置和时间。强调停连能够突出某个语意，表达某种特殊的感情。逻辑关系主要指呼应关系、并列关系和转折关系等。如：

　　"在这叫喊声里，乌云听出了/愤怒的力量、热情的火焰和胜利的信心。"（《海燕》）

　　这里，"听出了"是呼，后面3个短语是应，句中的停连显示了这种呼应关系。"山/朗润起来了，水/涨起来了，太阳的脸/红起来了。"（《春》）句中的"山"、"水"、"太阳的脸"在作品里属于并列关系，朗读时在这3个词之后做适当的停顿，能形成并列感，使语义更加明确，并产生一种旋律美。"作为一名建筑师，莱伊恩并不是最出色的。//但/作为一个人，他无疑非常伟大。""但"意味着事态的转折，在它之前作稍长的停顿，在它之后作稍短的停顿，可以为下文做好情绪上的准备和酝酿，同时增强了语言的感染力。

　　常用的停连表达方式有：

　　落停：这种方式一般用在一个完整的意思讲完之后，它的特点是：停顿时间较长，声止气止，句尾声音顺势而落。如：莱伊恩自信只要一根坚固的柱子足以保证大厅安全，他的"固执"惹恼了市政官员，险些被送上法庭。他非常苦恼，坚持自己原先的主张吧，市政官员肯定会另找人修改设计；不坚持吧，又有悖于自己为人的准则。矛盾了很长一段时间，莱伊恩终于想出了一条妙计，他在大厅里增加了四根柱子，不过这些柱子并未与天花板接触，只不过是装装样子。（游宇明《坚守你的高贵》）

　　扬停：这种方式多用在一个意义没说完，而中间又需要停顿的地方，它的特点是停顿时间较短，停止前声音上扬或持平，声止气未止。如：作为一名建筑师，莱伊恩并不是最出色的。但作为一个人，他无疑非常伟大，这种伟大表现在他始终恪守着自己的原则，给高贵的心灵一个美丽的住所，哪怕是遭遇到最大的阻力，也要想办法抵达胜利。

（游宇明《坚守你的高贵》）

直连：多用于内容联系紧密、感情急促的地方，它的特点是顺势而下，不露接点，一般与扬停配合使用。如：难道你竟一点儿也不联想到，在敌后的广大土地上，到处有坚强不屈，就像这白杨树一样傲然挺立的守卫他们家乡的哨兵！难道你又不更远一点想到这样枝枝叶叶靠紧团结，力求上进的白杨树，宛然象征了今天在华北平原纵横决荡用血写出新中国历史的那种精神和意志。（茅盾《白杨礼赞》）

曲连：一般用在既需要连环相接又要有所区别的地方，它的特点是连环相接，连中有断，悠荡向前，常与落停配合使用。如：然而，火光啊……毕竟……毕竟就在前头！……（[俄]柯罗连科《火光》，张铁夫译）

2. 重音的运用

重音是指在朗读中为了鲜明地表达语句目的而需要有意突出强调的词或短语的重读。汉语的轻重既体现在词语的轻重格式上，又表现在语句重音、次重音和非重音的对比分布中。轻重音是汉语语流节律的重要因素之一，也是体现语句目的的重要手段。因此，朗读中的"轻重"技巧，主要是对于语句重音以及次重音的确定把握和处理技巧。重音是在分析理解作品、多层感受作品的基础上确定的，它是声音在音强上的变化形式。语句重音一般有语法重音和强调重音之分。

（1）语法重音

语法重音指在不表示特殊的思想感情的情况下，根据语法结构的特点而自然表现出重读的现象。语法重音有一定的规律。一般来说，短小的句子里的谓语，动词后面的宾语，名词前面的定语，动词或形容词前面的状语，动词后面由副词、形容词、动词及部分词组充当的补语，指示代词和疑问代词常读语法重音。例如：

东风来了，春天的脚步近了。（谓语）

河中架一弯石桥，弓样的小桥横跨两岸。（动词后面的宾语，名词前的定语，动词前的状语和动词后面的补语）

他要买那本书。（区别意义的指示代词）

我在加拿大学习期间，遇到过两次募捐。（"两次"是主要的数量短语，应重读）

（2）逻辑重音

逻辑重音又叫"强调重音"或"感情重音"，是为了突出某种特殊语意而把句中的某些词语加以重读的现象。逻辑重音没有固定的位置，比较自由，它是根据表义的内容和需要来确定的。逻辑重音主要有两种：

一是表示不同的意义和情感的语句一般需要重读。例如："我知道你会跳舞"一句，不同的重音处理，就会表现出不同的意义和感情色彩。

我知道你会跳舞（别人不一定知道，而我知道。）

我知道你会跳舞（别瞒了，我知道。）

我知道你会跳舞（别人会不会我不知道，反正知道你会。）

我知道你会跳舞（别谦虚了，你会。）

我知道你会跳舞（你会不会别的我不知道，你会跳舞。）

二是为表达某种强烈的感情而有意把某些词语重读。如：

然而，火光啊……毕竟……毕竟就在前头！……（"毕竟"重读，以强调"火光"虽然曲折遥远，但只要不断努力，光明和希望终会到来。）

另外，还应该注意重音的表达手段。重音不是"加重声音"的简称。突出重音的方法，是多种多样的。

1）加强音量，就是有意识地把一些词或词组读得响亮，以增强音势。如：

欢欣，这是一种青春的、诗意的情感。（王蒙《喜悦》）

2）轻读、拖长，就是有意识地将需要重读的音节拖长，用延长音节的办法使重音突出、清晰。如：

山朗润起来了，水涨起来了，太阳的脸红起来了。（朱自清《春》）

3）重音轻读，就是对需要重读的词语发音时气息、声势减弱，轻轻吐出，造成一种"轻中显重"、四两拨千斤的艺术效果。这种技巧常用以表达深沉、凝重、含蓄、细腻的情感。如：

轻轻地我走了，正如我轻轻地来。（徐志摩《再别康桥》）

4）连中有停，语流中，在重音前后运用停顿，以使重音更加鲜明地显现出来，使语句目的更加明确。如：

妈妈/喜欢吃鱼头。（《妈妈喜欢吃鱼头》）

5）实中转虚，利用内心深切的震动，把声音坚实地表达出来。这种方法的表达特点是声多气少。如：

这位伟大的战士，直到最后一息，也没挪动一寸地方，没发出一声呻吟。（《我的战友邱少云》）

### 3. 语势的运用

在具体语境中，由于思想感情不同所形成的不同态势的语言形式，就是口语表达中的语势。这主要是指声音的升降平曲、高低起伏的变化形式，这些变化形式主要通过控制声带的松紧来实现的。生活中，具体的思想感情是表现在一定的声音形式之中的。当人们有欢乐、热情、喜悦、兴奋、激动等情态时，说话时常常用高昂、明亮的声音去表达。而遇到"憎"的事物，常表现出厌恶、冷淡、甚至气愤的情态，说话时往往用低伏、冷寂的声音去表达。可见，声音和情感之间有着一种自然的内在联系。就朗读的语句而言，既有内在的思想感情色彩和分量，又有外在的抑扬起伏、强弱虚实等声音形式。这就要求朗读者把思想感情的"神"与声音形式的"形"结合起来，既要体味、感受这一句话的具体的思想感情色彩，又要赋予它具体的声音形式，通过具体的语势表达出来，使朗读"声情并茂"。语势的基本形式有：

（1）高扬语势

句末尾音升起，多表现情绪饱满、激昂向上的情怀，常用来表示疑问、惊讶、呼喊等语气。例如："我们的日子为什么一去不复返呢？"（句末上扬，表示疑问。）

（2）渐降语势

前高后低，句末尾音明显下降，多表现情绪低落、心情沉重等心境，常用来表示肯定、坚决、悔恨、请求、感叹等语气。例如："读书人是世间幸福人。"（句末下降，表示肯定。）

（3）平直语势

句末尾音与句子基调基本持平，全句没有显著的高低变化，平直舒缓，多表现庄重、沉痛、冷淡、严肃或客观述说的情感。例如："鸣沙山东麓是平均高度为十七米的崖壁。"（语势平直，表示叙述、说明。）

（4）曲折语势

全句语势有明显的起伏，升降相连，句末尾音也伴以特别的加重、拖长并显示出一定的曲折。一般用来表示反语、讽刺、诙谐、夸张、暗示等语气。例如："这棵榕树好像在把它的全部生命力展示给我们看。"（语势由中度上扬，稍停后下滑，落为全句最低点收尾。）

4. 语速的运用

语速是朗读时话语的速度。语速的快慢决定于作品思想内容与心境情感表达的需要。朗读作品时，只有准确感受到作品的思想内容和情感的发展，才能运用不同的语速，恰当表达出作者在文章中所寄托的思想感情。常见的语速类型有：

（1）轻快型

这种类型语速较快，声音清而不着力，多扬少抑，有时有跳跃感，它常用来描绘欢快、诙谐的情态。例如：

啊！蜕变的桥，传递了家乡进步的消息，透露了家乡富裕的声音。时代的春风，美好的追求，我蓦地记起儿时唱给小桥的歌，哦，明艳艳的太阳照耀了，芳香甜蜜的花果捧来了，五彩斑斓的岁月拉开了！

我心中涌动的河水，激荡起甜美的浪花。我仰望一碧蓝天，心底轻声呼喊：家乡的桥啊，我梦中的桥！（郑莹《家乡的桥》）

（2）沉稳型

这种类型语速沉缓，音强而着力，多抑少扬，一般用来表示庄重、肃穆或压抑、悲痛的情感。例如：

读小学的时候，我的外祖母去世了。外祖母生前最疼爱我，我无法排除自己的忧伤，每天在学校的操场上一圈儿又一圈儿地跑着，跑得累倒在地上，扑在草坪上痛哭。

那哀痛的日子，断断续续地持续了很久，爸爸妈妈也不知道如何安慰我。他们知道与其骗我说外祖母睡着了，还不如对我说实话：外祖母永远不会回来了。（台湾林清玄《和时间赛跑》）

（3）舒缓型

这种类型语速较缓，声音轻柔而不着力，语势舒展平稳，多用来表现幽静、清秀的场景或展现舒展的情怀。例如：

如今在海上，每晚和繁星相对，我把它们认得很熟了。我躺在舱面上，仰望星空。深蓝色的天空里悬着无数半明半昧的星。船在动，星也在动，它们是这样低，真是摇摇欲坠呢！渐渐地我的眼睛模糊了，我好像看见无数萤火虫在我的周围飞舞。海上的夜是

柔和的，是寂静的，是梦幻的。（巴金《繁星》）

（4）强疾型

这种类型语速较快，音强而有力，语势多扬少抑，气急音短，跳跃感强。多用来表现紧张急迫的情景或高昂激愤、难以抑制的情愫。例如：

乌云越来越暗，越来越低，向海面压下来；波浪一边歌唱，一边冲向空中去迎接那雷声。

雷声轰鸣。波浪在愤怒的飞沫中呼啸着，跟狂风争鸣。看吧，狂风紧紧抱起一堆巨浪，恶狠狠地扔到峭崖上把这大块的翡翠摔成尘雾和水沫。（高尔基《海燕》）

上述分类仅仅是语速的基本类型。事实上，任何一篇文章的朗读都不会是如此简单的定型。语速类型只是对全局性、整体性的概括。在一篇作品中，各种语速类型是互相渗透、互相映衬、互相转换的。这些不同的类型、不同的转换，会把作品表达得更加丰富多彩。

---

**【小资料】《春晓》朗读解说**

### 春　晓

孟浩然

春眠不觉晓，处处闻啼鸟。
夜来风雨声，花落知多少！

**【朗读解说】**

这是一首五言绝句。五言绝句是我国旧体诗中一种常见的形式，它规定每首四句，每句五字。旧体诗讲究格律。汉字古声调为平、上、去、入 4 种（现代汉语分阴平、阳平、上声、去声 4 种声调，把古代的入声字分别归入以上各声调）。平就是平声（包括现在的阴平和阳平），仄就是仄声，包括上、去、入 3 种声调。平仄互相交错，声音就抑扬顿挫，听起来铿锵悦耳，增强了诗的音乐美。

五言诗每句分作 3 个音步。5 个汉字，一般读成"2—2—1"节奏。朗读时必须注意节奏的整齐、匀称，一般说来，每句诗中第一个音步后的停顿可以稍长些。朗读古诗可以稍带一点吟诵，如果运用得当，朗读者就会不知不觉地进入诗人所描述的意境，体察诗人的喜怒哀乐，领略到无穷无尽的情趣。

古诗用韵十分讲究，朗读时要注意读好诗行的韵脚。这首诗一、二、四行用的是 ao 韵，可用拉长字音和加大音量的方法来读好韵脚。

作者孟浩然，湖北襄阳人。因为仕途很不得意，所以一生几乎是在隐居和漫游中度过的。他很擅长五言诗，善于描写自然风光和田园生活，是唐代田园山水诗派的代表人物。

历代文人墨客吟诵春天的诗俯拾即是，但唯独这首《春晓》家喻户晓，人人皆知，足见它具有独到的感人魅力。诗人从"眠"字下笔，抓住雨后春天早晨的情景，寥寥数笔，精心描绘了一幅啼鸟落花交织而成的秀丽清新的春晨田园画，真是妙手偶得，令人赞叹。

"春眠不觉晓，处处闻啼鸟。"朗读之初，朗读者应步入诗人所描绘的意境之中。春天，群花吐艳，春色融融，梦酣贪睡，竟不知不觉地迎来了又一个早晨。窗外，传来一阵阵婉转的鸟鸣声，给明媚的晨景平添了几分诗意，这个鸟语花香的世界，真叫人心旷神怡。朗读时应用赞叹、舒展的语调。"春眠"两字宜读得缓慢，音调稍低，轻轻吐出。"不觉"两字音调比前两个音节略高，尾音略为延后即稍顿，然后读"晓"字，要表现出春天气候暖和，使人倦怠乏力，睡意甚浓，不知不觉醒来，天已亮了这样一种情景。"处处"两字凝聚着诗人对大自然的深厚感情，可用略高的音调朗读，以表示诗人此刻的愉悦心情。"闻"要读得情真意切，侧耳聆听，传来阵阵清脆的鸟鸣声，林间小道，柳丝花丛，何处不闻鸟儿的鸣叫，何处不是生机勃勃，春意盎然，这是多么令人陶醉的景象啊！此情此景蕴蓄胸中，然后缓缓地读出"啼鸟"。此句读完后应有较长时间的停顿，可以给听众留下想象、回味的余地，也可为第三句的转折酝酿新的感情。

后两句中，诗人并没有着意描绘艳丽的春光，而是笔锋急转直下，写花落预示春残，流露出对春光将尽的惋惜心情。"夜来风雨声，花落知多少！"这两句和前两句形成鲜明对照，使人感到郁郁寡欢。因此，要用低沉、缓慢的语调朗读。诗人被喧闹的鸟啼声唤醒，朦胧中想起昨夜曾经听见刮风下雨的声音，所以"来"字适当延长读音，表明诗人在回忆、思索昨夜的事。诗人从风雨声中又很自然的联想到柔弱的花朵；是呵，它们怎能经得起昨夜风雨的摧残，于是，发出了"花落知多少"的感叹。"落"字重音重读。朗读时应用低沉哀伤的语调，以表示诗人同情和惋惜的心情，并为后面三个字渲染气氛。然后不胜感慨地读出"知多少！"。朗读"多少"两字可用较暗的声音色彩，因为诗人不仅抒发了对鲜花被风雨打落这一自然现象的伤感情绪，而且触景生情，流露出自己仕途坎坷的苦闷心情。

朗读《春晓》这首诗，只有把握住前两句和后两句的感情基调，才能把诗的意境完整地表达出来，给人以艺术享受④。

# 第二节 | 说话技能训练

著名语言学家张志公先生说："语言首先是口耳之事，因此练口、练耳是基础。"有声语言以语音为信息载体，充当传递信息的代码。当人们用口语交际时，便是一个信息传递的过程，这一过程由编码、发码、传递、接受、解码几个环节组成。"说"，就是迅速、准确地进行言语信息编码，并且高妙、有效地运用语音手段完成发码、传递，以取得最佳交际效果的艺术。具体说，说话的过程有三个阶段，也就是：构思阶段，即说话者根据自己的目的在头脑中产生所要表达的思想，确定说话的内容；转换阶段，是说话者运用句法规则将所要表达的思想转换成语言信息；执行阶段，就是说话者将头脑中的语言信息变成口头语言表达出来。生活中，我们每天都在说话，都在使用语言，但是，大多是简短的甚至只是应答性的话语。如果要求说整段整篇的"话"，而且要说得既准确达意，又流利自然，词汇、语法规范，就不是一件容易的事了。这就需要进行"说话"

训练，以提高我们的说话能力。

# 一、说话的含义及其作用

说话是人们为了达到交际目的，运用有声语言交流思想、表达感情、传递信息的一种言语实践活动。说话的种类很多，根据不同标准，可分为不同类型。根据说话的场合，可分为问答式、解说式、演讲式、辩论式、讨论式、报告式、即兴发言式等；根据说话的内容，可分为复述、转述、看图说话、讲故事、发表评论等；根据有无底稿，可分为依稿表述式、脱稿表述式等等。说话是人类独有的交流思想、传达感情的交际手段。一个具有口头交际能力的人，离开了说话，简直无法生活。因此，说话被认为是人们相互之间进行交际的第一工具。

## （一）良好的说话能力可以更好地适应现代社会的发展

人们经常说目前所处的时代是一个快速发展、高效率、快节奏的信息时代，要跟上时代的发展，适应现代社会的快节奏，不为时代所淘汰，说话时就要简明扼要，清晰准确，言之有物，用最短的时间把最主要的内容说出来，以提高表达效率。同时，良好的说话能力还是现代社会从业人员必备的素质。我们知道，当代青年求职谋事，几乎所有的用人单位都要进行面试，特别是一些与说话关系密切的行业，如教师、律师、公务员、推销员以及一些窗口服务行业，都对说话能力有更高的要求，他们也特别看重一个应试人员的说话能力。有些学习成绩优秀的青年，恰恰是因为"肚里有倒不出"而失去就业的机会。事实上，说话的这一重要作用已经渗透到当代生活的各个领域，良好的说话能力是适应现代社会发展需要的基本能力。

## （二）可以提高交际水平

社会生活中我们每天都在说话、都在与不同的人打交道，人际交往可谓方方面面，牵涉到家庭关系、同事关系、朋友关系、上下级关系等。说话是一个人的人格、修养、交际能力等因素的综合体现，并不是每个人、每次说话都能把话说得清楚明白、自然得体。说话水平高，交际能力就强。同样的意思，如果你表述得体，让别人听着舒服、顺耳，你就容易交际成功，就容易把事情办好。反之，就会把事情办糟。生活中常听人们说"这个人就毁在那张嘴上"，说的就是这个道理。

## （三）有助于提高思维能力

语言是思想的直接现实，语言和思维有着密不可分的关系。训练说话，最根本的就是训练思维能力。事实证明，一个思维敏捷、逻辑性强的人，说起话来总是主次分明、层次清晰。所以，要想提高说话能力，首先要训练自己的思维能力。思维能力提高了，说话能力也就提高了。要经常进行各种思维能力的训练，并通过听、说、读、写多种途径表达自己的思想。思维和语言能力的提高是相辅相成的。思维能力就是在不断进行的语言实践过程中得到充分发展的。

## 二、说话的要求

著名语言学家张志公明确指出："善于说话不是一件简单的事。有思想，有丰富的知识，有敏捷而致密的思维能力，有丰富的语言材料的储备，有敏捷的驾驭语言的能力，有丰富的社会经验，知道在什么样的场合用什么样的语言是得体的，效果好的，有力量的，如此等等，这是善于说话必须具备的条件。至于听感灵敏，发言清晰，能说流畅的标准语等那些基本功，更是不在话下。"要想收到一个理想的口语交际效果，顺利实现交际目的，说话者就有必要进行有针对性地训练，规范自己的"说话"。

从口语交际的总体来看，说话应该符合以下要求：

### （一）说话要切合交际语境

语境是语言表达和进行口语交际时的环境，这里主要指说话的外语境。从某种意义上说，口语表达的根本问题其实就是切合语境的问题，说出来的话如果和语境相适应，就自然得体，效果就好。切合语境就是要注意说话时的特定时间、地点、场合，当时有怎样的情景氛围，之前有哪些人说了什么话。既是说话，必有听话的对象。因此说话时还要考虑听众是谁，顾及听话者的身份、性格、文化、阅历、兴趣、双方的关系等要素，要"因人而发"。为了达到所期望的交际目的，说话者就要关注语境，紧绷"为什么说话"这根弦。

### （二）发音准确，用词规范，修辞巧妙

说话者在进行语言表达时，要发音准确，用词规范，语法正确。一个人说话时如果方音浓重，方言词泛滥，不注意语法使用的规范，就会影响交际双方的正常交流。同时，说话时还要注意用语恰当、句式灵活、修辞手段巧妙，注意说话时的语气语调、语音的轻重强弱等要素，以使表达富有感染力。俗话说得好："一句话，百样说。"任何一种意思，都会有很多表达方式供我们选择。因此，说话者要善于从大量的同义词语中、不同句式中，以最快的速度选择出一个最准确、最恰当、最理想的表达方式。

### （三）吐字清晰，语流顺畅

语音是语言的物质外壳，有声语言的第一特征就是"有声"，即是以语音为传达信息的载体，人们思想的传达、交流，听与说的互动，交际目的的实现等，离开了语音对一般人而言是难以精确实现的，这自然就对说话者的发音、用声有严格的要求。说话时吐字要清晰、饱满、圆润，即所谓"字正腔圆"；同时语流要自然、流利、顺畅，避免磕巴、拖音、带口头禅之类语病，以表现出说话者良好的语言素养和文化素养，使思想的表达形成一个完美的整体。

### （四）说话内容充实而新鲜

内容的充实新鲜富有吸引力，是任何语言表达形式都应该具备的要素。不管吐字多么清晰流畅，语音多么标准悦耳，语言表达技巧多么丰富多彩，假若没有充实而新鲜、

充满吸引力的说话内容，其表述都将是苍白无力的，也不会引起听众的兴趣。所以，说话者要力避空泛、平庸、陈旧，让说话内容充实丰厚，思想深刻新颖，力争为听话者展示一幅思维的"别样风景"，这样的"说话"一定会充满魅力。

### （五）观点鲜明，中心突出

说话人在说话时，往往会因为前期准备不足、心理不够稳定成熟等因素出现过于紧张而忘记既定内容、易于激动而滔滔不绝等状况，进而会出现"东拉西扯"的现象，常常说了半天还没说到"点子上"，没说到听众所关心的话题，致使说话内容散漫，中心、重点不突出，观点不鲜明，这是说话的大忌。富兰克林说："失足可以很快弥补，失言却可能永远无法补救。"所以，说话者围绕自己的主要观点，抓住要害而不重复、啰唆，才能更好地达到交际的目的。

### （六）针对临场性，具备应变能力

说话具有临场性特点，"一言既出，驷马难追"，这就要求说话者要有良好的应变能力。言语的应变能力主要表现在说话者有言语机智，有敏捷的思维，对临场出现的各种语境、对象，根据对方的态度、观点等方面的变化，随机应变，及时做出恰当得体、聪明巧妙的言语反应。良好的言语应变能力一般具有三个特点：敏捷性、得体性和艺术巧妙性。

### （七）适当地运用体态语言

人们在说话时，总是要自觉不自觉地借助体态、手势、表情、眼神等非语音因素来表情达意，即所谓体态语言。它是说话中的无声语言，是有声语言的重要补充。恰当、得体、适度的体态语言，可以强化口语信息，有助于双方的交流与沟通。劳夫·瓦多·爱默生说："人的眼睛和舌头所说的话一样多。"

另外，在对幼儿说话时，要注意说话幼儿化。幼儿化的要求主要有三个方面：一要浅显、形象、生动、易懂；二要符合幼儿心理特征和接受水平，富有启发性；三要语气语调，神态动作可稍微带些夸张性，以较好地吸引孩子的注意力。例如：

我们来认识每个数字的形状：1像粉笔能写字，2像小鸭水上漂，3像耳朵听声音，4像小旗空中飘，5像秤钩称东西，6像哨子叫得欢，7像镰刀能割草，8像葫芦藤上挂，9像气球空中飘，10像油条加烧饼。

## 三、说话的表达方式训练

### （一）叙述

叙述，就是把人物活动的经历、事件经过的情况述说出来的一种表达方式。它是说话的最基本的表达方式，用途很广。

叙述的基本要求是明白、清晰。明白，就是要将人物、事件的有关情况交代清楚，包括时间、地点、人物、事情、原因、结果等。清晰，就是话语的脉络要清楚连贯，要根据叙述对象的情况，确定合适的线索，将话语各层次有机地串联成一个整体。叙述的线索往往是事情发生推移的时间或空间，也可以是整个活动或事件所关涉到的某个物件。叙述的语句一般多用陈述句，语调应以平直为主，并在平直中求变化，特别是讲叙人物的对话时，要注意抑扬屈曲的不同运用，以增强叙述的生动性。例如：

一天早晨，齐白石上街买菜，看见一个乡下小伙子的白菜又大又新鲜，就问："多少钱一斤？"小伙子正要答话，仔细一看，心想，哦，这不是大画家齐白石吗？就笑了笑说："您要白菜，不卖！"齐白石一听不高兴地说："那你干吗来了？"小伙子忙说："我的白菜用画换。"齐白石明白了，看来这小伙子认出我来了，就说："用画换？可以啊，不知怎样换法？"小伙子说："您画一棵白菜，我给您一车白菜。"齐白石不由笑出了声："小伙子，你可吃大亏了！""不亏，您画我就换。""行。"齐白石也来了兴致："快拿纸墨来！"小伙子买来纸墨，齐白石提笔抖腕，一幅淡雅清素的水墨《白菜图》很快就画出来了。小伙子接过画，从车上卸下菜，拉起空车就走。齐白石忙拦住他笑笑："这么多菜我怎么吃得完？"说着，拿了几棵白菜就走了⑤。

**【提示】** 这个小故事，以叙述为主要的说话方式，清晰、完整地叙述了齐白石问菜、画菜和换菜的过程；并且以时间和动作行为的先后为顺序，语脉清楚。人物和事件的有关情况如时间、地点、人物、事情、原因、结果也都交代得清楚明白。

### （二）描述

描述，就是用形象化的语言对人物、事件或环境进行刻画和描绘。描述的基本要求是绘声绘色，使人如临其境，如闻其声，如见其人。要绘声绘色，首先要具体、形象，比如描述人物，就可以对其肖像、言语、情态、服饰、动作等方面描绘勾画出"这样"一个人；其次要鲜明、生动，这就是要求在描述时要善于抓住事物的突出特征，生动、传神地予以表现。为了增强"如临其境"的感染力，可以用简洁的语句进行白描，寥寥几句话就把事物活灵活现地描绘出来；可以赋形，或摹色，或拟声，或展示其情态，或表现其行为、动作，而不必像书面语那样全面详尽地描绘事物。例如：

1983年6月11日下午6时零5分，北京工人体育场的跳高电动记分牌上，显示出了二米三十七的字样，这可是冲击世界纪录的高度哪！只见跳高健儿朱建华站在起跳点上，向着高过头顶四十多厘米的横杆凝视了片刻，然后习惯地拢了一下头发，深深地吸了一口气。几个碎步以后，他旋风般地向横杆猛冲过去。鸦雀无声的体育场上，清晰地回响着朱建华的脚步声。他的助跑如骏马奔腾，踏跳似雄鹰凌空，一个闪电般的鲤鱼翻身，越过了横杆。朱建华跳过去了！一个新的世界纪录诞生了⑥。

**【提示】** 描述事物要抓住特点，但事物的特点是多方面的，具体描述什么，怎样描述要根据需要选择，也要按一定的顺序进行。上面这段话以时间先后为序，通过人物的动作、情态，运用巧妙的修辞手法，真切、细致地摹写出朱建华跳过两米三十七时扣人心弦的一刹那。

### （三）说明

说明，就是对事物的性质、状态、特点或用途进行解说。说明的目的在于使人通过说明这一说话方式，能客观鲜明地认识事物。因此，说明时首先必须抓住事物的特征和本质；其次要选择恰当的说明方法；再次就是要安排合理的说明顺序。另外，说明的语言也要准确严密。口头说明中，在说明事物的几个不同特点时，要注意有足够的停顿；说明事物的性状时，要注意修饰语的选择运用，注意运用重音；说到具体数据时，要慢吐重说，使人能听得清楚。整体语调则应尽量自然而有变化，以便清楚、鲜明、生动地说明事物；语速一般要慢一些。例如：

　　我们知道，水是生命的重要组成部分，许多动物组织的含水量在80%以上，而一些海洋生物的含水量高达95%。水是新陈代谢的重要媒介，没有它，体内的一系列生理和生物化学反应就无法进行，生命也就停止。因此，在短时期内动物缺水要比缺少食物更加危险。水对今天的生命是如此重要，它对脆弱的原始生命，更是举足轻重了。生命在海洋里诞生，就不会有缺水之忧。（节选自童裳亮《海洋与生命》）

　　【提示】　这段文字，主要围绕"水是生命的重要组成部分"的中心进行说明，简洁、清晰、明了。说明水对生命的重要主要通过数字来证明，因此，说到数字时语速要慢一些，要有重音、对比。而对"因此"之后的结论，则应该说得客观、庄重、鲜明，以给人深刻印象。

### （四）议论

　　议论，就是针对事物或问题进行分析、评论，阐明自己的立场和观点的一种表达方式。发表议论，观点要鲜明，就是要以准确的概念和恰当的判断提出自己的看法或主张；论据要充足精当，就是要摆事实、讲道理，以确凿的事实、典型的事例来阐明观点；论证要合乎逻辑，就是要使论说依据和看法主张之间有必然的逻辑联系，逻辑性要强。口头表达中，发表论点时，语气要肯定，语速要慢，以使观点鲜明；运用论据时，语调要平直，节奏分明，以使事实肯定；进行论证时，语调要抑扬错落，语势畅达连贯，以显示内在的逻辑力量。另外，还应适当地利用重音和停顿进行必要的强调；说话时仪态要沉着自信，说得合情合理，以理服人。例如：

　　人站得高些，不但能有幸早些领略到希望的曙光，还能有幸发现生命的立体的诗篇。每一个人的人生，都是这诗篇中的一个词、一个句子或者一个标点。你可能没有成为一个美丽的词，一个引人注目的句子，一个惊叹号，但你依然是这生命的立体诗篇中的一个音节、一个停顿、一个必不可少的组成部分。这足以使你放弃前嫌，萌生为人类孕育新的歌声的兴致，为世界带来更多的诗意。（节选自班杰明·拉什《站在历史的枝头微笑》）

　　【提示】　这段议论的论点是"人站得高些"，"还能有幸发现生命的立体的诗篇。"读时语气要肯定、自信，语速要慢；接下来的论述则要注意语意的连贯、语调的抑扬起伏。

### （五）抒情

　　抒情就是表达自己对事物的感受、抒发内心的感情。议论重在阐明道理，以理服人；抒情则重在抒发情感，以情感人。作为一种表达方式，抒情的方法一般有两种，即直接抒情和间接抒情。直接抒情，就是不依托叙述、描写或议论，而是直接表达对人、对事、对物的爱憎情感。间接抒情则是借助对人、事、景、物来抒发感情，常同叙述、议论结合在一起。古人云："感人心者，莫先乎情"。抒情就要真挚感人，要表达出真情实感。

用以抒情的言辞要朴实，语气要恳切，语调要贴切自然。例如：

我们在田野散步：我，我的母亲，我的妻子和儿子。

……

后来发生了分歧：母亲要走大路，大路平顺；我的儿子要走小路，小路有意思。不过，一切都取决于我。我的母亲老了，她早已习惯听从她强壮的儿子；我的儿子还小，他还习惯听从他高大的父亲；妻子呢，在外面，她总是听我的。一霎时我感到了责任的重大。我想找一个两全的办法，找不出；我想拆散一家人，分成两路，各得其所，终不愿意。我决定委屈儿子，因为我伴同他的时日还长。我说："走大路。"

但是母亲摸摸孙儿的小脑瓜，变了主意："还是走小路吧。"她的眼随小路望去：那里有金色的菜花，两行整齐的桑树，尽头一口水波粼粼的鱼塘。"我走不过去的地方，你就背着我。"母亲对我说。

这样，我们在阳光下，向着那菜花、桑树和鱼塘走去。到了一处，我蹲下来，背起了母亲；妻子也蹲下来，背起了儿子。我的母亲虽然高大，然而很瘦，自然不算重；儿子虽然很胖，毕竟幼小，自然也轻。但我和妻子都是慢慢地，稳稳地，走得很仔细，好像我背上的同她背上的加起来，就是整个世界。（节选自莫怀戚《散步》）

【提示】 文章通过对一家三代人在田野散步的过程的叙述与描写，抒发了作者对人间最朴素真挚的情感——"爱"的赞美之情。结尾处集中抒情，真实自然，以小见大，字里行间自有一种淳朴与真诚，说话时应该注意对这种人世间最真最美情感的体验和把握。

## 四、说话的分类训练

### （一）即兴演讲训练

1. 即兴演讲的含义和特点

即兴演讲是在特定场景和主题的诱发下，或者是自发或者是别人要求，立即进行的演讲，是一种不凭借文字材料进行表情达意的口语交际活动。它的特点是：

（1）即兴发挥

即兴，顾名思义，就是即时、即情、即景起兴，就是在较短时间内打腹稿，"临阵磨枪"。一般无法事先拟好讲稿或提纲，也不存在推敲、试讲、练习等准备环节，常常是因情、因境、因话题受到触发，即景生情，即兴发挥，意尽而止。

（2）主题集中，篇幅短小

即兴演讲常围绕某个问题，讲述自己的观点，或谈一下自己的感想。由于是临时准备、即兴发表的讲话，很难构思出长篇大论来，所以即兴演讲一般是主题单一、篇幅短小、时间短暂，有的是几分钟，有的甚至只有寥寥几句。

（3）使用范围广

即兴演讲的使用范围极为广泛，迎来送往、竞选、就职、辞别、答谢、婚丧嫁娶等场合，即兴演讲随处可见。对教师而言，班会、迎新、节日联欢会、毕业典礼等场合，也都用到即兴演讲。可见，加强即兴演讲的实践与表达技巧的训练，是十分重要的。

### 2. 即兴演讲的技巧

就即兴演讲的准备情况看，有时是预测性准备，比如参加某次会议、某个活动，可以先考虑一下，如果让你讲，该讲些什么；有时是临时性准备，这就需要演讲者有较强的应变能力。要想有一次较成功的演讲，一般要从选材和构思两个方面入手。

（1）选好即兴演讲的切入点

首先要求演讲者思维敏捷，能根据当时的情景迅速捕捉话题，并筛选与主题有关的材料。就选材而言，一般采用选"点"法。选"点"就是选好沟通演讲者与听众心灵的人或事。演讲者必须选择听众熟悉的或易于理解的人、事、物作为媒介来传递信息，以激发听众的共鸣；又必须注意与演讲的主题吻合、协调。选材常用的方法有：以"物"为点；以"环境"为点；以"前者讲话的内容"为点。例如：

1927 年 9 月的一天，向井冈山进军的红军战士忙着给"老表"家挑水。当时部队刚受了挫折，战士们议论纷纷。这时毛泽东同志来到战士中间，大家都热情地围上来请他讲话。毛泽东同志当即分析了受挫折的原因和革命形势。他指着院里的大水缸说："现在蒋介石好比一只大'水缸'，我们红军好比一块'石头'，'水缸'样子挺大，但经不起石头一击。我们这块小'石头'，一定能砸烂蒋介石这只大'水缸'。"

【评析】 毛泽东同志巧妙地选择了"石头"、"水缸"为点，分别把它们形象地比喻为"红军"、"蒋介石"，同时又通过"石头"与"水缸"之间的关系来比喻当时的革命形势，深入浅出，通俗易懂，有力地给战士们鼓起了革命的斗志[⑦]。

（2）要注意巧妙构思

即兴演讲虽然是即情即景而发，准备时间短暂，但也可以在讲话前做些应急性的准备，然后依据具体需要迅速进行构思。就构思而言一般常用"连缀"法。"连缀"法就是通过联想，围绕已经选好的"点"，把看似孤立的人、事物有机地联系起来，并设法将这种联系上升到某种高度，以表现演讲的主题。除此之外，构思新巧的方法还有多种：并联式，就是将各点并列在一起，排比成篇，分析其中的关系，得出有意义的认识。对比式，就是将对立的两个点并立在一起，形成强烈的反差，从而深刻地揭示演讲的主题。宝塔式，就是用递进深入的方法把各点连缀起来，使它们成为步步高、层层深的整体。模式构思，就是有经验的即兴演讲者习惯以一个模式框架作为依傍进行快速的构思，使自己的表达既符合人们的认识规律，又能引起人们的兴趣。从思考、分析问题的角度看，我们可以从改变视角、同类比较、逆向反推、谐音曲解、比喻说理等等方面来进行巧妙构思，具体选用哪种思路、方法，要看情况灵活运用。如《晏子使楚》故事中的晏子就是采用改变视角、"以其人之道还治其人之身"的方法来即兴演讲的。他从一个新的角度去组织话语，辩倒对方，收到了一种预想不到的表达效果。

### （二）交谈训练

### 1. 交谈的含义和特点

交谈是人际间交往最直接、最广泛、最简便的言语交往形式。它的特点是：话题灵活，也就是可以随时灵活地选择或者变换话题；听说兼顾，即交谈是在听与说的相互交替中进行的；口语化，交谈一般是随想随说，不作刻意的修饰，有自然明快的口语特点。

2. 交谈成功的基本要求

（1）话题要因人而生，因人而异

也就是要求我们在交谈时要注意交谈的对象，对交谈对象应有所了解，比如对方的职业和文化水平，对方的性格特点和对方对自己的看法，对方的处境、心境等，在此基础上寻找有共同语言或能引起对方兴趣的话题，以保证交谈能顺利进行。

（2）要把握好交谈地点和交谈时机

交谈时要特别注意环境因素对话题的影响，因为环境和地点影响着交谈对象的心理；另外还应注意把握对方话语的内涵和情态表现，及时觉察对方对话题的反应，以便随时调整、修整话题。

（3）体态要大方，语调要适当

在语言信息传递过程中，体态语表达着非常丰富的无声语言信息。交谈时的语气、语调，也暗中透露着说话人的态度。因此，交谈中应有意识地注意到这些。翘起"二郎腿"、斜靠在沙发上等体态，说话教训人、吆三喝四等语态，都不利于交谈的进行。

3. 交谈过程中应注意的具体问题

（1）话题的提出

话题体现着交谈的动机和目的，限制着交谈的内容和范围。任何形式的交谈，都会围绕一定的话题展开。选择并提出了恰当的话题，就为交谈的顺利进行提供了一个良好的基础。话题提出的方式是多样的，一般有如下情形：可以直截了当地提出；可以从对方感兴趣的其他方面谈起，然后逐渐过渡到要交谈的话题；也可以引而不发，即耐心地用与话题相关、相近的题外话，期待对方提出所要交谈的话题。

（2）话题的展开

展开话题的方法主要有两种。一是要会说，要用自己的话语，尽可能地把自己的思想观点、所见所闻谈出来，从而诱发对方的谈兴；二是要会听，也就是要及时对对方的话语内容做出反应，并在适当的地方加以诱发引导，使对方尽可能充分、准确地表达自己的思想。

（3）话题的控制

交谈中如果出现"跑题"现象，就会影响交谈目的的实现。由于交谈时话题具有灵活性、随意性，有时也由于交谈氛围的融洽，常会出现话题偏移等问题，对此，要视交谈对象、场合等情况的不同，采取直接提醒、委婉提示或有意识地从其他话题逐渐过渡到正题的方法，以便及时修正、控制话题，达到交谈目的的实现。

4. 求职形式的交谈

交谈这种话语形式运用是相当广泛的，交谈的形式也是多样的，比如拜访、采访、劝说、洽谈、求职等等，都是交谈这一话语形式的运用。这里，我们主要说说"求职"中的交谈。

求职时的交谈是用人单位对求职者形象仪表、品质素养、业务能力诸方面的直观性检测。对求职者来说，这是一种被动的交谈，但对这样的交谈也可以做一些预测。这种预测包括两个方面：一是对自己的预测。主要是了解自己的个性，这主要是为了了解自己更适合做什么工作；把握自己的专长，在学校所学的专业，便是自己最主要的专长；发现自己的兴趣，因为如果一个人能根据自己的兴趣选择某种职业，兴趣就会变成极大的工作热情，促使自己在所从事的职业中更快地做出成绩；关注自己的价值观，因为价值观的差异会影响到所选择的职业和工作态度；注意仪表的整洁得体，仪表既反映出一个人的个人素养，也影响到用人单位对你的印象；做一定的应聘训练，也就是事先搜集一些应聘单位的相关资讯，在详细分析以后，可以事先定出一些相关问题，例如，你的兴趣和专长，有什么工作目标，对应聘单位和工作了解多少，你的希望和待遇，你从事过哪些社会活动等等。二是对应聘单位的预测。对应聘单位重点要了解的一般是三个方面的情况：首先是你对这个工作的热爱、向往程度；其次是你适不适合做这个工作；再就是你是不是有能力做好这个工作。

求职交谈中，要注意问答的技巧：

（1）冷静沉着，把握侧重点

要注意听清楚主试者的提问，根据当时的情况迅速确定表述的侧重点，从容作答，沉着应对。

（2）珍视认同点，创造良好的交谈气氛

交谈中应重视与对方的认同点，尽量与对方保持一致的观点、看法，避免对峙、冲突，以便创造良好的交谈氛围，使交谈得以顺利进行。

（3）适度赞美对方，表达求职的诚意

交谈中态度要诚恳，措辞得当，用语委婉而不隐晦，恭敬而不恭维，自信而不自大。既不能像行政报告，缺乏热情；也不能过于热情，有讨好之嫌。

（4）实事求是，巧妙作答

应多从对方的表述中引申作答，而不节外生枝与对方争论；作答要实事求是，言之有物，要突出自己的优点。

总之，面试交谈有法而无定法，重要的是要具体情况具体分析，随机应变。美国一家辅导求职的公司总裁安妮·韦恩女士说过这样一段发人深思的话："几乎每个人都能应付求职问答这一关。你要做的就是简单明了地亮出你的有利条件，但绝不要像推销员的样子。要认识自己的优势，自信比别人强。"

**（三）论辩训练**

1. 论辩的含义和特点

论辩是"确定某一思想是否正确"的思维表达过程。马克思说："真理是由争论确立的。"论辩的过程就是宣传真理、分析错误、批驳谬误的过程。在外交上、法庭上、学术上等方面，常要用到论辩这种表达方式。如果掌握了这种技巧，对阐发原理、讲清道理、分析错误，都会有极大的帮助。

论辩的特点是：对立性、逻辑性、应变性。观点针锋相对是论辩的突出特点，其目的就是要有力地说服对方或驳倒对方。

论辩与论辩比赛是不同的。论辩比赛也叫辩论赛，是两支辩论队在事先规定人数、规定程序、规定题目、规定时间的情况下，并按照抽签所规定的各自立场，通过交替发言，论证本方观点、攻击对方的观点，最后通过评委打分来决定胜负的一种语言表达方式。论辩的目的则在于探求真理、批驳谬误，它可以用口头语言或书面语言进行，参加论辩的可以是观点的对立双方，也可以是意见不同的许多方面。论辩比赛则是确证自己观点的思维表述，必须以口语的形式进行，而且一场辩论赛只能是两支队伍参加。它是论辩的一种训练方式，目的在于训练思维和表达能力，训练掌握论辩的技巧和能力。

2. 论辩的技巧

不论遇到什么样的观点、情况，论辩者都要保持头脑冷静，思路开阔，考虑问题要全面周到。在证明自己观点的时候，立论要正确而适中，观点鲜明；论据要真实而充分，有说服力；论证要科学而严密，逻辑性强。在反驳对方观点的时候，不必面面俱到，只要从论点、论据、论证中的任何破绽入手，抓住本质，都可以击中对方要害。

要想在论辩中灵活自如地运用材料、组织语言战胜对方，就必须掌握一定的论辩技巧。下面我们介绍几种常用的论辩技巧：

（1）直接论辩法

这是论辩中经常采用的论辩方式。它是直接针对某个观点用摆事实或讲道理的方法来证明论题真假的论辩。常用的推理方式有三段论、选言推理、假言推理、二难推理、归纳推理、类比推理等。例如：

在古文《邹忌讽齐王纳谏》里，邹忌从"妻私臣"、"妾畏臣"、"客欲有求于臣"，"皆以美于徐公"一事中，悟出"臣受蔽矣"，所以就从齐王的"宫妇左右私王"、"朝内大臣畏王"、"四境之内求王"的情况中，类推出"王之蔽甚矣"的结论来。论证严密，言之凿凿，因而此文成了流传古今、脍炙人口的名篇[①]。

（2）反正归谬法

反正归谬法就是为了证明某一论题的虚假，不直接正面论述自己的立论，而是先假设对方论点是正确的，然后以此为据进行推论，最后得出荒谬的结论，从而证明自己观点的正确。例如无政府主义者提出要取消一切权威，那么，我们就按照"取消一切权威"的论点进行推论，比如大家在一条轮船上航行，船遇到了风暴，我们取消了一切权威，船长没有了做出决断的权力，那么，我们会有什么样的结果呢？从而证明"取消一切权威"这一论点是荒谬的[②]。

（3）淘汰法

淘汰法是先巧妙地设立一个包含原论题在内、有几个小论题组成的更大的论题，在各种论题或方法的比较中，淘汰了其他小论题，只剩下了原论题，这样原论题的真假也就得到了证实。例如鲁迅先生在杂文《拿来主义》一文中，为证明"拿来主义"的正确性，先概括了对待外来文化有 4 种态度，设立一个大论题，并以继承"大宅子"为例进行了"淘汰法"论辩。这 4 种态度分别是"不敢进去"、"放一把火烧光"、"进去吸鸦片"、"拿来"。对前 3 种，文章用"孱头"、"昏蛋"、"废物"等，进行了坚决的否定，所以只能选择"拿来"，从而论证了"拿来"是唯一正确的选择。这一成功的论辩，不仅是淘汰法的杰作，同时也是运用喻证法的典范⑩。

另外，论辩还可以采用先发制人、后发制人、四面包围、诱敌深入、针锋相对等方法进行论辩。

## 五、关于普通话水平测试中的"说话"

普通话水平测试中的"说话"，与日常生活中的说话没有本质的区别。前面谈到过的说话的要求，也应当是水平测试的基本要求。但作为一种水平测试，毕竟会有更高的要求。"说话"是普通话水平测试中的最后一项，也是相当重要的一项，最能反映应试者普通话实际运用水平。国家《普通话水平测试大纲》明确规定，说话项测试的目的是"考查应试人在没有文字凭借的情况下，说普通话的能力和所能达到的规范程度。"与前几项相比，这是一个对应试者普通话口语综合能力的测试，它既包括对语音、词汇、语法的规范程度的考查，也包括对语气语调，即应试者语言运用的自然流畅程度、以音达意、以声传情的一般技能的测查，事实上还包括了对应试人思维应变能力的测试。由国家语言文字工作委员会普通话培训测试中心编制的《普通话水平测试实施纲要》（一般称新大纲，以下简称"新大纲"）说话的题目由原来的 50 个，改成了现在的 30 个，话题数目压缩了，话题涉及的范围也更加宽泛了，这让应试者在"应试"时有更大的选材空间，也有利于应试者自由发挥。但对说话的要求并没有降低，比如对说话水平测试的具体要求，对说话时间的要求等，甚至在打分方面比以往更加细化、量化。这就要求应试者对这项测试要有足够的重视，应该做一些相应的准备工作。

### （一）测试中"说话"的基本要求

#### 1. 明确目的，把握话题

"说话"测试要求应试人在没有文字凭借的情况下说 3 到 5 分钟的"话"，这种说话一般是单向性的。它一方面要考查应试人将方言转换为标准语的口语运用能力，也就是按照普通话语音、词汇、语法规范说话的能力；另一方面也要求应试人说话内容具有相对完整性。"新大纲"为普通话水平测试提供了 30 个话题，测试时从这些话题中抽签决定说话题目。

这些题目，可以按照说话表达方式的不同分为叙事类、说明类、议论类话题。

叙事类话题，就是要把一件事明白、清楚地述说出来。要思路清晰，中心线索突出，能够按照一定的顺序、有条不紊地加以述说。叙述的内容不要太多、太复杂，人物要尽量减少。30 个话题中属于叙述类的主要有：我的愿望，我的学习生活，我尊敬的人，我喜爱的动物（或植物），童年的记忆，我喜爱的职业，难忘的旅行，我的朋友，我喜爱的文学（或其他艺术形式），我的业余生活，我喜欢的季节（或天气），我的假日生活，我的成长之路，我和体育，我的家乡（或熟悉的地方），我喜欢的节日，我喜欢的明星（或其他知名人士），我喜爱的书刊，我向往的地方等。这些话题又可以分为以述人为主和以叙事为主的两个类别，因为以述人为主的话题，在述人的时候，人物的性格特点、品质修养等等，也仍然通过事件来展现，所以述人的话题归根结底还是叙事。不过这两者之间还是有差别的。叙事类话题主要抓住的是事件的发生、发展、高潮、结尾等相关的环节，要交待清楚时间、地点、人物、事件、原因、结果等要素；而述人的话题，可以描述人物的肖像、体貌、服饰、职业、籍贯、语言特点、思想品格、性格特点等方面，要通过"你"的叙述，让听众大体了解你所说的"这个人"是怎样一个人，能对你所介绍的人物有个基本了解。

议论类话题，就要确定所持论点，有理有据、逻辑严密地说明一种观点。议论时要概念明确，判断清楚，推理合乎逻辑，论证要充分，议论的结果要能说服人。围绕所议论的观点条分缕析，层层剖解，要通过你的论说，让对方信服你，并接受你的看法。比如"谈谈卫生与健康"这个题目，首先要说出你的观点（可以具体些），然后围绕你的观点说明你持这种观点的理由。说理过程中要有丰富的材料来证明、支持你的观点，并加以严密地论证。"新大纲"30 个话题中，属于议论类的有：学习普通话的体会，谈谈社会公德（或职业道德），谈谈个人修养，谈谈对环境保护的认识，购物（消费）的感受，谈谈科技发展与社会生活，谈谈卫生与健康等。

说明类话题，就是要根据事物的性质、外貌形状、结构特点、事物的梗概来进行表述。说明一定要注意条理、有序、清楚，必要时可以借助一定的修辞手法。说明一幢建筑，要把它的位置、形状、结构等方面说清楚；解说一处风景，要把它的山光水色、千姿百态介绍明白，让听众听了产生向往之情。"新大纲"30 个话题中，属于说明类的话题有：谈谈服饰，我知道的风俗，谈谈美食，我所在的集体（学校、机关、公司等）等。

2. 沉着从容，积极思维

话题说话首先要做的就是审题。审题就是对话题进行分析，理解其要求，确定其中心。不同的话题要求可能不同，有的要求记叙，如"难忘的旅行"；有的要求解说，如"我知道的风俗"；有的要求议论，如"购物的感受"。如果不明确话题的要求，面对具体的话题时就可能不知所措。说话若无中心，就不能够有效地组织材料，语句就会散乱无章，语言表达也就不可能是通畅的、流利的。其实，新大纲所规定的 30 个话题，都是人们经历过或与日常生活关系密切的事物现象，只要看清楚话题，明确要求，它的中心是不难确定的。如"我喜欢的季节"，这个话题的中心当然是"季节"，而且侧重点在"为什么喜欢"。

其次，要注意选择合适的材料。材料就是用以表现中心意思的事实、情节或有说服力的现成说法。合适的材料就是符合话题要求的材料。记叙类的话题要选择有关的一个或数个故事或情节，要相对完整；议论类话题要选择能够证明论点的较为典型的事例或名言警句；说明类话题的材料则是事物的特征、用途、操作过程等。合适的材料也就是适合自己表述的材料，最好自己有亲身感受或比较熟悉。比如谈"我的朋友"，首先要紧扣朋友的特点，之后选择最能表达朋友特点的材料加以表述，并由此谈谈自己的感受。叙述中有描述，也要有抒情。材料的选择运用也要注意灵活，比如在对"人"的材料的掌握上，你原来准备的是"我尊敬的人"（爸爸、妈妈、老师、同学等），但你抽到的却是"我的朋友"，这种情况下，你可以将原来材料中的任何一个"人"跟"朋友"这个题目靠拢，进行重新组合，迅速流畅地说出这个话题的内容。

再次，要考虑安排恰当的顺序。确定了中心，选择好了合适的材料，还要进一步考虑如何组织材料，比如怎样开头，先说什么，重点说什么，怎样结尾，这就是安排说话的顺序。叙事类话题，一般按事物发生、发展的时间先后来组织材料；议论类话题可先亮出观点看法，接着运用论据加以论证，最后进行总结概括；说明类话题一般按事物特征的不同方面或者按照事物、事理的次序逐一解说。

3. 自然流畅，重在"说"字

经过上述准备，就可以按照大体准备好的思路，迅速组织恰当的词句，有条不紊地"说话"。说话的过程中应该注意以下几个方面：

（1）发音准确，吐字清晰

每个音节声韵调的发音要准确；变调、轻声、儿化的运用要正确；音量适中，强弱适度，语调要流畅稳健又富有抑扬顿挫的变化。

（2）用词造句要恰当规范

要注意使用生活中常用的口头词语，不用方言词，少用书面词语，语义要准确明白；注意词语使用的多样性，尽量避免同一个词语一用到底；语法方面，尽量选用口语中习惯的简洁短小的句子，避免方言语法习惯。

（3）语调要自然流畅

话语自然流畅是指，停顿恰当，语气连贯，没有过多的口头禅，在不必要的地方不加语气词等。

"说话"较之书面语，说话里的轻声、儿化韵的出现更加频繁；语调的变化更为丰富；口语色彩更为浓厚，双音节、多音节词语、形象化词语、语气词增多；句子比较短小、简略。

（二）话题示例

题目：《我和体育》

我喜欢的体育活动很多，如打乒乓球、游泳等等；但是我现在最喜欢的体育活动却是跑步。听到这句话，我以前的同学都大吃一惊。因为自己身体较弱，跑步一直是我的弱项，在他们的印象中，我是最怕跑步运动的。记得读小学的时候，我的身体素质不好，那时体育老师组织接力赛跑，四人一组，我总是接第三棒、第四棒。每当我接过接力棒，两腿就发软，怎么也跑不快，一圈跑下来，整个人几乎瘫倒在地上，一颗心"扑通扑通"跳得要命，好长时间还没有平静下来。

上了初中，老师们注重的只是成绩，似乎不太注意素质教育，体育课是难得上两节的。读初三时，由于体育要加试，体育课才被重视起来。有一次，体育老师给我们测验，我一听到发令枪声，心里就哆嗦，双腿像灌了铅一样重。看着别人一个个轻松飞快地跑着，我的心里不知有多着急，50米跑下来竟然用了14秒。老师认真地对我说，平时要加强跑步锻炼。从此，我在心里暗暗下了决心。每天早晨起床后，到我家后面的一所小学操场上去跑步，看校门的老伯伯不但同意我去跑，还鼓励我好好锻炼。一段时间下来，我精力、记忆力特别好，休息一会儿我就背单词，读课文。这样既锻炼了身体，又复习了外语，真是一举两得。从此，我慢慢地喜欢上了跑步这项运动。

经过一年坚持不懈地锻炼，我的体育成绩和身体素质有了明显提高。在体育加试中就有跑步这项，我取得了好成绩。这正是我平时锻炼的结果。我真正体会到跑步是一项十分有益的运动，它既可以增进人体血液循环，给我以健康的体魄，又磨炼人的意志，为我以后从事教学工作，提供了一个保障①。

【小资料】

**《激之以趣，导之以法》**（有删节）

一天放学后，教师把一位"后进生"留下来谈心。

师：你对什么最感兴趣？

生：玩。

师：除了玩以外呢？

生（眼睛一亮，充满兴奋）：喜欢踢足球。

师：哪一场球赛使你难忘？

生：上学期和三（1）班的那场比赛。

师：你回忆一下，开始是怎么踢的？

生：一开始对方开球，回传，然后踢到我们的半场，我抢到了球，传给李龙，他过了两个人后又传给我，我带球突破。

师：球进了吗？

生：没进。被对方后卫截住了。

师：这场比赛你进球了吗？

生（兴高采烈）：进了两个。

师：第一个球是怎么进的？

生：三（1）班后卫断球以后，我马上跑回中场。传了几次球之后，球又回到我的脚下，趁对方还没有完全进入状态，我带球突破，对方同时上来两名队员，我把球从他俩中间穿过，又快速插入，得到球，对方又上来两名队员，我又假动作晃过他们。这时，守门员扑上来，我把球向左边一拨，守门员扑了个空，面对空门，我飞起一脚。嘿，球进了！

师：同学们有什么反应？

生：我们班同学高举双臂，欢呼起来。

师：第二次进球呢？

生：下半场快结束时，我又带球突破，造成对方犯规，罚点球进的。

师：怎么罚的？

生：我快速起跑，先是往右跑，给守门员造成错觉，脚快接触球时，我突然猛往左踢，球从大门左上角进了。

师：太好了！把你刚才讲的记下来，就是一篇作文。

【评析】这位教师能恰当地提出话题，适当地引导话题，并随时控制话题的走向，让一个并不喜欢作文的同学，把一场体现自己得意之作的球赛生动地描述了出来，从而帮助这个同学打开了写作文的缺口。可以说，这是一次成功的交谈，也是一个有效指导学生作文的成功例证⑬。

## 思考与练习

1. 朗读的含义和作用是什么？

2. 朗读的技巧有哪些？

3. 什么是"说话"？它有哪些基本要求？

4. 如何应对普通话水平测试中的"说话"？

5. 朗读下列词语，体会口语语汇特点。

雪白、火热、墨绿；喜洋洋、水汪汪、绿油油、白茫茫、闹哄哄、红彤彤；歪三倒四、晕头转向、多嘴多舌、浮皮潦草；纸老虎、撂挑子、钻空子、开夜车、踢皮球、和稀泥、翘尾巴；三伏天孩儿面，一日脸三变；事不经不懂，路不走不平；好手难绣没线花；有志不在年高，无志空活百岁；大海里捞针——无处寻；芝麻开花——节节高，小葱拌豆腐——一青（清）二白。

6. 朗读诗词。

日入空山海气侵，秋光千里自登临。十年天地干戈老，四海苍生吊哭深。水涌神山来白鸟，云浮仙阙见黄金。此中何处无人世，只恐难酬烈士心。（[清]顾炎武《海上》）

庭院深深深几许？杨柳堆烟，帘幕无重数。玉勒雕鞍游冶处，楼高不见章台路。雨横风狂三月暮，门掩黄昏，无计留春住。泪眼问花花不语，乱红飞过秋千去。（[宋]欧阳修《蝶恋花》）

7. 下面是两则求职交谈的片断，比较其优劣，说说为什么前者败而后者胜。

（1）主考人：你成绩不错，平时一定很用功。

应试者：没什么，在学校考试时有时是瞎蒙，而且分数不能说明问题。

主考人：啊，你有什么特长吗？

应试者：（拿出书法作品）一点小爱好。

主考人：你的书法不错呀！

应试者：没什么，没什么。

主考人：看得出，你是下工练过的。

应试者：差远啦，信笔涂鸦而已。

主考人：……

（2）一个人到报社求职。

主考人：你从事新闻写作多少年了？

应试者：时间不长，三个多月。

主考人：只三个多月？

应试者：是的。您看看我的文章吧。

主考人：（一目十行）写得不怎么样。

应试者：请相信我没有借鉴别人的写法，这些都是我经过多次采访写出来的。

主考人：（又拿起来看看）写法是与别人不同。

应试者：谢谢您的鼓励。

主考人：你独立采访，有闯劲，也有创造性。很好。暂时录用，试用三个月。

8. 阅读下面的文字，然后发表一段即兴演讲。

大学文科毕业后，我没有找到理想的职业，只好到一家家电公司给人送货。有一次，我们给一位顾客送了一套上万元的彩电和音响设备。同去的几个都不会安装，我们放下货便要求顾客签字、付款。那位顾客也没说别的，就签字付了款。但是，顾客的母亲不高兴了，她骂了一句："就你们这个样，一辈子也只配给人送货！"

挨了这次骂之后，我认真地进行思考，认识到，要想做点事业，就必须无论干什么都要尽职尽责。从此，我就认真向师傅学习，不懂就问，很快学会了各种电器的安装。每次送货，总是认真负责地帮助顾客安装调试好，还耐心指导顾客学会使用的常识。后来有一天，我送货的一位顾客按照名片给我打电话，主动提出提供资金与我合作办一家电器经销店。当时我感到非常意外，就问对方为什么会这样做。对方回答说："我看出您是个人才，即使我不跟您合作，也会有人愿意跟您合作。现在我们一起合作，干上三五年，积累了资金，您就可以独立经营了。"

几年之后，我便有了自己的企业。

9. 结合自己的体会，谈一谈说话训练的意义。

10. 从教材附录的朗读作品中任选一篇，进行朗读技巧分析，并在此基础上进行朗读练习。

## 注 释

①董亦佳. 2002. 教师口语训练教程. 北京：中国文联出版社

②、⑦、⑧、⑩国家教委师范司. 2000. 教师口语. 北京：语文出版社

③朱山、刘则仪等. 1993. 普通话口语艺术. 济南：山东友谊出版社

④、⑥幼儿师范语文课本. 1995. 听话和说话. 北京：人民教育出版社

⑤国家教委师范司. 1994. 教师口语. 北京：语文出版社

⑨、⑫杨秋泽. 2001. 教师口语. 济南：齐鲁书社出版

⑪何蕴秀. 1998. 泰安人学普通话训练教程. 海口：南海出版公司

# 第七章
## 教师职业普通话的要求和基本技能训练

【摘要】本章共包括两节内容：第一节，教师普通话的总体要求。开始部分就教师普通话的含义、类型、与一般口语的关系作了简单说明，接着阐述了教师普通话的特点和要求。通过本节的学习，力求学生明白什么是教师普通话及学习的必要性。第二节，教师普通话语音、语汇、语法、修辞基本技巧训练。本节把重点放在技能训练的方法上，因为我国方言众多，训练材料很难有针对性，所以教给学生训练的方法。

## 第一节 | 教师职业普通话的总体要求

### 一、教师职业普通话概说

#### （一）教师职业普通话的含义

教师职业普通话是用标准的规范的现代汉语表达符合教育教学原则内容的工作用语。它是教师从事教育教学活动时所使用的语言，是教师在整个教育教学过程中的必备工具。教师的职业是从事精神劳动，劳动的产品就是人才。在这个复杂的劳动生产过程中，口语扮演着重要的角色。荀子说："诵说不陵不犯，可以为师；知微而论，可以为师。"（《荀子·致仕》）意思是说：在吟诵经典、解说文意时能做到不凌乱、不违背原意，才具备做老师的条件；能洞察细微的道理并能讲述出来，就具备当老师的资格。由此可见，口语对于一个老师的重要性。作为师范专业的学生，口语理论和口语技巧的学习是不容忽视的课题。

#### （二）教师职业普通话的类型

教师职业普通话主要包括教学用语和教育用语。口语作为人类最重要的交际工具，它快捷、方便。教师的教学目的和教学任务绝大部分是通过教师口语达到和完成的。教师传授知识的同时必须讲授道理，既教书又育人。所以，说服、激励、讲解、疏导、启迪、劝慰、表扬、批评等就贯穿教师工作的始终。

另外，教师职业语言还包括教师的其他工作用语。如教师出外参观学习、参加学术交流、座谈会、家访等，这时的教师口语也要做到准确精炼，能简洁流畅地阐述自己的观点和想法，礼貌而又得体地表述，才会达到交流的目的。一个模范教师要和家长沟通，家长来自各行各业，生活习惯各异，文化层次也不尽相同，采取怎样的语言策略与家长交流，就显得尤为重要；教师和其他的人一样，需要和同事、领导、学生交流。俗话说得好"好语一句三冬暖"。良好的交流可创设轻松愉快的工作环境，使人全身心地投入到工作中去，有效地提高工作效率。

### （三）教师职业普通话与一般口语的关系

#### 1. 教师职业普通话必须以一般口语为基础

教师职业普通话和一般口语都属于口语。一般口语是指社会各行各业、各个阶层的人们所使用的语言，体现了各种语言环境中说话者语言表达的共同形式要求和普遍的能力要求。它源于大众，却又反过来指导人们的日常语言表达。我们所说的一般口语，也绝不是乡俗俚语，它是规范化了的语言。一般口语在语音、语汇、语法、表达技巧、表达能力等方面也都有一定的要求，在不同的语言环境中也有不同的要求和不同的表达方式。而教师口语则是更专业化、更具浓重职业特点的口语，它具备一般口语的特点和要求。在这个基础上，才能谈专业化训练。所以说教师职业普通话必须以一般口语为基础。很难想象，一个在日常生活中难以完成口头交际的人，会在课堂上滔滔不绝、妙语连珠、形象生动地进行教学活动；也无法想象一个难以胜任日常口语交际的人，面对班级问题、学生问题能深入浅出、循循善诱的进行教育活动。教师职业普通话相对于一般口语应用的范围虽然小的多，但在教育教学活动中，一般口语技能的运用却随处可见，这也从另一个方面说明了一般口语的基础作用。

#### 2. 教师职业普通话是专业化了的一般口语

任何一个职业都有自己的职业语言，它都是在一般口语的基础上，加进了本行业的术语、行业特点、职业要求等形成的专业用语。如司法口语、商贸口语、外交口语、服务口语等，都属丁一般口语的行业延伸和应用。教师职业普通话只是职业语言的一种，由于教师职业普通话所担负的是教书育人的重任，所以就形成了它特有的术语体系、表述方式和语言风格，语言带有鲜明的职业特点。

### （四）教师职业普通话的特点

#### 1. 口语书面语结合紧密

口语是口耳之交，嘴巴说耳朵听。书面语主要是写和看，一个主要是听觉，一个主要是视觉；一个是靠语音为载体，一个是以文字的方式存在。但它们同为一个民族语言的两种形式，密切相关，口语是语言的基础形态，是书面语产生和存在的基础，它们相辅相成，共同为社会服务。

口语使用起来方便快捷，但转瞬即逝，有人比喻语音是"过期不候的列车"。专家研究表明，人的听觉捕捉信息的能力比较弱，听觉对外界信息感知记忆的时间也比较短。据统计，一般信号，只能在大脑停留 7～8 秒钟就自然消失。而教育教学的内容又需长期记忆，由此可见，口语和书面语的有机结合是教学教育工作的必须，是提高教学效果的手段之一。如老师在讲课中把重点、难点书面化，板书在黑板上，帮助学生理解、记忆。更重要的是，一节课只有短短几十分钟，教师在有限的时间里传递的知识量、信息量越多越好。这就给口语提出了很高的要求，而书面语恰恰具备规范性和凝练性的特点。如果一个教师的口语中吸纳了书面语，显而易见，有助于提高教师单位时间内输出的信息量，有助于学生记忆与理解、更好地学习和掌握知识，提高教学效果。

应该注意的是，口语书面语的结合要把握一个度。口语中使用的书面语少，可直接带来语言苍白、乏味、拉杂等后果。反过来，口语中过多使用书面语，会使语言变的呆板、拘谨、艰涩难懂，给学生的理解和学习带来困难。这样看来，年级越低像幼儿园的孩子、小学生，教师的语言更应接近口语，浅显直白一些；随着年级的升高、文化层次的提高，教师语言中书面语的成分应越来越多。

### 2. 双向交流性

教师职业普通话主要有两种表现形式，一是单向表述，二是双向交流。作为一个教师，应当能非常自如地转换这两种语言表述形式。在教学活动中，师生处于同一时间空间环境。整个表达过程中，会受到各种因素的影响，也受到听者反馈信息的制约。教师口语表达的过程实际上是说者和听者双向交流、复杂多变、相互影响的过程。作为有教学经验的教师，大概都有这样的体会，教师讲的绘声绘色、妙趣横生，会调动起学生听课的兴趣；学生对教师讲课内容所表现出的浓厚兴趣，反过来又刺激教师的讲课激情，在这种情况下，教师可能会思如泉涌，备课时没想到的、没准备到的都可能一下子显现出来，使整个课堂出现意想不到的氛围。教学和学习不再是单调乏味的事情，而变成了美好的人生体验。这样的课上下来，师生都会身心愉悦。另外，通过双向交流，教师才能及时了解学生的疑难和问题，采取相应的补救措施。由此可见，单向表述和双向交流的有机结合是教师职业普通话的又一特征。

### 3. 表达手段的多样性

作为口语的一种形式，教师职业普通话具备口语的一切特点，表达手段的多样性就是其中之一。因为口语是动态的活的语言，表情达意的手段多种多样。

首先，口语表达所使用的声音手段具备多样性。如发声时可爆发成声，声音干脆、响亮；也可加大摩擦，达到抒情效果。还有语调技巧：高低、快慢、轻重、停连、笑音、泣音、颤音、换气、共鸣、吐字归音等，这些都能帮助教师达到想要的效果。口语表达的同时，体态语的参与也是必不可少的，丰富的面部表情、手势、体态都会辅助教师拓展语意，使语言变得更形象、更生动。

## 二、教师职业普通话的要求

### （一）规范性

有一个学校的校训说得好：学校无小事，事事关教育；教师无小节，处处皆楷模。教师为人师表，一言一行都是学生学习的榜样。因此，教师的口语必须符合现代汉语规范标准，为学生的口语表达作出示范。

规范性的教师普通话大体包括以下几方面内容。首先，教师的教学口语应使用标准或较标准的普通话，避免使用方言。我们国家的教材，无不是用规范的现代汉语编写成的，如果教师发音不准，吐字不清，就会破坏表情达意的物质基础，直接影响表达效果；其二，教师应讲究语音技巧，做到发音准确、语调自然、语流流畅；其三，语句要规范。教师普通话用词造句要合乎现代汉语的言语习惯，要做到语汇标准、句法合理、条理清晰、逻辑严密；其四，教师还应具备一定的语言鉴赏能力，保持语言的纯洁性和庄雅性，避免重复啰嗦、词不达意，杜绝粗话、脏话，使自己的语言充满活力；其五，体态语使用要得体，做到准确、自然，充分发挥它的辅助作用。

语言的规范性是教师职业普通话的基本要求。只有规范的教师口语，才能帮助教师履行各种职责，才能对学生产生潜移默化的良好影响，做到润物细无声。

### （二）教育性

在未来的世界，一个国家是否能屹立于强国之林，应该说主要看经济实力。在这背后，科技文化扮演着无法替代的角色，那些高科技、高素质、高管理水平的人才哪一个不是出自教师手下？教师肩负着培养高素质建设人才的重任。教师可以影响学生一生，影响他们人生观、世界观的形成。

教育专家说得好：爱，而后育。教师关心爱护学生，理解尊重学生，教育过程中满腔热情，充满爱心，就会引起学生的心理共鸣，产生巨大的感召和激励作用。使他们自然而然地学会了爱家人、爱老师、爱同学；善待动物，爱护环境，热爱祖国。看下面一段例话，这是上海特级教师毛蓓蕾的一次教育纪实。

有一次早操后，小朋友们排着整齐的队伍上楼。毛老师看到一个孩子拖拉着鞋别扭地走着，就走上前小声问：

"你的鞋子怎么了？"

"刚才不小心被小明踩了一下。"

"你怎么不提好鞋子再走呢？"

"我要停下提鞋，队伍就不整齐了！"

多好的想法呀！这不正是进行集体主义教育的好材料吗！走回教室后，一堂生动的集体主义教育开始了：毛老师故意让这位小朋友把脚翘起来让大家看。

"哟，朱绍敏拖着鞋！"

"小朋友，你们说，拖着鞋走路方便呢，还是穿好了走路方便？"

"穿好了走路方便！"

"可是，朱绍敏小朋友却是拖着鞋走进来的！现在咱请她给大家说说：为什么不穿好再走呢？"

"我想，要是我停下来提鞋子，咱班的队伍就乱了……"

"大家听，她的思想多好啊！她脑子里想的是什么？"

"是集体！"学生们齐声回答。

"对呀，她心里装的是集体。为了队伍整齐，她硬是拖着鞋子上楼；为了咱们集体，她宁可自己走路不方便。她的心灵多美呀！她维护了集体的荣誉，让我们用热烈的掌声表扬她、感谢她!"①……

　　毛蓓蕾老师的这段话，表扬了一个为了维护队伍整齐而拖着鞋走路的学生。毛老师发现这一典型事件后，及时地进行集体主义教育，通过步步深入的引导、启发，让学生明白了什么是守纪律、爱集体。老师又用热情的话语表扬了这孩子"思想好"、"爱集体"、"心灵美"，不仅使她受到了鼓励，也使全班同学受到了感染和教育。毛老师这样做一切缘于爱，对教育工作的热爱，对学生的爱。所以她才积极捕捉教育素材，及时施教。

　　另外，教师口语的教育性还体现在把素质教育渗透在专业知识的传授中。通过知识的讲解，对学生的心灵产生潜移默化的影响。他们通过英雄人物把爱祖国变成了切切实实的个人感受，也可从教师的口语表达中感受革命先辈们的忧国忧民思想，感受对美好人性的赞美，感受山的巍峨，海的壮阔，人生的美好。好的教师口语还能不露痕迹的培养学生的学习兴趣。下面是一位教师讲《富饶的西沙群岛》时，设计的一段导语。

　　上课后，教师先打开一幅彩色地图，边指点边描述说：

　　"我们祖国的南部紧靠着一片辽阔无边、碧波滔滔的海洋，它就是南海。南海上有一群美丽的小岛，像颗颗晶莹的珍珠镶嵌在一块巨大的碧玉上。这群小岛就是祖国的西沙群岛。这里风景优美，物产丰富。阳光初照的时候，晨风轻轻地吹着，南海一片金光灿烂，岛上高大的椰子树在晨风中摆动着绿叶，群群海鸟展翅飞翔啊……，西沙群岛多像神话故事里的海中仙岛啊!"②

　　教师绘声绘色的描述，很快把孩子们带入了诗情画意中，就如身临其境一般。

　　总之，教师普通话的教育性功能不胜枚举，这里只是冰山一角。

### （三）准确性

　　各门学科的教学都离不开各自学科特有的概念、术语、原理、规则。教师的教学口语应该符合本学科的学科特点，不能用一般的日常词语去代替科学术语。在使用过程中，要求做到概念准确，判断合理，推理合乎逻辑，解说符合实际，做到言之有理，言之有据。传授知识语气要肯定自信，表达不能模棱两可、似是而非。教师只有科学地把握住口语表达的客观规律，才能有效地提高口语表达的质量和效果。如一位老师讲《马关条约》时说：

　　《马关条约》，清政府赔款2.3亿两白银。当年，日本年国民收入7000万两白银；当年，清政府年国民收入8000万两白银。中国人民就是不吃不喝，也要三年才能还清。

　　这段讲解，数据确凿，推论严密，通过对比，使赔款数目触目惊心，印在听者的脑海中，久久难忘。另外，教师口语的准确性还表现在教学方法上。如有一位小学教师在讲到"被子"这个词时，想通过提问启发学生说出来。就问一个学生："你家的床上有什么?"学生答："席子。"只好再问："那席子上面呢?"学生答："褥子。"教师一不做二不休，接着问："褥子上面呢?"学生抓抓脑袋，不好意思地说："是我。"学生哄堂大笑。可见，教学方法不科学或不准确，不但不能进行正常的教学活动，还会闹笑话。

　　教育用语同样要讲究准确性和科学性。教师要懂得教育学、心理学。认真研究学生的心理活动、思想感情、个性特征，认真研究教育用语表达的时机、环境、表达的语气以及表达的方式。只有遵循教育规律，科学地、准确地使用语言，语言才令人信服，才能起到教育的作用。

### （四）生动性

教师口语的两大最主要功效就是传授知识、讲述做人的道理。先说传授知识，在这个过程中，教师普通话扮演着重要的角色，它是教学过程中无法替代的环节。但教学的目的不在讲本身，而是把知识传授给学生，使学生吸收、消化并最终掌握知识、运用知识。这样看来，一名教师具备丰富的知识好像就可以了。可是，我们身边不乏知识丰富，却不受学生欢迎的教师。原因是，这些老师没有把科学知识用形象、生动、诙谐、幽默的教师普通话表述出来。大家都知道，人人都有惰性，这是与生俱来的。如果深奥的知识是用枯燥乏味、平淡得不起半点波澜的语言为载体，大概人人都会逃避；相反，如果教师语言优美流畅、妙趣横生，就会主动吸引学生的注意力，使学生产生兴趣，进而产生探索的欲望。教师口语生动鲜活，使学生如临其境、如闻其声，使抽象的道理具体化，深奥的知识浅显化，并能使他们产生愉悦的心理体验，在学习过程中学生们就会精力高度集中，由被动接受变主动求索，这怎能不提高教学效果呢？现在再看教师普通话在教育活动中的表现。教师的施教对象是学生，他们都是有个性、有头脑、有思想的活生生的人。在教育过程中，教师只有采取多样的语言策略，用生动的语言，以理服人。只有让学生打心眼儿里信服你的道理，才会转化为他们自己的思想、自己的行动。有例为证：

有位后进生，学习不努力，经常翻墙逃学。虽然班主任多次教育，但收效甚微。一天，他翻墙进校被领导发现送到班里，同学们议论纷纷，该同学心里也忐忑不安，不知道等待他的是怎样的处置。班主任先问了他翻墙的原因：他来校迟到，正遇校门口统计各班迟到人数，他怕影响班级荣誉，就翻墙了。了解到这些情况后，班主任便对全班同学说："过去王××翻墙，今天又翻墙，但这不是简单的重复错误。过去，他是向外翻，是逃避上课去玩了；今天，他是向里翻，是为学习来了。这中间有进步。试想，这样考虑学习和班级荣誉，我们大家谁能不相信他一定会成为好学生？"老师的话使王同学激动得流下了热泪，后来上进的步子越来越大[①]。

这无疑是一个成功的案例，它成功在老师的不放弃，成功在使用了貌似朴实却充满鲜明的激励色彩的语言，收到了点石成金的奇效。综上所述，生动形象和富有情感的教师普通话能激发学生的学习兴趣和上进心，有助于调动智力因素和非智力因素，从而大大提高教育教学的效率。

### （五）可接受性

教师语言必须具备使学生愿意接受、乐于接受的特点，也就是具备可接受性。在表达时，教师的语言准确、生动，才会引人入胜，产生共鸣和吸引力，才会使学生从中感受到真理的力量。因此，教师要根据实际情况，准确选词用句，科学地推理、判断，艺术地使用表达方式，尽量避免"假、大、空"的道理。教育教学过程中要尊重学生，态度诚恳。教师要有很强的驾驭语言的能力，不仅能给予学生理性的思考，还能营造一种轻松、愉快的谈话气氛，使学生从谈话中有所获益、得到启迪。只有具备这些特点，所有的表达才有意义。下面的示例或许能给我们一些启示。

有一位女生眉毛描得又细又长，还把小嘴抹得嫣红嫣红。老师约她到湖边，和她进行了谈话：

"你喜欢这满湖的荷花吗？"

"当然喜欢了。"

"它们这么美丽，是哪位画家把它们画成这样的？"

"不是，是它们自己长成了这样子。"

"对，它们的美丽正因为它们自然天成，没有斧凿之痕，就是说没有任何人为的加工，它就这般美丽。"

"对！我就是喜欢这个！"她忘情地叫了一句，然后痴痴地注视着千姿百态的荷花，并没有意识到老师与她谈话的动机。于是，老师进一步启发道："如果拿起画笔给那朵荷花再添上几笔，你以为怎么样？"

"完全没有必要。"她毫不犹豫地说。

老师抓住时机，因势利导地说："是啊，你们儿童，正如这争奇斗艳的荷花，浑身散发出一种自然的、朴素的美。这种美是最高洁的美，什么人工美也比不了。如果硬化妆粉饰，只会破坏了他们的自然美。"

"老师，我上您的当了。"还没等老师说完她便狡黠地叫到。说完，扮了个鬼脸儿，又俯身掬起了一捧清水④……

实践证明，这段教育用语效果很好。一是教师抓住了学生的心理特点，通过生动形象地比喻，使深刻的哲理深入浅出地渗入学生的心灵；二是语言不带强制、劝解、批评、命令等色彩，心理上不排斥；三是故事新奇，别具一格，学生大概在深深思索后，就接受了老师的善意引导。同样是这种现象，老师如果一味指责，不讲究方法，学生可能产生逆反心理，教育效果也不会理想。

所以，教师语言必须针对学生的年龄特征、心理需求、知识水平、环境情况调整表达策略，年级越低，语言越直白；随着年级的升高，语言的书面语成分逐渐加大，要求更严谨、深刻，并且增大知识含量。

### （六）艺术性

教师语言的艺术性，是指教师在教育、教学情境中选择和运用巧妙而有效的语言，传授知识、培养能力、启迪智慧的高超语言表达。

语言艺术性体现在创造性使用语言上。它包括教师富有独创性的口语风格、巧妙的口语策略、敏锐的口语应变和丰富的口语表现力，以及对语言美的不断探索。

教师使用艺术性语言，是教育艺术的重要组成部分。它是教师先进的教育思想、丰厚的知识积淀、娴熟的教育技巧和高超的语言运用能力的完美结合，也是教师品质、人格、审美、价值取向的综合性体现。教师的语言只有讲究艺术性，才具备吸引力、说服力、感染力。看下面一段教学实例。这是一位老师在讲修改文章的重要性：

"同学们，大家常常写文章，可什么是文章？旧版《辞海》上说：'绘图之事，青与赤谓之文，赤与白谓之章。'人的脸皮有青有赤也有白，可见，每个人的脸皮就是一篇天生的文章。（笑声）古今中外，许多女同胞都是非常讲究修改'文章'的。（大笑）你们看，她们天天晨起梳妆，对着镜子，用奥琪增白蜜反复'揣摩'涂抹，再用高级胭脂、唇膏精心'润色'，（大笑）还要用特制的眉笔仔细修改'眉题'。甚至，连标点符号也毫不含糊——非用手术刀将'单括号'（单眼皮）改成'双括号'（双眼皮）不可。（笑声、掌声）你们看，这是何等的严肃认真、高度负责的态度呀！我们每个人都有自己的文章，要使自己的文章出类拔萃，成为'真优美'（真由美），不在'修'字上下功夫行吗？（笑声）何其芳同志说：'修改文章是写作的一个重要部分'，看来，这是一条至理名言哪！"⑤

这位老师讲修改文章的重要性，不是简单地就事论事，而是先引经据典谈什么是文章，接着巧妙的与女同胞梳妆联系起来，类比新颖别致、幽默风趣、耐人寻味，使学生颇受启发，久久难忘。这就是教师口语艺术性的魅力。

### （七）庄雅性

庄雅性是指教师口语应庄重、典雅，这是由教育教学的特点和目的决定的。教师的工作目的就是塑造祖国建设的高素质人才，教师的一言一行必须具备示范性，这就要求教师语言的总体基调是庄重、典雅的。在施教过程中，教师语言内容要科学严谨、健康向上、文明礼貌、文雅高尚、智慧机敏、情趣高雅、措辞得体，充分展现教师崇尚事业、关爱学生、教风正派、底蕴深厚的人格魅力。

前面讲到了语言的生动性，这和庄雅性并不矛盾。其实这是一个操作问题。老舍先生说得好"嬉皮笑脸并非幽默，幽默具有高雅性，它是人们高尚情操和完美人格的外现。"也是一个人智慧的体现。侯宝林先生成为语言大师，最大的贡献就是净化了相声语言，使相声登上了大雅之堂。所以生动形象、诙谐幽默并不是低级趣味、单纯的逗乐儿。而过分的严肃、一本正经会使课堂气氛呆板、沉闷。只有把二者有机的结合起来，把握好一个度，才能营造出轻松愉快又不失典雅的良好课堂氛围。

# 第二节 | 教师普通话基本技能训练

## 一、口语训练的原则和方法

任何能力都是训练出来的，教师口语亦然。教师普通话表达能力的培养和提高，必须遵循科学、系统、严格的训练原则。在科学理论的指导下，全面地训练，才会有好的效果。教师口语训练，只纸上谈兵，空讲理论，即使讲得再全面、再彻底、再科学，也收效甚微，因为这是一门操作性、实践性较强的课程，练习是教师口语最好的训练手段。具体说来，要遵循以下原则：

### （一）循序渐进，系统训练

口语表达能力的提高，和其他能力的提高一样，需要由易到难循序渐进地进行。为了体现这一原则，在训练内容的安排上要由基础训练到专业训练，由单项训练到综合训练；由读到说、由说片段到说整段、整篇，由照稿说到按提纲说，由背稿说到即兴说。通过这样的训练程序，才能有步骤、有系统地培养和提高口语表达能力。

### （二）讲练结合，以练为主

教师普通话的训练要以科学的理论为指导，不能忽视基础理论的学习，也不能忽视教师的主导作用。离开了理论指导、教师的指导，口语训练就会迷失方向。可是老师即使讲得天花乱坠，也不代表学生有讲的能力，所以教师要精讲，把学生训练作为重点，精心设计训练内容，充分调动学生的积极性，引导学生在掌握理论的基础上，进行多种形式的训练。合理把握讲与练的关系，必能收到良好的效果。

### （三）听说兼顾，因材施教

张志公先生说："语言首先是口耳之事，因此练口、练耳是基础。"⑥ 教师口语是口耳之学，听是说的基础，听好才能说好；说好为听提供方便，又反过来促进听的能力的提高。另外，听还是人们学习语言最重要最方便的途径。听说不可偏废，而应兼顾。

每个人的口语表达基础不一样，因此，要因材施教。课堂上，要充分发挥口语表达能力较强同学的作用，使他们训练的同时，又为他人作了示范；同时还要兼顾到表达能力较差的同学，要针对他们的困难，给予切实有效的指导和帮助。

在口语训练中，除了要坚持上面的原则外，还要做好以下几点：

### （一）持之以恒，课内和课外有机结合

要想具备较强的口语表达能力，没有持之以恒的毅力和脚踏实地的苦练是办不到的。一节口语课，也就四五十分钟，仅靠这点有限的时间是远远不够的，还应加强课堂学习和课外训练的紧密结合。课外训练的目的是加大训练的数量和频率，使学生在多听、多读、多说、多练中将课堂所学知识自然地转化为能力。另外，课外时间灵活、场地多变、人员随意，具有更大的灵活性和活动空间。只有一手抓课堂，一手抓课外，两手都要抓，两手都要硬地搞好训练，才会有好的效果。

### （二）自身修养和表达技巧的紧密结合

一个人要想成为好的说者，先要从自身修养做起。首先用尽可能多的知识武装自己，然后不断陶冶自己的性情，保持积极、健康、乐观向上的生活态度。另外，还要有意识地训练自己的心理素质、思维能力。只有这样，表达起来才会沉稳、富于内涵、充满自信。同时，还要重视表达技巧的训练。美的声音是吸引人的最佳手段之一。加强语音、语调、节奏、体态语的训练，就像给语言设计了最豪华、最美丽的包装，表达会变得魅力无限。

素质修养、知识积淀和表达技巧关系紧密，不可分割。如果只是知识基础扎实、雄厚，而没掌握表达技巧，即使满腹经纶，也只能是茶壶里煮饺子——有口倒不出。反过来，如果缺乏知识作底蕴，即使声音再美，也只能像天亮后的月光一般苍白，缺乏生命的活力和感人的力量。

### （三）训练和检测结合

在口语训练中，对每一阶段的练习情况，要及时采用一定的方式进行摸底，了解知

识转化情况和训练落实情况。如果只有训练没有检测，就无法衡量教学效果，无法了解是否完成教学任务，无法及时反馈信息，更无法及时发现问题、采取措施弥补疏漏。检测是监督教学活动、保证教学活动顺利进行的重要手段。

检测，必须设计量化标准，有科学的检测程序。检测的方法多种多样，学生可以自测，可以设计活动检测，如：讲故事、演讲、朗诵等。当然也可以由老师检测。

在口语教学中，既要重视科学训练，又要重视阶段检测。这样就把教学活动纳入规范化的科学管理程序之中，保证全面完成教学训练任务。

### （四）传统教学模式与现代教学手段结合

现代化教学手段可以方便、快捷、大容量的实施教学和训练，也能灵活地变换教学程序，还能起到调节课堂气氛的作用；但是，口语课堂同样离不开传统教学手段，教师的讲授、示范、辨证都是现代化教学手段所无法替代的。对传统的教学手段既不能丢弃，也不能太过拘泥；现代化声像技术和多媒体技术已经为教育教学提供了广阔空间。把两种方法合理穿插，定能收到良好效果。

## 二、教师普通话的基本技能训练

### （一）语音训练

语音是口语的物质外壳。语音正确清晰，是达到较好表达效果的基础。语音不准确、不清晰、不响亮、不动听，都会使口语表达大打折扣。语音训练，必须以普通话为标准。普通话是以北京语音为标准音，而我国又是多种方言并存的国家，方言与普通话之间存在着较大差异，所以我们必须从最基础的语音练起。

普通话语音，主要包括声母、韵母、声调、音变 4 个部分。训练材料及训练方法详见上编语音部分。

### （二）语汇训练

#### 1. 语汇要规范

语言是语音、词汇、语法的结合体，其中词汇是语言大厦的建筑材料，是关乎到语言大厦是合格工程还是豆腐渣工程的重要部分。它的质量标准、规范程度必须严格把关。

普通话定义中明确规定：普通话是以北方方言为基础方言。看似明确的问题，具体操作起来还要注意：一是长期以来普通话已从现代汉语各方言、古代汉语、其他民族语言、各行各业语言中吸收了许多有用的、北方方言中缺少的成分，普通话具备了很强的兼容性。如吴方言中的"垃圾"、舶来的"丁克"家庭等。学习的时候就要判断哪些方言词语是被普通话吸收了的，被吸收了的就成了普通话词汇，不被吸收的仍是方言词汇；二是北方方言区地域辽阔，一个事物都有很多表达词语，如普通话的"玉米"，有说成"棒槌"、"棒子"、"苞米儿"、"秫秫"、"玉蜀黍"、"玉豆"、"棒棒儿"的，"太阳"有说成"天爷地"、"老爷爷地"、"老爷爷儿"、"天兰地儿"、"太影"等。究竟使用哪种说法作为普通话词汇，要遵守约定俗成的规则。以上两种问题给我们的学习带来很大困扰，也经常会听到有人语言里掺杂着方言语汇，让听的人似懂非懂。这些问题怎么解决呢？

一是多读规范的用现代汉语创作的作品，二是多听广播、电视中的新闻联播，对比纠正自己的方言，三是注意身边普通话标准的人的用语。相信只要自己做个有心人，问题就能迎刃而解。

2. 口语常见的定型语汇

普通话语汇中有常用而定型的词语。它们也和成语一样，能表达一个完整的意思，可作为一个语言单位来使用。主要有习惯用语、谚语、歇后语。和成语不同的是这些词汇多用于口语，是口语语汇的一部分。有选择地使用这些词汇，可使表达简洁、形象、诙谐、幽默，提高表达效果。下面分别介绍：

（1）习惯用语

习惯用语是人民群众口语中的习惯用语。具有通俗、生动、形象的特点。例如：墙头草、泼冷水、半瓶醋、传声筒、扯后腿、打游击、过河卒、打小算盘、喝西北风、钻牛角尖、捅马蜂窝、吃大锅饭。它们在形式上是固定的，如"泼冷水"不能说成"倒冷水"。惯用语都带有鲜明的感情色彩，其中大都是贬义的，使用时要根据环境、对象的不同选择使用。

（2）谚语

谚语是多年流传在人民群众口头上的、包含有丰富社会经验、简练形象的语句。有农谚、气象谚、风土谚、规戒谚、生活常识谚、哲理谚等。谚语的口语性强，构成的词素有时可以做些变动，如"三个臭皮匠，顶个诸葛亮"，也可以说成"三个臭皮匠，变成诸葛亮"。另外，谚语音调和谐，具体通俗，是人们喜欢使用的语汇。说话中适当运用，能增强表达效果。

（3）歇后语

歇后语的结构特别，由前后两部分组成，中间间歇。说话人使用时，歇后的部分常常略去不说，让听的人去意会。运用歇后语，要选取健康的。使用庸俗的歇后语，会引起听者的反感。

训练材料：朗读下面的词语，体会它们的意义，应该用于什么语境中。

（1）习惯用语

挤牙膏　开夜车　踢皮球　半瓶醋　墙头草　翘尾巴　和稀泥
灌米汤　撂挑子　炮筒子　钻空子　打棍子　纸老虎　碰钉子
吹牛皮　下马威　泼冷水　传声筒

（2）谚语

庄稼一枝花，全靠肥当家。　　水缸穿裙，大雨淋淋。　　桂林山水甲天下。
东北有三宝：人参、貂皮、乌拉草。　　饭后百步走，活到九十九。
一把钥匙开一把锁。　　牵牛要牵牛鼻子。　　活到老，学到老。
七十二行，行行出状元。　　哪家都有难念的经。　　交人交心，浇树浇根。

（3）歇后语

擀面杖吹火——一窍不通　　　　大海里捞针——无处寻
芝麻开花——节节高　　　　　　泥菩萨过河——自身难保

上鞋不用锥子——针（真）好　　　　小葱拌豆腐——一青（清）二白

两张图片卷在一起——画（话）中有画（话）　隔着门缝看人——把人看扁啦

### 3. 语汇的特点

普通话词汇作为现代汉民族共同语具有深厚的历史基础，源远流长。随着时代的进步，社会的发展，它也在不断的发展。体现在词汇上的特点也非常鲜明。

（1）形象化的词语比较多

在教师职业普通话中，形象化的词语比比皆是，使语言变得充满活力。如："桂圆"叫做"龙眼"，考试得零分叫"得鸭蛋"，俩人凑近耳朵说话叫"咬耳朵"，把精神上的负担叫"背包袱"，整天绷着脸不见笑容叫"老阴天"等。除了这种神似或形似形成的形象化词语外，叠音、拟声是形象化词语形成的另一手段。如：叮叮当当、香喷喷、黑压压、哈哈笑、噼里啪啦。

训练材料：朗读下面词语，体会其中的形象意义。

雪白　墨绿　蜡黄　冰冷　火热　鞭炮　板牙　斑马　带鱼　驼背

月饼　蜂糕　蘑菇云　鹅毛雪　国字脸　丹凤眼　三角眼　鱼尾纹

柿子椒　狗尾草　猫头鹰　鸭舌帽　暖烘烘　白茫茫　红彤彤　绿油油

闹哄哄　活生生　喜洋洋　肉乎乎

（2）双音节词语和四音节词语比较多

现代汉语同音词比较多，单音节的同音词常常容易相混，因此，口语中就自然而然地把单音节词扩展成双音节词。如在单音节词前后加一个词素，这个词素没有实在的意义，成为双音节词：第一、阿姨、石头、嘴巴、桌子。

又如两个意义相同或相近的词素组合成双音节词：牙齿、眼睛、歪斜、拖拉。

四音节词语有的是成语，如：班门弄斧、画龙点睛、龙飞凤舞、精卫填海。有的不是成语，如：没头没脑、慢声细语、说长道短、针头线脑。但它们有一个共同的特点，就是一个词语里的前两个字结合得紧密，后两个字结合得紧密，形成 2+2 的形式。四音节词语的使用，使语言节奏匀称，琅琅上口。

训练材料：朗读下面的四音节词语。

| 质地优良 | 价格便宜 | 准备收割 | 按时完成 | 就地休息 | 好声好气 |
|---|---|---|---|---|---|
| 陈年老账 | 打头碰面 | 油嘴滑舌 | 变颜变色 | 黑灯瞎火 | 头疼脑热 |
| 沾亲带故 | 小题大做 | 丢人现眼 | 点头哈腰 | 吵架拌嘴 | 强拉硬拽 |
| 愣头愣脑 | 说长道短 | 吃里爬外 | 分斤掰两 | 满打满算 | 见天下晚 |
| 歪三倒四 | 零七碎八 | 针头线脑 | 多嘴多舌 | 胡抄乱写 | 傻不唧唧 |
| 浮皮潦草 | 七老八十 | 没心没肺 | 吹灯拔蜡 | 年时光景 | |

（3）容易添加成分

在口语语汇中，有些词结合得不是那么紧密，中间可以插入其他成分，如：洗澡——洗什么澡——洗了个澡——洗了个热水澡——洗了个痛快澡——洗完澡了等，一个词就可以有这么多形式。这种特点，给语言带来了方便，使口语表达更加随意、灵活。

（4）造词的方式多种多样

现代汉语造词的方法很多。有词根复合法，如电极、电灯；有词根加"子"后缀，如椅子、盘子；有变动词素顺序，如火柴——柴火、故事——事故；有分化词义，如生（生长）——生（出生）——生（饭不熟）——生（不认识）。此外，还有拟声可以造出许多生动形象的象声词。事实证明，汉语造词的方法灵活多样，这正是汉语普通话词汇丰富的原因。正因为拥有了大量的词汇，口语表达才丰富多彩。

（5）词义分工精细

普通话不仅语汇丰富，而且词义分工明确，表达非常细致。如：手向上用力的动词：抬、举、捧、搬、拔、掀、拎、揭、托等。手向身体用力的动词：揪、拖、拽、拉、牵、扯等。手向下用力的动词：甩、摁、捂、捶、按、压、砸、拍、扳、攀等。手向前用力的动词：挥、搡、排、推等。这样丰富的语汇，为我们提供了广阔的表达空间，为准确、生动的表述，创造了优厚的条件。我们只要重视选词炼句，就能说出鲜明生动、魅力四射的口语来。

---

**【训练一】**

1. 选择填空。

（1）这时上来一个（　　）的妇女，一位青年该赶快起身让座。[双身子、重身、怀孕]

（2）（　　）的校园，一片安详。[早起、清起来、清清、早晨]

（3）（　　）时候，上灯了。　　　[擦黑、黄黑儿、乌马儿、傍傍黑儿、傍晚]

（4）听说老师找他，就（　　）向办公室跑去。[马上马、跟着、立刻、赶某儿、马时]

2. 搜集习惯用语、歇后语、谚语各十个，然后和同位交换。

3. 搜集形象化的词语，仔细品味。

---

（三）语法训练

1. 明白标准

俗话说"没有规矩不成方圆"。只有明确语法标准，才有一个尺度，训练起来才不会走弯路。1956 年 2 月 6 日的《国务院关于推广普通话的指示》中明文规定，普通话"以典范的现代白话文著作为语法规范"。这里，"典范的"是指有代表性的、能成为语言楷模的作品。"现代白话文"指的是"五四"运动开始倡导的通俗易懂的新文体。"著作"指的是书面语言，是经过加工锤炼的语言，具有代表性、规范性的特点。

2. 了解特点

这里要说的语法特点，是普通话在口语中的表现。

（1）句子短小

口语中短小的句子比较多。这是由口语表达的特点决定的，说话时，思维和表达几乎同步，没办法仔细斟酌。如果句子长，词语多，句子的结构往往难以安排，容易顾此失彼，出现语法方面的错误；其次，句子太长，听者也吃力。因此，口语具备句子短小的特点。有些文学作品就很好地利用了口语的这一特点，如朱自清先生的《春》，之所以脍炙人口，与它的句子短小有很直接的关系。看下面的片段：

小草偷偷地从土里钻出来，嫩嫩的、绿绿的。园子里，田野里，瞧去，一大片一大片满是的。坐着、躺着，打两个滚，踢几脚球，赛几趟跑，捉几回迷藏。风轻悄悄的，草软绵绵的。

何谓短小？一般不超过 10 个字，最长也只在 20 个字左右。上面这个片段最长的句子 11 个字，其中，两个字、3 个字的句子约占一半。句子短，说起来就节奏感强，明快、活泼、有力。所以书面语表达时的长句，同样的意思，口语则可换成几个短小句。如：从那边走过来一个高个子大眼睛穿灰布衣服的人。换成口语则说成：从那边走过来一个人，高个子、大眼睛、穿灰布衣服。

按上面例子的模式，试把下面的长句改成几个短句：

他买了一本缺一页的书。

这是我看过的一本很有趣的书。

北屋的窗台上的那盆去年从成都老家运来的月季也开花了。

（2）句子简略

口语表达时听说双方是面对面，有语言环境，还可以借助手势和面部表情的辅助，很多话能省则省，绝不多说。如：问"去吗?"答"去。"听说双方都很明白，绝对不会引起误会。

修改下面的句子，使其变得简略：

谁去呢？是小王去呢？是小李去呢？都不太好。只能劳驾老张去了。（提示：省略谓语）

我因为没有钱，我就得寻不用学费的学校，于是我去到南京，我住了大半年，我考进了水师学堂。（提示：承前省略主语）

因为下雨，所以我不出去。

既然没有金刚钻，就别揽瓷器活。（提示：以上两题应省略连词）

一群小孩儿在院子中间蹦蹦跳跳。（提示：介词结构前移，介词省略）

小王像一阵风一样跑回家里。（参考上题）

（3）常常使用语气词表示停顿

口语中，常常有短暂的停顿，停顿的时候，常常带上语气词，改变一下说话节奏。如：书面语中的"小王，快来帮我一把!"口语则说成"小王呀，快来帮我一把!"逗号换成"呀"显得亲切自然，增加了亲和力。口语使用语气词，并不是随便的，它们通常受语气、语意、语法的制约，是有规律可循的。下面有几种使用方式，请从中找出内部规律。

1）主谓句：

我呀，正读大学。

他们几个呀，一块去海南岛。

他的衣服呀，真漂亮。

2）连动句：

他一看见妈妈，就哭啊，闹啊，扯着衣服要抱啊。

他一高兴，就蹦啊，跳啊，扯着嗓门儿唱啊。

3）兼语句：

帮助他们哪从小养成好习惯。

请你呀在广场上等一会儿。

4）状中结构：

每天傍晚啊，他都去操场踢足球。

昨天哪，沙滩上啊，有个小孩吧，逮着一只小螃蟹。

5）并列结构：

风啊，雨呀，雷呀，我们都不害怕。

他买回来了豆角呀、黄瓜呀、辣椒哇、西红柿啊。

6）动补结构：

累的呀上气不接下气。

这孩子长得呀和他爸爸一模一样。

### （四）修辞训练

#### 1. 修辞概说

"修辞"一词有三种含义：第一，指运用语言的方法、技巧和规律；第二，指说话和写作中积极调整语言的行为，即修辞活动；第三，指以加强表达效果的方法、规律为研究对象的修辞学或修辞著作。通常情况下，总是把修辞理解为对语言的修饰和调整，即对语言进行综合的艺术加工。在确定了内容和语境的情况下，修辞的任务就是研究探讨三方面的问题：使用什么样的语言材料，采取什么样的修辞方式，追求什么样的表达效果。这就需要衡量所选用的语言材料、表达方式是否与修辞手段相匹配，能否产生鲜明的语言效果。无论书面语还是口语，表达时，不仅要清楚、明白、准确，还要追求语言的优美动听、深刻感人。在说话内容、对象、环境确定的前提下，积极的调动修辞手段，把语言包装成最恰当、最完美、最具震撼力的声音，以达到最理想的表达效果。

孙犁的《荷花淀》中有这样一段：

要问白洋淀有多少苇地？不知道。每年出多少苇子？也不知道。只晓得，每年芦花飘飞苇叶黄的时候，全淀的芦苇收割，垛起垛来，在白洋淀周围的广场上，就成了一条苇子的长城。女人们在场里院里编着席。编成了多少席？六月里，淀水涨满，有无数的船只，运输银白雪亮的席子出口，不久，各地的城市村庄，就全有了花纹又密、又精致的席子用了。大家争着买："好席子，白洋淀席！"⑦

这段文字写得朴素、自然、清新，没有华丽的描写，却令人过目难忘。只因为作者在描写白洋淀的苇地苇席时，在看似朴素的语言中，大量使用了比喻、夸张、引用、提问等修辞手法。

修辞和语境有着密切关系。在表达的思想内容不变的情况下，表达方式是多样的，要想达到最佳效果，就不能不关注语境，要关注具体的语言环境中如何修饰、调整语言。可以说，语言环境是检验修辞效果的依据。

语境包括两方面内容：一是身份、地位、职业、思想修养、处境、心情、文化层次、年龄、地域差异等，这是听、说两方面的自身因素；二是时间、地点、场合、周边环境、光线、人数、听者反应等外在因素。两种因素直接有力地制约着语言表达，也制约着修辞手段的使用。老舍先生曾说过："如此人物，如此情节，如此地点，如此时机，应该说什么，应该怎么说。"这段话点明了语境是修辞活动赖以进行的重要因素之一，这些话也是老舍先生从实际创作中总结出的经验，随便从他的作品中摘取出一段就能让我们感受大师的风采。如：

丁二爷吃完了饭，回到自己屋中和小鸟们闲谈。花和尚、插翅虎、豹子头……他就着每个小鸟的特色起了鲜明的名字。他自居及时雨宋江，小屋里时常开着英雄会。

这是老舍先生《离婚》中的片段，文中用了比喻、拟人等修辞手法，文字生动活泼，妙趣横生。作家先在上面交代了语境：丁二爷是个吃"白饭"的人，他的那些小鸟不是秃尾巴、烂眼睛，就是脖子上没羽毛或翅膀受损，无一不是"例外"，又各具特点。而这些各具特点的鸟们，却和二爷经常开英雄会。作家利用语境取得了幽默可笑的修辞效果。

即使没读全篇，也会忍俊不禁。如果你只读了这一点，是不是有找来整部作品一读为快的冲动？这就是修辞的魅力。

修辞和语音有着直接的关系。修辞要研究谐音、叠音、拟声、双声、叠韵、平仄、押韵、声调、语调、儿化等，运用这些语言因素、语言规律来提高表达效果。如：双关、对偶、摹声、谐音等，都是利用语音条件形成的修辞方式。

修辞和语汇也有着直接关系。修辞从声音、意义、感情色彩、词语使用方法等对词汇进行筛选、锤炼，然后加以安排、调整。要取得最佳修辞效果，必须涉猎众多的语汇，挑出最有感染力的，来打造语句。

修辞和语法有更密切的关系。语法不正确，谈何修辞，它是修辞赖以生存的基础。句子合乎语法，才有修饰、加工的必要。就如一座危楼，房子的主体已有问题，你即使再给它刷涂料、贴瓷砖、安防盗门，又有什么用呢？

古人说："言之无文，行而不远。"（《左传·襄公二十五年》）其中的"文"就是文采、文饰，也就是语言艺术。好的内容，还要有好的形式，才更便于传播。

2. 口语的修辞特点

（1）使用现成的词语和句式

这里的"现成"是指在某一语境里常使用的。口语表达需要快，语言要流畅，思维和表达要做到同步。为了高效快速的组织语言，口语常常使用现成的词语和句式。什么场合该说什么话，有一定的规律可循。如：问老人年龄时说："您多大岁数了？"问小孩则说："你几岁了？"都是人们经常使用的。词语和句式往往以生活为依据，避免使用那些深奥、文绉绉的语言，表达起来更灵活。

（2）上口

所谓上口，就是说起话来顺溜，不磕巴。陈建功的《丹凤眼》里有这样一段话：

甭问。问也白搭。人家肯定看不起咱们。咱也不高攀人家。一见面准崩。

大家看，几个句子连起来就像一挂鞭炮，噼里啪啦一阵子，简洁、明快、干脆、有力，念起来十分上口。

要上口，需做到以下几点：一是话要说的简明，力戒废话连篇，听而生厌；二是讲究节奏，讲究声音技巧，使语言抑扬顿挫、富有音乐性，才会感染人，使人产生共鸣。古时候，有个人写了一首诗并朗诵给苏轼听，完了问此诗能得几分，东坡说可得十分。那人高高兴兴的正要离去，不料东坡拦住说："且慢，我刚才说十分是三分诗，七分读啊！"（见《齐东野语》卷二十）三分诗，七分读，足见声音技巧的重要性。

---

**【训练二】**

结合以下例子，谈谈语境在修辞中作用。

**【示例】** 安徒生才华横溢，却十分贫困。一次，他戴顶旧帽子去参加聚会，一个纨绔子弟嘲笑他说："嗨！你脑袋上的那个玩艺也叫帽子？"安徒生也学着对方的口气反击道："嗨！你帽子下的那个玩艺也叫脑袋？"对方落荒而逃⑧。

**【提示】** 修辞方式是直接模仿对方的句式和腔调。

**【示例】** 英国政治家莱地司在伦敦参事会做劳工问题演讲时，他走上讲台，从怀里取出金表，一声不响地看着听众长达一分十二秒。这时的一分十二秒显得那么长，参事员们快坐不住了。这时，他才开口道："刚才诸位所感觉的局促不安的七十二秒，就是每个普通工人砌一块砖所用的时间。请问诸位，砌一座我们今天开会的大厦需要多少时间？我们没有理由不关注劳工问题⑨。"

**【提示】** 这种修辞方式称作历时。即通过感受时间，形成心理暗示。

---

**【训练三】**

谈谈以下每个例子中修辞使用了哪些语音条件，并产生了什么效果。

**【示例】**《长江之歌》的歌词。

你从雪山走来，春潮是你的风采；你向大海奔去，惊涛是你的气概。你从远古走来，巨浪荡涤着尘埃；你向未来奔去，涛声回荡在天外。我们依恋长江，你有母亲的情怀。

**【提示】** 歌词押的什么韵。

**【示例】**《荷塘月色》片段。

曲曲折折的荷塘上面，弥望的是田田的叶子。叶子出水很高，像亭亭的舞女的裙。层层的叶子中间，零星地点缀着些白花，有袅娜地开着的，有羞涩地打着朵儿的；正如一粒粒的明珠，又如碧天里的星星。

**【示例】**《理解万岁》演讲词片段。

一天下午，轰隆隆，一发罪恶的炮弹拦腰削断了一棵碗口粗的大树。接着，轰隆隆……一连几发炮弹在战士们周围爆炸。受伤的战士们继续匍匐前进。哒哒哒……敌人的高射机枪追打着，战士们顺着山势向下滚，鲜血浸进了殷红的土地……

---

**【训练四】**

谈谈语调在下面的段落中所起的修辞作用。

**【示例】**（提示：超长停顿）

谈判桌上，对手理屈词穷，歇斯底里地叫道："对牛弹琴！"周恩来不动声色地接着说："对，牛弹琴！"

**【示例】**（提示：高低变化）

让暴风雨来得更猛烈些吧!

【示例】（提示：重音）

砍头不要紧，只要主义真。杀了夏明翰，还有后来人。

【示例】（提示：讥笑）

这些海鸭呀，享受不了生活的战斗的欢乐。

### 3. 常见口语修辞手段

#### （1）打比方

普通百姓的口语生动活泼，含有大量的形象化说法，其中大部分是比喻，也就是打比方。打比方能叫人看得见、摸得着、想得出，很受人们欢迎。我们往往会有这样的体验，听一个报告、一次讲座，大部分内容不翻看记录，很可能记不起来，但报告中形象恰当的比喻却记忆深刻。身份不同，经历不同，学历不同，说话时比喻的事物也不相同，给人的感觉也不同。20世纪80年代的电影《牧马人》中的男主角许灵均，从西北的黄土高原来到北京，看望几十年没见过面回国观光的父亲。一次，许灵均掏出他和妻子女儿的照片，父亲的女秘书看了，直夸他的女儿长得像"真由美"（日本电影《追捕》中的女主角）。而孩子的母亲总说她的女儿长得像白杨树。

打比方的作用也是多方面的。首先，它可以使讲话生动活泼，给听者留下鲜明的印象。有一位音乐老师，在讲到重音时说："这就好比喊'一二一、一二一'，'一'重'二'轻，如果反过来就不行。"他边说边跟着口令甩臂膀，等反过来喊时，身子随着轻重的转换猛的歪斜了。形象的比喻加上动作，同学一下子就明白了重音的意义。多年以后，他的学生谈起当时的情景，仍记忆犹新。其次，打比方可使抽象的问题具体化。如毛泽东在《反对党八股》一文中说："我们应当禁绝一切空话，但是主要的和首先的任务，是把那些又臭又长的懒婆娘的裹脚，赶快扔到垃圾桶里去。"这里用"又臭又长的懒婆娘的裹脚"，来比喻长而空的文章，形象、生动、简洁的说明了"扔"的必须。最后，打比方具有诙谐、幽默的特点。文革期间，有位老先生在他的批判会上，不敢和红卫兵顶撞，而是用比喻暗示：错误的要批，但要注意不要把正确的东西也当成错误的。他说道："西方有个寓言，说有人给婴儿洗澡，最后连婴儿带洗澡水一块儿泼了出去。洗澡水是应该泼出去的，但婴儿是不能泼出去的。"

#### （2）设问

设问就是自问自答。这种修辞方式在独白表述中被广泛应用。在独白中，为避免平铺直叙，加深听者的印象，并启发思考，设问用的很多。设问根据需要，可以连用，也可以单用。如毛泽东的《人的正确思想是从哪里来的？》一文中说："人的正确思想是从哪里来的？是从天上掉下来的吗？不是。是自己头脑里固有的吗？不是。人的正确思想，只能从社会实践中来，只能从社会的生产斗争、阶级斗争和科学实验这3项实践中来。"又如："什么最可贵？独立自由最可贵。什么最痛苦？民族奴役最痛苦。什么最光荣？革命战争最光荣。什么最幸福？人类解放最幸福。"通过设问，层层深入剖析问题，一一得到解决。

（3）有信息根据的重复

说话人为了强调某句话的重要，或强调感情，往往把说过的话重复一两遍、三四遍不等。教师在教学中，常常使用这种手段。当遇到重点、难点时，为了给学生加深印象，往往重复一两遍；讲话时，考虑到听者的接受习惯和接受能力，也可重复一次；有时也作同意重复，如：

那封感谢信写得挺生动，挺好的。

当时卫生条件也不好，就感染了，就烂了。烂了也没法治，没法瞧，就找偏方。

上例中"挺生动"和"挺好的"、"感染"和"烂"、"治"和"瞧"都是同义重复。

（4）使用动作感较强的语言成分

说话中有些词语是伴随着动作的出现而出现的，同时可以省略其他的成分。如：红糖水，快，热茶也行！这时为了抢救病人，说话慌里慌张。不可能四平八稳的说成"你快去端碗红糖水来"，结合当时的情境，再加上说话人的动作表情，听话人便能在最短的时间里明白说话人的意思，不会因省略句子成分造成理解偏差。相反，教师在说话时辅以动作，更有助于听者的理解。

（5）选择得体的话

常听人讲这样一个笑话：一位主人请了四位客人。一会儿，来了三位，另一位迟迟不来。主人翘首盼望的同时随口说："该来的不来！"来了的三位中的一个想："我们是不该来的来了。"于是，站起身说："对不起，我有事。"说着，告辞离去。主人望着离去的背影说："不该走的走了。"剩下的两个中的一个想："该走的没走。这不是说我们赖着不走吗？"于是站起身说声："我该走了"。主人一看，急了，说："我说的不是他。"最后一个人一听，想："那不是他就是我了。"随站起身，拂袖而去。虽然是笑话，却告诉我们得体语言的重要性。吕叔湘先生在给《修辞学习》题词时说到：修辞就是把话说好，这没有固定的办法。他说："此时此地对此人说此事，这样的说法最好；对另外的人，在另外的场合，说的还是这件事，这样的说法就不一定最好，就该用另一种说法。"俗话说："尊其师，信其道。"作为教师，在和学生交谈时，语言得体，可受到学生的尊重，一切工作可迎刃而解；反之，可使学生产生反感，谈何教育教学。

（6）选择巧妙的话

能说出巧妙的语言，是智慧和驾驭语言能力的综合体现。智者都能说出令人意想不到的妙语。如：萧伯纳与一脑满肠肥的资本家相遇在公园窄窄的路上，资本家昂首挺胸、目不斜视地边走边说："我是不会给白痴让路的。"萧伯纳往旁边一闪道："我恰恰相反。"再如一九三五年巴黎大学博士论文答辩会上，面对主考人抛来的《孔雀东南飞》这首诗里为什么不说'孔雀西北飞'？"的怪问，陆侃如先生应声而答："西北有高楼。"看，回答得多巧妙。古诗十九首有这样的诗句："西北有高楼，上与浮云齐。"言外之意，因西北的高楼挡住了孔雀的去路，所以只好东南飞了。你虚来，我虚去，于彬彬有礼中见锋芒。这就是巧妙之所在。

口头语言处处有修辞，口语修辞也不神秘。在学习修辞方法的基础上，自觉把话说得准确、得体、生动、巧妙，不断地锤炼自己的语言，讲究口语修辞，大家的口语水平就能得到提高，为将来做一名合格教师打下坚实的基础。

**思考与练习**

1. 与同学交流你学习教师口语的方法。

2. 回想自己在和别人交流时，哪些话说得不得体、不巧妙，说完后感到遗憾的。如再说，该怎么说？

3. 在语音、语汇、语法方面，找出自己方言与普通话存在哪些差异，怎样解决。

4. 回忆一下，曾教过你的老师，所用普通话有无问题？哪些不得体？哪些巧妙？请你做些评析。

## 注 释

①、②董兆杰. 1986. 教师口语. 北京：语文出版社

③、⑧、⑨赵林森. 2004. 教师口语. 开封：河南大学出版社

④郭启明，赵林森. 1998. 教师语言艺术. 北京：语文出版社

⑤刘伯奎. 2002. 教师口语. 上海：华东师范大学出版社

⑥张志公. 1994. 语文教育论集. 北京：人民教育出版社

⑦孙犁. 2003. 孙犁选集. 西安：陕西师范大学出版社

# 第 八 章
# 教学类普通话用语的训练与应用

【摘要】教学类普通话用语有其自身的特点和要求。其特点主要包括：科学性和知识性、启发性和情感性、主导性和口语化等；其要求是指对口语质量和语言修养等方面一些相对特殊的要求。教学类普通话用语主要包括导入语、讲授语、提问语、应变语、过渡语、总结语等，这些课堂用语在教学过程中的具体实施，都有其基本要求，并随教学语境的变化而呈现不同的语言类型。

## 第一节 | 教学类普通话用语的特点与要求

### 一、教学类普通话用语的特点

教学口语是教师用来"传道、授业、解惑"的工作用语，即教师在教学过程中，根据学生的特点和教学内容的需要，以传授知识、培养能力、陶冶情操为目的而使用的一种工作语言。它是教师从事教学活动必须掌握的基本功，也是教师基本修养的重要内容。

苏霍姆林斯基说："教师高度的语言修养，在极大程度上决定着学生在课堂上脑力劳动的效率。"也有人说："没有教学语言的新艺术，就没有新人。"可见，提高教师的教学口语水平，是取得教育成功的先决条件。优秀的教学语言不仅会给人带来莫大的愉悦感和无限的审美享受，更重要的是对激发学生的学习兴趣，提高课堂教学效果具有很强的促进作用。作为教学过程中使用的语言，教学口语不仅是根据教学目的、要求而经过特殊加工的语言，而且也是一种包含艺术特质的专门的行业用语。了解教学口语的特点、规律和要求，准确掌握运用教学口语的有关原则、技巧，是提高教师口语艺术修养的重要一环。教学口语主要有以下几个方面的特点。

#### （一）科学性和知识性

科学性、知识性是指教学口语饱含丰富的知识信息，并能以深刻的见解来充实学生的头脑。教师的教学工作，是通过课堂讲授、导读、组织讨论、指导实习与实验以及批改作业等一系列教育教学环节，来对学生进行知识信息传授的。教学口语只有富于知识性、富有科学性，才能实现"传道、授业、解惑"的教学目标。教学口语的这一特点是由教学本身所具有的特性决定的。不同学科、不同专业的教学内容，决定了教学口语自然要带有专业性很强的知识性和科学性。文科教师的语言侧重感情抒发，具有较强的情感性和形象性；理科教师的语言则带有更多的理性色彩，具有较强的逻辑性、条理性。

各门学科的教学都离不开本学科的概念、原理、规律，这些内容是人们对自然和社会科学的概括和总结。教师教学口语的科学性，体现在它的准确、规范和精练上。所以讲授特定的专用名词、术语、定义、定律等，应该准确精当，字斟句酌。教学口语只有与教学内容和谐统一，并使用严格规范、饱含知识信息的语言进行教学，才能更有利于学生掌握扎实的基础知识、发展良好的语言能力、激发浓厚的学习兴趣。

### （二）启发性和情感性

启发性、情感性是指教师根据教学内容和学生的发展特点，在调动学生的积极思维、诱发学生渴求知识的欲望等方面所起到的引导、启迪作用。启发性原则是我国传统教育理论的精粹内容。孔子在《论语·述而》中说："不愤不启，不悱不发。举一隅不以三隅反，则不复也。"所以教师富有启发性的语言，是开启学生智力、调动学生思维积极性的有效手段。教学口语的这一特点是由教学目标和学生的理解程度决定的。为了增强教学口语的启发性，教师应该注意以下几个问题：

首先，教师所讲授的内容应该充实、新鲜，这是满足学生求知欲、增强讲课吸引力的前提。

其次，讲解问题要适当地留有空白，尽量给学生留有思考的余地，启发学生自己寻找答案，这也就是我们平常所说的让学生"跳一跳，吃葡萄"。

【示例】一位物理教师讲阿基米德定律时，提出这样一个问题：

师：木块放在水里为什么总是浮在水面上？而铁块放在水里为什么总是沉下去呢？

生：因为铁块重嘛！

师：那么一斤重的铁块和一斤重的木块都放在水里，为什么铁块沉下去了，木块却浮上来了呢？

师：钢铁轮船重不重？可又为什么浮在大海上呢？[①]

【评析】这位物理老师巧妙地运用了提问语和反问语启发学生思考，将学生带入一个主动探求知识的情景中，从而引导学生进入教学的主题。

再次，教师的教学口语不仅应当注意话语的启发性，还应当注意教师话语所蕴涵的情感因素对学生所产生的影响、教育作用。教书同育人的有机结合、和谐统一，把知识的传授和对学生思想的启迪、品德的培养统一起来，是教师从事教学活动的根本目的。它要求教师在讲授知识的同时，还应该激发起学生高尚的情感，唤起他们对崇高理想、美好生活的热切追求。像都德的《最后一课》，韩麦尔先生给学生讲最后一节法语课时所说的话："亡了国当了奴隶的人们，只要牢牢记住他们的语言，就好像拿着一把打开监狱大门的钥匙。"[②]韩麦尔先生的话语，激起了学生强烈的爱国情感，起到了很好的育人作用。

### （三）主导性和口语化

主导性是指教师在运用教学口语进行教学时教师所发挥的主导作用。教学活动是一种师生共同参与的双边活动，在这一活动过程中，教师的主导作用决定了教师所用语言的主导性特征。同时，教学口语又是一种以教师讲析为主的话语形式，高度自觉地讲析意识也决定了教学口语的主导性质。

教学过程中，教学口语还应该根据教学内容、教学目标的需要，把教材、教参等书面语言，加工成带有书面语色彩的口语。在教学口语加工过程中，应注意两个方面：一是语言要浅显化，即把抽象的知识转化为形象浅近的语言进行表述，做到深入浅出。俄国教育家乌申斯基说：儿童是"用形象、声音、色彩和感觉思维的。"可见学生对于"浅显"的依赖。因此教师必须运用浅显、直觉化的语言，帮助学生理解、掌握各种抽象事物、概念、词语、定理等，以提高课堂教学效果。二是要鲜明化，也就是说语言内容所包含的思想观点要清楚鲜明，不含混，不晦涩。教师可根据教学内容的实际情况，选用多种方式对教学语言进行加工，如长句化为短句，散句化为整句，采用必要的修辞手段等。例如一位化学老师讲到化学与物理的不同时，就用了一个非常形象的比喻：他举起一张纸，两手一撕，把一张纸撕成两个半张，"这就是物理变化"；"如果我这一撕撕出两张豆腐皮儿来，就是化学变化。"这位教师用非常浅显、形象的教学语言，生动地向学生介绍清楚了物理与化学的区别，给学生留下了深刻的印象。

## 二、教学类普通话用语的要求

教学中，我们常会遇到这样的情况：几位教师教学水平相近、教学的内容相近、教学的对象相同，但教学的效果却迥然有异。出现这种情形也许有多种原因，但教学口语水平的高低显然在其中起着重要作用。好的教学口语，可以使抽象深奥的科学知识变得浅近易懂，枯燥乏味的学习变得轻松愉快。可以说，教学口语的正确运用是教学技能的核心，也是教学口语艺术的核心。所以正确运用教学口语，就要对教学口语的特殊要求做到心中有数，并自觉地融入到课堂教学中。教学口语的基本要求：

### （一）对口语质量的要求

#### 1. 发音准确规范

这是对教学用语语音方面的基本要求。它要求教师的语音要"以北京语音为标准音"，吐字要清楚利落，音高、音强、音长适度，音色优美，不说错字、别字，不带方音色彩，不出现"吃字"、"丢音"等现象。如不可把"吃饭"说成"期饭"，把"开花"说成"开发"，把"紫菜"说成"纸柴"等。

#### 2. 语速适中

这是对教学用语语速方面的要求。它要求教师语言表达的速度能根据教学内容的需要和学生的年龄等特点，掌握用快速、中速、慢速以及匀速、变速的技巧。快速讲时能流畅清晰，"知而能言、言之能顺"，不"吃"字，不"卡壳"；慢讲时语流徐缓，字字清晰，声声入耳，娓娓道来，从容不迫。该快则快，需慢则慢，灵活自如，富于变化。

#### 3. 语调自然、优美

它要求教师在教学中语调要亲切、自然，声音要和谐悦耳，有美感；要善于运用声音的高低升降、抑扬顿挫的变化来表情达意。尤其是文科教学，其内容具有丰富的人文性，"在知识的活的身体里，要有感情的血液在畅流。"只有这样，才能给学生一种愉悦感，才能激发学生对知识世界的探求欲望。

4. 用词恰当、用语通顺

这是对教学口语词汇和语句方面的要求。它要求教师要避免使用方言词和方言句式，因为一位只会用方言土语进行教学的教师，即使他妙语连珠，也算不上语言规范。如把"马马虎虎"说成"囫囵马约"，把"回家"说成"家走"，这些都是不规范用词。

### （二）对语言修养的要求

从语言修养的角度看，教学口语应当是真、善、美的完美统一。真，是指口语表达的针对性和科学性；善，是指口语表达的规范性；美，是指口语表达的艺术性和审美性。

1. 教学口语的"真"

教学口语的"真"，是指口语表达的针对性和科学性。教学语言要受到教学大纲、教学内容、教学目标等诸方面因素的制约。运用教学口语，教师必须针对不同的教育对象、教学内容、教育环境等特点选用不同的教学语言，充分照应到各种不同的情况。所以教学语言首先要有针对性。如有位教师发现平日作文较好的学生和一位作文成绩较差的学生同时抄袭了一篇作文。这位老师分别找他们谈话。他对那位成绩好的同学说："你写作较好，像这样的文章你也能写出来，为什么要抄别人的呢？"而对那位成绩较差的学生说："其实你并不是全文抄袭，文中也有你自己的语言。把抄别人的细节删掉，换成自己独特的语言和发现，是不是会更好呢？"结果第一位同学知错就改，重新写了一篇；第二位同学也反复修改，写出了自己的特色。同样一件事情，这位老师针对不同的对象采用了不同的语言，收到了令人满意的效果。

追求科学知识的"真"，是教师、教育不变的追求，这是由教学的内容与方法的科学性决定的。学校是以科学真理培养人才的地方，教师肩负着传播科学知识和科学精神的使命，因此教师在传授知识时，必须通过驾驭教学语言，准确地阐述知识的内涵，准确使用概念、判断，推理具有严密的逻辑性，不使人产生疑义、混淆和误解，从而顺利实现预期的教学目标。追求科学知识的"真"，就要要求教师语言表述确切无误，这是教师教学口语修养的重要方面。

2. 教学口语的"善"

教学口语的"善"，是指口语表达的规范性。它是由教师工作的性质决定的。教师的语言是有声的行动、无形的楷模；教师用规范的口语影响学生，对提高学生的口语素养，乃至对我们整个民族的语言素质的提高都有着重要意义。教师的教学口语首先要求使用标准或比较标准的普通话。除了语音规范外，教学口语在词汇的使用以及遣词造句方面也要符合普通话的语法规则，以保证语言表达的正确性和纯洁性。必须避免冗长、啰嗦；戒绝不健康的语言，避免口头禅，学会文明用语。比如有的教师上课时经常带些口头禅，像"这个这个""那个那个"，几乎每句话后面都追加一个"哎"字等口语现象，都是不良的语言习惯，这既影响了教学质量，也容易分散学生听课的注意力。比如有的学生出于"好玩",就专门数记老师一节课说了多少个"这个",在这种情况下,就不可能保证学生听课的质量。

3. 教学口语的"美"

教学口语的"美",是指口语表达的艺术性和审美性。艺术性指教学口语要讲究口语表达的艺术技巧。为了充分调动学生学习的积极性,教师应善于运用充满智慧、富有激情的语言来吸引学生,以增强语言艺术的感染力,提高课堂教学效果。要做到这点,教师除了注意语音的准确规范、语调的自然优美、语速的快慢适中外,还应注意语言的形象风趣、声音的富于变化、态势语的恰当等等,以使教师的语言让学生易于接受、乐于接受。

因为教师的教学语言比一般人更讲究语言的生动形象、富有文采,因而具有更高的美学价值。古人云:"言之无文,行之不远。"语言是应当讲究文采的,教师的语言尤其如此。教师的语言美大体包括两个方面:一是内容美;二是形式美。内容美要求教师的语言思想深刻,蕴含哲理,充实而又含蓄;形式美则要求教师在遣词造句和修辞上表现出高超的艺术。例如,1926年,鲁迅先生在集美学校做了《生命的意义和价值》的演讲。他先把那些"有热情、肯奋斗、肯牺牲"的青年和劳苦大众说成是"傻子",而把那些"吹拍欺诈"、"投机取巧"的人说成是"聪明人"。接着他提高声调说:"聪明人为名利钻营,把世界推向黑暗的深渊;而傻子凭自己的勤劳与刻苦,为光明的到来付出了血汗。"③这里,鲁迅先生就运用对比,通过幽默的反语鞭辟入里而又意味深长地表达了鲜明正确的是非观念。

另外,在幼儿课堂教学过程中,对幼儿教学口语还有一些特殊的要求:

1. 清晰流畅,儿童化

幼儿的课堂教学语言应该用儿童化的语言与孩子们进行沟通交流,教师的教学语言要准确、简明、通俗、流畅;用清晰的吐字、恰当的语速、浅显的语汇、节奏感强的语言传达基本的知识信息。防止含糊、费解、模棱两可,忌讳咬文嚼字、堆砌词藻,避免说话成人化。

2. 形象、直观

客观事物是丰富多彩、千差万别的。给幼儿上课的教学语言,只有做到形象、直观、鲜明、活泼、生动有趣,才能深深地吸引孩子,让他们对老师所讲授的事物仿佛能看得见、摸得着,幼儿才会清晰地认识、了解某一事物,从而顺利地获得新知,教师也才能顺利完成教学任务。

3. 生动灵活、善于诱导

教师的语言就像播种机,将智慧的种子播撒进孩子的心田。教学中情况千变万化,教师的教学语言在做到生动形象的同时,还要善于灵活应变,根据所得到的反馈信息,及时地对原教学计划、教学语言做出相应的调整。教学语言还要循循善诱,富有启发性,易于启发幼儿的思维,具有益智性。

# 第二节 常用教学类普通话用语的训练与应用

教学口语，按照其在教学过程中的不同作用和不同方式，可以分为导入语、讲授语、提问语、应变语、总结语等几种。

## 一、导入语

### （一）导入语的特点及基本要求

导入语又叫导语、开讲语，它是教师上课开始时对学生所说的与教学目标有关、能调动学生学习兴趣的一席话。它的主要作用是集中学生的注意力，调动学生思维的积极性，联系"旧知"，并进入"新知"。教师精心设计、恰当地运用导入语，可以起到先声夺人的效果，为一节课的顺利进行打下良好的基础。

不同的学科、教育对象、教学内容决定了导入语不可能有一个固定的模式。但它们对导入语的基本要求是一致的。

**1. 目的明确，切合题意**

导入语的目的和功用就在于引导学生进入新课，因此教师应该从教学内容和教学对象的实际出发，目的明确，紧紧围绕课题的"题意"，精心设计有特色的导入语。切忌离题千里的"课前聊天"或课前训人。

**2. 新颖活泼，独具匠心**

教师应根据学生的思想实际、学习实际和生活实际，紧扣新课课题，独具匠心地设计新颖有趣的话语，以打开学生思维的闸门，激发学生的求知欲，使他们能自觉地顺着老师的思路往下听，接受新知识，培养新能力。

**3. 短小精悍，点到为止**

导入语仅仅是一节课的引子，它的目的在于导引出新课，本身并不是讲授的重点，所以不宜占用太长的时间。三言两语便将学生"启而发之"，然后导入新课。

### （二）导入语的类型

导入语的方式多种多样，关键在于教师的精心设计、灵活运用。教学对象不同，教学内容不同，每节课的导入语自然会有不同。一般说来，常见的导入语有以下几种：

**1. 悬念式导入法**

悬念式导入法指在新的教学内容开始时，教师根据教学内容的特点，提出问题，造成悬念，以引起学生的好奇心和求知欲，进而使学生的注意力积极投入到新的学习之中。这类导入语常用设问、反问答等方式巧设疑点。

【示例】有位幼儿教师在讲授《帮树叶找妈妈》时，是这样开场的：

"这些树叶的家在哪儿呢？它们的妈妈是谁？它们是怎样跑到这儿来的？今天老师

上班的路上，忽然听到小树林子里有阵阵轻轻的哭声，我仔细寻找，发现有许多小树叶跌倒在地上，有的身上还沾满了土，我赶紧跑过去问个明白。原来这些小树叶从小就在大树妈妈的关怀下长大，从来没有离开过家。谁想到，昨天晚上来了一位秋风伯伯，他摆动着胡须使劲地吹呀，吹呀，好多小树叶被吹落了，吹跑了，它们离开了妈妈，找不到家了。小朋友，你们愿意帮小树叶找到妈妈吗？"④

【评析】利用孩子的好奇心，教师通过一个个提问设置悬念，使孩子产生一种强烈的求知欲望，自然而然地把孩子的注意力集中到了新授课的内容上。

2. 故事导入法

故事导入法又称讲故事式导入法。可以说，几乎所有的学生都喜欢听故事，尤其是那些富于启发性、趣味性的故事。根据学生的这一心理特征，教师可精选一些与新课的教学内容相关的小故事，作为新课的开讲语。这种开讲语，从学生感兴趣的故事入手，语言通俗易懂、幽默风趣，一开始就给课堂创造出一种轻松活泼的气氛。这种方法，对低年级的学生特别有效。

【示例】给幼儿大班的孩子讲授《认识萤火虫》，一位幼儿教师的导入语是这样的：

"小朋友们，老师给你们讲一个故事：一天，小白兔去采蘑菇，在回来的路上天黑了。小白兔找不到家了，急得哭了起来。几只萤火虫飞过来，对小白兔说：'别着急，我们来帮助你。'说着，它们把身后的小灯点得更亮了，很快地帮助小白兔找到了家。小朋友们想一想，萤火虫身后那个发光的东西，真的是灯吗？它为什么会发光呢？好，今天啊，我们一起来认识萤火虫。"⑤

【评析】用故事把"发光的东西"、"真的是灯？""萤火虫"几个概念联系起来，激起了孩子们探求新知的欲望。

3. 情景导入法

情景导入法就是教师根据不同的教学内容，设置出不同的教学情境，使学生有一种亲临其境的感觉，以激发学生学习积极性为目的的方法。这种方法容易使学生很快进入角色，接受新知识。

【示例】苏国榜老师在教学《归园田居·少无适俗韵》一诗时，是这样设计导语的：

"同学们，有人向往繁华的都市生活，而有人却倾心于淳美的田园风光。是啊，都市的繁华固然令人向往，然而那片片绿色的田园，那安静和谐的村落，那青烟袅娜的炊烟，那绿树掩映的农舍，那淳厚古朴的乡情，不也令人向往，令人欣喜，乃至令人陶醉吗？古往今来，多少诗人曾描绘过她，讴歌过她。可是你们知道田园诗发端于谁呢？以讴歌田园生活之美好，抒发田园生活之情趣，并以此为主要创作题材大量纳入诗篇的是谁呢？好，我告诉大家，他就是东晋末年的伟大诗人——陶渊明。今天，我们就学习他写的这一首诗。"⑥

【评析】这则导语用优美如画的语言，把学生带到规定的环境和内容中去，唤起学生切身的体验，激起浓厚的欣赏情趣，从而做到"转轴拨弦三两声，未成曲调先有情"的效果。

4. 题解式导入法

也叫审题式导入法，课题是课文内容的高度概括，人们常把题目比作课文的"眼睛"或"窗口"，从这里可以窥知全文的奥秘。所以，新课伊始，有些教师也常常采用题解式导入法导入新课，引导学生审清题意，这样可以收到开门见山、揭示主题、突出重点的教学效果。

【示例】有位教师在讲《将相和》这篇课文时，即以巧妙地解题导课，达到了开"窗"窥"室"的效果。老师首先围绕《将相和》这一课文题目问学生："'将' 指谁？'相' 指谁？'和' 是什么意思？'将' 和 '相' 始终都是 '和' 的吗？他们为什么不 '和'？后来为什么会 '和'？"（然后进行了简要解释，进而导入新课）⑦

【评析】这种分析，提纲挈领、纲举目张，并且容易引发学生理解全文的主动性和自觉性。

5. 意趣导入法

根据教学内容的特点和需要，有时可以使用风趣幽默的手段导入新课，以增强教学的趣味性，引起学生的学习兴趣，用生动有趣的形式把学生带入新的教学情境。

【示例】刚上课，学生正猜测今天上什么课。崔秀琴老师却极认真地讲了一个笑话："一天深夜，在一个小巷的尽头，两个人走了一个对面。其中一个问另一个，'这儿有警察吗？' 另一个回答：'没有。''那么能不能在附近很快找到一位？' '恐怕不能。''那好吧，把你带的手表和钱交给我！'"

学生大笑时，崔老师又及时发问："这个笑话的结尾有什么特点？"生："出人意料。"崔老师接着又问："它还反映了坏人的一种什么心理？"生："害怕警察。"师："今天我们要讲的这篇课文也讲到了警察，结尾也是出人意料的。可是文中的主人公苏比却一反常态，故意当着警察的面干坏事，这是为什么呢？"学生带着极大的兴趣翻阅文章⑧。

【评析】教师先用笑话引人，而这个笑话和课文又有着内在联系。这样的导语，新颖巧妙，耐人寻味，体现着教师的良苦用心。

6. 谜语导入法

谜语导入法就是利用猜谜语的方式，让学生在猜谜语的过程中轻松愉快地接触到新的学习内容的导入方法。

【示例】有位幼儿教师给中班的孩子讲授"认识昆虫"：

"小朋友，'聪明的一休' 活动又开始了，老师又准备了一个新谜语，看看今天 '聪明的一休' 是谁？"学生的注意力集中了，老师接着说："两根触角头上长，背上两对薄翅膀，六只小脚肚下藏，花丛里面采蜜忙。"

"好，哪位小朋友猜到了？蜜蜂？对了，是蜜蜂。小朋友们真聪明，你们都是 '聪明的一休'。好，今天老师就给大家说说小蜜蜂。"⑨

【评析】这位幼儿教师就利用谜语，抓住小蜜蜂的体貌特征，通过猜谜语的方式导入新课，这比直接进入新课更吸引孩子的注意力。

导入语的方法是多种多样的。"教无定法"，同样，因为学科不同，教学内容各异，学生的年龄特点、心理特点、认知特点等因素的不同，决定了导入语也必然是千姿百态、丰富多彩的。除上面介绍的几种外，还有像过渡式导入法、类比导入法、游戏导入法、激情式导入法等等，具体采用哪种导入方法更好，教师要结合自己各方面的实际情况，谨慎选择，精心设计。

## 二、讲授语

### （一）讲授语的特点及基本要求

讲授语也叫阐释语，它是指教师在教学中较系统、完整地讲授教材内容时所使用的教学口语。讲授语以教师的独白语为主体，适当纳入与学生的对白语。它是课堂教学中最基本、最常用的语言表达形式，是教师教学口语基本功的核心部分。其基本要求是：

#### 1. 准确清楚，有鲜明性

教师讲授的目的是将教材上的知识正确地传授给学生，并且要引导学生将知识转化为能力。因此，教师的讲授必须正确地解释教材内容，出语准确严密，吐字清晰响亮，内容条理分明，一般要讲清楚"是什么""为什么""怎么做"，次序分明，有条不紊；同时通过语言的运用，调动和调整学生的注意力，使之集中到教师的讲授思路上。

#### 2. 系统连贯，有侧重点

教师讲授语的基本单位，多是由一个或几个语段组成的。因而要求语句的组合要富有条理性、系统性、连贯性和严密的逻辑性。讲授时，先讲什么，后讲什么，哪里详讲，哪里略讲，什么地方插入提问语，什么地方要求学生解答，都要有一个统筹的考虑安排。教师还应根据学生已有的知识、经验、接受能力，根据认识问题的特点规律，对所讲授的内容进行分析、组织，明确一堂课的教学重点，在讲授中突出重点，有的放矢。

#### 3. 通俗形象，有启发性

教授语运用的最终目的是为了让学生获取知识、提高能力，为了让学生在有限的时间里掌握所要学习的知识，教师要根据学生的年龄特点、知识特点和思维特征，进行通俗易懂、生动形象的讲授，做到生动灵活、深入浅出，以便更好地调动学生捕捉信息、获取新知的积极性。新的教学观把教学过程理解为是师生沟通、合作、对话、交往共同构建意义的过程。因此，教师的讲授语还应当精炼而富有智慧，关键处能给学生以启发、点拨，以通俗、睿智的语言点亮学生心头的智慧之灯。

### （二）讲授语的类型

教师的课堂讲授语，一般由讲解语、点拨语、评析语3部分组成。实际教学过程中，讲解语、点拨语、评析语这3部分往往是交错在一起使用的。根据不同的教学内容和教学对象，选用合适而有效的讲授语，是一个合格教师应当具备的基本功。

#### 1. 讲解语

讲解语是教师以教材为依据，客观地向学生讲述背景和情况，传授知识和技能，解释公式、原理、概念、规律、方法等所使用的语言。讲解语口语表达要求简明有序，通俗易懂，条理清晰，科学严密。它是使用频率最高、运用最广泛的教学语言，是讲授语的最基本、最主要的类型。

【示例】一位幼儿教师讲解"苹果的捏制"：

"大苹果，圆又圆，上下有坑长个把，味道鲜美酸又甜。那么，大苹果怎么做呢？（边讲边捏）把橡皮泥捏在手里，捏呀捏，捏得不软也不硬。然后放在手心上，团呀团，团的圆圆的。最后用手揉呀揉，揉得又光又滑，像个小皮球，真好看（拿给幼儿看）。把捏好的皮球用一只手拿着，另一只手的大拇指和食指在它上面按一个坑，下面按一个坑，再在上面坑里插个小把，就成了个大苹果了。"⑩

【评析】幼儿教师边捏制边讲解，清楚、形象地向幼儿展示出了"捏制苹果的过程"。

2. 点拨语

点拨，即点化、拨正。教学过程中，教师抓住问题的重点、要义，用几句话引领学生接近问题的实质，使学生幡然醒悟，获得新的思路，进入新的境界。

【示例】一位语文老师分析《荷塘月色》中描写荷香的一段时：

师：写荷香的时候，开始写动态。"微风过处，送来缕缕清香。"这微风是一阵阵吹来的，所以写那味香的时候用了"一缕缕"这个词。一缕缕就是一丝丝的。作者写到这里，为了让我们更好的感受它，又用了一个比喻。说它像远处高楼上渺茫的歌声。远处传来的歌声可能受到这样那样的阻挡，当传到我们耳朵里的时候是怎样的？

生：断断续续的。

师：所以用了一个远处高楼上渺茫的歌声比喻一丝丝的香味，就把香味的时隐时现、时断时续、悠扬渺茫写了出来。这个比喻很特殊，它是用什么比喻什么呢？

生：用听觉比喻味觉。

师：实际上就是把两个感官沟通了。这是一种特殊的比喻，有些语言学家把它叫做"通感"⑪。

【评析】这位教师在讲授过程中，从具体分析逐渐上升到理论高度，一步步点拨、引导，让学生在体味荷香的过程中，同时明白了什么叫"通感"。

3. 评析语

评析语是指教师在教学过程中运用事实、数据、定理来对某个观点、某条规律或某个定理进行论证，或对某个人物、某篇文章、某起事件进行评价时所运用的语言。因为教师的讲授是建立在教师对相关内容充分理解的前提下，语言中糅合着教师的见解和感情。这种带感情的讲授，可以让学生感受到教师对教材中观点和知识的鲜明态度。

【示例】于漪老师讲《记金华的两个岩洞》，分析前三节运用对比的好处后：

"第四节虽不用比喻，但仍然写得很细腻。写溪流：随着山势而变化；溪身：'时而宽，时而窄'；溪水：'时而缓，时而急'；溪声：'随时变换调子'。这样作者就从不同的角度写出了这里溪流的特点。有形有声，具体形象。"⑫

【评析】于老师的这段话有讲解有评析，夹述夹议，评述结合，准确指出了文章的妙处。

## 三、提问语

### （一）提问语的特点及基本要求

提问语是指教师为启发学生思考问题，根据教学内容与要求向学生发问时所使用的教学语言。爱因斯坦说："提出一个问题往往比解决一个问题更重要。"课堂提问是引起学生反应、增强师生之间相互交流、相互作用的重要手段。在整个教学过程中，提问始终是一种不可缺少的、起着极大作用的教学口语形式。提问的基本要求是：

**1. 适时**

课堂提问要选准时机，在学生有疑、有思、欲问、欲解而又苦于不知如何表达之时提问。失时而问，便起不到提问的作用。因此，教师在备课过程中应紧紧围绕目的有准备、有顺序地认真设计提问；围绕教学的重点、难点，选好"点"，择准时机，才能问得适时；恰到好处。

**2. 适度**

这里的适度包括两个方面：一是老师提出的问题要难易适度。教师的提问是面向全体学生的，所以教师的提问应考虑到不同学生的水平，要设法把学生带入一个可以理解又不是很容易理解、有障碍又不是不可逾越的境界。因此，教师在设计提问时，应通盘考虑，并使每个提问呈现出一种坡度，使后一提问成为前一提问的延伸和推进。二是整堂课提问的数量和频率的分配要适当。一般说，一节课提问的数量不可太多、太零碎，这会让学生疲于应付。在教学的开始、中段、结尾时往往提问的频率较高，而在这 3 个时间段的过渡处就要讲得多些，问得少一些。

**3. 有启发性**

提问要有质量，要有思维价值，能调动学生思维探究的积极性。教师要通过精心设计教学提问，制造悬念，激发学生强烈的求知欲望和浓厚的学习兴趣。首先要善问，要根据教材的重点、难点，不断地向学生提出思考的任务。其次要善导，要善于诱发和开拓学生的思路，善于在解决问题的方法和途径上进行具体指导。要有耐心，并给学生留有思考的余地。

**4. 提问要明确**

提问必须明确，主旨要鲜明，措辞简练，要求具体。为什么提这个问题，通过提问解决什么问题，达到什么目的，教师都要心中有数，即所提问的问题要有的放矢，问题本身要明确，这样学生一听就明白问的是什么。只有提问的问题具体明确，才有利于学生由浅入深、由表及里地领会所学内容。

### （二）提问语的类型

关于提问的方式，国内外学者都做过各种不同的研究。可以说，从不同的角度可以对提问的类型做不同的划分。根据教学中教师提问语实际使用的情况，我们采用从提问的目的与回答的内容相结合的角度，将提问分为 3 种类型：强调性提问语、矫正性提问语、发展性提问语。

1. 强调性提问语

这种提问语是教师为了强调教学中的某个重点和难点，而向学生发出的提问语。这种提问语要有启发性，容易引起学生的注意，学生可以按照自己的理解来回答老师的问题。

【示例】初中语文《一面》中，有句"那笑声里，仿佛常带着一点'非日本'的什么东西"，是一个理解的难点。一位教师设计了这样的提问：

"《一面》写于何时？当时的背景怎样？文中提到的内山和鲁迅的关系如何？何以见得？"

【评析】为了让学生准确理解这个句子，进而理解文章的寓意，教师由浅入深设计了 4 个问题，让学生在回答这些问题的基础上，再解决"'非日本'的什么东西"到底是什么意思。

2. 矫正性提问

这种提问语是指教师针对学生回答问题偏离目标的现象，而再次向学生发问的话语。

【示例】教学《草船借箭》时，为了帮助学生理解课文题目，可以运用矫正性提问：

师：这箭根本不是借的，为何课文以"草船借箭"为题呢？

生：因为这箭是靠装着草的船运回来的。

师：那不是可以用"草船运箭"吗？（见学生不语）你们平时借的东西有什么特点呢？

生：自己要用而又没有，用完以后还要（归）还，比自己操办要方便。

师：课文中的箭有这样的特点吗？

生：周瑜向诸葛亮要十万枝箭，诸葛亮没有，但他却用 3 天时间从曹操那里"借"到了，在与曹操作战时又要回到曹操那里，这又类似于"还"，因此这箭有借的特点。

师：此时，大家该明白课文为何以"草船借箭"为题了吧[13]！

【评析】这位教师在学生的回答偏离目标时，耐心引导，有的放矢地进行矫正，使学生顺利地走到分析问题、解决问题的正轨上来。

3. 发展性提问

这种提问语是指教师为了学生的发展而设计的教学用语。这些问题具有开放性，学生可以根据自己的经验做出不同的但却要合理的回答。

【示例】《坐井观天》这篇寓言故事，运用拟人手法，在描述了飞翔的小鸟和井底之蛙关于天的大小争论之后，末尾写到小鸟劝执拗的青蛙跳出井口便戛然而止，给读者留下了想象的余地。有位教师却向学生提出了这样的问题：

"后来，青蛙有没有跳出井口看看天呢？"

【评析】这一提问，一定会在学生中激起好奇的涟漪，荡起学生想象的浪花，会引导学生做进一步的思考和联想，既培养、训练了学生的思维，又活跃了课堂气氛，增加了语文教学的趣味性和吸引力。

## 四、应变语

### （一）应变语的特点及基本要求

应变语就是教师在教学中巧妙处理突发情况时所使用的应急性教学语言。在课堂教学中，师生双方共同活动，课堂教学情况复杂多变，往往会出现一些意想不到的情况，这就需要教师敏锐地发现问题，灵活地、及时地利用应变语来驾驭课堂教学。应变能力是每位教师都应具备的教学基本能力之一。它的基本要求是：

**1. 从容镇定，坦诚求实**

面对课堂上发生的一切偶然事件，教师应因时、因事而异，做出恰当有效的应对。无论在什么情况下，都要从容镇定、冷静沉着，以机智幽默的应变语把学生的注意力及时地转移到"正题"上来，并针对教学活动中学生思维活动的特点和走向，来进一步激发学生的思维，以最有效的应变语调动学生学习的积极性。

**2. 掌握分寸，灵活自然**

教学应变语运用分寸的掌握，是能否处理好课堂偶发事件，使之回到正常教学轨道上来的关键。教师运用应变语，既不要过分夸张，也不能过分平淡，还要尊重学生，因势利导，以此来引起学生学习兴趣、调动学生注意力。同时，面对课堂的偶发事件，为保证学生学习情绪的相对稳定，为保证教学过程的相对顺畅，教师使用应变语，还应该自然紧凑、不露痕迹，使之顺理成章。

### （二）应变语的类型

教学过程中，总会发生一些意想不到的情况，如学生诘难，教学失误，外部冲击等。在突发事件面前，从容不迫、迅速组织语言，使问题得到妥善解决，是每一位教师应当具备的一种应变能力。

**1. 来自学生的偶发事件**

课堂教学是一个具有多元辐射特征的复杂过程，教师的主导作用和学生的主体地位会随着教学内容的变化而处于动态中。学生随时会随着内容的变化，而有所领悟、联想并发现问题；也可能产生困惑、迷茫或偏见，提出一些与教学联系不大或者老师无法解答的问题，致使课堂出现异变。这种情况下，教师就应该及时运用应变语驾驭课堂变化，以保证课堂教学正常进行。

【示例】老师根据幼儿园教育纲要"爱家乡"这一内容，组织幼儿搞了多次参观活动，回来后组织了一堂谈话课。

师：××街是我们小朋友住的地方，你们说这条街好不好？为什么说它好呢？

生：这条街很好，很热闹。

生：买东西，看电影，上小学，上幼儿园，都很方便的……

（正在这时，有个叫李真的孩子插话。）

李：我觉得××街不那么好。（出乎老师意料的）

师：那你倒是说说，你为什么感到××街不好呢？

李：街道那么窄，车子那么挤，连马路也过不去。

生：是呀，车子太多了，我妈妈上班因为马路过不去，上班就迟到了。

生：我奶奶上次差点给汽车撞倒了。

（这样一来，本来说好的孩子，也开始说不好了。）

师：是的，我们的××街一天比一天好，但还是有许多缺点，你们讲的也对。老师上次过马路也过不了。我想，你们长大了都要工作的呀。等你们长大了，你们想把我们的××街建设得怎么样？

（于是，一石激起千层浪，孩子们踊跃发言⑬。）

【评析】这位幼儿教师的谈话课，本是引导孩子们发现家乡的美好，从而实现"爱家乡"的教学目标。但李真的"童言"，出乎意料，而老师并没有指责孩子"说家乡不好"，而是不露痕迹地正确引导，从"如何建设好家乡"的角度，憧憬家乡的未来，同样达到了"爱家乡"的目的。

2. 教师自身的失误

课堂教学是一项极其复杂的创造性劳动，尽管教师在上课前已作了充分的准备，估计了可能出现的情况，但在组织课堂教学的过程中，仍然避免不了出现一些意想不到的自身失误，如口误、笔误、遗漏一些内容或卡壳等等。这就要求教师不回避、不紧张，而要冷静沉着，随机应变，妙语补失，从容自然地改正错误并推导出正确的答案。

【示例】一位数学老师在讲解例题时，因板书有误导致最终答案不合理。他已意识到出了差错，但他不慌不忙，将错就错地问了一句："同学们，这个答案合理吗？"一位同学回答："不合理。"教师追问："那么，错在哪里呢？我们不妨来分析一下。"接下来教师在黑板的另一侧写下"正解"二字，同学们以为教师在进行错解分析呢⑭！

【评析】应变语是教师"应急"的必备"武器"，又是立体展现口语表达技巧的言语示范。这位教师在意识到失误的情况下，沉着应对，既吸引了学生的注意力，自身又避免了尴尬局面的出现，可谓一箭双雕。

3. 来自外界的偶然事件

课堂的应急变化，要求教师有敏锐的观察力和快速的反应力。来自外界的偶然事件时有发生，情况也是多样的，如窗外低空飞过一架飞机，一只小鸟飞进了教室，外面突然下起了暴雨等等，这些都会影响学生听课的注意力，影响课堂教学的正常进行。对此，教师都应该有充分的准备，想方设法巧妙应对，尽快把学生的注意力引导到课堂教学上来。

【示例】语文课正上得津津有味，一只蝉突然闯了进来。顷刻间，几十只眼睛全集中在蝉的身上。先是一阵骚动，继而有人起哄，声言要"捉住它"。这时老师有力地插了一句："同学们，我们现在讲讲关于蝉的问题。"学生听到老师要讲蝉的问题，不免有些意外，倒是想知道老师要讲点什么。老师趁势说："首先得考一考大家看谁能说出一些带有'蝉'字的词语。"立即有学生举手。有人说"金蝉脱壳"，有人说"蝉联"……这样，学生的注意力不知不觉地又被吸引了过来⑮。

【评析】课堂上出现意外干扰事件，常常让老师措手不及。如果处理不当，必然会扰乱课堂秩序，影响教学进度。这位老师随机应变，借"蝉"发挥，马上转移了学生的注意力，同时也调动了学生学习的积极性，一举多得。

## 五、过渡语

### （一）过渡语的特点及基本要求

过渡语也叫衔接语或转换语．它是指教学中从一个环节向另一个环节、由一个问题向另一个问题过渡时所使用的教学语言。巧妙地过渡可以使课堂教学自然勾连、上下贯通，富有逻辑性。过渡语用得好，对提高课堂教学质量、增强课堂教学效果，是很有帮助的。过渡语的基本要求是：

#### 1. 自然顺畅

使用过渡语的目的是使新旧知识之间、新知识点之间自然衔接。教师应该通过精心地设计，由一个知识点顺畅自然地把学生的思路引领到另一个知识点上，使学生从某一方面的学习内容，顺利地转向另一方面内容的学习。

#### 2. 简明巧妙

过渡语虽然重要，但它毕竟不是一个主要的教学环节，只要在需要时恰当运用，使课堂教学环节的衔接环环相扣，就可以起到过渡的作用，所以过渡语要用得精当、简明。同时，这种衔接过渡应当是自然而然、水到渠成的，让学生在教学内容的自然衔接中，系统地理解、掌握所学内容。所以，过渡语的设计还应该巧妙自然，不漏痕迹。

### （二）过渡语的类型

过渡语的类型可以分为归纳式过渡语、提示式过渡语和悬念式过渡语 3 种。

#### 1. 归纳式过渡语

这种过渡语的特点是对前面的内容进行必要的总结、梳理，使课堂教学的任务更为明确，并在此基础上引出对下一个问题的讲述。

【示例】有位老师讲授《唐雎不辱使命》时，在分析讲解了第一段文字之后，是这样过渡到第二段的："唐雎前去有两个使命，一是不给土地，一是不让秦王不悦，即既不给土地，也不得罪秦王。这是第一段的内容，下面紧接着我们分析第二段内容。"①

【评析】这位教师首先对第一段内容进行总结归纳，在此基础上，自然过渡、引领出第二段的教学内容。

#### 2. 提示式过渡语

这种过渡语的特点是在教学中教师明确指出上下环节之间的紧密联系，用语简明扼要，转换明确自然，在理科教学中使用频率较高。

【示例】请看一位教师对这种过渡语的使用：

"好。上面所讲的这一切如果都成立的话，那么下面这种说法也能成立吗？"

【评析】这段过渡语简洁明了，直接提醒学生由一个问题过渡到另一个问题。

3. 悬念式过渡语

悬念式过渡语的特点就是在教学中，教师充分利用前面问题的推导结果，巧妙地制造出一种悬念，并借以引出下文。

【示例】一位教师在讲述一段教学内容之后，巧妙设计了下面的过渡语：

"同学们听了我讲的这些以后，一定感到很奇怪，真的有这么厉害吗？好，这个问题我们先放在这儿，一会儿就会明白的。下面，我们先搞清一个问题……"

【评析】"真的有这么厉害吗？好，这个问题我们先放在这儿，一会儿就会明白的。"这既是一个过渡，也是一个悬念，这一悬念式过渡，激发了学生强烈的好奇心。

## 六、总结语

### （一）总结语的特点及基本要求

总结语简称结语，是教师讲完一部分内容后或整堂课结束时所使用的总结性教学口语。成功的教学活动要善始善终，教学语言艺术不仅要求有引人入胜的开始，而且同样要求有更为精彩的结束，从而使课堂教学言有尽而意无穷，给学生留下深刻的印象。总结语的基本要求是：

1. 清晰简洁，忌拖沓冗长

总结语只有简洁、明了、清晰，才能起到提纲挈领的作用，才能突出重点，切中要害。如果教师能用清晰简洁的语言，简明扼要地点出本课所讲的最重要、最基本的内容，犹如画龙点睛，会给学生留下鲜明而深刻的印象。否则，语言拖沓、冗长，表意不明确，就会让学生感到厌烦，影响教学效果。

2. 从容新颖，忌仓促平淡

成功的总结语会给学生留下深刻的印象，犹如音乐的"余音绕梁"，课虽尽而意无穷。好的总结语应该让学生在学习过程中得到一种节奏感，思维连贯有序，这样才有利于学生学习兴趣的稳定和保持。这就要求教师从容不迫，有条不紊，切忌急忙"刹车"，草草收场。根据教学目标和教学语境的要求，紧扣教材，细加揣摩，可设计多种类型的总结语，从而使总结语真正起到总结、巩固、强化的作用。

### （二）总结语的类型

1. 自然总结式小结语

这种总结语主要是在讲完一部分或者一堂课结束时，利用较短的时间把教学内容提纲挈领地总结归纳时所使用的教学语言。它可以使整个教学过程前后连贯，首尾相接；也可以加强学生的记忆，使学生全面掌握所讲授的内容。

【示例】数学老师在教学《分数的基本性质》时，就运用了归纳总结式结束语：

"这节课，我们学习了分数的基本性质，即分数的分子和分母都乘以或都除以相同的数（0 除外），分数的大小不变。这是学习分数及其有关知识的重要基础。我们在学习数学知识的同时，还学会了一种观察事物、分析问题的方法，这就使我们在变化的数学现象中看到了不变的实质。"⑱

【评析】这一结束语，对整节课的内容做了简要的回顾和总结，既帮助学生回忆、巩固了这堂课的内容，又渗透了辩证唯物主义的思想观点。

2. 悬念式总结语

这种总结语指的是教师根据前后知识的联系，采取留下悬念，让学生咀嚼、思考，并保持浓厚学习兴趣的总结语。这种总结语能激发起学生努力巩固已经学过的知识和渴望学习新知识的动机。

【示例】下课铃响之际，有些老师经常设计这样的结束语：

"孙子把所著的13篇兵法献给了吴王，吴王看了以后说了什么呢？停10分钟以后再讲。"

"二次世界大战以来，美国的军事战略经历了这样5次演变，20世纪80年代以来美国的军事战略又经历了新的变化，这种变化同以往的战略相比有什么不同呢？下次课我们再讲。"

【评析】这样的结束语，课停而思考不停，为下一节课的开讲设下了伏笔，可以启发学生主动地预习下一节课的内容，有承上启下的作用。

3. 延伸式总结语

一节课的教学实践和教学内容是有一定限度的，不可能解决教材中所有的问题。教师在教学内容基本完成后，诱导学生将具有某种内在联系的知识进行比较，在新旧知识之间架起联系的桥梁，引导学生阅读相关书籍，并留给学生一些思考题，引导学生向课外扩展，让他们通过自己的努力获得更丰富的知识、信息，从而开阔学生的知识视野、提高其知识水平。这种总结语，可以激发起学生的求知欲望，培养学生的探索精神。

【示例】一位生物老师是这样激发学生兴趣的：

师：研究昆虫是一件很有意义又很有趣的事情。世界上很多人在研究昆虫。昆虫这门学问不简单呢！知道大科学家达尔文吗？知道著名的科学家法布尔吗？我这里有好些讲他们研究昆虫的书。还有一些书介绍的是小孩子研究昆虫的故事。这里还有许多昆虫的图片，介绍昆虫知识的书，谁有兴趣可以借去看。另外还有好些昆虫标本，下课后我把它们展览在生物角，请同学们仔细地看一看。

下一课，我们开个昆虫研究座谈会，要请大家谈谈看这些书、标本、图片以后得到的知识，谈谈关于昆虫的许多有趣的故事。特别要谈谈你自己对昆虫生活进行的观察研究，以及在研究昆虫时的发现。

怎样研究昆虫呢？你们会在书里找到一些方法的，要是你自己想出一个研究昆虫的方法来，那就更好了。

今天的课就上到这里⑲。

【评析】这则结语，不以课上的教学内容为满足，而是把知识引向课外，引向纵深，引发学生的兴趣，诱导学生去进行科学研究和探索。不少科学家在少年时代就受过这样的启发和引导。

## 七、说课

### （一）说课的特点及基本要求

说课是指教师在备课基础上，在授课之前面向领导、同行或评委主要用口头语言讲解具体课题的教学设想及其依据的一种教研活动；它是教师将教材理解、教法及学法设计转化为"教学活动"的一种课前预演，也是督促教师业务文化学习和进行课堂教学研究、提高业务水平的重要途径，还是评估教学水平的有效手段。说课内容包括：教学目标，教学内容，教学过程，教学方法，教学对象，训练反馈等基本内容。其基本要求是：

1）依据教材、大纲，符合学生实际。

2）重点突出，层次分明，内容具体。

3）说理透彻，理论与实践相结合。

4）语言准确、简练、科学。

### （二）说课的方法

说课不仅要明确说课性质、内容和要求，而且更要掌握说课方法。方法对了，事半功倍；方法错了，则事倍功半，甚至劳而无功。说课质量的高低，除本人的素质外，准备工作也是重要环节。准备的充分，说课质量才会高。说课的准备工作一般可分为如下4步：

1）学：即学习钻研大纲和教材，明确大纲的基本要求和教材的结构，基本知识；确定重点、难点；学习必要的教育教学基础理论，做好理论准备。

2）析：分析学生情况，确定教学的指导思想与基本教法和学法。

3）写：遵照相关说课的基本原则和基本要求，写出说课讲稿。

4）演：说课前的试讲，从中找出不足，并加以修改和完善说课内容。

说课活动开展的好与坏，首先取决于说课人对说课活动认识水平的高低，所以要说好课，必须从认识说课入手，努力提高自己的认识水平。

【示例】《美丽的彩虹》说课设计

【说教材】

我说课的内容是《美丽的彩虹》。《美丽的彩虹》是一首儿童诗歌。图文并茂，插图优美，生动易懂。"彩虹"是学生熟悉却不太了解，见过却又并不常见的一种自然现象。这首诗歌很容易引发学生学习的好奇心，激起学生的求知欲。

【说目标】

在本节课的教学中，我设计了游戏识字，情感朗读，发挥想象力，并说出自己所想的内容3个环节，达到了识字、读文、训练口头表达能力的教学目标。

【说教法、学法】

1）兴趣是最好的老师，让学生在游戏中主动识字，是本节课主要的识字手段。

让学生在游戏中既巩固了拼音，又认读了本课要求掌握的二类字，并培养了学生主动识字的兴趣。

2）愿意表现自己，是儿童的共同特征。

因此，我给了学生充足的时间，选读诗歌中自己想读的小节，达到了情感朗读的效果。

3）培养低年级学生对感兴趣的话题积极发言的意识，这是新课标中低年级学段口语交际的目标之一。

在本节课中，通过提问"彩虹还像什么？"、"你走过彩虹桥，还希望能看到什么？"训练了学生的口头表达能力。

【说教学过程】

1. 收集资料，激发兴趣

新课标指出：结合语文学习，观察大自然，对自己感兴趣的内容提出问题，并表达自己的看法，突出生活中既有语文，使学生开阔视野。课前，我布置学生广泛搜集有关彩虹的资料，并相互交流，激发了他们迫切想学习这一课的兴趣。

2. 游戏识字，情感朗读

新改版的教材识字多，难度大，单一的去认，去写，既枯燥，又没有效果，所以在教学流程中我始终让学生在游戏中充分去展示自己，能认识哪些字，能读好哪一节诗歌。激发了学生主动识字、读文的愿望，达到了较好的效果。

3. 插想象翅膀，练口语能力

在第三个教学环节中，仍然是让学生在充分的情感体验中表达自己不同的看法和想法，使学生的思维、想象潜力充分发挥，并锻炼了口语表达能力。

最后，让学生在课件中了解到更多的有关彩虹的资料，并教学生在课外"人造彩虹"，让学生大胆尝试，真切地感受到语文就在身边，从而更乐意学习语文，学好语文[20]。

---

【小资料】

1. 有位几何老师在讲相似三角形时，这样导入新课：

"同学们，你们想学得不上树就可以测出树高、不过河就能量出河宽的本领吗？好，今天我就教给大家一个好办法。"

2. 刚才，我们念了儿歌《桌上一瓶花》，儿歌里的这个小妹妹好不好？（好！）为什么小朋友都说小妹妹好呢？（因为她打破了花瓶，自己承认了。）……对，自己做错了事，就自己承认，这叫诚实。还有，不是自己的东西不要；捡了东西归还失主；自己心里怎样想，就怎样说；事情本来是怎样的，就说怎样，不夸大，不说谎，等等，这就叫"诚实"。诚实的孩子谁都喜欢。

3. 有位语文老师是这样在课堂上给学生解围的：

一名学生在简介《赤壁之战》的作者时说司马迁是宋朝人，全班同学哄笑。教师却平静地说："虽是一字之差，却让司马迁多活了一千多年，但这能是我们同学的错吗？谁让司马迁和司马光的名字只有一字之别，谁让他们又都是史学家、文学家，谁让《史记》和《资治通鉴》又都是史学名著兼文学名著，谁让我们刚刚学完司马迁的文章又学司马光的文章呢？"

## 思考与练习

1. 教学类普通话用语的特点和要求是什么？

2. 导入语的基本要求和分类有哪些？

3. 讲授语的含义及其基本要求是什么？它有哪些常用类型？

4. 什么是提问语、应变语？它们有哪些基本要求？

5. 小结语的含义及其基本要求是什么？它有哪些基本分类？

6. 请从总结语基本要求的角度，分析下面一段总结语。

一位老师在讲授《美洲彩蝶王》一文结束时，组织了一段教学结束语："同学们，彩蝶王能够长途跋涉，飞越高山大洋，即使中途殒命也在所不惜，总是向着既定的目标迁徙。它们为什么具有一般蝴蝶所没有的习性呢？它们勇敢、顽强地向远方飞行的目的究竟是什么？这种习性是否长久不变呢？这还是一个有争论的不解之谜……"讲完补充说："看看哪位同学能做出正确的解答。"

7. 针对下面的教学语境组织一段得体的应变语。

老师讲授"愚公移山"时，有位同学突然问："老师，愚公为什么不移屋，偏要移山呢？"

8. 给下列教学内容设计一套提问。

（1）猜谜语（任选）。

（2）题目：气温的变化规律。原文如下：

气温变化的规律是：日最高气温出现在 14 点左右，日最低气温出现在日出前后。

变化原因，主要取决于热量的收支状况。当热量的收入大于支出时，热量盈余，温度升高；热量的收入小于支出时，热量亏损，温度降低；热量的收入等于支出时，热量平衡，温度保持稳定。因为日出以后至午后 2 时左右这段时间，地面获得太阳辐射的热量大于地面辐射失去的热量，地面热量盈余，地面储存的热量不断增强，大地吸收地面辐射，气温随之升高，午后 2 时左右气温达最高值。此后，地面获得太阳辐射的热量小于地面辐射失去的热量，地面上转为热量亏损，地面储存的热量不断减少，地面温度不断降低，地面辐射不断减弱，因此气温随之不断降低，至日出前后气温达最低值。

9. 分析下面的课堂实录，指出教师使用了哪种导入语，效果如何？

师：我们今天学习"变色龙"。变色龙是一种动物，那么，这篇课文是写变色龙这种动物的吗？

生：不是，这是写人的一篇课文。

师：既是写人的，为什么要用"虫"命题呢？好，让我们带着这个问题学习这篇课文。

10. 听优秀教师的公开课，就他们使用的导入语、讲授语、过渡语、提问语、应变语、总结语的形式、特点和得失等进行研讨。

11. 给小学语文课文《长城》、《鸟的天堂》、《端午节的由来》设计讲授提纲，并根据提纲组织讲授语，分组进行讲授训练。

12. 给寓言故事"滥竽充数"设计一个结语，要求举一反三，设计出自己的特色。

# 注　释

①、②、⑥、⑪董亦佳．2002．教师口语训教程．北京：中国文联出版社

③万里，张锐．1994．教师口语．北京：语文出版社

④、⑤、⑨、⑩、⑯幼儿师范学校语文课本．1995．听话和说话（第四册）．北京：人民教育出版社

⑦、⑫、⑰王海天，刘小菠等．2004．教师口语艺术．海口：南海出版公司

⑧、⑬、⑮、⑲郭启明．1993．教师语言艺术．北京：语文出版社

⑬、⑱程培元．2004．教师口语教程．北京：高等教育出版社

⑳向文瑛．2005．教师论坛网

# 第九章
# 教育类普通话用语的训练与应用

【摘要】教育口语是教师根据德育任务，对学生实施思想品德、行为规范教育的过程中所使用的具有说服力和感染力的工作语言。它具有针对性、诱导性、感染性和灵活性的特点。从教育口语的表达方式看，可以把教育口语分为疏导语、暗示语、说服语、批评语、表扬语和激励语等常见类型。探讨它们的特点、要求和具体运用，从而正确掌握和灵活运用教育口语的这些基本形式，是一个教师尽快提高教育口语水平的不可缺少的一环。

## 第一节 教育类普通话用语的特点及要求

### 一、教育口语的含义和特征

教育口语是教师根据德育任务，对学生实施思想品德、行为规范教育的过程中所使用的具有说服力和感染力的工作语言。一个合格的教师，要全面履行教育职责，就要既教书又育人。教育口语是教师育人的最直接最有效的工具。前苏联教育家苏霍姆林斯基说："在拟定教育性谈话内容的时候，你时刻也不能忘记，你施加影响的主要手段是语言，你是通过语言去打动学生的理智和心灵的。然而语言可以是强有力的、锐利的、火热的，也可以是软弱无力的。"教育口语如果运用得体，教师的主导作用可以得以充分发挥，学生可以从中受到启迪，从而培养其良好的行为规范和高尚的道德情操。因此，教师运用教育口语能力的高低，直接关系到教育效率的高低和教育质量的好坏。它具有两个方面的特征：第一，它是教师在培养学生的过程中，与学生进行思想交流和心理沟通时使用的一种职业语言；第二，在育人活动过程中所运用的教育口语具有较强的目的性和说理性，以"育人"为教育目标。

教育用语从形式上看，包括口头教育用语和书面教育用语。口头教育用语主要包括疏导语、表扬语、批评语等；书面教育用语主要包括评语、书信、通报等。本章所阐述的主要是口头教育用语。

### 二、教育口语的要求

教师的教育口语是构成学生教育环境的一个重要方面，因此，教师在运用教育口语时，决不可随心所欲，而是应该按照教育口语的基本要求去做。

### （一）针对性

教师对学生实施思想品德教育，一般是在不同的时间地点，对不同的问题、不同的对象进行的，并且每次谈话都有明确的指导思想和要达到的特定目的，在这个过程中，教师的口语具有很强的针对性。

首先，教育对象的不同要求教育口语具有针对性。教育对象在年龄特点、心理特征、接受能力等方面是存在差异的。对小学生、中学生、大学生实施教育，显然应该采取不同的教育口语。跟小学生谈话，应该将所讲道理具体化、形象化，用通俗易懂、亲切有趣的语言表述出来。而对中学生、大学生谈话，则可以用较强的逻辑推理、富有哲理的言谈进行施教。还应该注意，即使同一年龄段、同一个班级的学生，也要因个体性格、成长环境等方面的差异，而采取相应不同的教育手段。要明确学生"每一人的心灵都有他自己的形式，必须按他的形式去指导，必须通过他这种形式而不能通过其他的形式去教育才能使你对他花费的苦心取得成效"。

其次，要针对不同的事实情况实施教育，做到有的放矢。教育对象是千差万别的，与此紧密相关的事物情况势必会多种多样。在对教育对象实施教育之前，教师要首先调查清楚问题的实质，在此基础上确定谈话的内容，要解决的问题和要达到的目的，以什么样的方式谈话等等，相关话语都要精心选择、组织。既要有理论的高度，更要有理解的态度；不但有理，而且更会"讲理"。只有这样，才能达到预期的教育效果。否则，会引起学生的反感，让学生产生抵触情绪，影响教育任务的完成。

此外，对学生实行教育，还要注意把握教育时机并注意教育场合。对学生进行思想教育，一定要注意选择最佳时机。时机选得好，因势利导，提高认识，就会取得事半功倍的效果。人的感情还容易受环境的影响，教师要适当注意谈话场合，不同的谈话内容宜放在不同的语言环境中。要善于创设适宜的谈话环境，消除不利因素，让学生坦然释怀，轻松地接受思想教育。

### （二）诱导性

教师的教育口语具有诱导性，主要是指教师通过启发、引导的方式，由浅入深，循循善诱，让学生参与到分析问题和解决问题的实际过程中来。在对学生的教育过程中，教师要善于抓住问题的关键，创设问题，通过巧妙机智的话语，诱导学生积极思考，从中悟出人生的道理，从而使学生自觉纠正或指导自己的言行。同时，教师在施教过程中充满智慧的口语，对发展学生的智能、培养其思辨力、进而提高学生分析问题、解决问题的能力都大有裨益；这种教育口语应该是由表及里、环环相扣、步步推进的，由此启发和引导学生的思维活动与教师所希望达到的教育目的相一致。

### （三）感染性

教育口语的感染性是指教师通过自己的言谈和态势语，把健康的情感传递给学生，引起学生的共鸣，从而达到教育的目的。主要包括两个方面：一个方面是指"以理服人"。"以理服人"是成功教育谈话的鲜明特点。教师应该通过摆事实、讲道理的方式，善于把握学生的心理，通过耐心诚恳地对学生进行劝诫、引导，帮助学生分清是非善恶，使他们自觉地以道德规范指导自己的行为。对学生的错误，教师不能采取高压政策，用简单粗暴的言语训斥学生，更不能讽刺挖苦学生，损伤学生的自尊心，这会造成相反的教育效果。为此，教师要重视说理内容的选择和加工，要做到观点鲜明，理由充足，论证有力，措辞准确，让学生心服口服。

另一方面教育口语的感染性还表现在"以情感人"。唐代著名诗人白居易曾说："感人心者，莫先乎情。"可见，情感对人，特别是教师的情感对学生，有着很强的感染力。教师应该是一个充满爱心的人，能够关心、体贴、尊重、信任学生，具有强烈的责任心，具备精神饱满、蓬勃向上、情绪乐观而稳定的良好品质，并以此去感染学生。教师带着积极的情绪与学生交流，从关心学生的成长出发，在举例、说理、评析时能设身处地的为学生着想，使语言贴近学生，符合学生的心理特点，准确地传递教师对学生的恳切关爱之情。教师只有用真挚的情感呼唤学生的真情，学生才能向老师敞开心扉，在"亲其师"的基础上，顺理成章地"信其道"，实现教育目的。当然，教师还应该注意针对不同情感类型的学生，采取不同的谈话方式，掌握情感的"度"，做到对症下药。

### （四）灵活性

教育口语的灵活性，是指教师在情况各异、错综复杂的教育情境中，灵活驾驭教育语言，以取得最佳教育效果。从教育对象看，不同的年龄阶段、不同的性格特征、不同的成长环境等方面的差异，加之独生子女增多、学生获取信息的多元化等因素的影响，这些都为教师的教育工作提出了新的课题。教师在对一个个不断发展变化和充满活力的生命个体实施教育、诱导的过程中，既要考虑学生情况的具体性和复杂性，也要随时意识到自己所肩负的教育责任，及时洞察学生的精神世界，随时随地根据不断发展变化的新情况灵活运用教育口语。

【示例】一次，教高三的李老师收作文时，一位同学不但不交，还向他发火："现在还做啥作文？烦死人啦！"

可李老师当时只提醒他："你别嚷嚷了，等会儿再同你谈。"

下课后，李老师把他叫到办公室来，见办公室有凳空着，就端来请他坐下。然后，便和颜悦色地跟他谈开了。

"你和我一样，是在农村长大的，高中读书三年寒窗，你远离父母，寄宿在校，生活上学习上吃了不少苦头。我衷心希望你在高考中取得好成绩。但你历来总是语文这方面短腿，作文水平更差，再不多下工夫，总分就会被拉下一大截。老师是为你好，但可能对你压抑过甚，你偶尔发发火，从你那头来看，也是自然的。我请你到办公室来，只想跟你交交心，如果你愿意跟我谈，那挺好；如果你一时还想不通，你立即起身走也无妨……"

那位同学原来摆足架势，准备顶牛的；现在被老师入情入理的话深深感动了。他噙着泪说："老师，我错了……"[①]

【评析】这段话充分体现了教育口语的特点和要求。教师针对学生的厌写作文和他的不良情绪，从教室里的"低声提醒"，到办公室里的"和颜悦色"，没有厉声批评，也没有空讲道理，而是循循善诱，设身处地地站在学生角度动之以情，晓之以理，使学生的抵触情绪转变为深深感动，收到了理想的教育效果。

## 三、幼儿教师口语的特点和要求[②]

### （一）恰当比喻，耐心劝说

幼儿时期，思想和个性有很大的可塑性，如果让孩子从小养成爱劳动、爱学习、守纪律、懂礼貌等良好的思想品德，就可以为他们将来成为生活的强者打下良好的基础。例如，孩子们害怕打针，老师和蔼地劝说："小朋友平时不是最喜欢解放军叔叔吗？解放军叔叔是最勇敢的，什么都不怕。谁想学解放军叔叔，谁不怕打针，谁就是最勇敢的。"孩子纷纷举手说不怕，并且勇敢地走向了医务室。老师的一番话让孩子们抛弃了内心的恐惧。

### （二）突出特点，逐渐引导，要细心

各年龄阶段幼儿的兴趣、特点不尽相同，在实施教育口语时，应抓住他们各自的特点，进行循序渐进、耐心细致的教育。幼儿往往对新奇、异样的事物感兴趣，对事物鲜艳的颜色、不平常的形状、奇特的声音和气味感兴趣。因此，教师在进行教育的过程中，应该注意细心分辨事物的特色，充分引起孩子的注意，让孩子在触觉、味觉、嗅觉的逼真感和形象感中，逐渐领会事物的事理和做人做事的道理。

### （三）坚持主动，重于说服，有爱心

有人曾做过这样的比喻："爱是孩子成长的风帆"，"爱事业、爱孩子"是幼儿教师的天职。因为幼儿的思想表现和行为意识都缺乏持久性与稳定性，因而教师在实施教育口语时要体现出预测性与主动性，从爱护孩子的角度出发，积极主动地说服幼儿。如一位教师看到幼儿"以自我为中心"的言行时，就主动去劝导他："如果只有你一个人，没有任何人的帮助，你能不能生活呀？对，不能。我们大家在一起生活，在家里有你的爸爸妈妈，在幼儿园有你的老师、同伴，在周围有阿姨、叔叔、爷爷、奶奶，在其他地方还有许许多多的人。大家都需要别人的帮助，也需要你帮助别人。所以，要想做个好孩子，就要学会关心别人、热爱别人。比如在家里要爱爸爸妈妈，在幼儿园要尊敬老师、关心小朋友。如果总想着自己，那么以后其他人也都不再关心爱护你了，你也没办法快乐地生活了。你说，老师讲的有没有道理呀？那么今后好好去做，争取成为大家都喜欢的、懂道理的好孩子。"老师的这一段平和而富有爱心的话语，使孩子明白了个人必须生活在集体之中才会有幸福的道理，并明白了自己今后应该怎样去做。这样，主动说服的言语就发挥了它必要的作用。

### （四）提倡独立，要关心，不要娇惯

如果老师像一个保姆一样包办孩子的一切，对他们过于娇惯，这对孩子今后的成长和独立十分不利。教师在孩子们的学习、活动和日常生活教育中，应注意把握教育口语传达的大方向，多进行指导、提示与告诫，让他们明白自己有能力独立完成一些力所能及的事情。如待人有礼貌，自己的事情自己做，帮助小朋友解决困难，自觉遵守集体规

则等。在孩子们体味"独立"的快乐中，体现出老师真正的爱心。

# 第二节｜常用教育类普通话用语的训练与应用

从教育口语的表达方式看，可以把教育口语分为疏导语、暗示语、说服语、批评语、表扬语和激励语等几种类型。探讨它们的特点、要求和具体运用，从而正确掌握和灵活运用教育口语的这些基本形式，是一个教师提高运用教育口语水平不可缺少的一环。

## 一、疏导语

### （一）疏导语的特点及要求

疏导就是教师在进行教育谈话时，对学生进行疏通和指导。疏，就是要把阻塞变为顺畅；导，就是要在学生不知道该怎样做的时候，给以导引并指明方向。它是一种常见并带有很强征服力的口语表达方式，是正面进行思想教育的有效方法。疏导语的要求是：

1. 学会倾听，对症下药

学生在思想言行上可能存在或出现的问题是复杂多样、各不相同的。作为教师，首先要学会倾听。在传统的教育方式中，教师基本处于主要的、主动的、说话的地位，而学生则基本处于从属的、被动的、听话的地位，作为学生听老师训话似乎天经地义。这种情况的弊端就是往往使老师的教育缺乏针对性，教育效果较差。所以，要对学生存在的问题进行疏通引导，教师要主动给学生说话的权利和机会，认真仔细地听他们解释、说明、回答，把握学生不同的性格特点、思想状况，在较为充分地了解事情的基础上，抓住问题的关键，对症下药，让学生听得进老师的意见，对老师的教育心服口服，从而收到良好的教育效果。

2. 尊重学生，换位思考

每一位学生都有权利要求得到教师的理解和尊重。在对学生进行疏导时，要让学生感觉到老师是尊重他的，让他感觉到自己具有说话和表述思想的自由，引导学生多角度地全面认识和分析问题。同时，教师也应当换个角度思考问题，设身处地地为学生着想，设想假如自己处在学生的境遇将会如何想，怎样做？这样会使师生之间的交流、谈话更具针对性和人情味，从而更具有可接受性。

### （二）疏导语的类型

1. 循循善诱式

面对性格各异、情况复杂的学生，不少教师常因自己的知识、年龄、阅历等方面的优势，对学生容易以教育者自居，对学生不够理解尊重，这往往会削弱教育效果。教育者应该经常提醒自己，努力做到理解学生，当学生遇到一些"不知所措"的事情时，要循循善诱，因势利导，不仅要做学生的老师，还应该是他们信任的朋友。

【示例】小班小朋友常常拖椅子，老师为此进行了集体谈话：

师：小椅子是我们的好朋友，它天天都和我们在一起。大家想想，小椅子有什么用？它天天和我们在一起做什么？

幼：我们上课要坐在小椅子上的。

幼：我们做娃娃家的时候，小椅子可以做床，还可以做公共汽车。

幼：我们吃饭的时候要坐在小椅子上的。

幼：我们玩公园回来时腿是很酸的，人是很累的，坐在小椅子上就很舒服的。

师：所以，你们看，小椅子多好啊！假如没有小椅子，我们的腿都要酸了，也只能站在那里吃饭了。小椅子是我们的好朋友，我们一定要关心它。那么，你们想想，怎样关心小椅子啊？

幼（齐）：拿的时候轻一些，放的时候也要轻一些。

师：对呀，这样小椅子的脚就不会拖坏了，腿也不会折断了，这就说明你们和小椅子是好朋友了。

【评析】上例说明，教师的语言不在于"高深"，重要的是理解幼儿，与他们有共同语言，才能抓住"诱导"这把开启幼儿心灵的钥匙，不失教育的契机。"引导重于防止，疏通重于堵塞"③。

2. 借题发挥式

教育的艺术是影响人的艺术。教师应该努力提高自己的语言素养，面对复杂多变的情况，能够从容应对，化被动为主动，借题发挥，借机点化，像润物无声的春雨。

【示例】一位数学老师，这天与往常一样去给四年级同学上数学课。他一走上讲台，同学们突然大笑起来。他被笑声弄得有点不好意思，但不知道学生究竟为何发笑。这时一位坐在前边的女同学小声说："老师，您的扣子扣错了。"老师自己一打量，果然发现他外衣的第四个扣子扣在第五个扣眼里。

学生仍在哄笑，批评学生显然不应该。怎么办？只见这位老师反而坦然自若地说："同学们，你们别笑，我是有理由的！我起床的时候想心事，一直琢磨着怎样给你们上好今天的课。这不，一想好就急匆匆地走进了课堂。第二，我们班有位同学运用数学公式总是张冠李戴，他不是比我更可笑吗？"同学们又笑开了，但笑的含义已经不同。老师还没有罢休："尽管我很委屈，但我还是要向大家承认错误，因为扣错扣子毕竟不是一件光彩的事。通过这事儿，我想告诉大家一个道理，就是'心无二用'。无论做什么事都要专心致志才不会出错。我向大家保证，今后决不扣错扣子！你们呢？那位爱张冠李戴的同学呢？"

问题变得严肃起来，同学们都品味着老师的话语不再说话，于是老师开始讲数学课。

【评析】教师用委婉的语言，借题发挥，在自我批评中教育了学生④。

二、暗示语

（一）暗示语的特点和要求

暗示语是指教师运用含蓄、委婉的表达方式来提醒、点拨、批评、激励或启发学生时所用的教育口语。它启迪学生思维，让学生通过联想去理解说话人所要表达的真正含

义,有时比直接教育更为见效。它是一种容易引发学生思考、激发学生潜能的具有特殊价值的教育手段。其基本要求是:

### 1. 含蓄、委婉

暗示语,顾名思义,其根本点就是要"含蓄、委婉",重在"暗示",目的在于让学生通过思考教师话语的含义,明白自己该怎样做。为了达到这样的目的,我们一般采取下面的方法:一是巧妙赞扬。老师面对某些学生的不良言行时,本该批评教育,并希望他们能够改正,却可以对另外一些行为品质良好的学生巧妙赞扬,让学生在轻松、融洽的氛围中懂得怎样做才对,怎样做不对。比如面对乱纷纷的课堂秩序,教师特意表扬几位听课认真的学生,并给他们小红花之类的奖励,暗示学生老师喜欢什么样的学生,赞成什么样的行为。二是拔高优点的方法。少年儿童是很在意老师的话语的,在意的影响程度甚至可以伴随他们一生。所以,如果老师对学生思想品德、行为表现、学习成绩及某项专长进行热情肯定,甚至对某些良好的苗头做高于事实的拔高性评价,就会对学生产生正面影响,进而暗示其他学生这样做,同样会得到老师的肯定,让学生内心明白,老师希望他们有这样良好的表现。

### 2. 巧妙、灵活

要对学生进行"暗示",尤其是对小学生、幼儿园的孩子们,教师的暗示就应该把握一个"度",教师要把暗示和本意巧妙联系在一起,不可太晦涩、深奥,让学生一听就知道老师的用意所在。同时,因为学生性格心理特点不同、教育情境复杂多变,教师的暗示也应因人而异、因事而异,采用不同的教育口语,灵活应变,以实现暗示语的教育目标。

### (二)暗示语的类型

暗示语可以分为直接暗示和间接暗示两种方式。

### 1. 直接暗示

直接暗示又叫顺向暗示,正暗示。是教师将所讲事物的意义直接提供给学生,使人直接受到暗示。其特点是暗示信号与暗示目的一致。比如教师对爱好写作、并颇有文学素养的同学说:"努力吧,你一定会成为作家的!"再如,期末考试临近,有些同学还没有进入紧张的复习迎考状态,教师说:"上学期末,有些同学开始复习功课太迟,结果……"在这里,教师用上学期一些同学的教训提醒其他同学不要重蹈覆辙,暗示信号与目的一致。

### 2. 间接暗示

间接暗示又叫逆向暗示、反暗示。是教师将所讲事物的意义间接地借其他事物或行为揭示给学生,使他们能够迅速而下意识地接受。其特点是暗示信号与暗示目的相反。教师常常借用寓言、故事、笑话或个人言行等对学生进行暗示。比如,有的教师去上课,看到黑板擦得不认真、不干净,一句话也不说,就拿起黑板擦把黑板认真、仔细地擦干净,坐在讲台下面的学生立刻领会了老师的意思,有的赶紧跑上台帮助老师,至少学生从老师的这一举动中明白了今后该怎么做。

【示例】一位教师走进教室，看见地面很脏，说：

"我们班真是物产丰富！五彩斑斓的纸屑撒满地面，还有瓜子壳点缀其间。我们生产了这么多垃圾，总得想办法出口啊！"

听了这话，同学们很不好意思，马上把教室打扫干净了。

【评析】这位教师故意把批评的话用赞美描写的口吻说，几个带褒义色彩的词用于描写脏乱现象成为幽默的笑话，使同学们很乐意地接受了批评。这样的正话反说暗示比直接指责显然好得多。⑤

暗示可以用语言，也可以用眼神、表情、手势，它们在特定的语境中也可以起到暗示作用。而无论语言或非语言暗示，都要以学生领会为原则，不能过于晦涩难懂，让学生不知所措。

## 三、说服语

### （一）说服语的特点和要求

说服是向学生进行思想品德教育的最基本的方法。它通过摆事实、讲道理，向学生阐明正确的道理，影响、改变学生原来的观念和态度，引导其行为趋向预期目标的语言。说服语的基本要求是：

1. 调查研究，是"说服"的前提

教师要"说服"学生，达到预期的教育目标，那么教师在"说"之前，就应该充分了解学生在思想品德方面存在的问题，了解学生的情况和心理，找出症结所在，想出解决问题的办法，在此基础上对学生进行说服工作。同时，教师还应该设身处地地为学生着想，了解学生的需要和接受方式，以保证说服工作的顺利进行。

2. 诚恳亲切，让学生有信赖感

教师与学生的处境、年龄、心境不同，彼此之间存在一定差距。因此，缩短师生之间的这种心理差距是很关键的。学生对老师的品格、素质和动机是否信赖，决定着说服能否成功。教师只有以诚恳亲切的态度，运用真挚热情的话语，既热情地肯定学生的进步，又要善意而耐心地批评他们的缺点和错误，让他们感觉到老师既是严格的，又是友善的。教育实践证明，一个学识上为学生所推崇、师德上受到学生尊敬、对学生充满爱心的老师，他的说服教育就比较容易为学生所接受。

3. 就事论事，以理服人

教师在对学生实施说服教育的过程中，不能以偏概全，不能用强制、压服和简单粗暴的方式空洞说教；而应该摆事实、讲道理，就事论事，对他们的不当之处通过讲清事情的道理，耐心劝说、感化，帮助学生分清是非，最终"服""理"，心悦诚服。

4. 通俗生动，寓理于事

为了让说服的语言既朴实无华，又具有强烈的感染力，使学生在兴趣盎然中受到启迪和感化，教师的语言就应该通俗易懂，生动幽默而充满情趣，在突出思想性的前提下，用生动活泼和幽默的话语寓理于事，从而增强说服的吸引力、感染力和有效性，同时还可以缓解紧张的气氛。

### （二）说服语的类型

#### 1. 直接说服

直接说服又叫正面说服，就是说服时正面摆事实讲道理，不绕弯子。

【示例】学生跟老师请假去参加表姐的婚礼。老师问道："告诉老师，你能去给表姐帮什么忙？抬东西吗？要不就是管理事情？"看看学生直摇头，老师温和地说："老师知道，去吃表姐的喜糖是你盼望已久的事情。如果她在节假日结婚，我们不上课，能去当然好。可现在情况不同，明天数学、语文都学新课，连你们活动老师也说，明天活动课上要搞小制作比赛。你要是不来上课，那损失有多大呀！假如你只是想凑热闹，那太不划算了；想吃好东西，可以让你爸爸、妈妈给你多捎些回来。"学生站在老师面前，眼里有泪珠在滚动。"这样吧，老师已帮你把事情分析了，对你请假的事，老师不说'行'，也不说'不行'。至于怎么办，你今晚回家再好好考虑一下。"⑥

【评析】这个例子是老师就学生请假进行说服。教师先向学生进行提问，让学生明白，他参加婚礼帮不了什么忙；接着又从学习新课、让父母捎好吃的回来两个方面说服学生；看学生眼里的泪珠表明他还未被说服，老师就让学生自己思考、选择。整个说服过程，都是老师在直接陈述自己的观点，告诉学生应该到学校上课。

#### 2. 间接说服

间接说服就是不正面摆事实讲道理，而是通过借助其他手段委婉地说明事理，让学生自己感悟，或者教师在最后点明。间接说服的方法很多，常用的有：

（1）迂回诱导式

【示例】有天下午，王刚在放学的路上过马路闯红灯，班主任知道后，没有马上批评他，而是到第二天中午同王刚一起回家时，在马路上老师问了王刚一个问题："当你看到一名少先队员闯红灯过马路时，你该怎样教育他？"王刚很聪明，一听就知道事情不妙，但还是强打精神说："我会告诉他，这样做不对。再说，闯红灯也太危险了。""说得太好了，那你说那个少先队员懂得了闯红灯这个道理以后会怎样呢？"王刚支吾不下去了，惭愧地说："老师你别说了，那个学生就是我。我错了，今后一定改正。"⑦

【评析】老师用的是迂回诱导法。对学生的不良行为，老师没有直接说服教育，而是通过聊天，从看起来毫无联系的话题入手，逐渐引导、过渡到中心话题上来，这种方式容易让孩子接受，又不伤他们的自尊心。

（2）巧设比喻式

【示例】一位教师发现他的学生出现"早恋"现象时，巧妙地向学生讲起家乡果园的事情。他说："我们村子周围有大片的果树园，寒来暑往，春华秋实。有一年秋末冬初，我突然惊奇地发现，有些就要落叶的果树枝上竟然开出了一簇簇小小的果花。不久，花谢了，居然也结出了山楂般大小的果子。可惜没过了几天，霜冻就来了，叶落尽了，小果实也烂掉了。小时候我每每捧着这些小果子发呆。后来，我才明白：不该开花的时候开花了，不该结果的时候结果了，是会受到自然规律惩罚的。今天，同学们中的一些事情又引起了我的思索。你们是否也从中得到了一些启迪呢？"同学们深有感触，早恋现象在这个班消失了⑧。

**【评析】**教师以"失时的花果"为喻，巧设比喻，寓道理于故事，让学生愿意听，听得进，说服力、感染力强。

## 四、批评语

### （一）批评语的特点和要求

批评是指在教育活动中，教师对学生的缺点、错误进行否定评价的教育口语。它是教师进行思想政治教育时常用的教育口语之一，主要用来指出缺点错误，总结经验教训，提出正确的做法，以达到让学生修正错误、提高认识的目的。金无足赤，人无完人。处于成长时期的学生，他们对一些观点和行为有时还缺乏分辨能力，难免会出现这样那样的问题，这就要求教师能及时发现他们身上的缺点和不足，"长善救失"，帮助学生健康成长。

目前，我国的一般家庭，尤其是城市家庭，基本都是独生子女，出现了很多"小皇帝"、"小公主"，他们大多娇气、霸气，听不进"批评"，受不得挫折，心理承受能力比较差。这种现状对教育工作者提出了更高的要求，促使教师要注意教育机制、讲究教育策略，否则，很容易激起学生的抵触情绪，甚至导致严重的后果。教师运用批评语对学生进行教育时，要注意以下几个方面：

1. 尊重事实，尊重学生

教师对学生的不良行为进行批评教育之前，应该对事情做一定的调查了解，并对事情加以分析比较，评定是非优劣，然后针对客观存在的现象进行明确的批评教育；而不能发现问题，就不问青红皂白，先把学生批评一番，这样有时会错怪一些好学生。在批评学生时，还要注意创设良好的心理环境，让学生放下挨训的心理包袱，始终尊重学生的人格。要给学生解释的机会，了解学生的真实想法，以使批评教育具有较强的针对性。也只有这样，教师的批评学生才能听得进去，教师的建议也才能容易为学生所接受。

2. 充满爱心，与人为善

苏霍姆林斯基说过："批评的艺术在于严厉与善良的圆满结合：学生应该在教师的批评中感受到的不仅是合乎情理的严厉，而且是对他充满人情味的关切。"因此教师在批评学生时，应该充满爱心，饱含善意，不说过火的话，不以尖刻的指责、讽刺挖苦、上纲上线、或粗话谩骂等言行代替批评教育；不摆出居高临下的架势训斥学生。而应该以循循善诱的师长身份，晓之以理，动之以情，跟学生作平等、真诚的交流，让学生感到，在老师的批评的话语中，老师不是故意为难他，而是真心爱护帮助他，是为了他的进步而苦口婆心。例如，一位老师发现班上有位同学在自习课上打瞌睡，老师摇醒他，温和地说："做梦了？梦见白发的妈妈在灯下给你这个宝贝儿子做布鞋？"这样的批评语不露声色，却将严厉的责备隐含在温和的语调之中，对学生的警醒作用要胜于严厉的说教，因为在充满人情味的话语中也传递了老师对学生的爱护⑩。

### 3. 注意方式，讲究策略

教师批评教育学生要因人而异，因事而异，应根据不断变化、错综复杂的情况，按照不同学生的个性特点，采取不同的批评方式，讲究批评策略，巧妙化解矛盾。有时候可以先表扬，肯定学生的长处，然后再指出学生的不足，这种方法比较容易为学生接受；有时候可以正话反说，迂回包抄，巧妙引入教育的话题，让学生在顿悟老师的用意时主动地接受老师的批评。总之，批评的目的在于帮助学生克服思想言行上存在的缺点、错误，批评的效果最终要通过学生的行为来体现。要使批评达到预期的教育目的，教师必须讲究方式、方法，消除受批评者的戒心和顾虑，让受批评者心悦诚服地接受批评。

### 4. 客观公正，注意引导

对学生的缺点错误以及由此对学生进行的批评教育，教师要坚持客观公正、态度鲜明的原则。对学生应该一视同仁，不能有远有近，有亲有疏，有喜好，有厌恶；也不能偏袒一部分，歧视一部分，放纵一部分，这些做法都有失教师的师德。教师在客观公正地对待每一个学生的同时，还要以鲜明的语言表明自己的态度，实事求是，让学生明确意识到老师的态度和观点，明白哪些是对的，哪些是需要坚决改正的，对再三犯错误的同学，更要讲究方法策略，有时采用公开的方式进行严肃的批评也是必要的。但批评只是手段，而不是教育的目的。教师在批评教育学生的时候，诚然要帮助学生分析错在哪里，为什么会错，使学生明辨是非，心悦诚服。同时，还要给学生改正缺点和错误的机会，既要指出缺点错误，还要肯定学生的成绩进步，更要鼓起他们改正的勇气，要使思想教育如春风化雨，使受批评者真正感受到教师的善意和温暖。

## （二）批评语的类型

批评作为一种教育手段，运用时的效果如何，很大程度上取决于教师批评的方式和批评语言的选择。批评教育时最常用的方法是直接批评，也就是直截了当地指出学生的缺点错误，对其批评教育，促其改正。有时因为教育语境的不同，批评教育还可以用间接的方式，以委婉的方式对学生进行批评教育，这种方法运用得好，可以收到比直接批评更好的教育效果。

### 1. 正面引导法

这种方法就是通过表扬那些做得好的同学，或者教师用行动来示范，为那些做得不好的同学做出榜样，让他们感悟到自己的不足，促使他们自我纠正，从而起到间接批评的作用。

【示例】在上师范的时候，我任学习班长。在学完《岳阳楼记》这篇课文后，教文选的王佥老师对我们说这篇古文语句优美，要求大家把课文背下来。第二天上文选课时，王老师说："昨天要求大家把《岳阳楼记》背下来，下面我进行检查，能背下来的同学请举手。"同学们你看看我，我看看你，都低下了头，谁也没有勇气举手，因为我们都没有完成这个作业。我心想：这顿批评肯定躲不过去了。完全没有想到——王老师稍停了一会儿说:"请大家打开书本听我背一遍。"于是王老师一字不差地把这篇古文背诵了一遍,那抑扬顿挫的声音深深地印在了我们的心里。我惭愧至极,深为自己是一个学习班长没有带头完成作业而懊悔。课后,同学们议论纷纷:王老师这种没有责骂的批评太让人服气了,以后我们一定按时完成作业⑩。

【评析】面对学生的不完成作业的不良表现,老师没有大动肝火,严厉批评,而是身体力行,身教重于言传,用自己的行动让学生"惭愧至极",并表示"以后我们一定按时完成作业。"教师的"表率"昭示了学生该如何去做。

2. 正话反说法

变换说话的方式和角度,正话反说,先让学生听进去,然后让他们自己去思考、去得出结论,这也是一种较好的批评方法。

【示例】一位班主任发现不少青年学生躲着吸烟,危害极大。但不作正面指责,而是对全班同学说:"今天想与大家谈谈吸烟的好处。吸烟的好处至少有四:一则可以防小偷。因为吸烟会引起深夜剧咳,小偷怎敢上门。二则可以节省衣料。咳的时间长了,最终会成驼背,衣服可以做短一些。三则可以演包公。从小就开始吸烟,长大后脸色黄中带黑,演包公就惟妙惟肖,用不着化妆了。四则永远不老。据医学记载,吸烟的历史越长,寿命越短,当然永远也别想老了。"⑪

【评析】对吸烟的同学,老师没有直接批评,而是巧妙用语,正话反说,设置了一种心理相容的教育环境,对吸烟同学进行了耐人寻味地教育。

3. 勉励激发法

批评的目的在于教育,在于帮助学生认识错误,改正缺点,让学生沿着健康的轨道茁壮成长。所以善于批评教育人的老师,常常是少批评多鼓励,采用勉励激发的方式,尽量把批评的话语换成鼓励的表达方式。

【示例】一位老师是这样对待考试成绩不理想的同学的:

"这次你三门功课没有考好,真出乎我的意料。有人说你天资低下,我认为并非如此。恰恰相反,你反应很快,就是舍不得用功。一次考试失败了并不可怕,可怕的是无动于衷,自甘落后。我想你一定能吸取这次的经验教训,发挥你的聪明才智,在期末考试时打个翻身仗,让事实证明你是好样的!"⑫

【评析】学生的考试成绩遭遇挫折,老师不是指责、批评,而是诚恳地分析学生的长处、优点,勉励学生吸取经验教训,以在下次考试中取得好成绩。这让学生看到了希望,无形中注入了向上的力量。

4. 委婉幽默法

德国著名演讲家海因·雷曼麦说过:"用幽默的方式说出严肃的真理,比直截了当地提出更能为人接受。"对学生进行批评,有时可以采取含蓄、幽默的方式,这样可以避免直接针对学生错误而产生的负面影响,同时也可以使学生更加乐意接受老师对其错误言行的批评,从而更好地改正错误。

【示例】吃过早饭,几位男生在宿舍闹着玩,把盛满水的塑料袋放在门上边,等着一位同学进门。就在这时聂老师去宿舍找人,看门虚掩着就随手推门而进,"哗"的一声,一袋子水顺身而下,早上换的衣服全湿了。房间里的学生都吓得目瞪口呆,静等老师的训斥。谁知聂老师却笑着说:"今天是泼水节吗?我怎么不知道啊!再说我们这里是不过这个节的。"大家都笑了,那位往门上放水的同学不好意思地低下了头。老师抚摸着他的头说:"同学们之间说个笑话是可以的,但不要这样。"⑬

【评析】面对尴尬的局面,老师没有怒斥,而是用幽默诙谐的语言,缓和了气氛,缩短了师生之间的距离,有利于学生接受批评。这种艺术的批评语言也显示出教师的胸怀和气度。

5. 故事暗示法

就是通过讲寓言、故事等形式,然后跟学生一起分析故事所蕴含的道理,进而结合现实中存在的问题,告诉学生怎样做是正确的,哪些做法应该改正的一种批评形式。

【示例】一位教师不止一次地告诉学生,要爱护公物,爱护班里的桌椅板凳,不可以在桌子上乱刻乱画,不要把椅子踢来摔去。但部分同学仍然不能很好地改正。于是,在一天班会上,老师给同学们讲了一个故事《桌椅的对话》:

小明平时不爱护桌椅。这天,他第一个到教室,还没进门,就听见桌子和椅子在唉声叹气地说话,"我的主人一点也不爱护我,昨天上课的时候在我脸上狠狠地刻了一刀,到现在还疼呢!"椅子说:"我的主人也好不到哪儿去!前几天他举起我去砸另一个同学,结果一下子把我摔倒在地上,把我的腿都摔断了,到现在还不能站立呢!"……小明听了桌椅的对话,惭愧地低下了头,以后他再也不摔打桌椅了。

接着,老师从故事引导到班里的现象,告诉小学生"桌椅也会疼的",所以一定要爱护他们。以后,摔打桌椅的现象再也没有发生过。

【评析】故事用拟人化的手法,生动地讲述了"木头"的感受;这让"死木头"一下子有血有肉地鲜活起来,并给孩子以深刻的印象。这种故事暗示法比直接说教,更能深入人心,震慑孩子的心灵,从某种程度上说,这样的批评教育可以让孩子终生难忘。

6. 直接说理法

面对学生不同的年龄、心理、性格特点,不同的教育情境,教师诚然要讲究批评教育的方式方法,以达到育人的目的。但有些情况下,事情比较微小,情况不是很严重,教师也可以对学生直接说理,帮助他们分清是非,改正错误。

【示例】玩沙活动开始后,一个小朋友把沙塞到了旁边一个孩子的脖子里,这孩子哭了起来。

师(关心地):你怎么啦?什么地方不舒服?

幼:他把沙塞在我的脖子里,我难受极了。

师:怎样难受呀?

幼:有点疼,又有点痒,太不舒服了。(哭)

师:呀,真的!老师来帮你把沙子一点一点挖出来。(边挖边说)你觉得好点了吗?是呀,沙子塞在脖子里真难受。

众幼:我们也来帮你挖,快快把你脖子里的沙都挖出来。

幼1：是谁把黄沙塞到你脖子里的？

幼：就是他嘛。

（犯错误的幼儿紧张极了，躲得远远的。）

师：你看，小朋友都在帮他，你也快些过来，帮他把脖子里的沙挖出来，你说好吗？

师：我们大家都知道了，把沙塞到别人脖子里是很难受的。我们以后玩沙应该怎样玩？要注意什么？

幼：（塞沙的小朋友第一个举手）千万不能把沙塞到小朋友的脖子里。

幼2：沙还不能弄到别人的眼睛里，不然人家的眼睛会瞎的。

幼3：也不能撒在地上，这样沙子都浪费了。

……⑭

【评析】幼儿犯了错误，老师边处理发生的事情，边告诉大家："把沙塞到别人脖子里是很难受的。"否定了幼儿的做法，并进而引导幼儿思考玩沙的时候还要注意哪些问题。简单明了，清楚明白。

## 五、表扬语

### （一）表扬语的特点和要求

表扬语是指教师对学生的表现进行肯定、赞许、褒扬的话语，是对学生进行正面教育的评论性讲话。心理学家威廉·詹姆士说："人类本质中最殷切的需求是：渴望被肯定。"教师对学生的良好行为或某一进步表现及时给予肯定和表扬，能激励学生的上进心从而产生巩固这些思想或行为的动机与信念，有利于学生良好道德习惯的形成。苏霍姆林斯基曾经指出："教育技巧的全部诀窍就在于抓住儿童的上进心。"及时的表扬能激发学生上进心，对于促进其智力发展和情感升华也具有积极作用。恰到好处的表扬，在一个集体中也会产生良好的作用：它使受表扬者了解到自己的优点，使没有受到表扬者找到了学习的榜样，明确了努力的方向和目标；对于后进生，也起着一种鞭策和导向作用。表扬语的这种群体效应，是每一位教师都应该重视的。运用表扬语，应该注意以下几个方面：

1. 实事求是

教师对学生进行表扬，是对受表扬者的肯定和褒奖，也是为了树立一个学习的榜样。这就要求教师深入到学生中间，做细致的调查研究，弄清事实，了解学生的各方面的情况，使教师的表扬准确、恰当，符合实际，让受表扬者和未被表扬者都佩服老师的水平，从而达到表扬的目的。在对学生进行表扬时，教师的态度一定要诚恳热情，以满意的微笑、赞许地点头、欣赏的目光，发自内心地肯定学生的点滴进步，让学生感到老师的热情和温暖，受到鼓励，找到自信；"一石激起千层浪"，无论是对个人还是对整个班集体，都起到一种弘扬正气、激励进步的作用。

2. 客观公正

学生群体是复杂的，有的学习自觉主动，成绩突出；有的调皮贪玩，听课注意力不集中；有的温顺听话；有的让教师伤脑筋等等。而教师也首先是一个人，处理问题、考虑事情难免会有自己的主观色彩。这就要求教师尽量克服主观色彩，客观、求实、冷静地对学生进行批评或表扬，这是教师对学生进行评价时应有的基本立场。教师运用表扬语的公正性，就是面向全体学生，对他们的成长与进步，一视同仁地给予肯定和鼓励，不能只看到优秀生的优点，而看不到后进生的"亮点"。事实上，恰恰是那些后进生最需要表扬，而现实中教师们表扬后进生往往比较难。所以，教师运用表扬语时切忌因为表扬一个或几个同学，而挫伤了其他同学的积极性。

3. 及时敏锐

表扬是一种激励，及时表扬能发挥表扬的最大功效。可以说，所有学生在取得成绩或做了好事之后，都希望得到他人的肯定和认可。教师如果在这样的心理背景上，对他们的行为结果予以及时表扬，就会使这些优点和进步及时地得到巩固和发扬。错过时机，表扬就会大大降低甚至失去其应有的作用。教育实践中，教师不仅要及时表扬，还要敏锐地发现那些平时没有突出的成绩，而此时哪怕是有了一点点进步的同学，甚至是比较落后的同学的点滴进步，都应该及时给予表扬。比如一名小学生英语考试只得了 40 分，但老师却说："前不久的期中考试时，这位同学的成绩是 30 分，还不到一个月的时间，经过自己的刻苦努力就前进了 10 分！要是按照这样的速度前进，何愁英语成绩上不去呢？这位同学不甘落后、刻苦努力的精神值得全班同学学习！"40 分的成绩实在太差了，但老师在纵向比较中敏锐地发现了学生的进步，并用热情诚恳的语言表扬了他，这样的表扬就成了学生成绩进步、思想转变的催化剂[①]。

4. 灵活适度

表扬语用得好，可以点石成金，起到鼓励先进，督促后进的育人作用。教师运用表扬语时，既要审时度势，把握最佳时机，也要辩证灵活，委婉含蓄。表扬不能千僧一面，要因人而异，因事而异，要注意讲究实效，所以表扬的语言一定要灵活。同时，表扬也忌讳"滥"。也就是说，该表扬的而没有受到表扬会使部分学生自卑，某些同学处处受表扬等于没有表扬。所以教师应该掌握一个"度"，对好学生不能表扬过多，对后进生也要拿出"放大镜"，发现他们身上的"闪光点"。实践证明，过多的表扬不但不能激发学生的积极性，反而会将心理尚未成熟的学生诱入自视过高的幻想，导致听不得批评、心理承受力差等问题的产生；而对某些学生吝惜表扬语，也会让那些学生失去自信，甚至"破罐子破摔"，产生消极影响。所以，善教育者总是将赏识教育与挫折教育并用。

对幼儿运用表扬语，应该注意以下 3 点：一是表扬的人和事应具体，易为幼儿效法；二是要依据事实，恰如其分，不任意拔高；三是语调、教态中饱含赞扬和期望。

### （二）表扬语的类型

从表扬语的形式看，表扬可以分为以下两种：

1. 当众表扬

当众表扬是指在公开的场合、当着众人的面而进行的表扬。当众表扬因为影响面比较大，容易使受表扬的学生产生一种荣誉感，更能帮助差生找到自信，树立自信心。这是教师运用表扬手段时最常用的形式。

【示例】有位学生对数学课缺乏兴趣，成绩较差。一次，老师让他上黑板演算数学题，他做对了，老师借机表扬了他："这道题有些难度，你却一下子做对了，不简单，看来你最近下工夫了。"同时向他投去惊喜的目光。后来，老师不断对这个同学进行督促，还把他写得比较认真的作业拿给全班同学看，表扬他作业做得好。经过不断地努力，这个同学的数学学习成绩果然有了很大的提高①。

【评析】教师借助于课堂这个公开的场合，对一个数学成绩较差的同学，从不同的方面进行了数次表扬，唤起了这个同学的自信和自尊，促进他自强，从而使数学成绩有了很大提高。

2. 个别表扬

个别表扬就是在非正式场合，或与学生个别交谈时进行的表扬。为了更好地帮助学生，具体细致地了解学生的情况，与学生做更多的交流和沟通，教师常常要跟学生单独相处，与学生谈心、交流。在这种情况下，教师可以适时地运用表扬语，对学生的某些方面进行肯定和鼓励，会让学生特别感动，也更容易取得学生的信任，甚至会影响学生的一生！这也不失为一种表扬的好方法。

【示例】一所中学的体育老师在训练学校足球队时，发现一名叫晓晨的学生各方面素质非常全面，是棵好苗子。一次，老师对晓晨说，"你的基础很好，好好练，会成为国家队的优秀后卫队员。"这句话对晓晨起到了极大的激励作用，成为国家队的队员成为他努力的目标。经过刻苦努力，不久他入选了省里的甲级球队，并成为了主力队员。晓晨后来回忆说，老师表扬鼓励我的话对我的一生产生了巨大影响②。

【评析】跟老师的近距离接触，本身就会给学生留下较深的印象；而这种情境下的适时适度地表扬鼓励，对促进学生的进步和成功具有十分显著的作用。

## 六、激励语

### （一）激励语的特点和要求

激励语，是指教师运用赞美、表扬、激将、鼓励等方式，激发引导学生奋发向上的教育口语。使用激励语，教师要找准学生的动情点加以激发，把教师或社会的期望变成被激励者的动机和兴趣，激起学生强烈的荣誉感、责任感和奋发向上的热情，向更高的目标迈进。激励语和表扬语之间有相似之处，都表达了对学生的鼓励和肯定，目的在于帮助学生找到自信，激起上进心。但它们也有不同之处：表扬语对学生的评价主要着眼于学生当下或者是以往的言行，激励语主要着眼于对学生未来言行的激发；表扬语重在肯定，激励语重在鼓动。激励语常常与别的教育口语结合使用，一般在批评教育或表扬之后，用激励语鼓起学生的信心，精神振奋地去做好一件事或开展某项活动。激励语的一般要求是：

1. 结合实际，促其立志

激励要从教育目的、效果出发，根据不同对象的不同心理、想法，采用不同的激励方法。教育实践中，在一些比赛或集体活动开始之前，激发活动参与者的信心与热情；或在一些活动结束时以及与学生谈话结束时，教师常常结合当时的实际情况使用激励语，给予鼓动，以此激励他们向更高的目标进发。

2. 树立目标，扬长避短

教师应该根据学生存在的问题，帮助他们观察周围的人和事，恰当地向他们提供学习的榜样，用身边具体、生动的事例去影响学生的思想、品德和行为，让学生学有目标，做有动力。在"见贤思齐"的过程中，教师还应该注意关心学生，了解学生的需要，积极创造条件，让他们能够发扬优点，克服缺点，能够扬长避短，帮助他们扬起奋发向上的风帆。

### （二）激励语的类型

1. 目标激励法

目标激励法就是教师根据班级或学生个人的实际情况，科学地确立奋斗的目标，以此调动学生为实现目标而努力的积极性和主动性，并激发学生的上进心和自信心的方法。有了目标，便于学生找出自己与目标之间的差距，同时也有了努力的方向。

【示例】某校二年级召开"做未来科学家"的主题班会，班主任先神秘地让小同学一个个轮流看一只盒子。老师说：里面装着"一张未来科学家的照片"。其实盒子里放的是一面镜子，每一位同学看到的都是自己的形象。班主任所说的"未来的科学家"指的就是班上的每一位同学。小朋友们高兴极了，这时候班主任说：

"是的，小朋友们，未来的科学家就是你们呀！你们是祖国的未来，祖国的社会主义建设需要你们去接班，祖国的科学事业需要你们去接班呀！但是，做科学的接班人可不是件容易的事，从小要勤奋学习，打好基础……。让我们像窗外的小树一样，如饥似渴地吸取知识的养料，不断地增长自己的才干吧！"[①]

【评析】班主任的话语重心长，既给学生指出"做未来科学家"的高远目标，又指出实现目标的途径和要求。在缓慢的语速里，恳切地对学生提出了希望：为了未来，现在就要发奋！

2. 情境激励法

情境激励法就是创造教育情景，以情动情，引起师生感情的共鸣，使学生在感情上受到强烈感染的方法。教师使用这种方法，需要巧妙设置具有形象性、感染性的教育情境，表达上要做到声情并茂，能充分激发学生的道德动机。

【示例】班会内容：团结就是力量。

教师走进教室，手里拿着一把筷子。他从一把筷子中抽出一根，请一位同学到讲台前把这根筷子折断，这位同学力气大，几乎不费力气地就完成了老师交给的任务。接着，老师又抽出一根，让另一位坐在前排的、瘦弱的女生上来折筷子，这位女生也完成了任务。老师接着说："刚才两个同学都比较容易地把筷子折断了。现在我请我们班力气最大的同学上来，让他把剩下的这许多筷子一次折断。"结果，那位力气最大的同学并没有折断那把筷子。教师由此启发学生："刚才我们做的这个实验，说明了一个什么道理呢？"在学生思考、回答的基础上，老师非常高兴地接下去说："对呀，这就是我们常说的：团结就是力量。我们的班级也是这样，每个人的力量是有限的，如果我们全班的同学团结成一个坚强的集体，那么力量就很大了。同学们说对吗？"同学们高兴地点头笑了。

【评析】为了培养学生的集体观念，通过折筷子的事例，生动形象，引人思考，在这样的情景下，老师引导学生由感性认识上升到理性认识，和学生一起总结出："团结起来力量大"的道理[19]。

### 3. 赠言激励法

是指教师针对学生的特点，或存在的问题，选择那些能启发激励学生的名言、格言、警句等，通过口头交谈等形式赠送给他们，以给学生较大的触动，激发学生奋发向上的决心和信心。用赠言激励学生，要注意两个问题：一是赠言要适当，二是要选择好赠言的时机。

【示例】一位老师给毕业生的几则赠言：

一位学生胆子大，但办事有些鲁莽。老师赠言："勇气一旦离开智慧便一钱不值。"

一位学生对学校和班级的许多规章制度不满，认为简直把学生卡得喘不过气来。教师赠言："风筝要用线牵着才真正成为风筝，河流只有在堤岸的束缚下才叫做河流。"

一位学生办事畏畏缩缩，缺乏自信，教师赠言："即使跌跤，也要向前跌。"[20]

【评析】这位教师就善于抓住学生的性格特点，赠言暗示、勉励，可谓语重心长，它是教师激励学生向着更高、更好方向努力的一种无声的延续。这种赠言会给学生较深的触动，具有较强的感染力。

### 4. 反话刺激法

也叫激将法，或正话反说法、逆反心理刺激法。它是教师故意假设对方没有能力做某件事，或用巧妙的言词刺激对方等方式，利用学生的逆反心理，激发起他们"我肯定能行"的意识时的教育口语。这种教育方式使用的目的，就是鼓动学生去做原来不愿做或不敢做的事情。

【示例】欧阳山美是个独生女，学习上进，就是有点娇气。班级组织爬山活动，大家都跃跃欲试，她却犹豫不决，想和病号一起坐缆车上山。班主任见状，走到她跟前，对这个开朗的女孩说："山美，老师原来想交给你一个任务，看你望山发愁，拉倒吧！""老师，什么任务？""这任务呀，得让爬山爬得最快，最能吃苦的同学完成，山都把你吓倒了，算了吧……""老师，我行！我一定完成任务！""真行？""真行！""那你参加尖兵班，给大家开路。是英雄是好汉，爬上山顶比比看！"[21]

【评析】"看你望山发愁，拉倒吧！"这句话看起来是瞧不起山美同学，信不过她。实际上正是想给这个学生以刺激，让她鼓起勇气战胜困难。结果真的激起了学生的逆反心理，非做给老师看看："我一定完成任务！"教育目的达到了。

【小资料】

1.《搭马》

师：小朋友都要学会用胶粒搭东西。老师看哪个小朋友手最巧，搭的又多又好。

幼：（动手能力较差）老师，我不会做。

师：我有个好办法，你去大班仔细看看，他们是怎样搭的，特别要注意拐角的地方是用几个胶粒搭的。如果把这个方法学会了，你自己就可以学搭其他东西了。

（这位小朋友看懂了，回来又做了。先做了一个台灯，后又装成了一个电风扇、红绿灯。他觉得很高兴。）

师：你看，你不但会照别人的样子做，自己还能做出许多新东西。我知道，假如明天你再动动脑筋，再搭出一个小朋友都没搭过的东西，你就比今天更有进步了。

（第二天，这位小朋友搭了一匹马给老师看。）

师：我们班上还没人搭过马呢，你已经学会了。这匹马搭得真好！

（第三天，他还是搭了一匹马。老师想，老是鼓励他搭马不行。）

师：马有什么用？

幼：马可拉车——马车。

师：好啊，今天你就搭个马拉车子。

幼：老师，车子怎么做？

师：你想想，车子下面有什么？

幼：轮子。

师：上面呢？

幼：上面有个小房间。

师：没门，人从什么地方进去呢？

幼：噢，我忘了，我把前面一块拆掉……老师，我想起来了。《佐罗》这个电影里的马车，两边还有窗子呢！

（然后他又把中间的拆掉两块，变成两个小孔孔，这就像个房子了。）

师：你真会动脑筋，你现在的这辆马车越来越好了。你再看看，你怎么把你的马车搭得更好？

幼：（想了一会）马车吆，马车里再给他坐上人，还加一个赶马车的人。

师：小朋友大家来看看，这辆马车——"佐罗的马车"搭得好不好？像不像？我们小朋友只要像这个小朋友这样动脑筋，那么我们能搭出各式各样的东西。这位小朋友，你给大家讲讲，你是怎么会搭出这种马车来的。

2.《一件小事》

春游时，二（1）班许多同学都带了蛋糕、"八宝珍"、"健力宝"等好吃的东西。小珍只带了两个包子和一壶开水，同学们因此笑话她"寒碜"。小珍虽然觉得同学们不对，但又说不出道理，难过得哭了。老师批评了同学们，转而劝慰小珍：

"小珍是个好孩子，不挑吃，家长给什么就吃什么。你的爸妈也是个好家长，对孩子不娇惯，让你从小就养成艰苦朴素的好习惯。以后，要是还有谁笑话你，你就告诉他：周恩来爷爷当了总理还穿打补丁的衣服，朱德爷爷当了大元帅还吃苦菜呢。这呀，这是革命前辈的好传统，最光荣了……"

生：（破涕为笑）

## 思考与练习

1. 教育口语的含义和要求是什么？幼儿教育口语有哪些基本要求？

2. 什么是疏导语？疏导语的分类和要求有哪些？

3. 暗示语是指什么？它有哪些要求和类型？

4. 什么是说服语？运用说服语应该注意什么？

5. 批评语的要求和分类有哪些？

6. 什么是表扬语？表扬的方式有哪些？

7. 激励语的含义是什么？激励的方式和要求有哪些？

8. 分析下面一段话，看看李老师的教育口语使用了哪种方法？

一天早晨，班主任李老师到班里去，远远就看见李明同学拿着一把笤帚在讲台上龙飞凤舞，苦练"武功"。见老师来了，李明赶紧溜到教室后面，扫起地来。李老师把这一切看在眼里，不动声色地走进教室，见只有他一个人，便说道："李明，这么早你就来扫地了。"李明红着脸说："反正我起得早，早点打扫，就不影响同学们自习了。"李老师当即表示赞许，后来又在班会上表扬了李明同学"早起打扫卫生"的事迹。

9. 请分析下面这段话里孙敬修爷爷的教育口语的特点。

一次，故事爷爷孙敬修看见几个孩子在折树苗，他没有作声，而是把耳朵凑到小树苗上，做出听什么的样子。几个孩子看到老爷爷奇怪的举动，好奇地问："老爷爷，您听什么呀？"孙敬修神秘地回答："我在听小树苗哭。""小树苗也会哭吗？""是啊，不光会哭，它们还会说话。你们折了它，它疼得很，当然要哭了。它们说，它们要快快长大好为祖国建设服务，请你们不要损害它们。"孩子们听了这番话，知道自己做错了，都红了脸。

10. 细读下列教育语例，评析该语例的特点。揣摩老师说话时的语气神色，然后进行模拟表演。

"有人说咱们班是个乱班，劝我别当你们的班主任。我了解了一下咱们班'乱'在哪里。在我看来，咱们班是个生龙活虎的、很有希望的班……有没有缺点错误呢？有！怎么来看待它呢？毛主席说过：世界上只有两种人不犯错误，一种是死人，一种是还没有生下来的人。是人就难免不犯错误，真犯错误了，要勇于改正。我们要发扬活泼奋发的优点，克服自由散漫的缺点。我们的口号是：人人爱集体，个个为集体争光！今后，凡是对集体不利的事咱们坚决不做，同心协力建设好班集体。同学们有信心吗？"

11. 按要求完成：

（1）根据材料设计一段批评语：

① 小王是高二的优等生，因碍不过同乡的情面，代替一名高三报考美术专业的毕业生进行文化考试。老师对他进行了严肃的批评。

② 班级里有的学生不讲卫生，指甲又黑又长，还总喜欢吮手指。请用讲故事的方法设计批评语。

（2）根据材料设计一段疏导语：

① 有个小朋友自己非常爱干净。一次看到几个小朋友围坐在地上看一本书，他就跑过去对他们说："坐在地上裤子要脏的，你们赶紧站起来！"这些小朋友正看得入神，全然没听见。他就一把把其中一个孩子的衣领提了起来。那孩子被勒得哭了起来："你打我，你拉我衣领啊！"

② 某同学在走廊上踢球砸碎了玻璃窗，他被带到教导处。其时，教导主任恰巧不在。该同学既不敢走，又不敢坐，心里很害怕。几分钟后，教导主任来了。

假如你是教导主任，接下来你该怎么做？

（3）一位学生对老师说：我觉得李霞同学样样都比我强！人长得漂亮，又聪明，还会弹钢琴，老师们都喜欢她。不像我什么都不行。

请你为这位老师设计一段回答她的话。

（4）分析材料，看看它属于哪种暗示方法：

小玲从小娇生惯养，自理能力差，老师对她说："小玲，老师下周到你家去，看看你帮妈妈干家务活的成果，好吗？"

（5）按下列情景设计班主任的表扬性谈话，并进行试讲。

五（3）班 10 多位同学冒着倾盆大雨清理教室外排水沟中的淤泥和教室内的漏水，每一位同学都成了"落汤鸡"、"泥猴子"。素素和方方干完活就接连打起了"喷嚏"；平时常挨批评的"淘气大王"小虎和小根这回出了大力，他俩跳进水里，掏起一块块堵着排水口的砖头、石块，使积水顺利排出，避免了教室被淹的后果。第二天，班主任及时地表扬了这 10 多位同学。

12．细读下列示例，分析并讨论教师对这个学生的谈话以什么为指导思想，运用了哪些教育口语技能。

开学第一天，新来的班主任把班上有名的后进生同学找到办公室。教师打开抽屉，掏出厚厚的一叠检讨书、保证书，摊在学生面前，问："这都是你写的吗？"

学生的脸"刷"地红了，很快地蒙上了一层灰色。他不满地瞟了教师一眼，转过脸去，皱着眉，一言不发。

教师说："都拿回去烧掉吧，我不需要这些。"

学生惊讶地看着教师，不断地眨着眼睛，不敢相信教师的话是真的。

教师又说："真的，拿回去吧！"

过了好一会儿，学生才低声地、一字一顿地说："老师，等我真的改好了，再给我吧！"

但教师坚决让他拿回去，并说："我相信你一定能改好不但自己能改好而且还能带动一批同学进步！"

13．请你根据下面的事例，设计一段班主任谈话，要求运用表扬语、说服语、暗示语、激励语等教育口语。

有个同学在区英语口语竞赛中获得小学组第一名，并将要代表区里去参加市英语口语竞赛。为了使他能正确对待荣誉，有良好的心理状态参加市里的比赛，并处理好比赛和学习的关系，班主任准备和他谈一次话。

14. 心理学家威廉·詹姆士说过："人类本质中最殷切的需求是：渴望被肯定。"请在深入思考的基础上谈谈你对这句话的理解。

## 注　释

①、⑨、⑮杨秋泽.2001. 教师口语. 济南：齐鲁书社

②、⑦、⑫、⑯、⑰王海天，刘小菠等.2004. 教师口语艺术. 海口：南海出版公司

③、⑭幼儿师范学校语文课本.1995. 听话和说话（四）. 北京：人民教育出版社

④、⑧、⑪郭启明.1993. 教师语言艺术. 北京：语文出版社

⑤、⑱国家教委师范教育司.2000. 教师口语. 北京：语文出版社

⑥、⑩程培元.2004. 教师口语教程. 北京：高等教育出版社

⑬、⑳、㉑董亦佳.2002. 教师口语训练教程. 北京：中国文联出版社

⑲丁振芳，唐雪凝.1995. 教师口语艺术. 济南：山东大学出版社

# 第 十 章
# 教师其他工作用语的训练与应用

【摘要】教师其他工作用语是教师职业语言的重要组成部分。教师职业的特点使人们对于教师的语言能力有了更高的期待和要求，即使是在直接的教育、教学活动之外，教师也应该说出合适得体的交际语言，这既是作为一名合格教师必须具备的基本素质，也是教师获取良好的交际环境、取得事业成功的重要因素。本章在明确教师其他工作用语的内涵、特点及要求的基础上，重点选取了与教育教学活动关联较密切且较常用的 3种应用类型，即家访用语、家长会用语和调研座谈用语分别进行示例分析。

## 第一节 | 教师其他工作用语的特点及要求

### 一、教师其他工作用语的特点

教师其他工作用语是指教师同非教育对象如家长、上级、同事以及社会各界人士之间进行的，以教师角色参与的与教育、教学间接关联的工作性口头语言。

教师其他工作用语主要有以下几个方面的特点：

#### （一）以教师身份参与

教师在教育、教学活动之外参与各种场合、各种类型的活动，虽是以一位普通人的角色出现的，但不能因此降低了对自身的要求，还要时刻有一种"身份"意识。这样做，首先，是因为外界对于教师职业的要求较高，一提到教师，便会自然而然的以"知识渊博、品德高尚、谈吐文雅、举止得体"等较高的标准去衡量，一旦达不到期望值，人们对于这位教师的评价便会大大降低，这位教师也很难达到自己的交际目的。其次，教师应该明确，与人交际的目的仍然是为了工作，既然是"工作语言"，就应该体现出教师的职业特点。因此，教师要通过大方、得体的语言、仪态，体现其职业素养与文化内涵，塑造良好的教师形象。说话态度要谦和、自信、坦诚、大方，既不能高高在上、目中无人，又不能胆怯卑下、唯唯诺诺。

#### （二）与平时的教育、教学语言不同

教师使用其他工作用语时，交际对象、交际场合、交际目的等均发生了变化，已不

是在课堂上面对学生实施教育、教学，因此，语言特点与平时所使用的教育、教学语言有了很大的不同。比如，在语言的规范性、严谨性、针对性等方面要求略有降低，而在灵活性、发散性等方面要求则有所提高。

### （三）与教育、教学活动有间接的关联

不论是针对家长的家庭访问、家长会议，还是针对社会各界的座谈调研、联络活动，不论是针对上级领导的促膝谈心、汇报工作、还是针对同行同事的学术讨论、相互交流，都与教育、教学活动有着密切的联系，在一定程度上都要为教育、教学服务。

## 二、教师其他工作用语的要求

教师其他工作用语与教育、教学语言既有相通之处，又有其特殊的要求，主要表现在以下几个方面：

### （一）适应环境，转换角色

教师在使用其他工作用语时，交际对象、交际方式、交际内容等与教育、教学相比有了很大的变化。在交际对象上，面对的不是自己的学生，而是来自各行各业、身份各异的人群；在交际方式上，已不是教师处于主导地位的教育、教学活动，而是一种平等的交流。因此，教师要有意识地进行角色转换，既要明确自己的教师身份，又不能以"教育者"的角色出现。在语言上，不要再带有教育、教学语言中的儿童语言色彩；在态度上，不要给对方以好为人师的感觉；在言谈举止上，要体现出自己的学识修养，称谓要礼貌得体，择词用语要因人、因时、因地、因事而异，处理好与交际对象的关系，达到口语交际的既定目的。

【示例】一位五十多岁的女教师带领中班的孩子们到博物馆参观，因路途不熟，这位女教师便向一位在路边乘凉的老大爷问路。女教师尖着嗓子，童声童气地说："老爷爷，您能告诉我到博物馆怎么走吗？"老爷爷被问得目瞪口呆。

【评析】教师在与幼儿长期相处当中已经习惯了使用幼儿易于接受的语言，儿童气息较浓，在交际对象发生变化的时候，如果不及时转换角色，就会让人感到难以理解。

### （二）以诚相待，维护形象

教师要注意提高人际交往的基本素养。这种素养的内部体现是教师的思想品德、文化水平、社会常识等，外部体现则是教师的语言表达能力。教师只有内外兼修，才能在维护教师完美形象的同时更好地达到交际目的。在交际过程中，教师的礼貌与诚意，以及对交际方式和分寸的把握非常重要。不论面对的交际对象是官员、学者，还是平民百姓，都要不卑不亢，以诚相待，尊重对方，才能换来对方的尊重，从而维护教师的形象。

【示例】一位班主任初访某学生家长时，见客厅里有两位年纪相仿的成年男子，她根据学生容貌相似的特征，向其中一位说道："我是某某的班主任老师。如果没有猜错的话，您就是某某的父亲。"对方点头称是。另一位则指着学生父亲插言道："他还是我们的局长。"班主任微微一笑，答道："这一点我早从'学生登记表'中知道了，不过，

我这次来可是找学生的父亲的。"巧妙的回答，把自己置于与学生家长平等的地位上。接下来，她侃侃而谈，毫不拘谨，博得了家长的敬意①。

### （三）创造和谐，调节氛围

教师在各种交际环境中，应该努力创设出一种融洽的氛围。教师其他工作中的口语交际对象众多而复杂，年龄、性格、身份、知识水平、品德修养、处境心情等各不相同，教师要充分考虑其不同的特点，通过调整自己的遣词造句、表达方式、口语风格、话题内容等，巧妙调节谈话气氛，营造和谐语境。

# 第二节 教师其他工作用语的训练与应用

## 一、家访用语

家访是教师为了特定目的到学生家中，与家长就学生教育进行单独交谈的一种家庭与学校的联系方式。

现代教育学强调学校教育在少年儿童发展中的主导作用，同时也强调重视家庭、社会的教育作用。父母是儿童最接近和最亲爱的人，是孩子的第一任老师，是教师教育少年儿童的主要合作者，因此，学校应与家长加强联系，达成家庭与学校教育的协调一致，真正形成立体化教育模式。家访已成为中小学、幼儿园教师广泛采用的一种与家长沟通交流的主要渠道，而家访用语的恰当与否，事关家访成败，家访用语有如下基本要求。

### 1. 营造平等气氛

家访的最终目的是教育孩子，因此，教师在家长面前，第一，不能摆架子，要尊重家长，以平等的心态与家长共同商讨教育孩子的良策，而不能把自己当成教育孩子的专家、权威，听不进家长提出的不同看法。第二，不能缩头缩尾，要不卑不亢，在尊重家长的基础上赢得家长的尊重。

尊重和理解学生家长是教师道德修养的一条重要要求。有的教师对孩子"恨铁不成钢"，孩子犯了错误，就对着家长发阵怨气，批评一通，伤害了家长的感情。有的教师听不进家长对学校及老师教育教学工作的监督、批评意见，特别是意见有偏差的时候，感情上接受不了，便用激烈的言词反击，往往容易把局面搞僵，不欢而散，达不到家访的目的。还有的教师对不同类型的家长不能一视同仁，碰到社会地位较低、经济条件、文化素养等方面较差的家长，便产生一种心理上的优越感；而到了家长受过较高层次教育的家庭中，或者家长社会地位较高、或者比较富裕的家庭中，便不知所措，只会毕恭毕敬了。以上几种情况，均是家访中的大忌。

在家访中经常碰到为孩子护短的家长，他们对自己的孩子不能正确评价，与教师意见不一致，这时，教师要避免与家长争执，要以诚恳而耐心的态度，向家长说明情况，讲清道理。

【示例】毛老师到高干子弟谭小彬家走访。小谭妈妈一开头就发了一通议论，说自己孩子怎么怎么不好，但没有一句击中要害。毛老师一边认真地听，一边不停地思索、分析，听完家长的话，她诚恳地说："你这样直截了当地谈谭小彬的错误缺点，使我很受教育。有你这样的家长配合，更增添了我教育好谭小彬的信心了。"毛老师接着说："既然你那么爽快，我也直言不讳地跟你一起研究几个问题。"于是，她把小谭存在的一个又一个问题讲了出来，透彻地分析了产生这些问题的原因②。

2. 突出谈话主题

教师家访一般运用的策略是：先寒暄，再引入正题。寒暄时除了要尊重家长外，还要针对学生家长的年龄、性别、职业、性格、受教育程度等方面的差异以及当时所处的环境选择寒暄的内容，缩短教师和家长之间的距离，顺利的引出并展开正题。为了突出主题，不要长时间的与家长聊一些题外话，甚至问一些太隐私的问题，如衣服的颜色式样、装修的风格及花了多少钱、家长的亲戚在什么部门工作、家长每月收入多少钱等等，给人一种下笔千言、离题万里的感觉，冲淡了家访的主题。家访时，谈话范围一般集中在以下几个方面：

一是教师向家长谈孩子的在校表现。家访是家长了解孩子在校表现的主渠道，也是教师选择家访时机、家访内容等的主要依据。因此，教师要主动把谈话的重点引导到向家长介绍学生的在校情况上，内容除了近期发生的较有影响的事件外，还要详细介绍学生的课堂表现、作业情况、考试情况、近期情绪状态、在班内威信、存在问题等等，让家长全面、细致的了解孩子，从而在家庭中采取相应的教育措施。

二是从家长口中了解孩子的在家情况。这也是教师全面了解孩子在家表现的主渠道。了解内容包括孩子在家中的总体表现、劳动情况、尊敬父母情况、业余兴趣和爱好、身体情况、主要病史等等，使教师全面而立体的了解孩子，明确其主要的优缺点，以便在今后的教育教学中调整、完善教育策略，让学生全面发展。

三是侧面了解孩子的家庭情况及在家庭中所受到的教育情况。父母是孩子的第一任老师，家庭教育是学校教育的有效补充，家庭情况对孩子的成长有着巨大的影响。良好的家庭氛围能使孩子健康快乐的发展，而恶劣的家庭氛围则会影响孩子的学习成绩，甚至使孩子幼小的心灵蒙上阴影。教师要特别注意教育氛围较差的家庭，详细了解、分析其原因，是因为家长素质太差，还是家庭有特殊情况，还是家中刚刚发生过突发事件等等，摸清之后再制定具体的教育措施，包括指导家长在家庭教育中采用正确的方法。指导时可采取这样的步骤：第一步，对孩子进行全面分析，努力让家长发现孩子身上的闪光点，对孩子做出科学、准确、负责的判断和评价。第二步，分析家庭情况和家庭教育方式对孩子带来的正面、负面影响，探讨、介绍正确的家庭教育观念和方式，尽最大努力改善家庭教育环境。第三步，让孩子和家长永远充满希望，给予每一位学生以鼓励，给予每一位家长以支持。

【示例】一个三年级学生在校时表现得非常勤劳，但在家访中，家长无意中透露孩子在家吃鸡蛋都要家长剥壳。教师了解这一情况后，在学校有意识地对这个学生进行教育，讲家长是如何的辛苦，好孩子应该分担家长的辛苦，而且，好孩子应该在任何时候都表现一致，在学校表现得好，在家也要表现优良。学生在教师的帮助下，改变了许多③。

由于教育环境、教育方式的差异，在家与在校表现不一致，这是在很多孩子身上存在的问题。教师只有通过家访全面了解孩子，才能采用更有效的教育方法，把对孩子的教育辐射到家庭及日常生活中去，避免孩子的畸形发展。

【示例】大班有位可爱的小女孩安安，她的智力发展中等偏上，对课内所学的知识能够基本掌握，总体表现一直处于中游。安安的父母都是名牌大学毕业的高才生，在工作单位又都是有所作为的骨干。他们对孩子期望很高，要求孩子在任何一方面都能出类拔萃，但孩子一直没能成为期望中的"天才"，令他们很不满意。有一段时间安安在园里表现得情绪很低落，并且时常不来幼儿园。通过家访，教师发现安安对父母的高压产生了强烈的抵触情绪，对学习产生了厌倦，只要父母出差，她就哭着闹着不上园，奶奶也拿她没办法。家访中，教师说服家长要尊重孩子的实际能力，要顾及孩子的自尊，在孩子成长的重要阶段中，父母有责任营造一种自由宽松的气氛，使她的人格不受到压抑和伤害，让她健康地发展。同时，教师也引导安安理解父母的良苦用心，帮助她树立自信心。在老师的努力下，无拘无束、天真灿烂的笑容又回到了安安的脸上。

教育家苏霍姆林斯基曾经说过："尽可能深入地了解每一个孩子的精神世界——这是教师和家长的首条金科玉律"。利用家访，帮助家长树立正确的教育观念，采用正确的教育方法，对于孩子的发展至关重要。

### 3. 正面称赞为主

家访谈话要讲究艺术。向家长反映孩子在学校或幼儿园的学习、行为表现情况时，有的老师往往由于"爱之深，恨之切"，把学生的种种不良表现一股脑儿地向家长"倾诉"。如果这样做，家长表面上不会说什么，心里却不太高兴，甚至对老师产生某些抵触情绪。其实，每个家长都希望自己有个引以为荣的子女，都希望听到教师对孩子的褒扬，与教师的沟通也正是希望共同寻求改善孩子现状的途径和方法。因此，家访时一定要注意交谈的方式，语气要委婉，态度要真诚，要以表扬为主，从赞扬的角度切入话题，在家长心情愉悦的同时，对孩子的缺点用借桃喻李的方法委婉地指出，通过表扬别的孩子在某个方面的优点来提醒家长，让家长明白自己的孩子在这方面的不足，知道今后该朝那个方向努力、怎样努力。这样，不仅在家长面前给孩子留了脸面，拉近了师生距离，也使谈话亲切活跃，气氛融洽和谐。

【示例】一位学生成绩很好，但与同学们相处得不太好，经常与同学发生矛盾，有一次甚至动手打了同学，教师为此去学生家中访问。在与家长的交谈中，教师开始并没有提及学生与同学闹矛盾的事，而是对该生的学习成绩大大夸奖了一番，家长听了非常高兴，表示对教师的感谢，并说有什么需要家长配合教师工作的事情教师尽量讲。教师此时说："既然你这么配合我的工作，我就不客气了。今天来您家确实是想与您谈谈您孩子与其他同学相处的问题。"然后教师把学生在学校与同学相处的情况告诉家长，并说改进这方面的欠缺对学生的健康成长大有裨益，教师也愿意配合家长帮助学生。家长觉得教师是真心为孩子，因此也就很爽快的表示一定要对孩子进行教育，教师家访取得成功④。

【评析】大部分的家长非常希望老师实事求是的反映学生在校情况，及时发现学生身上存在的不足，研究解决方法。但如果老师以训斥、批评的口吻与家长交谈，就会引起家长的反感。在上例中，老师以朋友的姿态、平等的方式，在和谐的气氛中与家长进行交谈，既提出了批评意见又维护了家长的自尊，家访顺利达到了目的。

### 4. 语言通俗易懂

教师在家访之前，要尽量充分地了解家长的身份、职业、知识层次等情况，以便选择最令家长容易接受的表达方式。对于一些普通的家庭，谈话时切忌咬文嚼字，为了展示自己的"学问"而使对方摸不着头脑，从而拉大了双方的距离。即使是一些知识层次较高的家长，也不宜过多的使用教育术语，因为大部分的家长并不是教育工作者，用他们不熟悉的词汇和内容交流，很容易使他们产生抵触或反感情绪，至少也使他们感觉到被动、紧张、局促不安，无法以一种平等的心态与老师交流，难以提出有价值的建议。因此，教师应尽量采用通俗易懂的语言，少用专业术语，使家长感觉老师平易近人，没架子，从而消除紧张心理，容易打开话匣子。即使是一些必须用到的专业术语，教师也要尽量用家长易于接受的语言来加以解释，使家访能够顺利进行。

【示例】一位老师在家访时碰到了学生的爷爷，于是进行了这样一番寒暄：

教师："老人家请问尊姓大名？"

"俺叫牛富贵，大伙都叫俺老牛。"

"久仰久仰。老人家贵庚啊？"

"贵庚？"

"高寿啊？"

"瘦了好，有钱难买老来瘦嘛。"

"我是问你多大年纪。"

"噢，俺今年76了，耳朵不好用喽。"

"那老人家以前在哪里高就啊？"

"高就？"

"哦，就是在哪里上班。"

"嗨，俺在建安公司退的休。"

"哦，我这次来是想跟你探讨……"

【评析】上例中这位老师把文绉绉的书面语用于和一位文化程度不高的家长的谈话中，显得极不协调。正常的语言交流都不能进行，更不必说能获得有效的信息及相应的教育方法了，这样的家访只能是无功而返。

## 二、家长会用语

家长是教师教育学生的主要合作者。家长会是不可忽视的教育环节，家长会用语在教师其他工作口语中占有非常重要的地位。把学生的情况及时地反映给家长，使学生受到社会、学校、家庭各方面目标一致的教育，对学生的成长是十分有利的。为此，教师要多接触学生家长。在家长会议中，教师是会议的主持人，所有学生、家长的活动都要通过教师的工作来协调。所以，在家长会上教师必须掌握一定的口语交际方法和技巧，这对提高家长会议的质量，活跃家长会议的气氛有很大作用。家长会议对教师口语技巧的基本要求是：

### （一）会议前的积极准备

教师在家长会之前通常要做好以下两方面的工作：

#### 1. 教师自身工作的准备

教师在家长会上讲话，应当事先组织好讲话的主要内容和材料，如介绍学生的学习成绩、学校概况、班级概况、学生表现、需要家长配合解决的问题等等。同时，对家长们可能会提出哪些问题、怎样提问题以及哪些家长提问等，都要有一定的思想准备，以便在家长会上能应对自如。

#### 2. 尽量多与家长沟通，消除家长的紧张心理

会议正式开始之前，教师最好先与家长沟通几分钟，借此消除会议的紧张气氛。因为参加会议的家长想法是各种各样的，有的家长认为，教师掌握着使孩子的学校生活愉快或痛苦的权力，自己如果在言语上得罪了教师，教师就会把怨气发泄在孩子身上；有的家长认为，教师是教育与教学的权威与专家，自己应该向教师多学习；有的家长因为自己孩子学习成绩不好而有种潜在的自卑、防备心理等等。由于以上种种原因，有可能使家长参加会议时产生紧张情绪。对这些情况，教师最好先与家长私下沟通一下，以闲聊的方式聊一些轻松的话题，以缓解家长的紧张情绪。

### （二）讲究方法，创造和谐氛围，以便形成共识

家长会上教师讲话的特点是"一对多"，即一位教师和多位家长同时进行口语交流。教师一方面要针对家长普遍关心的全班的"共性问题"重点说明，另一方面又要针对每位家长所关心的自己孩子的"个性问题"分别说明。教师与家长谈话，不论他的孩子是好学生还是差学生，教师都要讲究谈话的方法，总的要求是从正面称赞入手，创造和谐氛围，争取与家长在教育孩子的问题上形成共识。经验丰富的教师与家长谈话时，总是先将学生的优点向家长摆一摆，如果学生近期的表现进步明显，则把功劳先归于家长。这样就避免了"话不投机半句多"的局面，创造了和谐融洽的谈话氛围，与家长在感情上结成同盟。

教师谈话时要注意两点：一是对优秀学生的赞扬要适度，同时指出其存在的不足及今后努力的方向。因为过分的溢美之辞会滋长学生的自满情绪，也会使家长放松教育，这就与教师的谈话初衷相背离。二是，与后进生的家长的谈话要先扬后抑，要善于发现后进学生的点滴进步，让家长看到希望，以增强其教育子女的信心。如果教师一味地数落、责怪后进生，不仅无助于对学生的教育，反而会让家长失去对教师的信任，产生负面影响。

【示例】一个知识分子家庭出身的学生，学习努力，但成绩只是中下。老师发现其父母望子成龙心切，但方法欠妥，便提出问题与家长研究。

教师：听说，你们家只订了《中国青年报》，别的课外书报都不让孩子看，是吗？

家长：是啊，我怕他受到不良影响。况且，现在他的学习成绩太差，教科书都没有学好，哪有时间和精力去看别的？

教师：您觉得这样能使孩子的成绩提高吗？

家长：这，我也没有数，只是一心想让他考上大学。

教师：您的孩子在读书的时候，心情愉快吗？您了解孩子的兴趣是什么吗？

家长：这，我也不太清楚。现在的核心问题是考上大学，至于其他，都是次要的。

教师：我发现他整天愁眉苦脸，闷闷不乐。您知道他在想什么吗？

家长：肯定有想法，但他在我们面前是不说的。

教师：高一这一年，他的成绩总是在六七十分之间，毫无长进。您看是什么原因？

家长：我就是发愁，找不出原因。看来，他也很用功。

教师：今年是鲁迅先生诞辰一百周年，各种报刊都登了纪念文章。可是他连鲁迅生于哪一年的填空也不会做。从这里，我发现，他的知识面很窄，除教科书外，几乎不看其他书报，这样，能很好掌握文化知识吗？能成为一个全面发展的人才吗？

家长：您说得有道理。那怎么办呢？

教师：我看，你们应该相信自己的孩子，只要注意教育，引导得好，是会健康成长的。

家长：您看现在怎么做才好？

教师：我的意见是，至少在半年至一年的时间内，不要在分数上过分苛求他。让他减轻精神压力，放开来学习，多看些书报，多了解国内外大事。这种阅读，能促进他思考；只有勤于思考，才能促进智力发展。思考得越多，人对知识的感受也就越敏锐。这才是你孩子提高学习成绩的可靠途径。

家长：以前我们的"隔离政策"看来是不行的了。就照您的意见办吧。

教师：我们一起来研究一下，给孩子订个学习计划。

家长：好吧。

【评析】在这一段谈话中，教师的目的是要让家长认识到他的"隔离政策"是造成孩子精神苦闷、学习成绩上不去的主要原因。在谈话中，教师提出了一系列问题与家长讨论，用平和的语气、轻慢的语速，表达询问、探讨的意思，一步一步地论证分析，最后使家长认识到自己的管教方法是错误的。这位教师的做法，完全符合与家长谈话的基本要求，即尊重家长，关爱学生，讲究方法，善于营造和谐的谈话氛围，容易与家长达成共识。这种谈话是相当成功的[⑤]。

## （三）在家长会进行的不同时段，教师要注意采用不同的口语技巧

### 1. 开场时

教师在宣布家长会开始的时候，除了使用惯常的开场白，如："现在我们开会。""请大家安静一下，现在开会了……"等方式以外，也可以考虑改变这种模式，尽可能采取多样的形式开始会议，如讲一个与家长会有密切关系的发人深省的故事，以便借题发挥，达到此次会议的目的；也可以讲一个笑话，以活跃气氛。总之，家长会可以采用灵活多样的形式开始。

2. 介绍班级情况时

家长会开始以后，往往是教师向家长介绍本班级的整体情况。教师介绍时要注意汇报的次序和语言的使用。

（1）以积极的事情开始和结束

以积极的事情开始会议，可以让家长产生兴奋感；以积极的事情结束，可以让家长在离开学校时，心里充满希望。在会议中间谈谈班级令人担忧的事情，让家长心中有数，以配合学校做好相关工作，以利于共同培养学生。

（2）汇报情况时对事不对人

教师在给家长汇报班级情况时，应尽量做到对事不对人。尤其是在谈论不良现象时，更不要指名道姓。

（3）涉及班级情况时应尽可能全面

教师在汇报班级情况时，应尽可能全面，既要谈出班级的优势，也要告诉家长班级或部分学生的弱势，以使家长对学校、班级、学生有比较全面、充分地了解，以便更好地相互配合，进行管理、教育学生。只报喜不报忧，或只报忧不报喜的做法，都是不可取的。

3. 家长互相讨论交流时

在家长互相讨论交流时，教师的作用主要体现在采取各种有效地调控手段，保证家长会顺利、高效地进行。

（1）控制主题，限定范围

由于时间的有限性，家长在讨论问题时，教师要随时注意讨论的进展情况，让家长就某一两个问题发表看法，交换意见。要防止偏离中心或转移话题现象的发生。

（2）适时发言，化解冷场

家长会上，有时会出现冷场现象。在此情况下，教师可以针对不同原因采用不同方法来化解冷场。

（3）兼顾所有家长

教师在家长讨论交流过程中，要密切注意每一位家长的情况。家长的个性各不相同，有内向、开朗、腼腆、直爽等不同的个性表现，教师要给以充分的注意，尽可能让所有家长都参加进来。在与家长进行个别交流时，教师要态度诚恳，语言要平实、通俗。

## 三、调研座谈活动用语

教师因为工作关系经常要主持或参加一些座谈调研活动。一般说，座谈调研活动多是一些小型会议，发言多以与会者发言为主。教师主持或参加这样的活动，在其中所处的角色不同，对口语交际的要求也就有所不同。

### （一）教师主持座谈调研活动

1. 教师主持座谈调研活动的作用

教师主持座谈调研活动，其作用主要体现在以下 4 个方面：

1）解释议题的含义，说明召开会议的目的。

2）鼓励、发动每一位参加会议的人员积极参与。

3）协调会议的各个方面，尤其注意避免冷场、尴尬等局面的出现。

4）总结本次会议的成果，并在此基础上说明以后要采取的措施。

**2. 教师主持座谈调研活动的语言技巧**

教师主持座谈调研活动的过程，是考验教师主持语言运用技巧的关键阶段，在这一阶段，教师应该在以下几个方面注意自己的语言技巧：

（1）目光面向听众，讲话脱稿

教师主持座谈调研活动的过程，目光要平视所有参加会议的人员，以一种平和、平等、真诚的态度和脱稿的方式主持活动，让与会者觉得主持人在与自己交流，他们就会集中注意力倾听。当然，主持人在必要时可以看一下主持提纲。

（2）声音洪亮，语速稍慢

教师首先要保证自己的发言能被所有参加会议的人员清楚地听到，讲话时要声音洪亮、清楚、有力，并根据具体情景调整自己的语速，尽量把语速放慢一些，以保证主持的良好效果。

（3）措辞要巧，礼貌插话

主持时，教师要把听众的年龄、职业、知识水平、接受程度等作为选词用语的依据，让每一位与会者都能够接受主持人的语言风格；同时，活动进行过程中，主持人有时根据情况需要插话，如说明有关情况、介绍相关背景、调解代表间的纠纷等，主持人插话时要注意使用礼貌用语，不能武断或唐突地打断别人发言，可以使用诸如："对不起，我打断一下……"、"抱歉，请在我说明情况以后再发言……"等类的用语。

（4）慎重地表态、评价

在集体活动时，主持人起着一种舆论导向的作用，活动参与人的意见很容易受主持人的影响。因此，在活动过程中，主持人一般不适合急于对讨论的问题发表意见、谈论看法，应尽量避免率先评价发言人的发言。同时，主持人还应尽量发动参加会议的人员踊跃发言，充分表达他们各自的意见，尽量做到在民主的基础上得出结论或在民主的基础上讨论问题。

**3. 教师主持座谈调研活动时的事件应对**

座谈调研活动是一个动态的活动过程。在活动进行过程中，随时都可能会发生一些影响活动正常进行的意外事件。为保证活动的正常进行，教师就应该具备一定的处理突发事件的口语交际能力。

（1）应对冷场

冷场是活动中经常会出现的情况。参加会议的人员可能会由于害羞、胆小、考虑不够成熟、不喜欢参与等原因，而使会议出现冷场现象。在这种情况下，主持人就要想方设法鼓励与会者积极发言，比如采用顺序法、指名法、启示法、比较法、示范法、激将法、点拨法等方式，保证会议顺利进行。

【示例】一位教师在主持一次区小学数学新课程改革情况座谈会时，会上出现了冷场现象，谁也不愿先发言。这位教师灵机一动，对自己学校的一位代表说："老李，代表中你年纪最大，你给年轻教师带个头怎么样？"被点到名的李老师虽然不愿意第一个发言，但因为被点了名，也只好开始讲话。其他参加者也逐步介绍了各自学校的情况。

【评析】这个例子是参加者有话可讲但不愿意首先发言的情况。有时，参加者不发言，不是因为不想发言，而是由于对座谈调研的内容不太了解或理解，如果是这样，教师主持就要先详细、具体地交代议题，对参加者进行耐心启发，不可盲目鼓动参加者发言[⑥]。

（2）消除争吵、冲突等场面

随着活动的深入，许多参加者都发表个人意见，不同意见的持有者之间可能会发生针锋相对的争论或辩论。如果争论或辩论太激烈，就有可能导致整个活动场面的混乱，主持人如果处理不当，可能会导致参加者不欢而散，活动收不到预期的效果。因此，主持人要采取一定的措施来化解矛盾，调解冲突。如：

1）转移冲突双方注意力。

2）联络感情，找出冲突双方的共同点。

3）公正评价。

4）及时中止讨论。

【示例】一位教师主持这样处理冲突。"老李，老王，二位可是几十年的老同事了，孩子又都在一个大学读书，为今天这件事争得不可开交，真的是没有必要。再说，二位的意见也不是没有共同点的，二位都退一步，多从对方的角度考虑一下，再谈各自的意见，怎么样？"正争得激烈的两位发言者听主持人这样一讲，都不再说话了[⑦]。

【评析】这位主持人就是通过"联络感情，找出冲突双方的共同点"的方式，即两人是"几十年的老同事"、"孩子又都在一个大学读书"这样的角度，来疏导矛盾，调解冲突，及时中止了讨论。这种做法是可取的。

（3）善于区别对待不同类型的与会者

教师在主持座谈调研活动过程中，会遇到各种不同性格类型的与会者：有的人沉默寡言，有的人滔滔不绝，有的人窃窃私语，有的人偏离主题……面对这种情况，主持人针对与会者的不同特点，采用不同的言语表达方式和应对措施，要善于把各种不同性格类型的参加者都动员起来，让每个人都积极参与活动，只有这样，才能使活动顺利进行，并达到活动预期的目的。

### （二）教师参加座谈调研活动

教师除了主持座谈调研活动之外，更多的是以一个与会者的身份参加各种不同内容的座谈调研活动。在这种场合下，教师可以注意以下两个方面：

1. 积极发言

教师在参加座谈调研活动过程中，在认真倾听的同时，还要就主持人提出的问题积极发言。发言时要注意以下几点：

1）观点鲜明，内容扼要。教师在发言时，观点应该正确、鲜明，言之有理，言之有据，并要有独到的见解；同时，要注意简明扼要，不要啰嗦拖沓，因为啰嗦拖沓不仅浪费时间，更会引起其他与会者的反感。

2）紧扣中心，思路清晰。语无伦次、漫无边际地发言，容易引起与会者厌烦。因此，教师发言时要紧扣中心，思路清晰、条理，重点突出，主次分明注意事先准备语言与随机应变语言的有机结合，注意口语风格与书面语风格的有机结合。

3）适当引用事例、数字、名言，态度谦和。事例是已经存在的事实，数字是经过事实检验的结果，名言的知名度高，广受敬仰，这三者都具有很强的说服力，也容易引起倾听者的共鸣，因此，有时为了增加发言的可信度与权威性，教师发言时可以适当引用事例、数字、名言来增强发言的说服力。对于不同的见解、观点，应该以平稳的语调、谦和的态度、冷静的举止来讲话发言，而不应该抢嘴插话、打断对方，更不要以过激的言辞激怒对方。

### 2. 适时提问

提问可以开拓思路，有利于座谈调研活动的进一步深入，也有利于打破沉闷的活动氛围，因此，教师在活动进行过程中，可以适时提问。

提问时要注意以下几个方面：

1）语气谦恭，多用征询语气。

2）简明扼要，紧紧围绕主题。

3）认真倾听。

4）艺术巧妙地表达意见。

5）注重对方感受。

## 四、与其他工作对象相处的用语

教师工作除了最直接的工作对象学生之外，还要面对领导、同事等工作对象，与领导和同事相处的好坏，将直接关系到一个教师的工作成败，关系到一个工作集体的得失。教学工作是一个全面立体的工程，不是某一个教师的事情，不能仅靠班主任或某一个任课教师，需要全体教师的协作配合。因此每一个教学单位都应当是个团结、友好、和谐、融洽的团队，上下级之间认识一致、发扬正气，同事之间精诚合作、一团和气，一切为了工作，一切为了学生。只有这样，才能使教师的工作潜力和热情得到最大程度的挖掘，教学工作效率得到最大程度的提高。

这种局面的出现不是轻而易举的，需要每一名教师在与领导、同事相处时，学会一定的用语技巧，掌握一定的语言艺术，这样方能达到事半功倍的效果。

### （一）面对领导

一个健康的上下级关系应该是：上下一心，领导关心帮助教师的成长和进步，教师拥护支持领导工作的开展和进行。教师与领导相处的基本原则是：既要维护领导的权威，又要维护自己的基本权利。具体作法如下：

### 1. 用语谦虚敬重

一般情况下，身居领导之职的人，要么是经验丰富的老工作者，要么是年富力强的中年骨干，要么是年轻有为的青年才俊，他们或者综合素质一流，或者在某方面有突出贡献，这些人都是单位的宝贵财富。所以，面对他们，教师要摆正位置，心怀敬重，用语慎重，多用敬称、礼貌用语以及商量和征求的语气。当有疑问时，可以说"×院长（书记、主任、园长、教授……），我想请教您一个问题""我很想知道您对这件事的看法……""您觉得这件事这样处理可以吗？"；当领导表扬时，切忌张狂、得意忘形，要真诚地感谢领导对自己工作的认可和肯定。当领导批评的有道理时，要虚心接受，保证以后不再犯同样的错误，切忌怀恨在心，表面不说，背后拆台，诋毁污蔑，这样对整个团队的工作都不利。"谢谢你告诉我，我会仔细考虑您的建议。""是我一时失察，不过幸好……"是面对领导批评时不错的用语；当与领导持有异议时，不要在公开场合公然反对，这样容易造成僵持尴尬的场面，难以收场，对己对人都不利。

### 2. 表述简明清晰

领导一般都事务繁忙，时间有限，因此当有事向领导汇报请示时，应该表述清晰明确，有条有理，切忌含混不清，拖泥带水，最好事先准备充分，开门见山直入正题。尤其是当领导安排工作任务时，要明确表示自己对能否完成工作任务的态度，要实事求是，不能模棱两可，行就冷静迅速地做出回答"好的，我会马上处理！"给领导留一个办事效率高的好印象。不行就是不行，不要说大话盲目接受，也不要勉为其难，不行就说明原因，相信领导会理解的。不过此时最好不要直接回绝"这个情况我不了解"，"不行，这个我干不了"，这样会显得自己能力有限。"让我再认真的想一想，×点以前给您答复好吗？""我了解这件事很重要，我们能不能理一理手头上的工作，排个顺序。"这样的回答就显得灵活多了。

### 3. 心态坦诚自然

搞好与领导的关系虽然很重要，但也不能不讲原则，一味地唯唯诺诺，阿谀奉承，甚至见到领导就脸红、紧张，不敢接触领导，这对自己和集体的工作都是不利的。教师面对领导时要克服胆怯紧张，抱着坦诚自然的心态，说话得体，不卑不亢，不违反人格，不丧失尊严。当领导批评的不对时，不能一味忍受，而是要据理力争，摆事实，说理由，讲原因，维护自己的基本权利。不过要注意语气和态度，不能得理不饶人，张牙舞爪，态度蛮横，对领导横加指责，埋怨侮辱。当然作为领导，对下级也不能颐指气使，胡乱行使权力，这样才能形成一个平等和谐的集体，有利于团队工作的开展和进行。

### 4. 学会"察言观色"

"察言观色"一词一度被人们视作贬义词，孰不知在人际交往过程中，它确实是一项重要的原则和技巧，这里的"言"与"色"，字面义是人的言语和表情，实际上告诉我们的是与人交往要看好时机和场合，尤其是在接触领导时，时机和场合是否适宜，是决定交流是否顺利，工作能否成功的重要因素。当领导有时间、心情好时，就抓住机会多说一些；当领导事务忙、心情烦躁时，就少说些，或另选时间再说，或调整说话方式和内容，如"我们似乎碰到一些状况……"以婉约的方式传递坏消息，这样不但会让领导觉得这件事是可以解决的，而且也显示出自己和领导是坚决站在一起面对眼前的困难的。

### （二）同事相处

现代社会对学生的要求越来越高，不光要学习好，更要德、智、体、美、劳的全面发展，这对教师这个工作队伍也提出新的更高的要求。学生的全面发展不再是某一个教师能单独完成的事情，同事之间理应有互相帮助之谊，但同时又存在成为潜在竞争对手的可能，其间利害关系甚大，这就要求教师在与同事相处时，在用语方面注意以下几点：

#### 1. 团结协作，工作是根本

虽然各个教师之间年龄、性格、职务、修养、心境等都各不相同，但大家地位是平等的，重要的是作为教师大家都有一个共同的目标，那就是把我们的学生教好，把集体的工作做好。这就要求每一名教师在与同事相处说话时，要时时想着集体，刻刻不忘团队，舍小我，顾大我。而不是见到名利，就趋之若鹜，不顾一切地争夺；遇事要么敷衍塞责，要么拈轻怕重，要么推卸责任；见不得别人通力合作，总想挑拨是非，拉帮结派；看见别人有所成就，就嫉妒成性，背后诋毁；有事没事就爱闲谈别人的是非，对同事评头论足。这些行为对团队的协作是十分有害的，在以后的工作中每个人都要引以为戒。

要形成团结协作的团队，除了要求大家在工作和生活上的互帮互助外，为了最大可能地减少摩擦、冲突，增进协作，要求教师与同事相处时，说话音量适中，用词恰当，语气委婉，多使用商量征求式的疑问句，少使用命令指挥式的句子，如"您看这样做行吗"、"我这么做，您不介意吧"等征询语是与同事顺利开展工作的前提条件。而适时恰当的赞美和祝贺，如"您能这样做真是太好了""您今天的衣服搭配的真好""恭喜恭喜""祝您节日愉快"等等，是工作中必不可少的润滑剂。

【示例】某小班教师讨论接待新幼儿入园第一天的活动安排。

教师甲：开学那天咱们先给幼儿演一个木偶剧吧。

教师乙：行，你看演哪个合适？

教师甲：就演咱们新编的那个《小白兔爱上幼儿园》。

教师乙：好吧，咱们明天把木偶台借来。

教师甲：看完木偶剧，让幼儿到小小动物园去看看小兔子，怎么样？

教师乙：最好咱们事先准备一些小桶，小桶里放好菜叶子，这样幼儿还可以顺便喂喂小兔子，在草地上也能多玩一会儿。

教师甲：在草地上玩儿的时候，可以让他们互相接触、认识一下。

教师乙：咱们准备一些小兔子头饰，让他们戴上。回班的时候他们一边走，还可以跳几下，学学小兔子[①]。

【评析】这两位教师在讨论新幼儿入园的工作安排时相互尊重，配合默契，并注意补充对方的意见，较多地采用商量的语气，人称用"咱们"，把工作安排的既合理又完善。

#### 2. 灵活对待，尊重是基础

每个人在人格上都是平等的，没有高低贵贱之分，所以人与人相处相互尊重、平等互惠是基础，因此懂得尊重别人就能赢得更多的朋友，而那些妄自尊大的人总会引得别人的反感，最终在交往中使自己走到孤立无援的地步。要做到这一点其实并不难，日常生活中看似微不足道的问候和告别，如"您好"、"早上好"、"再见"、"晚安"就可以让别人觉出你对他的重视和尊敬。

不过，千人千思想，万人万模样，所以我们在相互尊重的基础上，还要善于根据不同情境以及不同人的秉性、年龄、性格、喜好等特征，在语言上做出相应的变化和调整。如：面对老教师不恃才傲物，口出狂言，张狂自负，处处炫耀，也不刻意讨好，委曲求全，如"请教"、"这是我应该做的"；面对新教师，不欺生，不冷落，不排挤，要热情，体贴照顾；面对同年龄段的教师，要灵活谦让，与人为善，不孤立，不诋毁，不阳奉阴违；面对争强好胜者，在坚持原则的前提下，多礼让，多理解，最好选择沉默；面对老实敏感者，话语要委婉，多沟通，多交流；当有求于别人时，话语要诚恳客气，如"请问"、"拜托您帮我个忙"；当别人遇到难题或困难时，多些真诚的安慰，如"您辛苦了"、"望您早日康复"；当获得别人的赞美和帮助时，表示真心的感谢，如"非常感谢"、"劳您费心"……总之，你希望别人怎样对待你，你就应该怎样对待别人。

### 3. 谦诚大度，宽容是良策

法国哲学家罗西法古说："如果你要得到仇人，就表现得比你的朋友优越吧；如果你要得到朋友，就要让你的朋友表现得比你优越。"所以无论到什么时候，在什么情况下，诚实守信、谦诚大度、与人为善的做人准则不能丢，如果你给别人留下了表里不一、虚伪狭隘、目中无人的印象，那么你的工作就很难再顺利进行下去。俗语说"良言一句三冬暖，恶语伤人六月寒"，平时见面主动打个招呼，待人亲切，多以笑脸待人就能赢得友谊、理解和发展，化干戈为玉帛。当同事遇到难处或不如意时，切勿用语刻薄、冷嘲热讽、讥讽挖苦；当自己取得一定的成绩时，莫要得意忘形。

与同事相处时要多些宽容与理解。人无完人，孰能无过，当别人冒犯自己时，不能斤斤计较，要随和大度，宽以待人，要知道"忍一时风平浪静，退一步海阔天空"，在和同事相处的过程中，始终以此为准则，你将会赢得和谐、融洽的同事关系，而此时"没关系"这三个字可谓灵丹妙药。即使真的发生了严重的分歧和矛盾，也要保持冷静，设法解决，不能怀恨在心，恶语伤人，可以在私下场合，平心静气地就事论事，对事不对人，争取将矛盾消灭在萌芽状态。但是如果是自己做了不当的或不对的事时，应立即向对方道歉，如说"对不起，实在抱歉"，方能显示自己的诚挚的歉意，这将为化解矛盾创造了良好的氛围。

总之，适时地给予需要的人以帮助，慷慨地说出你的赞美之词，小心地做出否定的评价，虚心地接受善意的批评，巧妙地维护个人的权益，做到以上几点，相信你会赢得更多同事的信赖，在工作中更加得心应手。

---

【小资料】

#### （一）家长会发言

班主任召开的一次关于家长不重视孩子教育、动不动就让孩子去打工之类的想法而进行的家长会，看看该教师是如何巧妙发言，达到预期目的的。

"一棵正在茁壮成长的小树，它枝叶繁茂就可能长成参天大树。但如果现在将它们拦腰砍断，它就只能作烧火的柴火了。"

"现在我们有些家长对待自己的孩子就是这样，孩子刚上小学，就希望孩子挣钱，就想让孩子辍学去打工，这是断送孩子的前程的做法啊！去打工，眼下孩子兴许能为家里挣点钱回来，可孩子的一辈子就这样了，不可能有大出息了。现在的时代，没有文化是干不成大事的。有的家长说'现在这个社会没钱不行'，可现在社会没文化更不行，没有文化，以后孩子怎样在社会上立足、生存、发展？再说了，现在社会也不是过去了，吃穿紧张，在座的各位家里如果真的缺少孩子上学的钱，孩子的学费我先垫上。"

### （二）同事间沟通的礼貌用语

在交谈中，一定要多用礼貌语。常用的礼貌语有"请"、"谢谢"、"对不起"、"您好"、"麻烦你了"、"拜托了"、"可以吗"、"您认为怎样"等等。同时，可根据礼貌用语表达语意的不同，选择不同的礼貌语。

1. 问候语：问候语一般不强调具体内容，只表示一种礼貌。在使用上通常简洁、明了，不受场合的约束。无论在任何场合，与人见面都不应省略问候语。同时，无论何人以何种方式向你表示问候，都应给予相应的回复，不可置之不理。与人交往中，常用的问候语主要有："你好"、"早上好"、"下午好"、"晚上好"等。

2. 欢迎语：欢迎语是接待来访客人时必不可少的礼貌语。例如"欢迎您"、"欢迎各位光临"、"见到您很高兴"等。

3. 请托语：是指当你向他人提出某种要求或请求时应使用的必要的语言。当你向他人提出某种要求或请求时，一定要"请"字当先，而且态度语气要诚恳，不要低声下气，更不要趾高气扬。常用的请托语有；"劳驾"、"借光"、"有劳您"、"让您费心了"等等。在日本，人们常用"请多关照"、"拜托你了"。

4. 征询语：是指在交往中，尤其是在接待的过程中，应经常地、恰当地使用诸如；"您有事需要帮忙吗"、"我能为您做些什么"、"您还有什么事吗"、"我可以进来吗"、"您不介意的话，我可以看一下吗"、"您看这样做行吗"等征询性的语言，这样会使他人或被接待者感觉受到尊重。

5. 赞美语：是指向他人表示称赞时使用的用语。在交往中，要善于发现、欣赏他人的优点长处，并能适时地给予对方以真挚的赞美。这不仅能够缩短双方的心理距离，更重要的是它能够体现出你的宽容与善良的品质。常用的赞美语有；"很好"、"不错"、"太棒了"、"真了不起"、"真漂亮"等。面对他人的赞美，也应做出积极、恰当的反应。例如，"谢谢您的鼓励"、"多亏了你"、"您过奖了"、"你也不错嘛"等。

6. 拒绝语：是指当不便或不好直接说明本意时，采用婉转的词语加以暗示，使对方意会的语言。在人际交往中，当对方提出问题或要求，不好向对方回答"行"或"不行"时，可以用一些推托的语言来拒绝。例如：对领导交代暂时不见的来访者或不速之客，可以委婉地说："对不起，领导正在开一个重要的会议，您能否改日再来？""请您与领导约定以后再联系好吗？"如果来访者依然纠缠，则可以微笑着说："实在对不起，我帮不了您。"

7. 致歉语：在日常同事之间沟通交往中，人们有时难免会因为某种原因影响或打扰了别人，尤其当自己失礼、失约、失陪、失手时，都应及时、主动、真心地向对方表示歉意。常用的致歉语有;"对不起"、"请原谅"、"很抱歉"、"失礼了"、"不好意思,让您久等了",等等。当你不好意思当面致歉时,还可以通过电话、手机短信等其他方式来表达。

### 思考与练习

1. 教师在座谈会上发言时,适当采用一定的技巧如引用名人名言、列举具体事例,可以大大增强语言的说服力,取得好的效果。结合下面的例子具体说说表达的效果。

一位教师参加一次关于学校是否应该做广告宣传自己的座谈会,会上,有的教师反对学校做广告,认为多数的广告支出都是平白地浪费,有一位教师则支持学校做广告,他说:

"这位教师的意见很有道理。但是,我想提醒一下,广告大王约翰·华纳梅克曾说'90%以上的广告支出都是平白地浪费,不过广告的真正效果却来自那不及 10%的广告支出上。'因此,我们应该从效益的观点来衡量广告,而不要老是从成本的角度去评价广告的得失。"

2. 家访模拟练习:

从以下话题中任选家访谈话的内容,做一次模拟的家访谈话,分角色演示,全班同学观摩,然后集体评议。

1)家长对孩子的教育态度和方法。

2)学生在家写作业情况。

3)学生的生活习惯和在家表现。

4)向家长介绍用科学方法教育孩子的经验。

5)同家长共同研究教育学生的措施。

3. 与你的同学轮流模拟主持人讲话,内容如:

1)主持元旦晚会。

2)主持迎新生大会或欢送毕业生大会。

3)主持老同学聚会。

4)模拟各种集会活动中的串场性讲话。

5)教师节晚会致辞。

4. 召开座谈会,内容如下:

1)市场经济与校园。

2)关于××课程改革。

3)学生辍学之我见。

5. 家长会上,两名熟识的家长在座位上窃窃私语,教师此时应该怎么说?

6. 期中考试过后,你们班成绩不理想,主管教学的领导对你的班级管理工作提出质疑,你却有不同意见,你打算如何与领导沟通交流?

7. 同时参加职称竞选,你落选了,你的同事顺利晋升,这时的你如何向你的同事表达祝贺之意？

# 注　释

①张天敏．1991．教师家访的谈话技巧．沈阳：东北师大出版社

②国家教育委员会师范教育司．2001．教师口语．北京：语文出版社

③、④、⑥、⑦程培元．2004．教师口语教程．北京：高等教育出版社出版

⑤杨秋泽．2000．教师口语．济南：齐鲁书社

⑧人民教育出版社中学语文室．2005．听话和说话．北京：人民教育出版社

# 第 十 一 章

# 普通话水平测试

【摘要】 普通话水平测试是对一个人实际应用普通话口语水平和标准化程度的检测和评价。师范院校的学生都要接受普通话水平测试，因此，我们编写此章以帮助学生了解普通话水平测试的基本情况，以便做好测试的准备和应对。

## 第一节 | 普通话水平测试概述

### 一、什么是"普通话水平测试"

"普通话水平测试"（简称 PSC）是我国为加快民族共同语的普及、提高而设立的一种语言测试制度。它是推广普通话工作的重要组成部分，是普通话推广走向科学化、规范化、制度化的重要举措。

1994 年 10 月 30 日，国家语言文字工作委员会、国家教育委员会、广播电影电视部联合发布了《关于开展普通话水平测试工作的决定》，指出："普通话是以汉语文授课的各级各类学校的教学语言；是以汉语传送的各级广播电台、电视台的规范语言；是汉语电影、电视剧、话剧必须使用的规范语言；是全国党政机关、团体、企事业单位干部在公务活动中必须使用的工作语言；是不同方言区及国内不同民族间的通用语言。掌握并使用一定水平的普通话是社会各行各业人员，特别是教师、播音员、节目主持人、演员等专业人员必备的职业素质。因此，有必要在一定范围内对某些岗位的人员进行普通话水平测试，并逐步实行普通话等级证书制度。"还指出："测试对象经测试达到规定的等级要求时，颁发普通话等级证书。对播音员、节目主持人、教师等岗位人员，从 1995 年起逐步实行持普通话等级证书上岗制度。"

这项制度的实施有一个准备、酝酿的过程。从 1992 年始，国家将推广普通话的方针由"大力提倡，重点推广，逐步普及"，调整为"大力推行，积极普及，逐步提高"。1991 年孙修章主持的国家社会科学基金项目"普通话水平测试标准"通过专家技术鉴定，奠定了普通话水平测试的基础。1994 年刘照雄教授主持完成的国家社会科学基金项目《普通话水平测试大纲》，成为普通话水平测试最重要的指导性成果，使普通话水平测试有了比较客观的可操作的衡量尺度和较为科学的量化手段。至此普通话水平测试的条件已基本成熟，所以，1994 年有了《关于开展普通话水平测试工作的决定》，从此，普通话水平测试工作正式在全国范围内开展起来。

普通话水平测试，由政府专门机构——国家语言文字工作委员会普通话培训中心主持标准和测试细则的制定，由全国各省、自治区、直辖市普通话培训测试中心负责具体实施。对测试合格的人员由测试机构发放国家统一印制的普通话水平等级证书。

普通话水平测试是以我们所期望的普通话语音、语汇、语法规范（即普通话水平等级标准一级甲等）为参照标准，通过测试，评定应试人普通话口语水平接近这一标准的程度。因此，普通话水平测试基本上属于目前比较通行的标准参照性或者说达标性测试的范围，实际上也是一种资格证书考试。国家规定了不同行业或职业的从业人员普通话水平标准和相应的普通话水平等级要求，《普通话水平等级证书》是从业人员普通话水平的凭证，在全国范围内通用。

普通话水平测试全部采用口试方式进行，它既不是对普通话系统知识的理论考试，也不是对口才好坏的评估，而是对应试者普通话口语水平标准程度的检测和评价。

## 二、普通话水平测试的人员及要求

1997 年 6 月 26 日，国家语言文字工作委员会《关于普通话水平测试管理工作的若干规定》（试行），第 21 条对测试对象及其达标要求有具体的规定。1946 年 1 月 1 日以后出生的下列人员应接受普通话水平测试并达到规定的等级：

1）师范系统的教师和毕业生，普通话水平不得低于二级，其中普通话语音课教师和口语课教师必须达到一级。

2）普教系统的教师以及职业中学与口语表达密切相关专业的毕业生，普通话水平不得低于二级。

3）非师范类高等院校的教师以及与口语表达密切相关专业的毕业生，普通话水平不得低于二级。

4）广播电视教学的教师，普通话水平不得低于二级。

5）报考教师资格的人员，普通话水平不得低于二级。

6）国家级和省级广播电台、电视台的播音员和节目主持人，普通话水平必须达到一级甲等，其余广播电台、电视台的播音员和节目主持人的达标要求由广播电影电视部另行规定。

7）电影、话剧、广播剧、电视剧等表演、配音人员，播音、主持人专业和电影、话剧表演专业的教师和毕业生，普通话水平必须达到一级。

8）其他应当接受普通话水平测试的人员（公务员、律师、医护人员、导游员、讲解员、公共服务行业的营业员），其达标等级可根据不同地区、不同行业特点由省级语委确定。

## 三、普通话水平测试的等级标准

国家语言文字工作委员会颁布的《普通话水平测试等级标准（试行）》（国语[1997]64号）是划分普通话水平等级的全国统一标准。普通话水平等级划分为"三级"，每一级又分为甲乙两个等次，故有"三级六等"之说。一级甲等为最高，三级乙等为最低。应试人员的普通话水平等级根据在测试中所获得的分值确定。

## 一 级

甲等：是标准、纯正的普通话，也可称为标准级。它要求朗读和自由交谈时，语音标准，词汇、语法正确无误，语调自然，表达流畅。测试总失分率在3%以内。

乙等：也是标准的普通话。它要求朗读和自由交谈时，语音标准，词汇、语法正确无误，语调自然，表达流畅。偶然有字音、字调失误。测试总失分率在8%以内。

## 二 级

甲等：是比较标准的普通话。它要求朗读和自由交谈时，声韵调发音基本标准，语调自然，表达流畅。少数难点音（平翘舌音、前后鼻尾音、边鼻音等）有时出现失误。词汇、语法极少有误。测试总失分率在13%以内。

乙等：朗读和自由交谈时，个别调值不准，声韵母发音有不到位现象。难点音（平翘舌音、前后鼻尾音、边鼻音、fu-hu、z-zh-j、送气不送气、i-ü不分、保留浊塞音和浊塞擦音、丢介音、复韵母单音化等）失误较多。方言语调不明显。有使用方言词、方言语法的情况。测试总失分率在20%以内。

## 三 级

三级也是普通话，有专家称之为合格的普通话。

甲等：朗读和自由交谈时，声韵调发音失误较多，难点音超出常见范围，声调调值多不准。方言语调较明显。词汇、语法有失误。测试总失分率在30%以内。

乙等：朗读和自由交谈时，声韵调发音失误多，方音特征突出。方言语调明显。词汇、语法失误较多。外地人听其谈话有听不懂情况。测试总失分率在40%以内。

## 四、普通话水平测试的内容、范围、测试题型及评分标准

普通话水平测试的内容包括普通话语音、词汇、语法，具体体现为5方面：读单音节字词100个，读多音节词语50个，判断测试词汇和语法，朗读作品，说话。

普通话水平测试的范围是国家测试机构编制的《普通话水平测试大纲》，主要指其中的《普通话水平测试用普通话词语表》、《普通话水平测试用普通话与方言词语对照表》、《普通话水平测试用普通话与方言常见语法差异对照表》、《普通话水平测试用朗读作品》（60篇）、《普通话水平测试用话题》（30则）。

---

**【小资料】**

### 普通话水平测试的题型及评分标准

测试包括5个部分，满分为100分。

1. 读单音节字词100个（不含轻声、儿化音节），限时3.5分钟，共10分。

这项测试的目的是考查应试人普通话声母、韵母、声调发音的标准程度。这100个单音节词，有70%选自《普通话水平测试用普通话词语表》"表一"；另外30%选自"表二"。每个声母出现次数一般不少于3次，不超过6次；每个韵母出现次数一般不

少于 2 次（个别韵母另有提示），不超过 4 次。4 个声调出现次数大致均衡。音节的排列要避免同一测试要素连续出现。

评分标准：

（1）语音错误，每个音节扣 0.1 分（包括声、韵、调），同一个字，声、韵、调同时出现错误不重复扣分。

（2）读音缺陷，每个音节扣 0.05 分。语音有缺陷，主要是指声母的发音部位不够准确，但还不是把普通话里的某一类声母读成另一类声母。韵母读音缺陷多表现为合口呼、撮口呼的韵母圆唇度明显不够，语感差；或者开口呼的韵母开口度明显不够，听感性质明显不符；或者复韵母舌位动程不够等。声调调形、调势基本正确，但调值明显偏低或偏高，特别是四声的相对高点或低点明显不一致。这类缺陷往往是成系统的，有缺陷的声调按 5 个单音错误扣分，即每个声调一次性扣 0.5 分，但不再扣单字缺陷分。

（3）超时 1 分钟以内，扣 0.5 分；超时 1 分钟以上（含 1 分钟），扣 1 分。

2. 读多音节词语（100 个音节，其中含双音节词语 45 ~ 47 个，三音节词语 2 个，4 音节词语 1 ~ 0 个），限时 2.5 分钟，共 20 分。

这项测试不仅要考查应试人声母、韵母、声调的发音，还要考查变调、轻声、儿化读音的标准程度。在测试的 100 个多音节词语中，有 70% 选自《普通话水平测试用普通话词语表》"表一"；30% 选自"表二"。声母、韵母、声调出现的次数与单音节字词的要求相同。上声和上声连续的词语不少于 3 个，上声（在前）和其他声调（阴平、阳平、去声、轻声）连读的词语不少于 4 个（应为不同的儿化字母）。词语的排列避免同一测试要素的集中出现。测试中，读错一个音节扣 0.2 分（掌握原则同第一项）。读音有缺陷，每个音节扣 0.1 分，语音缺陷除跟第一项内相同的以外，还包括变调、轻声、儿化韵读音不完全合要求的情况；第一、二两项都有同样语音缺陷的，两项都分别扣分。超时 1 分钟以内，扣 0.5 分；超时 1 分钟以上（含 1 分钟），扣 1 分。

3. 选择判断，限时 3 分钟，共 10 分。

这项测试的目的是考查应试人掌握普通话词语、语法的规范程度。内容包括：（1）词语判断（10 组，2.5 分）。根据《普通话水平测试用普通话与方言词语对照表》列举 10 组普通话与方言意义相对应但说法不同的词语，由应试人判断并读出普通话的词语。判断错误，每组扣 0.25 分。（2）量词、名词搭配（10 组，5 分）。根据《普通话水平测试用普通话常见量词、名词搭配表》，列举 10 个名词和若干个量词，由应试人搭配并读出符合普通话规范的 10 组名量短语。搭配错一组扣 0.5 分。（3）语序或表达形式判断（5 组，2.5 分）。根据《普通话水平测试用普通话与方言常见语法差异对照表》，列举 5 组普通话和方言意义相对应，但语序或表达习惯不同的短语或短句，由应试人判断并读出符合普通话语法规范的表达形式。判断错误，每组扣 0.5 分。选择判断合计超时 1 分钟内，扣 0.5 分；超时 1 分钟以上（含 1 分钟），扣 1 分。答题时语音错误，每个错误音节扣 0.1 分；如判断错误已经扣分，不重复扣分。

4. 朗读短文（1篇，400个音节），限时4分钟，共30分。

这项测试的目的是考查应试人使用普通话朗读书面作品的水平。除继续考查声、韵、调读音标准以外，还要重点测查连读音变、停连、语调以及流畅程度。所测短文从《普通话水平测试用朗读作品》中选取。评分以朗读作品的前400个音节（不含标点符号和括注的音节）为限，但应试人应将第400个音节所在的句子读完整。

测试中，每读错一个音节，扣0.1分；漏读或增读1个音节，扣0.1分。声母或韵母的系统性语音缺陷，视程度扣0.5分、1分。语调偏误，视程度扣0.5分、1分、2分。停连不当，视程度扣0.5分、1分、2分。朗读不流畅（包括回读），视程度扣0.5分、1分、2分。超时扣1分。

5. 命题说话，限时3分钟，共30分。（其中语音标准程度占20分，词语、语法规范程度占5分，自然流畅程度占5分。）

这项测试的目的是考察应试人在无文字凭借的情况下说普通话的水平，重点测试语音标准程度，词汇、语法规范程度和自然流畅程度。说话话题从《普通话水平测试话题》中选取，由应试人从给定的两个话题中选定1个话题，连续说一段话。此项为应试人单项说话，如发现应试人有背稿、离题或说话难以继续等表现时，主试人应及时提示或引导。

测试中，语音标准程度分六档：一档，语音标准或极少有失误，扣0分、0.5分、1分。二档，语音错误在10次以下，有方音但不明显，扣1.5分、2分。三档，语音错误在10次以下，但方言比较明显；或语音错误在10次~15次之间，有方言但不明显，扣3分、4分。四档，语音错误在10次~15次之间，方言比较明显，扣5分、6分。五档，语音错误超过15次，方言明显，扣7分、8分、9分。六档，语音错误多，方言重，扣10分、11分、12分。词语、语法规范程度分三档：一档，词语、语法规范，不扣分。二档，词语、语法偶有不规范的情况，扣0.5分、1分。三档，词语、语法屡有不规范的情况，扣2分、3分。自然流畅程度分三档：一档，语言自然流畅，不扣分。二档，语言基本流畅，口语化较差，有类似背稿子的表现，扣0.5分、1分。三档，语言不连贯，语调生硬，扣2分、3分。说话不足3分钟，酌情扣分：缺时1分钟以内（含1分钟），扣1分、2分、3分；缺时1分钟以上，扣4分、5分、6分；说话不满30秒（含30秒），本项测试不得分。

# 第二节 普通话水平测试的准备与应对

普通话水平测试是对一个人实际应用普通话口语水平的科学检测和评价。表面上看，只不过在十几分钟里，读一读、说一说，似乎是很容易，其实，这种测试是对应试人语言组织能力、心理承受能力、临场应变能力的考查，也就是对应试人运用普通话能力的综合性测试。它要求考生既要具有语音基础知识，又要具备理论知识转化为口头表达的能力，并克服长期形成的方言习惯。应试人员要想在测试中取得比较理想的成绩，还要做好从场外到场内的充分准备与灵活应对。

## 一、做好充足的准备

### （一）在测试内容方面做好准备

测试内容是准备的前提和核心。普通话水平测试最主要的是掌握普通话在发音、词语、语法方面的规范运用，这需要长期的科学训练。首先，要学好《普通话》课程，这是备考的基础。若是学生，在教师的指导下会更加规范，效果更好。若是自学者，在自学理论的基础上，最好参加普通话辅导培训班，以便在专业教师的指导下，有针对性地进行训练和矫正。因为这是一门实践性很强的操练课程，只靠自己摸索，难以发现自身错误，多走弯路，往往事倍功半。其次，对测试的内容、范围要做到胸中有数，减少盲目性。测试大纲既为应试人提供了学习的依据，又是应试人备考的书面材料。测试内容主要是语音、词汇、语法三方面，范围则是国家语言文字工作委员会规定的《普通话水平测试大纲》中的词语表、普通话与方言词语对照表、普通话与方言常见语法差异对照表及 60 篇朗读作品和 30 则说话话题。再次，要严格按照大纲的要求，有针对性地进行实际训练。练习时最好找一个普通话较好的人配合，模拟测试练习，让对方指出自身存在的错误尤其是系统性语音缺陷，并加以纠正。

### （二）了解测试程序

普通话水平测试是以口试的方式进行，没有笔试内容。一般情况下，一个考场至少两名测试员，应试人逐个单独进行，时间大约控制在 16 分钟。整个测试过程有现场录音，以备复查。正式测试前，应试人员须提前 10 分钟到候测室抽签，抽取朗读作品和话题的题号。进入考场后，应试人员要出示身份证明及抽取的题号，不准携带与测试有关的书面材料和各种音像显示工具。在指定的位置就座后，不要做与测试无关的动作。当主试人示意开始并按下录音键后，要先报上自己的姓名，然后按照所给试题的先后顺序，逐题往下读，没有特殊情况或提示，不要中断。朗读题需报作品序号，说话题需报序号及题目。应试人对这些程序及要求要提前熟知，方能从容面对，保证普通话水平的正常发挥。

### （三）把心态调整到最佳状态

普通话水平测试由于是应试人员单独应试，没有其他应试人一同在场，面对至少两个测试人员，应试人很容易产生紧张甚至恐慌心理，造成一些严重失误。或把字形看混、读错，或出现漏读、倒读，或在说话部分卡壳、颠三倒四、重来复去，甚至出现了"要提高普通话水平，必须采取有力措施不可"、"我的童年是从很小的时候开始的"之类的病句和废话。因此，进行普通话水平测试之前，一定要采取一些有效措施，如深呼吸、自我鼓励，与测试员打招呼，转移注意力等来减轻心理压力，消除紧张情绪。另外，调整好心态还包括克服盲目自信、麻痹大意，满以为自己说的就是标准普通话，却不知道跟标准普通话相差甚远。这类应试人员最好在训练时就找专业教师给听一听，指点一下，以免到测试时才发现问题，就后悔莫及了。另外，要避免侥幸心理。有个别应试人员，平时未经刻苦训练，准备不充足，想靠临场的投机取巧来取得好成绩。如有的向前一位应试人探问考题，观察测试员的反应调整读音等。这些做法不仅无益于自己的测试，反而会扰乱自己的思维，耽误了时间与精力，影响正常水平的发挥，造成更多的错误，考不出应得的成绩。

## 二、从容灵活应对

做好了上述三方面的准备之后，应试人员就可以从容镇静地进入考场进行应试了。在考场上，还有些细节方面的应对技巧，请应试人员注意。

### （一）营造和谐的测试氛围

一般情况下，测试场外，应试者紧张地排号等待，人来人往，气氛热闹，测试场内则骤然肃静，在这种景况下，应试人员极易产生负面心理。一种是极度紧张，甚至把测试员看作是对立面，总考虑着测试人员就是找自己错的，如临大敌，严阵以待。一种是见气氛严肃，自恃自己心理素质好，交际能力强，想试图打破这种局面，打动测试员，于是没话找话套近乎，千方百计献媚讨好，企望测试员给自己打"感情分"。岂不知，这既浪费了自己的精力，更会引起测试员的反感，所以也不会有好的结果。正确的做法是从容大方地走进考场，用平和、友善的态度与测试员打一下招呼。一般情况下，测试员会给予礼貌地回应，并安排应试人到指定的座位，然后做出测试的交代。不可小看这平和简单的交流，它既营造出和谐的氛围，又可消除应试人紧张的心理，所以主试人、应试人双方都应采取积极友善的态度，努力营造和谐的测试氛围，相互配合，以便使测试顺利地完成。

### （二）从容面对，灵活应变

由于普通话水平测试是口头操作，有一定的随机性、个别性。在具体的测试过程中，也许会出现一些意外的情况，应试人员都应该从容面对，灵活应变，以平和的心态求得测试的顺利进行。比如客观方面的，测试中突然停电或录音设备出现故障，这时应试人员不必急躁，也不要怨气冲天，要耐心地等待测试人员的处理，配合测试人员的安排。再如，主观方面的，由于心理比较紧张，一慌出现漏读一组字词或一行，此时，应试人员必须冷静、果断、看清、找准起始点，进行补读。

在测试不同类型的试题时，有些具体操作技巧，需应试人特别注意。一、二题相对来说难度不大，最需注意的是看准字形，避免看混、漏读、漏题。朗读题有一定难度，它是综合考查应试人朗读书面材料的普通话规范程度，重点考查语音、连续音变、语调等项目。这项测试要求：首先，发音要准确、清晰。朗读要忠于原文，不读错字，不添字，不漏字，不颠倒，不重复。朗读时，既不能含糊不清，也不把字咬得太死。因为朗读不同于认读字句，在语流中，有些字音受前后音节的影响而产生一些变化，在朗读时要正确地体现出这些变化。其次，语速快慢适中。语速过快，易含混，"吃字"；过慢则会显得不流畅。语速快慢还要根据作品所表达思想感情而定。再次，语调要自然流畅。朗读是口语的艺术加工，既不同于日常说话，又不能过分夸张，应力求自然。说话题是普通话水平测试中最具综合性、难度最大、分值较高的一项内容。一定要正确理解说话的标准要求。它既不同于字词的认读，也不同于朗读，而是要按照日常的语音语调，自然流畅地"说"；说话要注意用词规范，不用方言词、生僻词，尽量用口语，不用或少用书面词语，更不宜夹杂方言词语，还应避免重复出现"这个"、"那个"、"也就是说"之类无意义的口头赘语；语法要规范，避免语法错误，不用方言语法。多用适宜口语的短句、单句，少用结构复杂的长句、复句。"说话"进行中，不要问测试员"行不行"、"时间到了吗"、"可以了吧"之类的问题。应试人要把注意力集中在所说话题上，时间到了，测试员自然会示意停止。

　　总之，应试人员要了解普通话水平测试的基本情况，做好各方面的充分准备，做到胸有成竹，在考场上从容、灵活应对，才会取得理想的成绩。

### 思考与练习

1. 普通话水平测试共有几类题型？各类题型的评分标准如何？
2. 在应试现场应注意哪些问题？
3. 找两个普通话较好的同学担当测试员，对自己的普通话水平进行一场模拟测试。

# 附 录 一

# 普通话水平测试用话题

## 说 明

1. 30 则话题供普通话水平测试第五项——命题说话测试使用。

2. 30 则话题仅是对话题范围的规定，并不规定话题的具体内容。

（1）我的愿望（或理想）

（2）我的学习生活

（3）我尊敬的人

（4）我喜爱的动物（或植物）

（5）童年的记忆

（6）我喜爱的职业

（7）难忘的旅行

（8）我的朋友

（9）我喜爱的文学（或其他艺术形式）

（10）谈谈卫生与健康

（11）我的业余生活

（12）我喜欢的季节（或天气）

（13）学习普通话的体会

（14）谈谈服饰

（15）我的假日生活

（16）我的成长之路

（17）谈谈科技发展与社会生活

（18）我知道的风俗

（19）我和体育

（20）我的家乡（或熟悉的地方）

（21）谈谈美食

（22）我喜欢的节日

（23）我所在的集体（学校、机关、公司等）

（24）谈谈社会公德（或职业道德）

（25）谈谈个人修养

（26）我喜欢的明星（或其他知名人士）

（27）我喜爱的书刊

（28）谈谈对环境保护的认识

（29）我向往的地方

（30）购物（消费）的感受

# 附 录 二

## 普通话水平测试用朗读作品

**作品1号**

那是力争上游的一种树，笔直的干，笔直的枝。它的干呢，通常是丈把高，像是加以人工似的，一丈以内，绝无旁枝；它所有的丫枝呢，一律向上，而且紧紧靠拢，也像是加以人工似的，成为一束，绝无横斜逸出；它的宽大的叶子也是片片向上，几乎没有斜生的，更不用说倒垂了；它的皮，光滑而有银色的晕圈，微微泛出淡青色。这是虽在北方的风雪的压迫下却保持着倔强挺立的一种树！哪怕只有碗口粗细罢，它却努力向上发展，高到丈许，两丈，参天耸立，不折不挠，对抗着西北风。

这就是白杨树，西北极普通的一种树，然而绝不是平凡的树！

它没有婆娑的姿态，没有屈曲盘旋的虬枝，也许你要说它不美丽，——如果美是专指"婆娑"或"横斜逸出"之类而言，那么，白杨树算不得树中的好女子；但是它却是伟岸，正直，朴质，严肃，也不缺乏温和，更不用提它的坚强不屈与挺拔，它是树中的伟丈夫！当你在积雪初融的高原上走过，看见平坦的大地上傲然挺立这么一株或一排白杨树，难道你就只觉得树只是树，难道你就不想到它的朴质，严肃，坚强不屈，至少也象征了北方的农民；难道你竟一点儿也不联想到，在敌后的广大//土地上，到处有坚强不屈，就像这白杨树一样傲然挺立的守卫他们家乡的哨兵！难道你又不更远一点想到这样枝枝叶叶靠紧团结，力求上进的白杨树，宛然象征了今天在华北平原纵横决荡，用血写出新中国历史的那种精神和意志。

——节选自茅盾《白杨礼赞》

**作品6号**

我常想读书人是世间幸福人，因为他除了拥有现实的世界之外，还拥有另一个更为浩瀚也更为丰富的世界。现实的世界是人人都有的，而后一个世界却为读书人所独有。由此我想，那些失去或不能阅读的人是多么的不幸，他们的丧失是不可补偿的。世间有诸多的不平等，财富的不平等，权力的不平等，而阅读能力的拥有或丧失却体现为精神的不平等。

一个人的一生，只能经历自己拥有的那一份欣悦，那一份苦难，也许再加上他亲自闻知的那一些关于自身以外的经历和经验。然而，人们通过阅读，却能进入不同时空的诸多他人的世界。这样，具有阅读能力的人，无形间获得了超越有限生命的无限可能性。

阅读不仅使他多识了草木虫鱼之名，而且可以上溯远古下及未来，饱览存在的与非存在的奇风异俗。

更为重要的是，读书加惠于人们的不仅是知识的增广，而且还在于精神的感化与陶冶。人们从读书学做人，从那些往哲先贤以及当代才俊的著述中学得他们的人格。人们从《论语》中学得智慧的思考，从《史记》中学得严肃的历史精神，从《正气歌》中学得人格的刚烈，从马克思学得人世//的激情，从鲁迅学得批判精神，从托尔斯泰学得道德的执著。歌德的诗句刻写着睿智的人生，拜伦的诗句呼唤着奋斗的热情。一个读书人，一个有机会拥有超乎个人生命体验的幸运人。

——节选自谢冕《读书人是幸福人》

**作品 13 号**

生命在海洋里诞生绝不是偶然的，海洋的物理和化学性质，使它成为孕育原始生命的摇篮。

我们知道，水是生物的重要组成部分，许多动物组织的含水量在百分之八十以上，而一些海洋生物的含水量高达百分之九十五。水是新陈代谢的重要媒介，没有它，体内的一系列生理和生物化学反应就无法进行，生命也就停止。因此，在短时期内动物缺水要比缺少食物更加危险。水对今天的生命是如此重要，它对脆弱的原始生命，更是举足轻重了。生命在海洋里诞生，就不会有缺水之忧。

水是一种良好的溶剂。海洋中含有许多生命所必需的无机盐，如氯化钠、氯化钾、碳酸盐、磷酸盐，还有溶解氧，原始生命可以毫不费力地从中吸取它所需要的元素。

水具有很高的热容量，加之海洋浩大，任凭夏季烈日曝晒，冬季寒风扫荡，它的温度变化却比较小。因此，巨大的海洋就像是天然的"温箱"，是孕育原始生命的温床。

阳光虽然为生命所必需，但是阳光中的紫外线却有扼杀原始生命的危险。水能有效地吸收紫外线，因而又为原始生命提供了天然的"屏障"。

这一切都是原始生命得以产生和发展的必要条件。//

——节选自童裳亮《海洋与生命》

**作品 14 号**

读小学的时候，我的外祖母去世了。外祖母生前最疼爱我，我无法排除自己的忧伤，每天在学校的操场上一圈儿又一圈儿地跑着，跑得累倒在地上，扑在草坪上痛哭。

那哀痛的日子，断断续续地持续了很久，爸爸妈妈也不知道如何安慰我。他们知道与其骗我说外祖母睡着了，还不如对我说实话：外祖母永远不会回来了。

"什么是永远不会回来呢？"我问着。

"所有时间里的事物，都永远不会回来。你的昨天过去，它就永远变成昨天，你不能再回到昨天。爸爸以前也和你一样小，现在也不能回到你这么小的童年了；有一天你会长大，你会像外祖母一样老；有一天你度过了你的时间，就永远不会回来了。"爸爸说。

爸爸等于给我一个谜语，这谜语比课本上的"日历挂在墙壁，一天撕去一页，使我心里着急"和"一寸光阴一寸金，寸金难买寸光阴"还让我感到可怕；也比作文本上的"光阴似箭，日月如梭"更让我觉得有一种说不出的滋味。

时间过得那么飞快，使我的小心眼儿里不只是着急，还有悲伤。有一天我放学回家，看到太阳快落山了，就下决心说："我要比太阳更快地回家。"我狂奔回去，站在庭院前喘气的时候，看到太阳//还露着半边脸，我高兴地跳跃起来，那一天我跑赢了太阳。以后我就时常做那样的游戏，有时和太阳赛跑，有时和西北风比快，有时一个暑假才能完成的作业，我十天就做完了；那时我三年级，常常把哥哥五年级的作业拿来做。每一次比赛胜过时间，我就快乐得不知道怎么形容。

如果将来我有什么要教给我的孩子，我会告诉他：假若你一直和时间比赛，你就可以成功！

————节选自（台湾）林清玄《和时间赛跑》

**作品 19 号**

三百多年前，建筑设计师莱伊恩受命设计了英国温泽市政府大厅。他运用工程力学的知识，依据自己多年的实践，巧妙地设计了只用一根柱子支撑的大厅天花板。一年以后，市政府权威人士进行工程验收时，却说只用一根柱子支撑天花板太危险，要求莱伊恩再多加几根柱子。

莱伊恩自信只要一根坚固的柱子足以保证大厅安全，他的"固执"惹恼了市政官员，险些被送上法庭。他非常苦恼，坚持自己原先的主张吧，市政官员肯定会另找人修改设计；不坚持吧，又有悖自己为人的准则。矛盾了很长一段时间，莱伊恩终于想出了一条妙计，他在大厅里增加了四根柱子，不过这些柱子并未与天花板接触，只不过是装装样子。

三百多年过去了，这个秘密始终没有被人发现。直到前两年，市政府准备修缮大厅的天花板，才发现莱伊恩当年的"弄虚作假"。消息传出后，世界各国的建筑专家和游客云集，当地政府对此也不加掩饰，在新世纪到来之际，特意将大厅作为一个旅游景点对外开放，旨在引导人们崇尚和相信科学。

作为一名建筑师，莱伊恩并不是最出色的。但作为一个人，他无疑非常伟大，这种//伟大表现在他始终恪守着自己的原则，给高贵的心灵一个美丽的住所，哪怕是遭遇到最大的阻力，也要想办法抵达胜利。

————节选自游宇明《坚守你的高贵》

**作品 20 号**

自从传言有人在萨文河畔散步时无意发现了金子后，这里便常有来自四面八方的淘金者。他们都想成为富翁，于是寻遍了整个河床，还在河床上挖出很多大坑，希望借助它们找到更多的金子。的确，有一些人找到了，但另外一些人因为一无所得而只好扫兴归去。

也有不甘心落空的，便驻扎在这里，继续寻找。彼得·弗雷特就是其中一员。他在河床附近买了一块没人要的土地，一个人默默地工作。他为了找金子，已把所有的钱都押在这块土地上。他埋头苦干了几个月，直到土地全变成了坑坑洼洼，他失望了——他翻遍了整块土地，但连一丁点儿金子都没看见。

六个月后，他连买面包的钱都没有了。于是他准备离开这儿到别处去谋生。

就在他即将离去的前一天晚上，天下起了倾盆大雨，并且一下就是三天三夜。雨终于停了，彼得走出小木屋，发现眼前的土地看上去好像和以前不一样：坑坑洼洼已被大水冲刷平整，松软的土地上长出一层绿茸茸的小草。

"这里没找到金子，"彼得忽有所悟地说，"但这土地很肥沃，我可以用来种花，并且拿到镇上去卖给那些富人，他们一定会买些花装扮他们华丽的客厅。//如果真是这样的话，那么我一定会赚许多钱，有朝一日我也会成为富人……"

于是他留了下来。彼得花了不少精力培育花苗，不久田地里长满了美丽娇艳的各色鲜花。

五年以后，彼得终于实现了他的梦想——成了一个富翁。"我是唯一的一个找到真金的人！"他时常不无骄傲地告诉别人，"别人在这儿找不到金子后便远远地离开，而我的'金子'是在这块土地里，只有诚实的人用勤劳才能采集到。"

——节选自陶猛译《金子》

**作品23号**

纽约的冬天常有大风雪，扑面的雪花不但令人难以睁开眼睛，甚至呼吸都会吸入冰冷的雪花。有时前一天晚上还是一片晴朗，第二天拉开窗帘，却已经积雪盈尺，连门都推不开了。

遇到这样的情况，公司、商店常会停止上班，学校也通过广播，宣布停课。但令人不解的是，唯有公立小学，仍然开放。只见黄色的校车，艰难地在路边接孩子，老师则一大早就口中喷着热气，铲去车子前后的积雪，小心翼翼地开车去学校。

据统计，十年来纽约的公立小学只因为超级暴风雪停过七次课。这是多么令人惊讶的事。犯得着在大人都无须上班的时候让孩子去学校吗？小学的老师也太倒霉了吧？

于是，每逢大雪而小学不停课时，都有家长打电话去骂。妙的是，每个打电话的人，反应全一样——先是怒气冲冲地责问，然后满口道歉，最后笑容满面地挂上电话。原因是，学校告诉家长：

在纽约有许多百万富翁，但也有不少贫困的家庭。后者白天开不起暖气，供不起午餐，孩子的营养全靠学校里免费的中饭，甚至可以多拿些回家当晚餐。学校停课一天，穷孩子就受一天冻，挨一天饿，所以老师们宁愿自己苦一点儿，也不能停//课。

或许有家长会说：何不让富裕的孩子在家里，让贫穷的孩子去学校享受暖气和营养午餐呢？

学校的答复是：我们不愿让那些穷苦的孩子感到他们是在接受救济，因为施舍的最高原则是保持受施者的尊严。

——节选自（台湾）刘墉《课不能停》

**作品 24 号**

十年，在历史上不过是一瞬间。只要稍加注意，人们就会发现：在这一瞬间里，各种事物都悄悄经历了自己的千变万化。

这次重新访日，我处处感到亲切和熟悉，也在许多方面发觉了日本的变化。就拿奈良的一个角落来说吧，我重游了为之感受很深的唐招提寺，在寺内各处匆匆走了一遍，庭院依旧，但意想不到还看到了一些新的东西。其中之一，就是近几年从中国移植来的"友谊之莲"。

在存放鉴真遗像的那个院子里，几株中国莲昂然挺立，翠绿的宽大荷叶正迎风而舞，显得十分愉快。开花的季节已过，荷花朵朵已变为莲蓬累累。莲子的颜色正在由青转紫，看来已经成熟了。

我禁不住想："因"已转化为"果"。

中国的莲花开在日本，日本的樱花开在中国，这不是偶然。我希望这样一种盛况延续不衰。可能有人不欣赏花，但决不会有人欣赏落在自己面前的炮弹。

在这些日子里，我看到了不少多年不见的老朋友，又结识了一些新朋友。大家喜欢涉及的话题之一，就是古长安和古奈良。那还用得着问吗，朋友们缅怀过去，正是瞩望未来。瞩目于未来的人们必将获得未来。

我不例外，也希望一个美好的未来。

为//了中日人民之间的友谊，我将不浪费今后生命的每一瞬间。

——节选自严文井《莲花和樱花》

**作品 25 号**

梅雨潭闪闪的绿色招引着我们，我们开始追捉她那离合的神光了。揪着草，攀着乱石，小心探身下去，又鞠躬过了 个石穹门，便到了汪汪一碧的潭边了。

瀑布在襟袖之间，但是我的心中已没有瀑布了。我的心随潭水的绿而摇荡。那醉人的绿呀！仿佛一张极大极大的荷叶铺着，满是奇异的绿呀。我想张开两臂抱住她，但这是怎样一个妄想啊。

站在水边，望到那面，居然觉着有些远呢！这平铺着、厚积着的绿，着实可爱。她松松地皱缬着，像少妇拖着的裙幅；她滑滑的明亮着，像涂了"明油"一般，有鸡蛋清那样软，那样嫩；她又不杂些尘滓，宛然一块温润的碧玉，只清清的一色——但你却看不透她！

我曾见过北京什刹海拂地的绿杨，脱不了鹅黄的底子，似乎太淡了。我又曾见过杭州虎跑寺近旁高峻而深密的"绿壁"，丛叠着无穷的碧草与绿叶的，那又似乎太浓了。其余呢，西湖的波太明了，秦淮河的也太暗了。可爱的，我将什么来比拟你呢？我怎么比拟得出呢？大约潭是很深的，故能蕴蓄着这样奇异的绿；仿佛蔚蓝的天融了一块在里面似的，这才这般的鲜润啊。

那醉人的绿呀！我若能裁你以为带，我将赠给那轻盈的//舞女，她必能临风飘举了。我若能挹你以为眼，我将赠给那善歌的盲妹，她必明眸善睐了。我舍不得你，我怎舍得你呢？我用手拍着你，抚摩着你，如同一个十二三岁的小姑娘。我又掬你入口，便是吻着她了。我送你一个名字，我从此叫你"女儿绿"，好吗？

第二次到仙岩的时候，我不禁惊诧于梅雨潭的绿了。

——节选自朱自清《绿》

### 作品 27 号

我打猎归来，沿着花园的林阴路走着。狗跑在我前边。

突然，狗放慢脚步，蹑足潜行，好像嗅到了前边有什么野物。

我顺着林阴路望去，看见了一只嘴边还带黄色、头上生着柔毛的小麻雀。风猛烈地吹打着林阴路上的白桦树，麻雀从巢里跌落下来，呆呆地伏在地上，孤立无援地张开两只羽毛还未丰满的小翅膀。

我的狗慢慢向它靠近。忽然，从附近一棵树上飞下一只黑胸脯的老麻雀，像一颗石子似的落到狗的跟前。老麻雀全身倒竖起羽毛，惊恐万状，发出绝望、凄惨的叫声，接着向露出牙齿、大张着的狗嘴扑去。

老麻雀是猛扑下来救护幼雀的。它用身体掩护着自己的幼儿……但它整个小小的身体因恐怖而战栗着，它小小的声音也变得粗暴嘶哑，它在牺牲自己！

在它看来，狗该是多么庞大的怪物啊！然而，它还是不能站在自己高高的、安全的树枝上……一种比它的理智更强烈的力量，使它从那儿扑下身来。

我的狗站住了，向后退了退……看来，它也感到了这种力量。

我赶紧唤住惊慌失措的狗，然后我怀着崇敬的心情，走开了。

是啊，请不要见笑。我崇敬那只小小的、英勇的鸟儿，我崇敬它那种爱的冲动和力量。

爱，我//想，比死和死的恐惧更强大。只有依靠它，依靠这种爱，生命才能维持下去，发展下去。

——节选自 [俄] 屠格涅夫《麻雀》，巴金译

### 作品 30 号

其实你在很久以前并不喜欢牡丹，因为它总被人作为富贵膜拜。后来你目睹了一次牡丹的落花，你相信所有的人都会为之感动：一阵清风徐来，娇艳鲜嫩的盛期牡丹忽然整朵整朵地坠落，铺撒一地绚丽的花瓣。那花瓣落地时依然鲜艳夺目，如同一只奉上祭坛的大鸟脱落的羽毛，低吟着壮烈的悲歌离去。

牡丹没有花谢花败之时，要么烁于枝头，要么归于泥土，它跨越萎顿和衰老，由青春而死亡，由美丽而消遁。它虽美却不吝惜生命，即使告别也要展示给人最后一次的惊心动魄。

所以在这阴冷的四月里，奇迹不会发生。任凭游人扫兴和诅咒，牡丹依然安之若素。它不苟且、不俯就、不妥协、不媚俗，甘愿自己冷落自己。它遵循自己的花期自己的规律，它有权利为自己选择每年一度的盛大节日。它为什么不拒绝寒冷？

天南海北的看花人，依然络绎不绝地涌入洛阳城。人们不会因牡丹的拒绝而拒绝它

的美。如果它再被贬谪十次，也许它就会繁衍出十个洛阳牡丹城。

于是你在无言的遗憾中感悟到，富贵与高贵只是一字之差。同人一样，花儿也是有灵性的，更有品位之高低。品位这东西为气为魂为//筋骨为神韵，只可意会。你叹服牡丹卓尔不群之姿，方知品位是多么容易被世人忽略或是漠视的美。

——节选自张抗抗《牡丹的拒绝》

### 作品 32 号

朋友即将远行。

暮春时节，又邀了几位朋友在家小聚。虽然都是极熟的朋友，却是终年难得一见，偶尔电话里相遇，也无非是几句寻常话。一锅小米稀饭，一碟大头菜，一盘自家酿制的泡菜，一只巷口买回的烤鸭，简简单单，不像请客，倒像家人团聚。

其实，友情也好，爱情也好，久而久之都会转化为亲情。

说也奇怪，和新朋友会谈文学、谈哲学、谈人生道理等等，和老朋友却只话家常，柴米油盐，细细碎碎，种种琐事。很多时候，心灵的契合已经不需要太多的言语来表达。

朋友新烫了个头，不敢回家见母亲，恐怕惊骇了老人家，却欢天喜地来见我们，老朋友颇能以一种趣味性的眼光欣赏这个改变。

年少的时候，我们差不多都在为别人而活，为苦口婆心的父母活，为循循善诱的师长活，为许多观念、许多传统的约束力而活。年岁逐增，渐渐挣脱外在的限制与束缚，开始懂得为自己活，照自己的方式做一些自己喜欢的事，不在乎别人的批评意见，不在乎别人的诋毁流言，只在乎那一份随心所欲的舒坦自然。偶尔，也能够纵容自己放浪一下，并且有一种恶作剧的窃喜。

就让生命顺其自然，水到渠成吧，犹如窗前的//乌桕，自生自落之间，自有一份圆融丰满的喜悦。春雨轻轻落着，没有诗，没有酒，有的只是一分相知相属的自在自得。

夜色在笑语中渐渐沉落，朋友起身告辞，没有挽留，没有送别，甚至也没有问归期。

已经过了大喜大悲的岁月，已经过了伤感流泪的年华，知道了聚散原来是这样的自然和顺理成章，懂得这点，便懂得珍惜每一次相聚的温馨，离别便也欢喜。

——节选自（台湾）杏林子《朋友和其他》

### 作品 36 号

我国的建筑，从古代的宫殿到近代的一般住房，绝大部分是对称的，左边怎么样，右边怎么样。苏州园林可绝不讲究对称，好像故意避免似的。东边有了一个亭子或者一道回廊，西边决不会来一个同样的亭子或者一道同样的回廊。这是为什么？我想，用图画来比方，对称的建筑是图案画，不是美术画，而园林是美术画，美术画要求自然之趣，是不讲究对称的。

苏州园林里都有假山和池沼。

假山的堆叠，可以说是一项艺术而不仅是技术。或者是重峦叠嶂，或者是几座小山配合着竹子花木，全在乎设计者和匠师们生平多阅历，胸中有丘壑，才能使游览者攀登的时候忘却苏州城市，只觉得身在山间。

至于池沼，大多引用活水。有些园林池沼宽敞，就把池沼作为全园的中心，其他景物配合着布置。水面假如成河道模样，往往安排桥梁。假如安排两座以上的桥梁，那就一座一个样，决不雷同。

池沼或河道的边沿很少砌齐整的石岸，总是高低屈曲任其自然。还在那儿布置几块玲珑的石头，或者种些花草。这也是为了取得从各个角度看都成一幅画的效果。池沼里养着金鱼或各色鲤鱼，夏秋季节荷花或睡莲开//放，游览者看"鱼戏莲叶间"，又是入画的一景。

——节选自叶圣陶《苏州园林》

**作品 37 号**

一位访美中国女作家，在纽约遇到一位卖花的老太太。老太太穿着破旧，身体虚弱，但脸上的神情却是那样祥和兴奋。女作家挑了一朵花说："看起来，你很高兴。"老太太面带微笑地说："是的，一切都这么美好，我为什么不高兴呢？""对烦恼，你倒真能看得开。"女作家又说了一句。没料到，老太太的回答更令女作家大吃一惊："耶稣在星期五被钉上十字架时，是全世界最糟糕的一天，可三天后就是复活节。所以，当我遇到不幸时，就会等待三天，这样一切就恢复正常了。"

"等待三天"，多么富于哲理的话语，多么乐观的生活方式。它把烦恼和痛苦抛下，全力去收获快乐。

沈从文在"文革"期间，陷入了非人的境地。可他毫不在意，他在咸宁时给他的表侄、画家黄永玉写信说："这里的荷花真好，你若来……"身陷苦难却仍为荷花的盛开欣喜赞叹不已，这是一种趋于澄明的境界，一种旷达洒脱的胸襟，一种面临磨难坦荡从容的气度，一种对生活童子般的热爱和对美好事物无限向往的生命情感。

由此可见，影响一个人快乐的，有时并不是困境及磨难，而是一个人的心态。如果把自己浸泡在积极、乐观、向上的心态中，快乐必然会//占据你的每一天。

——节选自《态度创造快乐》

**作品 39 号**

育才小学校长陶行知在校园看到学生王友用泥块砸自己班上的同学，陶行知当即喝止了他，并令他放学后到校长室去。无疑，陶行知是要好好教育这个"顽皮"的学生。那么他是如何教育的呢？

放学后，陶行知来到校长室，王友已经等在门口准备挨训了。可一见面，陶行知却掏出一块糖果送给王友，并说："这是奖给你的，因为你按时来到这里，而我却迟到了。"王友惊疑地接过糖果。

随后，陶行知又掏出一块糖果放到他手里，说："这第二块糖果也是奖给你的，因为当我不让你再打人时，你立即就住手了，这说明你很尊重我，我应该奖你。"王友更惊疑了，他眼睛睁得大大的。

陶行知又掏出第三块糖果塞到王友手里，说："我调查过了，你用泥块砸那些男生，是因为他们不守游戏规则，欺负女生；你砸他们，说明你很正直善良，且有批评不良行为的勇气，应该奖励你啊！"王友感动极了，他流着眼泪后悔地喊道："陶……陶校长你打我两下吧！我砸的不是坏人，而是自己的同学啊……"

陶行知满意地笑了，他随即掏出第四块糖果递给王友，说："为你正确地认识错误，我再奖给你一块糖果，只可惜我只有这一块糖果了。我的糖果//没有了，我看我们的谈话也该结束了吧！"说完，就走出了校长室。

——节选自《教师博览·百期精华》中《陶行知的"四块糖果"》

### 作品 40 号

享受幸福是需要学习的，当它即将来临的时刻需要提醒。人可以自然而然的学会感官的享乐，却无法天生地掌握幸福的韵律。灵魂的快意同器官的舒适像一对孪生兄弟，时而相傍相依，时而南辕北辙。

幸福是一种心灵的震颤。它像会倾听音乐的耳朵一样，需要不断地训练。

简而言之，幸福就是没有痛苦的时刻。它出现的频率并不像我们想象的那样少。人们常常只是在幸福的金马车已经驶过去很远时，才拣起地上的金鬃毛说，原来我见过它。

人们喜爱回味幸福的标本，却忽略它披着露水散发清香的时刻。那时候我们往往步履匆匆，瞻前顾后不知在忙着什么。

世上有预报台风的，有预报蝗灾的，有预报瘟疫的，有预报地震的。没有人预报幸福。

其实幸福和世界万物一样，有它的征兆。

幸福常常是朦胧的，很有节制地向我们喷洒甘霖。你不要总希望轰轰烈烈的幸福，它多半只是悄悄地扑面而来。你也不要企图把水龙头拧得更大，那样它会很快地流失。你需要静静地以平和之心，体验它的真谛。

幸福绝大多数是朴素的。它不会像信号弹似的，在很高的天际闪烁红色的光芒。它披着本色的外//衣，亲切温暖地包裹起我们。

幸福不喜欢喧嚣浮华，它常常在暗淡中降临。贫困中相濡以沫的一块糕饼，患难中心心相印的一个眼神，父亲一次粗糙的抚摸，女友一张温馨的字条……这都是千金难买的幸福啊。像一粒粒缀在旧绸子上的红宝石，在凄凉中愈发熠熠夺目。

——节选自毕淑敏《提醒幸福》

### 作品 42 号

记得我十三岁时，和母亲住在法国东南部的耐斯城。母亲没有丈夫，也没有亲戚，够清苦的，但她经常能拿出令人吃惊的东西，摆在我面前。她从来不吃肉，一再说自己是素食者。然而有一天，我发现母亲正仔细地用一小块碎面包擦那给我煎牛排用的油锅。我明白了她称自己为素食者的真正原因。

我十六岁时，母亲成了耐斯市美蒙旅馆的女经理。这时，她更忙碌了。一天，她瘫在椅子上，脸色苍白，嘴唇发灰。马上找来医生，做出诊断：她摄取了过多的胰岛素。直到这时我才知道母亲多年一直对我隐瞒的疾痛——糖尿病。

她的头歪向枕头一边，痛苦地用手抓挠胸口。床架上方，则挂着一枚我一九三二年赢得耐斯市少年乒乓球冠军的银质奖章。

啊，是对我的美好前途的憧憬支撑着她活下去，为了给她那荒唐的梦至少加一点真实的色彩，我只能继续努力，与时间竞争，直至一九三八年我被征入空军。巴黎很快失陷，我辗转调到英国皇家空军。刚到英国就接到了母亲的来信。这些信是由在瑞士的一个朋友秘密地转到伦敦，送到我手中的。

现在我要回家了，胸前佩带着醒目的绿黑两色的解放十字绶//带，上面挂着五六枚我终身难忘的勋章，肩上还佩带着军官肩章。到达旅馆时，没有一个人跟我打招呼。原来，我母亲在三年半以前就已经离开人间了。

在她死前的几天中，她写了近二百五十封信，把这些信交给她在瑞士的朋友，请这个朋友定时寄给我。就这样，在母亲死后的三年半的时间里，我一直从她身上吸取着力量和勇气——这使我能够继续战斗到胜利那一天。

——节选自［法］罗曼·加里《我的母亲独一无二》

**作品 43 号**

生活对于任何人都非易事，我们必须有坚韧不拔的精神。最要紧的，还是我们自己要有信心。我们必须相信，我们对每一件事情都具有天赋的才能，并且，无论付出任何代价，都要把这件事完成。当事情结束的时候，你要能问心无愧地说："我已经尽我所能了。"

有一年的春天，我因病被迫在家里休息数周。我注视着我的女儿们所养的蚕正在结茧，这使我很感兴趣。望着这些蚕执著地、勤奋地工作，我感到我和它们非常相似。像它们一样，我总是耐心地把自己的努力集中在一个目标上。我之所以如此，或许是因为有某种力量在鞭策着我——正如蚕被鞭策着去结茧一般。

近五十年来，我致力于科学研究，而研究，就是对真理的探讨。我有许多美好快乐的记忆。少女时期我在巴黎大学，孤独地过着求学的岁月；在后来献身科学的整个时期，我丈夫和我专心致志，像在梦幻中一般，坐在简陋的书房里艰辛研究，后来我们就在那里发现了镭。

我永远追求安静的工作和简单的家庭生活。为了实现这个理想，我竭力保持宁静的环境，以免受人事的干扰和盛名的拖累。

我深信，在科学方面我们有对事业而不//是对财富的兴趣。我的唯一奢望是在一个自由国家中，以一个自由学者的身份从事研究工作。

我一直沉醉于世界的优美之中，我所热爱的科学也不断增加它崭新的远景。我认定科学本身就具有伟大的美。

——节选自［波兰］玛丽·居里《我的信念》，剑捷译

**作品 53 号**

在繁华的巴黎大街的路旁，站着一个衣衫褴褛、头发斑白、双目失明的老人。他不像其他乞丐那样伸手向过路行人乞讨，而是在身旁立一块木牌，上面写着："我什么也看不见！"街上过往的行人很多，看了木牌上的字都无动于衷，有的还淡淡一笑，便姗

姗而去了。

这天中午，法国著名诗人让·彼浩勒也经过这里。他看看木牌上的字，问盲老人："老人家，今天上午有人给你钱吗？"

盲老人叹息着回答："我，我什么也没有得到。"说着，脸上的神情非常悲伤。

让·彼浩勒听了，拿起笔悄悄地在那行字的前面添上了"春天到了，可是"几个字，就匆匆地离开了。

晚上，让·彼浩勒又经过这里，问那个盲老人下午的情况。盲老人笑着回答说："先生，不知为什么，下午给我钱的人多极了！"让·彼浩勒听了，摸着胡子满意地笑了。

"春天到了，可是我什么也看不见！"这富有诗意的语言，产生这么大的作用，就在于它有非常浓厚的感情色彩。是的，春天是美好的，那蓝天白云，那绿树红花，那莺歌燕舞，那流水人家，怎么不叫人陶醉呢？但这良辰美景，对于一个双目失明的人来说，只是一片漆黑。当人们想到这个盲老人，一生中竟连万紫千红的春天//都不曾看到，怎能不对他产生同情之心呢？

——节选自小学《语文》第六册中《语言的魅力》

### 作品 59 号

我不由得停住了脚步。

从未见过开得这样盛的藤萝，只见一片辉煌的淡紫色，像一条瀑布，从空中垂下，不见其发端，也不见其终极，只是深深浅浅的紫，仿佛在流动，在欢笑，在不停地生长。紫色的大条幅上，泛着点点银光，就像迸溅的水花。仔细看时，才知那是每一朵紫花中的最浅淡的部分，在和阳光互相挑逗。

这里除了光彩，还有淡淡的芳香。香气似乎也是浅紫色的，梦幻一般轻轻地笼罩着我。忽然记起十多年前，家门外也曾有过一大株紫藤萝，它依傍一株枯槐爬得很高，但花朵从来都稀落，东一穗西一串伶仃地挂在树梢，好像在察颜观色，试探什么。后来索性连那稀零的花串也没有了。园中别的紫藤花架也都拆掉，改种了果树。那时的说法是，花和生活腐化有什么必然关系。我曾遗憾地想：这里再看不见藤萝花了。

过了这么多年，藤萝又开花了，而且开得这样盛，这样密，紫色的瀑布遮住了粗壮的盘虬卧龙般的枝干，不断地流着，流着，流向人的心底。

花和人都会遇到各种各样的不幸，但是生命的长河是无止境的。我抚摸了一下那小小的紫色的花舱，那里满装了生命的酒酿，它张满了帆，在这//闪光的花的河流上航行。它是万花中的一朵，也正是由每一个一朵，组成了万花灿烂的流动的瀑布。

在这浅紫色的光辉和浅紫色的芳香中，我不觉加快了脚步。

——节选自宗璞《紫藤萝瀑布》

# 附 录 三
## 样卷（人工拟卷）

（一）读 100 个单音节字词

| | | | | | | | | | |
|---|---|---|---|---|---|---|---|---|---|
| 昼 | *八 | 迷 | *先 | 毡 | *皮 | 幕 | *美 | 彻 | *飞 |
| 鸣 | *破 | 捶 | *风 | 豆 | *蹲 | 霞 | *掉 | 桃 | *定 |
| 官 | *铁 | 翁 | *念 | 劳 | *天 | 旬 | *沟 | 狼 | *口 |
| 靴 | *娘 | 嫩 | *机 | 蕊 | *家 | 跪 | *绝 | 趣 | *全 |
| 瓜 | *穷 | 屡 | *知 | 狂 | *正 | 裘 | *中 | 恒 | *社 |
| 槐 | *事 | 轰 | *竹 | 掠 | *茶 | 肩 | *常 | 概 | *虫 |
| 皇 | *水 | 君 | *人 | 伙 | *自 | 滑 | *早 | 绢 | *足 |
| 炒 | *次 | 渴 | *酸 | 勤 | *鱼 | 筛 | *院 | 腔 | *爱 |
| 鳖 | 袖 | 滨 | 竖 | 搏 | 刷 | 瞟 | 帆 | 彩 | 愤 |
| 司 | 滕 | 寸 | 峦 | 岸 | 勒 | 歪 | 尔 | 熊 | 妥 |

（标*的是"表一"里按频率排在第 1～4000 条之间的字词。正式试卷不必标出。）

覆盖声母情况：

b:4, p:3, m:4, f:4, d:4, t:5, n:3, l:6, g:5, k:3, h:6, j:6, q:6, x:6, zh:6, ch:6, sh:6, r:2, z:3, c:3, s:2, 零声母：7。

总计：100 次。未出现声母：0。

覆盖韵母情况：

a:2, e:4, -i(前):3, -i(后):2, ai:4, ei:2, ao:4, ou:4, an:3, en:3, ang:3, eng:4, i:3, ia:2, ie:2, iao:2, iou:2, ian:4, in:2, iang:2, ing:2, u:4, ua:3, uo/o:4, uai:2, uei:4, uan:2, uen:2, uang:2, ong:4, ueng:1, ü:3, üe:3, üan:2, ün:2, iong:2, er:1。

总计：100 次。未出现韵母：0。

覆盖声调情况：

阴平：28；阳平：31；上声：14，去声：27。

总计：100。

（二）读多音节词语（100个音节；其中含双音节词语45个，三音节词语2个，4音节词语1个）

| *取得 | 阳台 | *儿童 | 夹缝儿 | 混淆 | 衰落 | *分析 | 防御 |
|---|---|---|---|---|---|---|---|
| 沙丘 | *管理 | *此外 | 便宜 | 光环 | *塑料 | 扭转 | 加油 |
| *队伍 | 挖潜 | 女士 | *科学 | *手指 | 策略 | 抢劫 | *森林 |
| 侨眷 | 模特儿 | 港口 | 没准儿 | *干净 | 日用 | *紧张 | 炽热 |
| *群众 | 名牌儿 | 沉醉 | *快乐 | 窗户 | *财富 | *应当 | 生字 |
| 奔跑 | *晚上 | 卑劣 | 包装 | 洒脱 | *现代化 | *委员会 | |

轻描淡写

覆盖声母情况：

b:3, p:3, m:4, f:4, d:5, t:4, n:2, l:7, g:4, k:3, h:5, j:6, q:7, x:5, zh:6, ch:3, sh:6, r:2, z:2, c:3, s:3, 零声母：13。

总计：100次。未出现声母：0。

覆盖韵母情况：

a:2, e:6, -i(前):2, -i(后) :4, ai:4, ei:2, ao:2, ou:2, an:2, en:4, ang:5, eng:2, i:3, ia:2, ie:3, iao:4, iou:3, ian:3, in:2, iang: 2, ing: 4, u: 4, ua:2, uo/o:3, uai:3, uei:4, uan:4, uen:2, uang:3, ong:2, ü:3, üe:2, üan:2, ün:1, iong:1, er:1。

总计：100次。未出现韵母：ueng。

其中儿化韵母4个：-engr(夹缝儿), -uenr(没准儿), -er(模特儿), -air(名牌儿)。

覆盖声调情况：

阴平：23；阳平：24；上声：19；去声：30；轻声：4。

其中上声和上声相连的词语4条：管理，扭转，手指，港口。

总计：100。

（三）选择判断*（为了便于了解题意，样题显示答案）

1. 词语判断：请判断并读出下列10组词语中的普通话词语。

（1）如崭　　*现在*　　而家　　今下　　目下

（2）瞒人　　边个　　*谁*　　啥侬　　啥人

（3）为么子　做脉个　**为什么**　为什里　为啥　为怎样

（4）**细小**　细粒　幼细　异细

（5）后生子　后生崽里　后生家　后生仔　**小伙子**

（6）日里向　日里　**白天**　日上　日头　日时　日辰头

（7）**婴儿**　毛它　冒牙子　苏虾仔　婴仔　啊伢欬

（8）蚂蚁子　蚂蝇里　狗蚁　蚁公　**蚂蚁**

（9）**这里**　个搭　咯里　个里　呢处　即搭

（10）早上向　**早晨**　早间里　朝早　朝辰头

2. 量词、名词搭配：请按照普通话规范搭配并读出下列数量名短语。

（例如：一 ——→ 个 只 粒
　　　　　　　　　　↓
　　　　　　　　　人 ）

一 ——→ 把　张　棵　支　扇　辆　条　间　头　所

汽车　钥匙　桌子　钞票　树　笔　牛　学校　门　草

3. 语序或表达形式判断：请判断并读出下列 5 组句子里的普通话句子。

（1）**他大约要两三个月才能回来。**
　　他大约要二三个月才能回来。

（2）他好好可爱。
　　**他非常可爱。**
　　他上可爱。

（3）你去去逛街？
　　**你去不去逛街？**

（4）你矮我。
　　你比我过矮。
　　**你比我矮。**
　　你比较矮我。
　　你比我较矮。

（5）那部电影我看过。

那部电影我有看。

（四）朗读短文：请朗读第 12 号短文。

（五）命题说话：请按照话题"我的业余生活"或"我熟悉的地方"说一段话（3 分钟）。

*说明：各省（自治区、直辖市）语言文字工作部门可以根据测试对象或本地区的实际情况，决定是否免测"选择判断"测试项。如免测此项，"命题说话"测试项的分值由 30 分调整为 40 分。评分档次不变，具体分值调整如下：

（1）语音标准程度的分值，由 20 分调整为 25 分。

一档：扣 0 分、1 分、2 分。

二档：扣 3 分、4 分。

三档：扣 5 分、6 分。

四档：扣 7 分、8 分。

五档：扣 9 分、10 分、11 分。

六档：扣 12 分、13 分、14 分。

（2）词汇、语法规范程度的分值，由 5 分调整为 10 分。

一档：扣 0 分。

二档：扣 1 分、2 分。

三档：扣 3 分、4 分。

（3）自然流畅程度，各档分值不变。

# 附 录 四

# 普通话异读词审音表

中国文字改革委员会普通话审音委员会，于 1957 年、1959 至 1962 年先后发表了《普通话异读词审音表初稿》正编、续编和三编，1963 年公布《普通话异读词三次审音总表初稿》。经过二十多年的实际应用，普通话审音委员会在总结经验的基础上，于 1982 年至 1985 年组织专家学者进行审核修订，制定了《普通话异读词审音表》，这个审音表经过国家语言文字工作委员会、国家教育委员会、广播电视部（现为广播电影电视总局）审核通过，于 1985 年 12 月联合发布。

## 说 明

一、本表所审，主要是普通话有异读的词和有异读的作为"语素"的字。不列出多音多义字的全部读音和全部义项，与字典、词典形式不同。例如："和"字有多种义项和读音，而本表仅列出原有异读的 8 条词语，分列于 hè 和 huo 两种读音之下（有多种读音，较常见的在前。下同）；其余无异读的音、义均不涉及。

二、在字后注明"统读"的，表示此字不论用于任何词语中只读一音（轻声变读不受此限），本表不再举出词例。例如："阀"字注明"fá（统读）"，原表"军阀"、"学阀"、"财阀"条和原表所无的"阀门"等词均不再举。

三、在字后不注"统读"的，表示此字有几种读音，本表只审订其中有异读的词语的读音。例如"艾"字本有 ài 和 yì 两音，本表只举"自怨自艾"一词，注明此处读 yì 音；至于 ài 音及其义项，并无异读，不再赘列。

四、有些字有文白二读，本表以"文"和"语"作注。前者一般用于书面语言，用于复音词和文言成语中；后者多用于口语中的单音词及少数日常生活事物的复音词中。这种情况在必要时各举词语为例。例如："杉"字下注"（一）shān（文）：紫~、红~、水~；（二）shā（语）：~篙、~木"。

五、有些字除附举词例之外，酌加简单说明，以便读者分辨。说明或按具体字义，或按"动作义"、"名物义"等区分，例如："畜"字下注"（一）chù（名物义）：~力、家~、牲~、幼~；（二）xù（动作义）：~产、~牧、~养"。

六、有些字的几种读音中某音用处较窄，另音用处甚宽，则注"除××（较少的词）念乙音外，其他都念甲音"，以避免列举词条繁而未尽、挂一漏万的缺点。例如："结"字下注"除'~了个果子'、'开花~果'、'~巴'、'~实'念 jiē 之外，其他都念 jié"。

七、由于轻声问题比较复杂，除《初稿》涉及的部分轻声词之外，本表一般不予审订，并删去部分原审的轻声词，例如"麻刀（dao）"、"容易（yi）"等。

八、本表酌增少量有异读的字或词，作了审订。

九、除因第二、六、七各条说明中所举原因而删略的词条之外，本表又删汰了部分词条。主要原因是：1.现已无异读（如"队伍"、"理会"）；2.罕用词语（如"俵分"、"仔密"）；3.方言土音（如"归里包堆[zuī]"、"告送[song]"）；4.不常用的文言词语（如"刍荛"、"氍毹"）；5.音变现象（如"胡里八涂[tū]"、"毛毛腾腾[tēngtēng]"）；6.重复累赘（如原表"色"字的有关词语分列达23条之多）。删汰条目不再编入。

十、人名、地名的异读审订，除原表已涉及的少量词条外，留待以后再审。

**A**

阿（一）ā
　～訇　～罗汉
　～木林
　～姨
（二）ē
　～谀　～附　～胶
　～弥陀佛
挨（一）āi
　～个　～近
（二）ái
　～打　～说
癌 ái（统读）
蔼 ǎi（统读）
霭 ǎi（统读）
隘 ài（统读）
谙 ān（统读）
埯 ǎn（统读）
昂 áng（统读）
凹 āo（统读）
拗（一）ào
　～口
（二）niù
　执～　脾气很～
坳 ào（统读）

**B**

拔 bá（统读）
把 bà
　印～子
白 bái（统读）
膀 bǎng

翅～
蚌（一）bàng
　蛤～
（二）bèng
　～埠
傍 bàng（统读）
磅 bàng
　过～
鲍 bāo（统读）
胞 bāo（统读）
薄（一）báo（语）
常单用，如"纸很～"。
（二）bó（文）多用于复音词。
　～弱　稀～　淡～　尖嘴～舌　单～　厚～
堡（一）bǎo
　碉～　～垒
（二）bǔ
　～子　吴～　瓦窑～
　柴沟～
（三）pù
　十里～
暴（一）bào
　～露
（二）pù
　一～（曝）十寒
爆 bào（统读）
焙 bèi（统读）
惫 bèi（统读）

背 bèi
　～脊　～静
鄙 bǐ（统读）
俾 bǐ（统读）
笔 bǐ（统读）
比 bǐ（统读）
臂（一）bì
　手～　～膀
（二）bei
　胳～
庇 bì（统读）
髀 bì（统读）
避 bì（统读）
辟 bì（统读）
　复～
裨 bì（统读）
　～补　～益
婢 bì（统读）
痹 bì（统读）
壁 bì（统读）
蝙 biān（统读）
遍 biàn（统读）
骠（一）biāo
　黄～马
（二）piào
　～骑　～勇
傧 bīn（统读）
缤 bīn（统读）
濒 bīn（统读）
殡 bìn（统读）
屏（一）bǐng

～除　～弃　～气
～息
（二）píng
　～藩　～风
柄 bǐng（统读）
波 bō（统读）
播 bō（统读）
菠 bō（统读）
剥（一）bō（文）
　～削
（二）bāo（语）
泊（一）bó
　淡～　飘～　停～
（二）pō
　湖～　血～
帛 bó（统读）
勃 bó（统读）
钹 bó（统读）
伯（一）bó
　～～（bo）　老～
（二）bǎi
　大～子（丈夫的哥哥）
箔 bó（统读）
簸（一）bǒ
　颠～
（二）bò
　～箕
膊 bo
　胳～
卜 bo
　萝～

醭 bú（统读）

哺 bǔ（统读）

捕 bǔ（统读）

鹉 bǔ（统读）

埠 bù（统读）

**C**

残 cán（统读）

惭 cán（统读）

灿 càn（统读）

藏（一）cáng

　矿~

（二）zàng

　宝~

糙 cāo（统读）

嘈 cáo（统读）

螬 cáo（统读）

厕 cè（统读）

岑 cén（统读）

差（一）chā（文）

不~累黍　不~什么

偏~　色~　~别　视~

误~　电势~　一念之~　~池　~错　言~语错　一~二错　阴错阳~　~等　~额　~价　~强人意　~数　~异

（二）chà（语）

　~不多　~不离　~点儿

（三）cī

参~

猹 chá（统读）

搽 chá（统读）

阐 chǎn（统读）

羼 chàn（统读）

颤（一）chàn

　~动　发~

（二）zhàn

　~栗（战栗）　打~（打战）

鹐 chàn（统读）

伥 chāng（统读）

场（一）chǎng

　~合　~所　冷~　捧~

（二）cháng

　外~　圩~　~院　一~雨

（三）chang

　排~

钞 chāo（统读）

巢 cháo（统读）

嘲 cháo

　~讽　~骂　~笑

耖 chào（统读）

车（一）chē

　安步当~　杯水~薪　闭门造~　螳臂当~

（二）jū

　（象棋棋子名称）

晨 chén（统读）

称 chèn

　~心　~意　~职　对~　相~

撑 chēng（统读）

乘（动作义,念 chéng）

　包~制　~便　~风破浪　~客　~势　~兴

橙 chéng（统读）

惩 chéng（统读）

澄（一）chéng（文）

　~清（如"~清混乱"、"~清问题"）

（二）dèng（语）

　单用，如"把水~清了"。

痴 chī（统读）

吃 chī（统读）

驰 chí（统读）

褫 chǐ（统读）

尺 chǐ

　~寸　~头

侈 chǐ（统读）

炽 chì（统读）

舂 chōng（统读）

冲 chòng

　~床　~模

臭（一）chòu

　遗~万年

（二）xiù

　乳~　铜~

储 chǔ（统读）

处 chǔ（动作义）

　~罚　~分　~决　~理　~女　~置

畜（一）chù（名物义）

　~力　家~　~牲　幼~

（二）xù（动作义）

　~产　~牧　~养

触 chù（统读）

搐 chù（统读）

绌 chù（统读）

黜 chù（统读）

闯 chuǎng（统读）

创（一）chuàng

　草~　~举　首~　~造　~作

（二）chuāng

　~伤　重~

绰（一）chuò

　~有余

（二）chuo

　宽~

疵 cī（统读）

雌 cí（统读）

赐 cì（统读）

伺 cì

　~候

枞（一）cōng

　~树

（二）zōng

　~阳[地名]

从 cóng（统读）

丛 cóng（统读）

攒 cuán

万头~动　万箭~心

脆 cuì（统读）

撮（一）cuō

　~儿　一~儿盐　一~儿匪帮

（二）zuǒ

　一~儿毛

措 cuò（统读）

**D**

搭 dā（统读）

答（一）dá

　报~　~复

（二）dā

　~理　~应

打 dá

　苏~　一~（十二个）

大（一）dà

　~夫（古官名）　~王（如爆破~王、钢铁~王）

（二）dài

　~夫（医生）　~黄　~王（如山~王）　~城[地名]

呆 dāi（统读）

傣 dǎi（统读）

逮（一）dài（文）

　如"~捕"。

（二）dǎi（语）单用，如"~蚊子"、"~特务"。

当（一）dāng

　~地　~间儿　~年（指过去）　~日（指过去）　~天（指过去）　~时（指过去）　螳臂~车

（二）dàng

　一个~俩　安步~车　适~　~年（同一年）　~日（同一时候）　~天（同一天）

档 dàng（统读）
蹈 dǎo（统读）
导 dǎo（统读）
倒（一）dǎo
　颠～　颠～是非　颠
～黑白　颠三～四　倾
箱～箧　排山～海　～
板　～嚼　～仓　～嗓
～戈　潦～
　（二）dào
　～糞（把粪弄碎）
悼 dào（统读）
纛 dào（统读）
凳 dèng（统读）
羝 dī（统读）
氐 dī［古民族名］
堤 dī（统读）
提 dī
　～防
的 dí
　～当　～确
抵 dǐ（统读）
蒂 dì（统读）
缔 dì（统读）
谛 dì（统读）
点 diɑn
　打～（收拾、贿赂）
跌 diē（统读）
蝶 dié（统读）
订 dìng（统读）
都（一）dōu
　～来了
　（二）dū
　～市　首～　大～（大
多）
堆 duī（统读）
吨 dūn（统读）
盾 dùn（统读）
多 duō（统读）
咄 duō（统读）
掇（一）duō（"拾取、
采取"义）

　（二）duo
　撺～　掂～
裰 duō（统读）
踱 duó（统读）
度 duó（统读）
　忖～　～德量力

**E**

婀 ē（统读）

**F**

伐 fá（统读）
阀 fá（统读）
砝 fǎ（统读）
法 fǎ（统读）
发 fà
　理～　脱～　结～
帆 fān（统读）
藩 fān（统读）
梵 fàn（统读）
坊（一）fāng
　牌～　～巷
　（二）fáng
　粉～　磨～　碾～
　染～　油～　谷～
妨 fáng（统读）
防 fáng（统读）
肪 fáng（统读）
沸 fèi（统读）
汾 fén（统读）
讽 fěng（统读）
肤 fū（统读）
敷 fū（统读）
俘 fú（统读）
浮 fú（统读）
服 fú
　～毒　～药
拂 fú（统读）
辐 fú（统读）
幅 fú（统读）
甫 fǔ（统读）
复 fù（统读）
缚 fù（统读）

**G**

噶 gá（统读）
冈 gāng（统读）
刚 gāng（统读）
岗 gǎng
　～楼　～哨　～子　门
～　站～　山～子
港 gǎng（统读）
葛（一）gé
　～藤　～布　瓜～
　（二）gě［姓］（包括
单、复姓）
隔 gé（统读）
革 gé
　～命　～新　改～
合 gě（一升的十分之
一）
给（一）gěi（语）单用。
　（二）jǐ（文）
　补～　供～　供～制
～予　配～　自～自足
亘 gèn（统读）
更 gēng
　五～　～生
颈 gěng
　脖～子
供（一）gōng
　～给　提～　～销
　（二）gòng
　口～　翻～　上～
佝 gōu（统读）
枸 gǒu
　～杞
勾 gòu
　～当
估（除"～衣"读 gù 外，
都读 gū）
骨（除"～碌"、"～朵"
读 gū 外，都读 gǔ）
谷 gǔ
　～雨
锢 gù（统读）

冠（一）guān（名物义）
　～心病
　（二）guàn（动作义）
　沐猴而～　～军
犷 guǎng（统读）
庋 guǐ（统读）
桧（一）guì（树名）
　（二）huì（人名）"秦
～"。
刽 guì（统读）
聒 guō（统读）
蝈 guō（统读）
过（除姓氏读 guō 外，
都读 guò）

**H**

虾 há
　～蟆
哈（一）hǎ
　～达
　（二）hà
　～什蚂
汗 hán
　可～
巷 háng
　～道
号 háo
　寒～虫
和（一）hè
　唱～　附～　曲高～寡
　（二）huo
　搀～　搅～　暖～　热
～　软～
貉（一）hé（文）
　一丘之～
　（二）háo（语）
　～绒　～子
壑 hè（统读）
褐 hè（统读）
喝 hè
　～彩　～道　～令　～
止　呼幺～六
鹤 hè（统读）

黑 hēi（统读）
亨 hēng（统读）
横（一）héng
　～肉　～行霸道
　（二）hèng
　蛮～　～财
訇 hōng（统读）
虹（一）hóng（文）
　～彩　～吸
　（二）jiàng（语）
单说。
讧 hòng（统读）
囫 hú（统读）
瑚 hú（统读）
桦 huà（统读）
徊 huái（统读）
踝 huái（统读）
浣 huàn（统读）
黄 huáng（统读）
荒 huāng
　饥～（指经济困难）
诲 huì（统读）
贿 huì（统读）
会 huì
　一～儿　多～儿　～
厌（生理名词）
混 hùn
　～合　～乱　～凝土
～淆　～血儿　～杂
蠖 huò（统读）
霍 huò（统读）
豁 huò
　～亮
获 huò（统读）

**J**

羁 jī（统读）
击 jī（统读）
奇 jī
　～数
芨 jī（统读）
缉（一）jī
　通～　侦～

　（二）qī
　～鞋口
几 jǐ
　茶～　条～
圾 jī（统读）
戟 jǐ（统读）
疾 jí（统读）
汲 jí（统读）
棘 jí（统读）
藉 jí
　狼～（籍）
嫉 jí（统读）
脊 jǐ（统读）
纪（一）jǐ[姓]
　（二）jì
　～念　～律　纲～　～
元
偈 jì
　～语
绩 jì（统读）
迹 jì（统读）
寂 jì（统读）
箕 jī
　簸～
辑 jí
　逻～
茄 jiā
　雪～
夹 jiā
　～带　藏掖　～道儿
～攻　～棍　～生　～杂
～竹桃　～注
浃 jiā（统读）
甲 jiǎ（统读）
歼 jiān（统读）
鞯 jiān（统读）
间（一）jiān
　～不容发　中～
　（二）jiàn
　中～儿　～道　～谍
～断　～或　～接　～距
～隙　～续　～阻　～作

挑拨离～
趼 jiǎn（统读）
俭 jiǎn（统读）
缰 jiāng（统读）
膙 jiǎng（统读）
嚼（一）jiáo（语）
　味同～蜡　咬文～字
　（二）jué（文）
　咀～　过屠门而大～
　（三）jiào
　倒～（倒嚼）
侥 jiǎo
　～幸
角（一）jiǎo
　八～（大茴香）　～落
独～戏　～膜　～度
儿（犄～）　～楼　勾心
斗～　号～　口～（嘴）
鹿～菜　头～
　（二）jué
　～斗　～儿（脚色）
口～（吵嘴）　主～儿
配～儿　捧～
脚（一）jiǎo
　根～
　（二）jué
　～儿（也作"角儿"，
脚色）
剿（一）jiǎo
　围～
　（二）chāo
　～说　～袭
校 jiào
　～勘　～样　～正
较 jiào（统读）
酵 jiào（统读）
嗟 jiē（统读）
疖 jiē（统读）
结（除"～了个果子"、
"开花～果"、"～巴"、"～
实"念jiē之外，其他都
念jié）

睫 jié（统读）
芥（一）jiè
　～菜（一般的芥菜）
～末
　（二）gài
　～菜（也作"盖菜"）
～蓝菜
矜 jīn
　～持　自～　～怜
仅 jǐn
　～～　绝无～有
谨 jǐn（统读）
觐 jìn（统读）
浸 jìn（统读）
斤 jīn
　千～（起重的工具）
茎 jīng（统读）
粳 jīng（统读）
鲸 jīng（统读）
境 jìng（统读）
痉 jìng（统读）
劲 jìng
　刚～
窘 jiǒng（统读）
究 jiū（统读）
纠 jiū（统读）
鞠 jū（统读）
鞫 jū（统读）
掬 jū（统读）
苴 jū（统读）
咀 jǔ
　～嚼
矩（一）jǔ
　～形
　（二）ju
　规～
俱 jù（统读）
龟 jūn
　～裂（也作"皲裂"）
菌（一）jūn
　细～　病～　杆～　霉
～

（二）jùn

香~　~子

俊 jùn（统读）

**K**

卡（一）kǎ

~宾枪　~车　~介

苗　~片　~通

（二）qiǎ

~子　关~

揩 kāi（统读）

慨 kǎi（统读）

忾 kài（统读）

勘 kān（统读）

看 kān

~管　~护　~守

慷 kāng（统读）

拷 kǎo（统读）

坷 kē

~拉（垃）

疴 kē（统读）

壳（一）ké（语）

~儿　贝~儿　脑~

驳~枪

（二）qiào（文）

地~　甲~　躯~

可（一）kě

~~儿的

（二）kè

~汗

恪 kè（统读）

刻 kè（统读）

克 kè

~扣

空（一）kōng

~心砖　~城计

（二）kòng

~心吃药

抠 kōu（统读）

矻 kū（统读）

酷 kù（统读）

框 kuàng（统读）

矿 kuàng（统读）

傀 kuǐ（统读）

溃（一）kuì

~烂

（二）huì

~脓

篑 kuì（统读）

括 kuò（统读）

**L**

垃 lā（统读）

邋 lā（统读）

罱 lǎn（统读）

缆 lǎn（统读）

蓝 lan

苤~

琅 láng（统读）

捞 lāo（统读）

劳 láo（统读）

醪 láo（统读）

烙（一）lào

~印　~铁　~饼

（二）luò

炮~（古酷刑）

勒（一）lè（文）

~逼　~令　~派　~

索　悬崖~马

（二）lēi（语）多

单用。

擂（除"~台"、"打~"

读 lèi 外，都读 léi）

礌 léi（统读）

羸 léi（统读）

蕾 lěi（统读）

累（一）lèi

（辛劳义，如"受~"

[受劳~]）

（二）léi

（如"~赘"）

（三）lěi

（牵连义，如"带

~"、"~及"、"连~"、

"赔~"、"牵~"、"受~"

[受牵~]）

蠡（一）lí

管窥~测

（二）lǐ

~县　范~

喱 lí（统读）

连 lián（统读）

敛 liǎn（统读）

恋 liàn（统读）

量（一）liàng

~入为出　忖~

（二）liang

打~　掂~

踉 liàng

~跄

潦 liáo

~草　~倒

劣 liè（统读）

捩 liè（统读）

趔 liè（统读）

拎 līn（统读）

遴 lín（统读）

淋（一）lín

~浴　~漓　~巴

（二）lìn

~硝　~盐　病

蛉 líng（统读）

榴 liú（统读）

馏（一）liú（文）

如"干~"、"蒸~"。

（二）liù（语）

如"~馒头"。

镏 liú

~金

碌 liù

~碡

笼（一）lóng（名物义）

~子　牢~

（二）lǒng（动作义）

~络　~括　~统　~

罩

偻（一）lóu

佝~

（二）lǚ

伛~

瞜 lou

眍~

虏 lǔ（统读）

掳 lǔ（统读）

露（一）lù（文）

赤身~体　~天　~骨

~头角　藏头~尾　抛

头~面　~头（矿）

（二）lòu（语）

~富　~苗　~光　~

相　~马脚　~头

橹 lǔ（统读）

捋（一）lǚ

~胡子

（二）luō

~袖子

绿（一）lǜ（语）

（二）lù（文）

~林　鸭~江

栾 luán（统读）

挛 luán（统读）

掠 lüè（统读）

囵 lún（统读）

络 luò

~腮胡子

落（一）luò（文）

~膘　~花生　~魄

涨~　~槽　着~

（二）lào（语）

~架　~色　~炕　~

枕　~儿　~子（一种曲

艺）

（三）là（语）遗落

义。

丢三~四　~在后面

**M**

脉（除"~~"念 mòmò

外，一律念 mài）

漫 màn（统读）

蔓（一）màn（文）

~延  不~不支

（二）wàn（语）

瓜~  压~

牤 māng（统读）

氓 máng

流~

芒 máng（统读）

铆 mǎo（统读）

瑁 mào（统读）

虻 méng（统读）

盟 méng（统读）

祢 mí（统读）

眯（一）mí

~了眼（灰尘等入目，也作"迷"）

（二）mī

~了一会儿（小睡）

~缝着眼（微微合目）

靡（一）mí

~费

（二）mǐ

风~  委~  披~

秘（除"~鲁"读 bì 外，都读 mì）

泌（一）mì（语）

分~

（二）bì（文）

~阳[地名]

娩 miǎn（统读）

缈 miǎo（统读）

皿 mǐn（统读）

闽 mǐn（统读）

茗 míng（统读）

酩 mǐng（统读）

谬 miù（统读）

摸 mō（统读）

模（一）mó

~范  ~式  ~型  ~糊  ~特儿  ~棱两可

（二）mú

~子  ~具  ~样

膜 mó（统读）

摩 mó

按~  抚~

嬷 mó（统读）

墨 mò（统读）

糢 mò（统读）

沫 mò（统读）

缪 móu

绸~

**N**

难（一）nán

困~（或变轻声）~

兄~弟（难得的兄弟，现多用作贬义）

（二）nàn

排~解纷  发~  刁~  责~  ~兄~弟（共患难或同受苦难的人）

蝻 nǎn（统读）

蛲 náo（统读）

讷 nè（统读）

馁 něi（统读）

嫩 nèn（统读）

恁 nèn（统读）

妮 nī（统读）

拈 niān（统读）

鲇 nián（统读）

酿 niàng（统读）

尿（一）niào

糖~病

（二）suī（只用于口语名词）

尿（niào）~  ~脬

嗫 niè（统读）

宁（一）níng

安~

（二）nìng

~可  无~[姓]

忸 niǔ（统读）

脓 nóng（统读）

弄（一）nòng

玩~

（二）lòng

~堂

暖 nuǎn（统读）

衄 nù（统读）

疟（一）nüè（文）

~疾

（二）yào（语）

发~子

娜（一）nuó

婀~  袅~

（二）nà

（人名）

**O**

殴 ōu（统读）

呕 ǒu（统读）

**P**

杷 pá（统读）

琶 pá（统读）

牌 pái（统读）

排 pǎi

~子车

迫 pǎi

~击炮

湃 pài（统读）

爿 pán（统读）

胖 pán

心广体~（~为安舒貌）

蹒 pán（统读）

畔 pàn（统读）

乓 pāng（统读）

滂 pāng（统读）

脬 pāo（统读）

胚 pēi（统读）

喷（一）pēn

~嚏

（二）pèn

~香

（三）pen

嚏~

澎 péng（统读）

坯 pī（统读）

披 pī（统读）

匹 pǐ（统读）

僻 pì（统读）

譬 pì（统读）

片（一）piàn

~子  唱~  画~  相~  影~  ~儿会

（二）piān（口语一部分词）

~子  ~儿  唱~儿  画~儿  相~儿  影~儿

剽 piāo（统读）

缥 piāo

~缈（飘渺）

撇 piē

~弃

聘 pìn（统读）

乒 pīng（统读）

颇 pō（统读）

剖 pōu（统读）

仆（一）pū

前~后继

（二）pú

~从

扑 pū（统读）

朴（一）pǔ

俭~  ~素  ~质

（二）pō

~刀

（三）pò

~硝  厚~

蹼 pǔ（统读）

瀑 pù

~布

曝（一）pù

一~十寒

（二）bào

~光（摄影术语）

**Q**

栖 qī

两~

戚 qī（统读）

漆 qī（统读）

期 qī（统读）

蹊 qī

~跷

蛴 qí（统读）

畦 qí（统读）

其 qí（统读）

骑 qí（统读）

企 qǐ（统读）

绮 qǐ（统读）

杞 qǐ（统读）

槭 qì（统读）

洽 qià（统读）

签 qiān（统读）

潜 qián（统读）

荨（一）qián（文）

~麻

（二）xún（语）

~麻疹

嵌 qiàn（统读）

欠 qian

打哈~

戕 qiāng（统读）

镪 qiāng

~水

强（一）qiáng

~渡　~取豪夺　~

制　博闻~识

（二）qiǎng

勉~　牵~　~词夺

理　~迫　~颜为笑

（三）jiàng

倔~

襁 qiǎng（统读）

蹡 qiàng（统读）

悄（一）qiāo

一~儿的

（二）qiǎo

~默声儿的

橇 qiāo（统读）

翘（一）qiào（语）

~尾巴

（二）qiáo（文）

~首　~楚　连~

怯 qiè（统读）

挈 qiè（统读）

趄 qie

趔~

侵 qīn（统读）

衾 qīn（统读）

噙 qín（统读）

倾 qīng（统读）

亲 qing

~家

穹 qióng（统读）

黢 qū（统读）

曲（麯）qū

大~　红~　神~

渠 qú（统读）

瞿 qú（统读）

蠼 qú（统读）

苣 qǔ

~荬菜

龋 qǔ（统读）

趣 qù（统读）

雀 què

~斑　~盲症

**R**

髯 rán（统读）

攘 rǎng（统读）

桡 ráo（统读）

绕 rào（统读）

任 rén[姓，地名]

妊 rèn（统读）

扔 rēng（统读）

容 róng（统读）

糅 róu（统读）

茹 rú（统读）

孺 rú（统读）

蠕 rú（统读）

辱 rǔ（统读）

挼 ruó（统读）

**S**

靸 sǎ（统读）

噻 sāi（统读）

散（一）sǎn

懒~　零零~~　~

漫

（二）san

零~

丧 sang

哭~着脸

扫（一）sǎo

~兴

（二）sào

~帚

埽 sào（统读）

色（一）sè（文）

（二）shǎi（语）

塞（一）sè（文）动作

义。

（二）sāi（语）名物

义，如："活~"、"瓶~"；

动作义，如："把洞~

住"。

森 sēn（统读）

煞（一）shā

~尾　收~

（二）shà

~白

啥 shá（统读）

厦（一）shà（语）

（二）xià（文）

~门　噶~

杉（一）shān（文）

紫~　红~　水~

（二）shā（语）

~篙　~木

衫 shān（统读）

姗 shān（统读）

苫（一）shàn（动作义，

如："~布"）

（二）shān（名物义，

如"草~子"）

墒 shāng（统读）

猞 shē（统读）

舍 shè

宿~

慑 shè（统读）

摄 shè（统读）

射 shè（统读）

谁 shéi，又音 shuí

娠 shēn（统读）

什（甚）shén

~么

蜃 shèn（统读）

甚（一）shèn（文）

桑~

（二）rèn（语）

桑~儿

胜 shèng（统读）

识 shí

常~　~货　~字

似 shì

~的

室 shì（统读）

螫（一）shì（文）

（二）zhē（语）

匙 shi

钥~

殊 shū（统读）

蔬 shū（统读）

疏 shū（统读）

叔 shū（统读）

淑 shū（统读）

菽 shū（统读）

熟（一）shú（文）

（二）shóu（语）

署 shǔ（统读）

曙 shǔ（统读）

漱 shù（统读）

戍 shù（统读）

蟀 shuài（统读）

孀 shuāng（统读）

说 shuì

游~

数 shuò

~见不鲜

硕 shuò（统读）

蒴 shuò（统读）

艘 sōu（统读）

嗾 sǒu（统读）

速 sù（统读）

塑 sù（统读）

虽 suī（统读）

绥 suí（统读）

髓 suǐ（统读）

遂（一）suì

　不~　毛~自荐

　（二）suí

　半身不~

隧 suì（统读）

隼 sǔn（统读）

莎 suō

　~草

缩（一）suō

　收~

　（二）sù

　~砂密（一种植物）

嗍 suō（统读）

索 suǒ（统读）

**T**

跶 tā（统读）

鳎 tǎ（统读）

獭 tǎ（统读）

沓（一）tà

　重~

　（二）ta

　疲~

　（三）dá

　一~纸

苔（一）tái（文）

　（二）tāi（语）

探 tàn（统读）

涛 tāo（统读）

悌 tì（统读）

佻 tiāo（统读）

调 tiáo

　~皮

帖（一）tiē

妥~　伏伏~~　俯

首~耳

　（二）tiě

请~　字~儿

　（三）tiè

字～　碑~

听 tīng（统读）

庭 tíng（统读）

骰 tóu（统读）

凸 tū（统读）

突 tū（统读）

颓 tuí（统读）

蜕 tuì（统读）

臀 tún（统读）

唾 tuò（统读）

**W**

娲 wā（统读）

挖 wā（统读）

瓦 wà

　~刀

喎 wāi（统读）

蜿 wān（统读）

玩 wán（统读）

惋 wǎn（统读）

脘 wǎn（统读）

往 wǎng（统读）

忘 wàng（统读）

微 wēi（统读）

巍 wēi（统读）

薇 wēi（统读）

危 wēi（统读）

韦 wéi（统读）

违 wéi（统读）

唯 wéi（统读）

圩（一）wéi

　~子

　（二）xū

　~（墟）场

纬 wěi（统读）

委 wěi

　~靡

伪 wěi（统读）

萎 wěi（统读）

尾（一）wěi

　~巴

　（二）yǐ

马~儿

尉 wèi

　~官

文 wén（统读）

闻 wén（统读）

紊 wěn（统读）

喔 wō（统读）

蜗 wō（统读）

硪 wò（统读）

诬 wū（统读）

梧 wú（统读）

牾 wǔ（统读）

乌 wù

　~拉（也作"靰鞡"）

　~拉草

杌 wù（统读）

鹜 wù（统读）

**X**

夕 xī（统读）

汐 xī（统读）

晰 xī（统读）

析 xī（统读）

皙 xī（统读）

昔 xī（统读）

溪 xī（统读）

悉 xī（统读）

熄 xī（统读）

蜥 xī（统读）

螅 xī（统读）

惜 xī（统读）

锡 xī（统读）

樨 xī（统读）

袭 xí（统读）

檄 xí（统读）

峡 xiá（统读）

暇 xiá（统读）

吓 xià

　杀鸡~猴

鲜 xiān

　屡见不~　数见不~

锨 xiān（统读）

纤 xiān

　~维

涎 xián（统读）

弦 xián（统读）

陷 xiàn（统读）

霰 xiàn（统读）

向 xiàng（统读）

相 xiàng

　~机行事

淆 xiáo（统读）

哮 xiào（统读）

些 xiē（统读）

颉 xié

　~颃

携 xié（统读）

偕 xié（统读）

挟 xié（统读）

械 xiè（统读）

馨 xīn（统读）

囟 xìn（统读）

行 xíng

　操~　德~　发~　品~

省 xǐng

　内~　反~　~亲　不~人事

苘 xiōng（统读）

朽 xiǔ（统读）

宿 xiù

　星~　二十八~

煦 xù（统读）

蓿 xu

　苜~

癣 xuǎn（统读）

削（一）xuē（文）

　剥~　~减　瘦~

　（二）xiāo（语）

　切~　~铅笔　~球

穴 xué（统读）

学 xué（统读）

雪 xuě（统读）

血（一）xuè（文）用于复音词及成语，如"贫~"、"呕心沥~"、"~泪史"、"狗~喷头"等。

（二）xiě（语）口语多单用，如"流了点儿~"及几个口语常用词，如："鸡~"、"~晕"、"~块子"等。

谑 xuè（统读）

寻 xún（统读）

驯 xùn（统读）

逊 xùn（统读）

熏 xùn

煤气~着了

徇 xùn（统读）

殉 xùn（统读）

蕈 xùn（统读）

**Y**

押 yā（统读）

崖 yá（统读）

哑 yǎ

~然失笑

亚 yà（统读）

殷 yān

~红

芫 yán

~荽

筵 yán（统读）

沿 yán（统读）

焰 yàn（统读）

夭 yāo（统读）

肴 yáo（统读）

杳 yǎo（统读）

舀 yǎo（统读）

钥（一）yào（语）

~匙

（二）yuè（文）

锁~

曜 yào（统读）

耀 yào（统读）

椰 yē（统读）

噎 yē（统读）

叶 yè

~公好龙

曳 yè

弃甲~兵 摇~ ~光弹

屹 yì（统读）

轶 yì（统读）

谊 yì（统读）

懿 yì（统读）

诣 yì（统读）

艾 yì

自怨自~

荫 yìn（统读）

（"树~"、"林~道"应作"树阴"、"林阴道"）

应（一）yīng

~届 ~名儿 ~许提出的条件他都~了是我~下来的任务

（二）yìng

~承 ~付 ~声 ~时 ~验 ~邀 ~用 ~运 ~征 里~外合

萦 yíng（统读）

映 yìng（统读）

佣 yōng

~工

庸 yōng（统读）

臃 yōng（统读）

壅 yōng（统读）

拥 yōng（统读）

踊 yǒng（统读）

咏 yǒng（统读）

泳 yǒng（统读）

莠 yǒu（统读）

愚 yú（统读）

娱 yú（统读）

愉 yú（统读）

伛 yǔ（统读）

屿 yǔ（统读）

吁 yù

呼~

跃 yuè（统读）

晕（一）yūn

~倒 头~

（二）yùn

月~ 血~ ~车

酝 yùn（统读）

**Z**

匝 zā（统读）

杂 zá（统读）

载（一）zǎi

登~ 记~

（二）zài

搭~ 怨声~道 重~ 装 ~歌~舞

簪 zān（统读）

咱 zán（统读）

暂 zàn（统读）

凿 záo（统读）

择（一）zé

选~

（二）zhái

~不开 ~菜 ~席

贼 zéi（统读）

憎 zēng（统读）

甑 zèng（统读）

喳 zhā

唧唧~~

轧（除"~钢"、"~辊"念 zhá 外，其他都念 yà）

（gá 为方言，不审）

摘 zhāi（统读）

粘 zhān

~贴

涨 zhǎng

~落 高~

着（一）zháo

~慌 ~急 ~家 ~凉 ~忙 ~迷 ~水 ~雨

（二）zhuó

~落 ~手 ~眼 ~意 ~重 不~边际

（三）zhāo

失~

沼 zhǎo（统读）

召 zhào（统读）

遮 zhē（统读）

蛰 zhé（统读）

辙 zhé（统读）

贞 zhēn（统读）

侦 zhēn（统读）

帧 zhēn（统读）

胗 zhēn（统读）

枕 zhěn（统读）

诊 zhěn（统读）

振 zhèn（统读）

知 zhī（统读）

织 zhī（统读）

脂 zhī（统读）

植 zhí（统读）

殖（一）zhí

繁~ 生~ ~民

（二）shi

骨~

指 zhǐ（统读）

掷 zhì（统读）

质 zhì（统读）

蛭 zhì（统读）

秩 zhì（统读）

栉 zhì（统读）

炙 zhì（统读）

中 zhōng

人~（人口上唇当中处）

种 zhòng

点~（义同"点播"。动宾结构念

diǎnzhǒng，义为点播
种子）

诌 zhōu（统读）

骤 zhòu（统读）

轴 zhòu

　　大~子戏　压~子

碡 zhou

　　碌~

烛 zhú（统读）

逐 zhú（统读）

属 zhǔ

　　~望

筑 zhù（统读）

著 zhù

　　土~

转 zhuǎn

　　运~

撞 zhuàng（统读）

幢（一）zhuàng

　　一~楼房

　　（二）chuáng

　　经~（佛教所设刻有
经咒的石柱）

拙 zhuō（统读）

茁 zhuó（统读）

灼 zhuó（统读）

卓 zhuó（统读）

综 zōng

　　~合

纵 zòng（统读）

粽 zòng（统读）

镞 zú（统读）

组 zǔ（统读）

钻（一）zuān

　　~探　~孔

（二）zuàn

　　~床　~杆　~具

佐 zuǒ（统读）

唑 zuò（统读）

柞（一）zuò

　　~蚕　~绸

　　（二）zhà

　　~水（在陕西）

做 zuò（统读）

作（除"~坊"读 zuō
外，其余都读 zuò）

# 附 录 五

## 国际音标简表

### 辅音

| 发音方法 | 清浊/送气 | 双唇 | 唇齿 | 舌尖前 | 舌尖中 | 舌尖后 | 舌叶 | 舌面前 | 舌面中 | 舌面后 | 喉 |
|---|---|---|---|---|---|---|---|---|---|---|---|
| 塞音 | 清 不送气 | p | | | t | | | | c | k | ʔ |
| 塞音 | 清 送气 | p‘ | | | t‘ | | | | c‘ | k‘ | |
| 塞音 | 浊 | b | | | d | | | | | g | |
| 塞擦音 | 清 不送气 | | pf | ts | | tʂ | tʃ | tɕ | | | |
| 塞擦音 | 清 送气 | | pf‘ | ts‘ | | tʂ‘ | tʃ‘ | tɕ‘ | | | |
| 塞擦音 | 浊 | | bv | dz | | dʐ | dʒ | dʑ | | | |
| 鼻音 | 浊 | m | ɱ | | n | ɳ | | ȵ | | ŋ | |
| 闪音 | 浊 | | | | ɾ | | | | | | |
| 边音 | 浊 | | | | l | ɭ | | | | | |
| 擦音 | 清 | ɸ | f | s | | ʂ | ʃ | ɕ | ç | x | h |
| 擦音 | 浊 | β | v | z | | ʐ | ʒ | ʑ | j | ɣ | ɦ |
| 半元音 | 浊 | w ɥ | ʋ | | | | | | j（ɥ） | （w） | |

### 元音

| 高低 | 具体 | 舌尖·前·不圆 | 舌尖·前·圆 | 舌尖·央·自然 | 舌尖·后·不圆 | 舌尖·后·圆 | 舌面·前·不圆 | 舌面·前·圆 | 舌面·央·自然 | 舌面·后·不圆 | 舌面·后·圆 |
|---|---|---|---|---|---|---|---|---|---|---|---|
| 高 | 最高 | ɿ | ʮ | | ʅ | ʯ | i | y | | ɯ | u |
| 高 | 次高 | | | | | | I | | | | ω |
| 中 | 高中 | | | | | | e | ø | | ɤ | o |
| 中 | 正中 | | | ɚ | | | | | ə | | |
| 中 | 低中 | | | | | | ɛ | œ | | ʌ | ɔ |
| 低 | 次低 | | | | | | æ | | ɐ | | |
| 低 | 最低 | | | | | | a | | A | ɑ | ɒ |

# 主要参考文献

曹为公，柏恕斌，丁振芳．1996．教师口语．东营：中国石油大学出版社.

曹为公．1995．普通话教程．北京：中国社会科学出版社.

陈洪昕．1993．普通话语音．青岛：青岛海洋大学出版社.

陈原．1980．语言与社会生活．上海：三联书店.

程培元．2004．教师口语教程．北京：高等教育出版社.

董亦佳．2002．教师口语训教程．北京：中国文联出版社.

董兆杰．1986．教师口语．北京：语文出版社.

段晓平．2003．普通话水平测试训练教程．杭州：浙江大学出版社.

高廉平．2001．普通话训练与测试教程．重庆：西南师范大学.

国家教委师范司．2000．教师口语．北京：语文出版社.

国家语委，测试中心，等．2003．普通话水平测试的理论与实践．北京：商务印书馆.

国家语委普通话测试中心．2006．普通话水平测试实施纲要．北京：商务印书馆.

国家语言文字工作委员会普通话培训测试中心．2004．普通话水平测试实施纲要．北京：商务印书馆.

黄伯荣，廖序东．2002．现代汉语．北京：高等教育出版社.

孔昭琪，武传涛．1986．普通话语音训练．济南：山东教育出版社.

刘伯奎．2002．教师口语．上海：华东师范大学出版社.

刘兴策．2004．新编普通话简明教程．武汉：武汉大学出版社.

刘照雄．1994．普通话水平测试大纲．吉林：吉林人民出版社.

罗福腾．1996．方言与普通话教程．济南：山东大学中文系编印（内部资料）.

马显彬，赵越．2003．普通话教程．广州：暨南大学出版社.

潘家懿．2004．新编普通话教程．太原：书海出版社.

钱曾怡．1988．山东人学习普通话．济南：山东大学出版社.

盛玉麒．2004．实用普通话培训教程．济南：山东大学出版社.

孙犁．2003．孙犁选集．西安：陕西师范大学出版社.

万里，张锐．1994．教师口语．北京：语文出版社.

王海天，刘小菠，等．2004．教师口语艺术．海口：南海出版公司.

吴洁敏．2001．新编普通话教程．杭州：浙江大学出版社.

徐世荣．1980．普通话语音知识．北京：文字改革出版社.

杨秋泽．2001．教师口语．济南：齐鲁书社出版.

姚汉铭．1998．新词语·社会·文化．上海：上海辞书出版社.

尹建国．2003．普通话教程．济南：山东文艺出版社.

尹建国．2003．普通话培训与测试．北京：语文出版社.

张斌．2002．新编现代汉语．上海：复旦大学出版社.

张锐，万里．1994．教师口语．北京：北京师范大学出版社.

张天敏．1991．教师家访的谈话技巧．沈阳：东北师大出版社.

赵林森．2004．教师口语．开封：河南大学出版社.

朱山，刘则仪，等．1993．普通话口语艺术．济南：山东友谊出版社.

庄文中，熊江平，等．1995．听话和说话．北京：人民教育出版社.